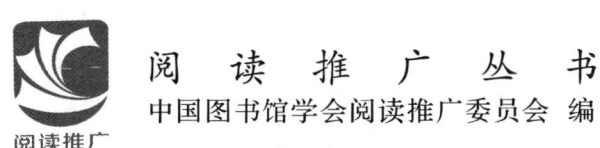

阅读推广丛书

中国图书馆学会阅读推广委员会 编

图书馆阅读推广案例赏析

蔡迎春 金 欢 主编

国家图书馆出版社

图书在版编目(CIP)数据

图书馆阅读推广案例赏析/蔡迎春,金欢主编.—北京:国家图书馆出版社,2019.4(2024.1重印)

(阅读推广丛书)

ISBN 978-7-5013-6688-0

I.①图… II.①蔡… ②金… III.①图书馆—读书活动—案例 IV.①G252.17

中国版本图书馆CIP数据核字(2019)第043715号

书　　名	图书馆阅读推广案例赏析
著　　者	蔡迎春　金　欢　主编
责任编辑	唐　澈　邓咏秋　王炳乾
封面设计	程言工作室

出版发行	国家图书馆出版社(北京市西城区文津街7号　100034)
	(原书目文献出版社　北京图书馆出版社)
	010-66114536　63802249　nlcpress@nlc.cn(邮购)
网　　址	http://www.nlcpress.com
排　　版	九章文化
印　　装	北京科信印刷有限公司
版次印次	2019年4月第1版　2024年1月第5次印刷
开　　本	710×1000　1/16
印　　张	26.5
字　　数	443千字
书　　号	ISBN 978-7-5013-6688-0
定　　价	98.00元

版权所有　侵权必究

本书如有印装质量问题,请与读者服务部(010-66126156)联系调换。

《图书馆阅读推广案例赏析》编委会

主　编：蔡迎春　金　欢

编委会成员

主　任：周德明

副主任：金晓明

委　员(以姓氏笔画为序)：

　　　　王　波　刘金涛　李超平　金　欢　金晓明
　　　　周德明　赵　亮　段晓林　谢　影　蔡迎春

序

图书馆所做的引导读者关注读书、促进借阅和鼓励阅读的工作，如新书推荐、组织读书会、举办名著讲座和作家签售活动等，从本质上说都是阅读推广，或者均可归入广义的阅读推广概念范畴。一个图书馆，如果仅仅关心发现、采集、整理文献信息，而不着力于主动谋划、想方设法培养读者阅读兴趣和习惯，帮助读者学会阅读方法和技巧、提升选择阅读的能力和品味、提高阅读的数量和质量，那么，它仍然没有突破藏书楼或传统图书馆的理念藩篱。我始终赞同这样一种观点：图书馆是阅读推广的重要主体和力量。因为，阅读推广是图书馆表达其存在的理由、显示其社会价值的一种方式。

记得在2013年第八届上海市图书馆学会改选筹备期间，范并思教授提议成立阅读推广委员会，试图从理论研究和实践操作两个层面探索阅读推广。此举不仅令该会成为全国省级图书馆学会中第一个以阅读推广命名的专委会，更重要的是，由此聚拢了一批学者、馆员致力于此，开展各项工作和活动。他们或实施调研，梳理现状、归纳经验；或邀请专家，开设讲座、传授技术；或承接课题，探究基础理论；或办刊《尚读》，搭建交流平台；或创建考核制度，培养阅读推广人；或联手社会力量，尝试少儿读物推广；或举办论坛，集思广益；或开办专题会议，分享案例；甚至还在其麾下成立阅读推广理论与方法分委会、新媒体推广分委会、大学生阅读推广分委会、公共图书馆阅读推广分委会、未成年人阅读推广分委会和阅读推广人分委会，细分领域，试图各个"击破"……总之，五年来，在上海市图书馆学会的各专业委员会中，阅读推广专委会不仅最为活跃，而且成果斐然，效能明显，影响越来越大。

《图书馆阅读推广案例赏析》一书的编纂和刊发，事实上得益于这些年来上海市图书馆界尤其是上海高校图工委各类与阅读推广有关的研讨和实践，得益于全国同行的大力支持。本书由上海师范大学图书馆蔡迎春博士和上海市奉贤区图书馆金欢馆长主编，分理论和案例两篇来汇总部分成果。它既可作为阅读推广委员会工作的一个记录和小结，也可就此向全国同道分享和求教。必须说的是，编者所收内容多是未刊之文，一些由上海市专家撰写并已公开发表的相关论文等未予收录。

阅读推广方兴未艾、任重道远。不仅因为其基础理论研究刚刚起步，一些基本概念尚在厘清、界定之中,更要紧的是国民阅读率仍处较低水平。以上海为例,新近公布的数据表明,年人均阅读量为7册,虽较以往有长进,但仍低于人们的期望。作为阅读推广重要主体的图书馆自然还有许多工作要做。依这层意义,本书的出版或许有着应时之效或启迪之力。对这本书,我感受最深的是:优秀的阅读推广应该具备有策划、有创意、有目标、有效果这四大要素。我深信,倘若有更多的研究和案例分享,图书馆在阅读推广中的作用会越来越大,对书香社会建设定能有更多的贡献。

是为序。

周德明

2018年10月26日

目　　录

前　言 ……………………………………………………………………（ 1 ）

上篇　理论篇

第一章　阅读推广调研 …………………………………………………（ 3 ）
　　第一节　图书馆阅读推广研究进展及热点聚焦 ……………………（ 3 ）
　　第二节　上海地区大学图书馆阅读推广工作调研(2013—2016) …（ 33 ）
　　第三节　上海地区高校图书馆阅读推广工作调研(2017) …………（ 51 ）
　　第四节　全民阅读背景下老年群体阅读推广的现状与对策 ………（ 94 ）

第二章　理论体系研究 …………………………………………………（102）
　　第一节　图书馆阅读推广的定义、类型、方法
　　　　　　——在"图书馆阅读推广理论与实践"专题研讨会上的演讲 …（102）
　　第二节　图书馆阅读推广如何体现专业性 …………………………（123）
　　第三节　设计故事与讲故事
　　　　　　——"2018图书馆阅读推广优秀案例分享会"上的发言 ………（134）

第三章　推广方法研究 …………………………………………………（138）
　　第一节　协同创新视域下高校图书馆阅读推广策略研究 …………（138）
　　第二节　用大数据个性化推荐系统进行智慧型阅读推广 …………（145）
　　第三节　中华典籍资源在阅读推广中的价值及其建构
　　　　　　——以公共图书馆国学特色推广为视角 …………………（151）
　　第四节　疗愈视角下的图书馆非物质文化遗产阅读推广
　　　　　　——以湖北民间故事为例 …………………………………（159）
　　第五节　小而美的阅读推广
　　　　　　——以上海外国语大学虹口校区图书馆为例 ……………（165）
　　第六节　"乐道＋尚艺"阅读推广模式探究
　　　　　　——以华东师范大学"在图书馆发现敦煌"为例 …………（173）

第四章　阅读推广人研究 ……………………………………………（181）
第一节　高校阅读推广人的能力素养及其构成
——以上海师范大学图书馆为例 ………………………（181）
第二节　高校阅读推广人的角色变迁及启示 ……………………（189）

下篇　案例篇

第五章　主题文献推广 ………………………………………………（199）
导言　结合馆藏的主题文献阅读推广 ………………………………（199）
案例一　海尚悦读　寻梦上海
——海派文化阅读推广 …………………………………（203）
案例二　馆藏会议文献的新媒体阅读推广 …………………………（211）
案例三　勤求古训，博采众方
——中国医科大学古籍资源立体推广 …………………（216）
案例四　"手抄地方文献"阅读推广活动 ……………………………（222）
案例五　无障阅读　共享光明
——湖北省图书馆光明直播室 …………………………（225）
案例六　创建红色文化素养基地　引领校园阅读推广 ……………（230）
案例七　海韵导读 ……………………………………………………（237）
案例八　"寓读于乐　文化育人"
——"啤酒文化"主题阅读推广活动 …………………（240）
案例九　博"观"约"曲"唱书单：Music & Reading ……………（245）

第六章　阅读比赛 ……………………………………………………（252）
导言　阅读比赛的设计与策划 ………………………………………（252）
案例一　"见微知著"
——"书香云大，阅享生活"系列活动 ………………（258）
案例二　书偶创意设计作品大赛 ……………………………………（265）
案例三　"奔跑吧，战友！"信息检索知识竞赛 ……………………（270）
案例四　"巅峰之作"
——读书挑战团体赛 ……………………………………（277）

案例五　方寸指尖·淮图书情
　　　　　——书签设计大赛 ……………………………………………（281）

　案例六　"阅读达人秀"
　　　　　——经典名著我来演绎 ……………………………………（286）

　案例七　书名比赛·等你来战 ………………………………………（291）

　案例八　园涵桃李风尤美，腹有诗书气自华
　　　　　——桃李湖畔·原创诗词大赛 ………………………………（295）

第七章　特色阅读活动 …………………………………………………（302）

　导言　阅读推广活动如何彰显特色 …………………………………（302）

　案例一　"博雅之旅"系列立体阅读体验 ……………………………（306）

　案例二　"爱阅·表情"之"寻亲启事""认亲会""与亲说"
　　　　　——常规性阅读推广活动的突破创新 ………………………（310）

　案例三　"悦读润道"系列之"悦享读"栏目 …………………………（315）

　案例四　敏读会，我们共同的敏读光阴 ……………………………（319）

　案例五　"电梯间的诗词大会"案例 …………………………………（325）

　案例六　"友书·共读"
　　　　　——多方合作共建社区文化 …………………………………（330）

　案例七　文化反哺
　　　　　——我和爸妈共读一本书 ……………………………………（334）

第八章　亲子阅读推广 …………………………………………………（339）

　导言　面对少年儿童的阅读推广 ……………………………………（339）

　案例一　播撒科学的种子
　　　　　——上海市嘉定区图书馆"小创客学堂" ……………………（342）

　案例二　五彩亲子悦读会 ……………………………………………（346）

　案例三　陈伯吹儿童文学创作讲习堂
　　　　　——公共图书馆自主品牌活动 ………………………………（350）

　案例四　文教结合，让孩子与阅读握握手 …………………………（357）

　案例五　"大带小"儿童阅读推广实践 ………………………………（361）

　案例六　娃哈哈故事会 ………………………………………………（365）

案例七　推广亲子阅读，共筑成长舞台
　　——上海市闵行区图书馆"闵图妈妈小屋" ……………………（369）

第九章　大学生阅读推广 ……………………………………………（375）

导言　面向大学生的阅读推广 …………………………………………（375）

案例一　交圕·安泰书道计划
　　——上海交通大学图书馆新生素质拓展计划 …………………（378）

案例二　"结伴阅读"新生季 ……………………………………………（384）

案例三　弘扬中华传统文化　共建华理书香校园 ………………………（389）

案例四　带本书去旅行
　　——西南交通大学暑期经典阅读推广 …………………………（392）

案例五　新阅读·心悦读
　　——广西科技大学图书馆阅读分享系列活动探索与实践 ……（396）

案例六　"读书盛宴"（FEAST of Reading）
　　——读书月阅读推广活动 ………………………………………（402）

后　记 ………………………………………………………………………（408）

前　言

今夏的上海虽遭遇几阵台风光顾，但都以汹汹来势终趋和缓而告终。它在为我们带来阵阵清雨、缕缕清风和漫天虹霞的同时，也给8月热闹非凡的"上海书展"平添了丝丝凉意，更使得今年的书展显得"与众不同"。最大的不同，就是上海图书馆界积极参与了今年的书展。他们通过举办分会场、书展现场组织等形式，为全民阅读的深入开展奏响崭新的序曲。可以说，今年的"上海书展"与往年相比，除原有的模式外，由于公共图书馆的参与，确实增添了许多新的内容、新的元素，书展活动组织、市民参与程度等方面都有较大幅度提升，现场的火爆程度亦非往年可比，完全可以用高潮迭起来形容。由此可见，随着阅读推广活动的相继开展、阅读推广模式的不断创新，"全民阅读"已经深入人心，融入市民的生活，渐渐成为市民生活中的一部分。

今天，暑热还未退去，书展尚在进行，书稿却已到最终定稿的阶段。由于整部书稿，从策划到选题，从组稿到审稿，都主要是由我来完成，因此，受上海市图书馆学会周德明理事长嘱托，撰写前言的工作也只能由我来承担了。端坐在电脑前，仔细回味书稿策划的整个过程，不免要将时间的年轮转回到一年前。去年，作为一名新进成员，我阴差阳错进入上海市图书馆学会阅读推广委员会并担任副主任，主要工作是协助重组新一届新媒体阅读推广委员会，并协调该委员会相关工作的开展。虽然我在本单位因分管读者服务工作，也负责本馆的读书文化节和阅读推广工作的开展，但毕竟是新手，对委员会的相关工作也不是很了解，欣喜之余压力也随之而来。

为了更好地开展工作，我与新媒体阅读推广委员会主任共同商议，召集本委员会拟任成员于去年12月召开筹备会议，会议上委员们头脑风暴、集思广益并达成共识，从增强活动品牌效应、广辟案例分享途径、强化推广人员专业性、发布阅读推广白皮书等几个角度定位2018年工作规划。今年上半年，在前期筹备基础上，委员会制订本年度工作计划并听取委员们意见，将"阅读推广优秀案例分享交流"作为今年的工作重点。3月，我们联合大学生阅读推广委员会和公共图书馆阅读推广委员会，在上海市图书馆学会的指导下，共同推出"2018阅读推广优秀案例分享交流活动"，本次活动面向全国，共征集到案例90余个，本书中的案例基本上都是来源于这次活动，相关图书馆阅读推广领域专家对本书所选案例进行精彩点评。阅读推广作为一项实践性很强的图书馆活动，需要在相关专业理论的指导下开展才能良性发展，更好地体现专业性。因此，本书分为"理论篇"和"案例篇"上下两篇。

上篇为理论篇，按主题内容划分为4章。第一章是阅读推广调研，其中蔡迎春撰写的第一节是为本书出版专门而作，主要是对图书馆阅读推广相关研究进行调研，并阐述当前研究进展及热点情况；谭丹丹和穆卫国分别撰写的第二节和第三节对上海地区高校图书馆阅读推广现状进行了调研，其中谭丹丹的2013—2016年的阶段性报告是在作者从2013年起对24所本科院校跟踪调研的基础上撰写的，穆卫国的2017年度报告是在上海市高等学校图书情报工作委员会为撰写《2017上海市图书馆发展报告》而做的前期问卷的基础上撰写的；吴冬梅撰写的第四节则对老年群体阅读推广现状进行了调研。第二章为理论体系研究，主要收录王波、李超平两位专家在上海有关阅读推广学术会议上的发言稿全文。这些发言稿分别来自2017年1月由上海市图书馆学会、上海市高等学校图书情报工作委员会主办，上海市图书馆学会大学生阅读推广委员会、上海师范大学图书馆等承办的"图书馆阅读推广理论与实践"专题研讨会和2018年4月由上海市图书馆学会阅读推广委员会和新媒体阅读推广委员会主办，奉贤区图书馆承办的"2018图书馆阅读推广优秀案例分享会"上的专家发言。第三章推广方法研究和第四章阅读推广人研究共收录论文8篇，既有张爱科、丁枝秀、曾媛圆对推广策略、推广模式的研究，也有王顺箐的智慧型推广，潘攀的"小而美"推广等不同推广方式的论述，张小仲、张鑫则对特色资源的推广进行了研究，还有段晓林和魏可分别从能力素养和角色变迁两个角度对高校阅读推广人进行了研究。这些文章大多是2017年10月上海市图书馆学会、上海市高等学校图书情报工作委员会和上海师范大学图书馆共同举办的"2017图书馆学术论坛"征文活动产生的优秀论文。

下篇为案例篇，共收录案例37篇。入选案例按主题共分为5章。第五章为主题文献推广，收录案例9篇；第六章为阅读比赛，收录案例8篇；第七章为特色阅读活动，收录案例7篇；第八章为亲子阅读推广，收录案例7篇；第九章为大学生阅读推广，收录案例6篇。所有案例以图文并茂的形式，从项目设计、主要内容、实施要点、成效与影响四个方面进行陈述，每个案例配有相关活动照片。大部分案例来源于2018年4月举办的"2018年图书馆阅读推广优秀案例分享会"征集到的获奖优秀案例,少部分是2017年10月"2017图书馆学术论坛"征集到的阅读推广方面的案例性文章。所收案例来源以上海为主,还涉及北京、辽宁、江苏、浙江、内蒙古、云南、四川、湖北等地的高校图书馆、公共图书馆,共30余家。

  本书从策划、选题、组稿到最终定稿,得到了图书馆阅读推广领域的很多专家、上海市图书馆学会和上海市高等学校图书情报工作委员会的相关领导,以及上海市图书馆阅读推广委员会及分委会、国家图书馆出版社,还有上海师范大学图书馆的众多同人的帮助,同时,在策划、选题和案例点评过程中也得到了范并思教授、王波研究馆员、李超平教授和赵亮研究馆员的帮助和支持,在此就不一一列举,我谨代表本书编委会向所有帮助与支持我们的专家、领导和同人表示由衷的敬意和感谢!

  另外,由于水平有限,时间较紧,本书错漏在所难免,敬请各位读者与专家指正。

蔡迎春

2018年8月于上海

上篇　理论篇

第一章 阅读推广调研

第一节 图书馆阅读推广研究进展及热点聚焦

图书馆阅读推广是我国图书馆界对图书馆营销推广和图书馆新型阅读服务的统称,图书馆推广阅读、扫盲、终身学习或非正式学习的各种服务,特别是新型的、活动化的服务,均可纳入阅读推广的范畴[①]。1997年,九部委联合发文实施"知识工程","全民阅读"正式提上国家文化政策层面[②]。之后随着"全民阅读月"及4月23日世界读书日活动的开展,以及《关于开展全民阅读活动的倡议书》的提出,2006年中国图书馆学会科普与阅读指导委员会成立,并于2009年更名为阅读推广委员会。该委员会在全国范围内组织开展了"全国图书馆未成年人服务提升计划""阅读推广人"计划等,极大地推动和促进了图书馆阅读推广相关工作的开展。在这一背景下,不同地区、不同类型图书馆的阅读推广活动开展得如火如荼,阅读推广理论也得到迅速建立并进入学术视野,学术界和实践界都表现出浓厚的兴趣,阅读推广的学术研究成果也是与日俱增。本书通过CNKI(中国学术期刊网络出版总库)检索,发现随着阅读推广活动的深入开展,阅读推广学术成果的不断涌现,多篇旨在梳理阅读推广研究进展的综述类论文也已陆续发表,例如,李武等的《图书馆阅读推广研究十年进展(2005—2015)》[③]、李杏丽等的《中国阅读推广研究地图——基于阅读推广研究论文的计量分析与可视化识别》[④]、李海燕的《我国公共图书馆阅读推广研究综述》[⑤]、王宇等的《图书馆阅读推广实践和理论的新进展——东北地区高校图书馆阅读推广研讨会综述》[⑥]、高云的《国内高校图书馆阅读推广研究综述》[⑦]、陆晓红的《我

[①] 范并思.阅读推广与图书馆学:基础理论问题分析[J].中国图书馆学报,2014(5):4-13.

[②][⑤] 李海燕.我国公共图书馆阅读推广研究综述[J].图书馆杂志,2016(2):103-110.

[③] 李武,王丹,黄丹瑜,等.图书馆阅读推广研究十年进展(2005—2015)[J].图书馆论坛,2016(12):54-65.

[④] 李杏丽,王艳红,贾爱娟.中国阅读推广研究地图——基于阅读推广研究论文的计量分析与可视化识别[J].大学图书情报学刊,2015(11):112-117.

[⑥] 王宇,王磊,胡永强,等.图书馆阅读推广实践和理论的新进展——东北地区高校图书馆阅读推广研讨会综述[J].大学图书馆学报,2016(4):17-22.

[⑦] 高云.国内高校图书馆阅读推广研究综述[J].图书馆工作与研究,2017(11):108-113.

国儿童阅读推广研究综述》[①]等,这些论文大多是对高校图书馆、阅读推广专门研讨会,或者是特别类型群体的阅读推广进行综述和总结。虽然也有论文对图书馆阅读推广进行文献计量分析和综述,但是论文主要是对阅读推广相关研究成果进行文献计量学上的分析,统计时段均设2015年之前,而图书馆阅读推广自2015年以来,可以说在国家政策层面和行业学会的积极推动下得到快速发展,尤其是在2016年12月,随着《全民阅读"十三五"时期发展规划》的正式颁布,更是发展迅速,目前尚缺少系统地梳理图书馆阅读推广最新研究进展和趋势的成果。因此,本节试图对图书馆阅读推广的学术研究成果进行数据和主题的双重分析,以期明确图书馆在阅读推广中的角色与功能,聚集研究热点,发现研究趋势,在方便了解学术前沿、寻找新的学术生长点的同时,推动图书馆阅读推广活动的进一步开展和深化。

一、研究方法

本节以CNKI作为数据来源,以"图书馆""阅读推广"为检索词进行摘要和主题精确检索,不限发表时间。经检索和筛选(剔除会议纪要、征文通知及不相关论文),共获得学术论文3451篇(检索时间是2018年8月8日),其中包括期刊论文3272篇、会议论文122篇和学位论文57篇(见表1)。同时,将所有学术论文进行分类整理,在对这些论文的年度分布、来源期刊、基金资助、作者及机构分布情况进行统计分析的基础上,梳理分析图书馆阅读推广的研究热点及最新进展,便于对这一领域的未来研究趋势做更加深入的探讨。

表1 图书馆阅读推广相关学术论文发表情况

类型	数量	占比
期刊论文	3272	94.8%
会议论文	122	3.5%
学位论文	57	1.7%
总量	3451	100%

二、结果统计

(一)论文的增长规律

文献的增长规律反映了学术文献随着时间的延续而增长的动态特征,在一定程度上反映该领域的研究水平和发展速度,揭示学科萌芽、诞生、发展直至走向成熟的

---

① 陆晓红.我国儿童阅读推广研究综述[J].图书馆工作与研究,2013(9):112-116.

基本规律,以及该领域学术研究的进展情况。通过统计可知(见图1),有关图书馆阅读推广的学术论文,最早发表于2006年,共有2篇,即肖永英、陈永娴的《阅读推广计划——深圳市社区图书馆的发展机遇》和陈永娴的《英国"阅读起跑线"(Bookstart)计划及意义》。在2006—2009年,共获得17篇论文,论文数量不多,研究内容主要侧重于公共图书馆开展阅读推广服务以及儿童阅读推广活动组织,这个时期可以作为图书馆阅读推广研究的起步时期。随着2009年中国图书馆学会阅读推广委员会的成立,图书馆界迅速掀起了研究阅读推广的热潮,阅读推广从零星的、补充式的活动发展成为现代图书馆的一种主流服务形态[①]。2010年发文量明显开始增加,2011—2012年初见成效,虽然增幅相对平缓,但是也出现了不少成果,这三年共发表学术论文174篇,其中会议论文5篇,学位论文中涉及阅读推广的有4篇,研究内容从阅读推广的一般性介绍向阅读推广理论化发展,如郑章飞的《图书馆阅读推广理论与实践研究述略》、崔波等的《图书馆加强阅读推广的途径与方式》、王波的《图书馆阅读推广亟待研究的若干问题》、郭文玲的《高校图书馆阅读推广策略分析与研究》。同时,应用研究领域也开始受到关注,如岳修志的《基于问卷调查的高校阅读推广活动评价》、鄂丽君等的《高校图书馆基于区域图书馆联盟开展阅读推广的探讨》等,这些论文都是相关领域高被引论文,为图书馆阅读推广研究的深入发展奠定了坚实的理论和实践基础,这一时期基本上可以作为阅读推广相关研究的发展阶段。

  2013年以后,阅读推广相关研究开始成为学术热点,论文数量直线增加,从2013年的246篇增加到2017年的873篇,相关研究可以说达到了前所未有的高潮。随着范并思的《阅读推广为什么?》《阅读推广:高校图书馆服务"新常态"》《阅读推广的理论自觉》《阅读推广与图书馆学:基础理论问题分析》《公共图书馆阅读推广的发展趋势》、于良芝等的《图书馆阅读推广——循证图书馆学(EBL)的典型领域》、吴晞的《任务、使命与方向:图书馆的阅读推广工作》等研究成果的发布,以及"大阅读"理念的提出,全民阅读观念逐步深入人心。在实践领域,公共图书馆、高校图书馆都发挥各自优势,从经典阅读、新媒体阅读、阅读疗法等不同角度进行阅读推广研究,这一时期可以说是阅读推广研究的稳定发展时期,将为研究的进一步成熟奠定良好的基础。不难预料,随着我国政府、图书馆以及相关机构不断加大对阅读推广的投入力度,阅读推广的相关研究将成为一个时期内图书馆等相关各界研究的热点领域,2018年预计发文量将达到1000篇以上。

---

① 范并思. 阅读推广的理论自觉[J]. 国家图书馆学刊,2014(6):3-8.

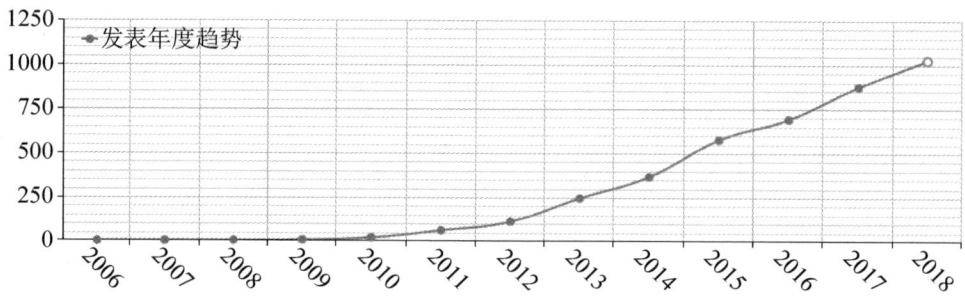

图1　图书馆阅读推广相关学术论文发表年代分布情况

近5年论文数量一直呈直线递增的态势。一方面,随着图书馆阅读推广活动的开展,相关研究逐渐受到图书馆人的关注;另一方面,随着与阅读推广相关的学术研讨会的大量涌现以及图书馆阅读推广理论体系的相继建立,相关会议论文和学位论文的数量增长明显(见图2、图3),图书馆阅读推广的研究深度也在不断强化和深化。

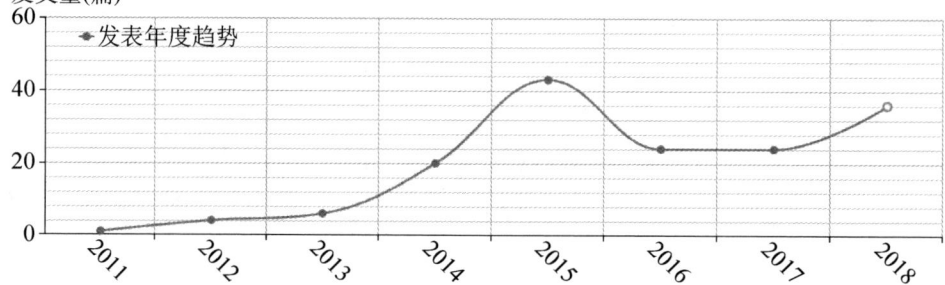

图2　图书馆阅读推广学术会议论文发表年代分布情况

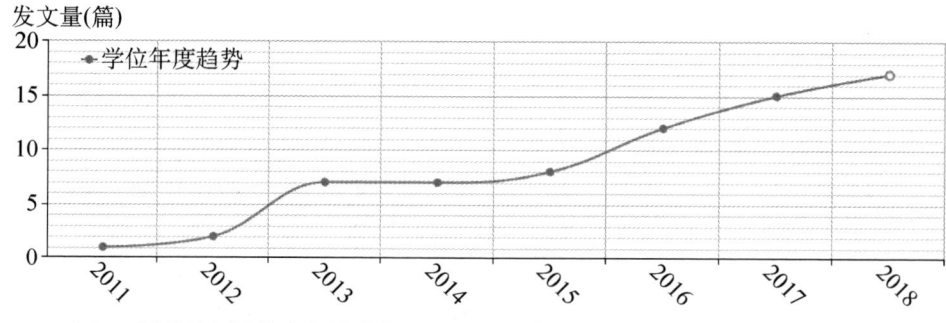

图3　图书馆阅读推广相关学位论文发表年代分布情况

(二)来源期刊分布

阅读推广相关论文的来源期刊,是了解其研究成果空间分布及分布特点的有效途径,有利于社会各界对阅读推广研究成果的快速搜集、吸收和利用,进一步促进相关研究的快速发展。统计表明,阅读推广相关研究的论文在各大期刊的发文存在明显的不平衡。3451 篇学术论文,其中期刊论文共 3272 篇,部分发文情况见图 4。从期刊分布情况看,共分布在近 300 家期刊上,这些期刊既包括图情类期刊,也包括高校学报类期刊,同时还包括文史类期刊、新闻出版类期刊等,具体情况见图 5。从图 5 可知,其中图书情报与数字图书馆方面期刊发文量最多,占到 98.1%。

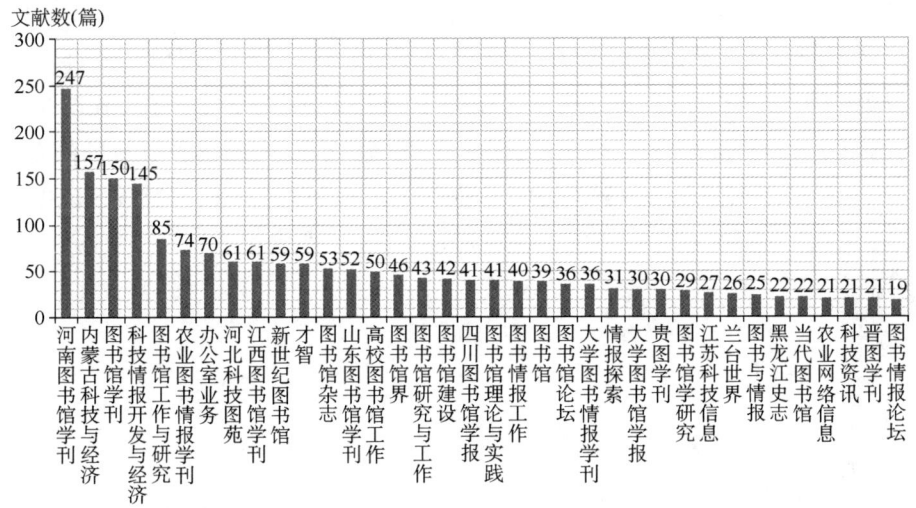

图 4　图书馆阅读推广相关论文期刊分布情况

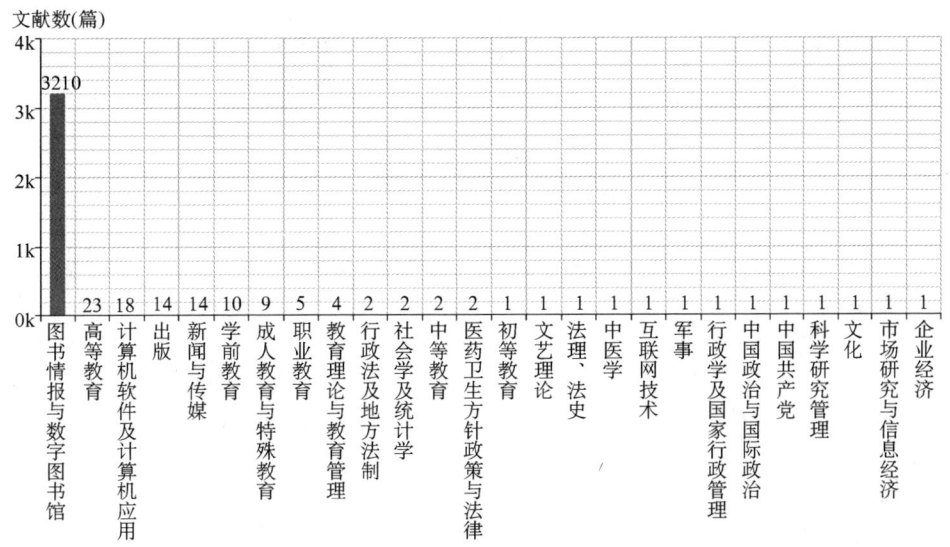

图 5　图书馆阅读推广相关论文发表期刊的学科分布情况

(三)基金资助情况

基金资助的课题都是经过严格评审和筛选,一般是本领域的前沿或重点项目,因此基金论文具有较强的新颖性和较高的学术水平。此次检索到的3272篇学术期刊论文中,获得国家社会科学基金资助的有76篇(见图6、7),其中获得国家社科基金资助最早发表的是在2010年,以后逐年增加。

另外,国家自然科学基金和省市级科研基金的大力扶持也推动了高校图书馆阅读推广研究的发展。从图6可以看出,获得国家自然科学基金资助的论文有2篇,获得省市级科研基金资助的有68篇。从省市级科研基金分布来看,东部及沿海各省资助的多,例如,江苏省20篇、浙江省4篇、湖南省25篇,而东北、西部各省资助的较少,有1—2篇,也反映了东部沿海各省高校阅读推广活动开展得更积极、研究成果也更多。

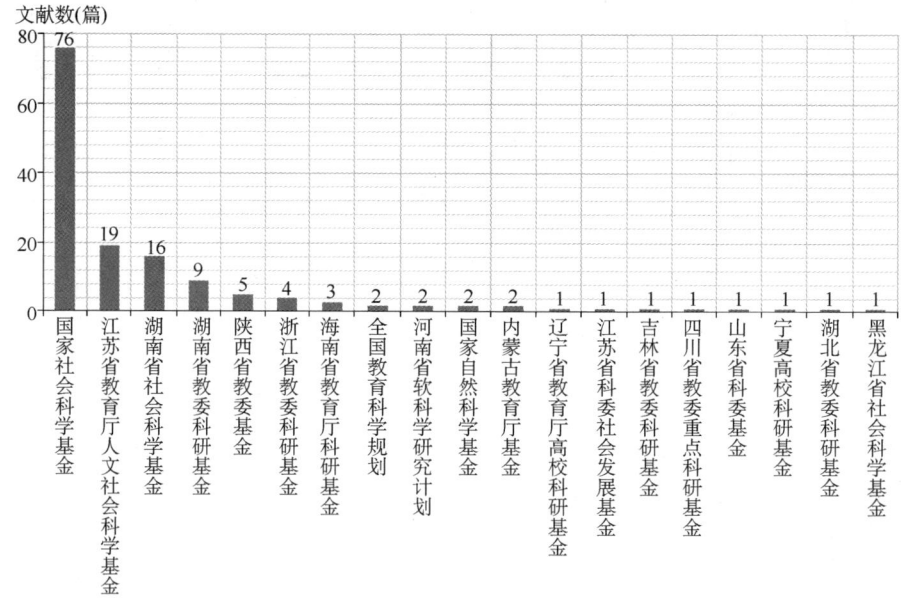

图6 图书馆阅读推广受基金资助期刊论文分布情况

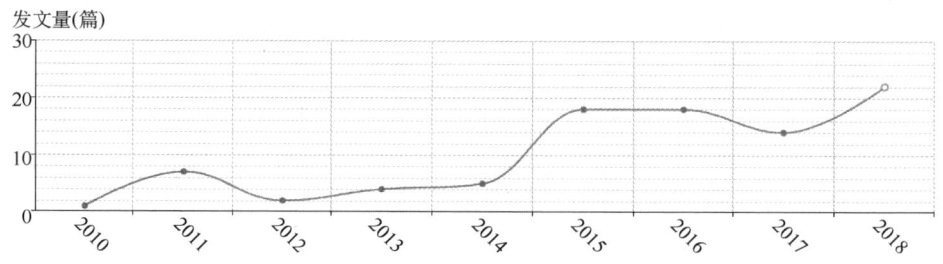

图7 受国家社会科学基金资助的图书馆阅读推广期刊论文年度分布情况

(四)作者分布情况

图书馆阅读推广是一项具有实践性,以提升广大读者阅读兴趣、提高阅读水平为主旨的图书馆活动,无论是活动的开展还是相关的理论与实践研究都离不开团队的支持,为此笔者主要通过对论文作者及其合作情况进行统计,以期研究其合作度和核心作者群体。

1.合作情况

论文的合著率指的是合著论文在发文总数中所占的比例,它是评价科研合作程度的一个重要量化指标。本次统计的3451篇论文中,单一作者发文2642篇,占论文总量的76%;两人合作发文共485篇,占论文总数的14%;三人合作发文234篇,占论文总量的7%;四人及以上作者发文90篇,占论文总数的3%。具体见图8。

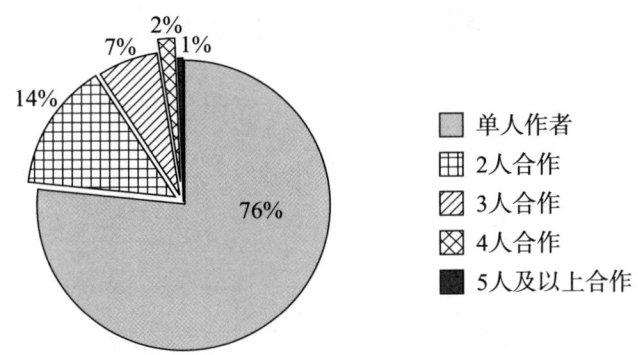

图8　图书馆阅读推广学术论文作者合著情况

图8显示出图书馆阅读推广相关研究仍以个体研究为主,合作水平程度不高。在当今学术界日益强调团队合作的形势下,阅读推广这一需要团队协作才能得以顺利开展的实践性较强的研究活动仍以个体为主,只在本单位或机构成员之间进行小范围合作的局面,必须引起学界的重视。

2.合作度

衡量研究论文作者合作情况的另一指标是合作度,即在确定时域内某种或某类期刊每篇论文的平均作者数。统计表明,3451篇论文,共有署名作者4698人,合作度为1.36人/篇;二人以上合著的论文共有809篇,占论文总量24%,远远低于自然科学论文的平均合著率。这些数据都进一步表明虽然阅读推广作为一项实践性很强的图书馆活动,需要更多的人进行合作才能做好,但是图书馆阅读推广相关研究却仍然处于各自为政的局面,更多的是单枪匹马的独作。

3. 核心作者

根据普赖斯定律,核心作者的发文下限应为:$N = 0.749(\eta max)^{1/2}$,其中$(\eta max)^{1/2}$表示发表论文最多的作者所发表的论文数的平方根。本次统计中最高单人发文量为14篇,据此可得出发文3篇及以上的作者即为本研究领域的核心作者。根据统计,图书馆阅读推广研究领域共有核心作者132人,发文量共有503篇,占总发文量的14.6%(见表2),还远远未达到文献计量学中核心作者发文数量应占发文总量的20%的下限。由此观之,目前此研究领域虽然已经具有一定的核心作者,但还未形成严格意义上的核心作者群,相对固定的研究者少,大多数是临时性研究者,缺乏对该领域长期持续性关注。从另一角度也可以说明由于阅读推广活动涉及面广,相关研究人员较多,研究潜力还有进一步提升的空间。

表2 图书馆阅读推广研究领域发文量3篇及以上的作者情况

作者	发文量	作者	发文量	作者	发文量	作者	发文量
范并思	14	杨彦嫦	5	薛宏珍	4	何德兵	3
秦疏影	10	张丽	5	杨俊丽	4	何芳	3
惠涓澈	9	张毅红	5	杨木容	4	何建新	3
曹炳霞	8	郑毅	5	杨哲	4	胡军	3
鄂丽君	7	周婷	5	姚妙娟	4	胡永生	3
杨莉	7	谭博	5	尹博	4	蒋小峰	3
王波	7	罗小红	5	张麒麟	4	李璐璐	3
郭文玲	6	曹桂平	4	曹国凤	3	李楠	3
贾爱娟	6	曹磊	4	曹娟	3	李睿	3
李杏丽	6	陈亮	4	曹畋	3	李甜	3
刘时容	6	陈幼华	4	曹玉枝	3	李小平	3
王梅	6	崔芳	4	陈香珠	3	李小燕	3
徐雁	6	李海燕	4	崔波	3	李燕	3
张森	6	李雪松	4	邓咏秋	3	李杨	3
张敏	6	沈爱琼	4	丁枝秀	3	李园园	3
吴晞	6	王婷	4	段梅	3	刘红	3
陈俭峰	5	吴惠茹	4	樊会霞	3	刘京	3
李明	5	谢蓉	4	高小军	3	刘开琼	3
王宇	5	许桂菊	4	高颖	3	刘亮	3

续表

作者	发文量	作者	发文量	作者	发文量	作者	发文量
刘燕	3	王梅	3	杨敏	3	张岩	3
罗琳	3	王莫离	3	杨允仙	3	张彦洁	3
吕咏梅	3	王萍	3	叶翠	3	张云	3
吕振任	3	王天泥	3	尹桂平	3	赵申	3
马璇	3	王玮	3	袁家莉	3	郑丽君	3
潘丽敏	3	王晓霞	3	岳修志	3	郑珊霞	3
秦鸿	3	王晔	3	张丹	3	周崇弘	3
任伟	3	王余光	3	张红艳	3	周天旻	3
阮健英	3	文意纯	3	张恺	3	周娴	3
沈秀琼	3	熊莉君	3	张理华	3	朱海峰	3
万乔	3	许尧尧	3	张硕	3	朱淑华	3
王春梅	3	薛丽荣	3	张婷	3	邹群	3
王娟	3	严海帆	3	张晓丹	3	邹容	3
王丽珍	3	杨美容	3	张兴	3	蔡思明	3

（五）机构分布情况

对作者机构分布的统计，可以了解国内阅读推广研究的机构分布特征，获得该领域具备较强科研实力的一些高校或科研院所的信息，便于关注或追踪其研究进展情况。图书馆作为全民阅读活动开展的主要场所，无论是对阅读推广活动的策划和组织，还是对阅读推广工作的归纳总结和理论提升，都起到了相当重要的作用，通过对其机构科研情况的分析，也可以间接地获得该图书馆对阅读推广的重视程度和研究水平。

通过对所有论文的作者机构进行统计可知，阅读推广的研究论文来自全国300余家图书馆和科研机构，其中发文量排在前40的机构，发文量均在11篇以上。其中公共图书馆18家，共发文266篇；高校图书馆有22家，共发文359篇。发文量前3名的均是高校图书馆，分别是南京大学、安徽大学和北京大学。由此可见，公共图书馆和高校图书馆因其在阅读推广研究人才、专业和资源等方面的优势，是阅读推广研究的核心机构和主力军，处于阅读推广工作的第一线。但是，从阅读推广活动的开展来说，公共图书馆开展得较早，无论从活动的创新，还是从活动规模，或者说是受众的群体，都比高校图书馆更胜一筹；而从学术研究的角度而言，由于人才或高校图书馆所承担的科研任务等原因,可能高校图书馆有着更敏锐的视角,也更具前瞻性。究其原因,阅读推广研究高产机构一方面可能是机构本身重视,阅读推广相关活动开展得有声有色,为阅读推广研究提供了丰富的素材,奠定了坚实的实践基础;而更主要的可能还是该领域核心作者的学术领军作用。例如,南京大学的徐雁教授、北京大学的王余光教授和王波研究馆员、华东师范大学的范并思教授等都是图情大家,又热衷于阅读推广理论研究,由大家引领和示范,自然机构发文量较高。又例如,郑州大学的郭文玲、杨俊丽和曹炳霞均是阅读推广相关研究的核心作者,有这么多核心作者的支撑,郑州大学的发文量居于机构第五位也就不奇怪了。

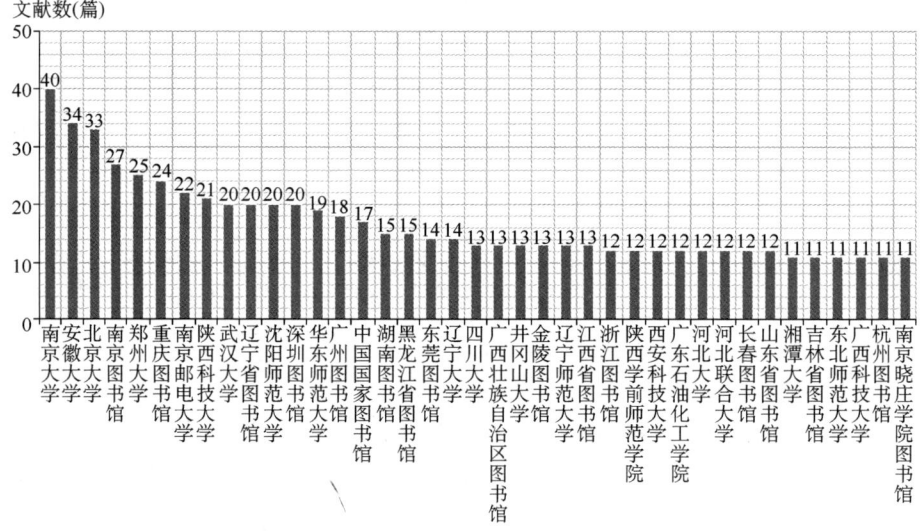

图9　图书馆阅读推广学术论文作者来源机构分布情况

(六)高被引论文

统计分析学术论文的被引频次,可以客观地说明该论文被使用和受重视的程度,以及在学术交流中的作用和地位。一般来说,被引频次在5次以上的论文属于学术影响力较高的研究成果。通过统计可知,图书馆阅读推广相关研究论文被引次数达到5次(含5次)的共632篇,占到总篇数的18.3%;被引1—4次的共1229篇,占到总篇数的35.6%;而没有被引用过的论文共1590篇,占到总篇数的46.1%。由此可见,虽然图书馆阅读推广受到广大研究者的关注,发文量急剧增长,但是低水平重复的现象还是不可避免。为此,本节又对阅读推广高被引论文,即被引次数20次(含20次)以上的论文进行分析,阅读推广高被引论文共有148篇,其中学位论文共6篇,期刊论文142篇,具体见表3。

表3 图书馆阅读推广被引频次20次以上(含20次)期刊论文的来源期刊分布

刊物名称	高被引篇数	刊物名称	高被引篇数	刊物名称	高被引篇数
大学图书馆学报	14	高校图书馆工作	4	公共图书馆	1
图书馆论坛	13	国家图书馆学刊	3	河北科技图苑	1
图书情报工作	12	中国图书馆学报	3	湖北函授大学学报	1
图书与情报	12	大学图书情报学刊	2	江西图书馆学刊	1
图书馆工作与研究	10	农业图书情报学刊	2	科技情报开发与经济	1
图书馆杂志	8	山东图书馆学刊	2	科技信息	1
图书馆建设	7	四川图书馆学报	2	闽南师范大学学报(哲学社会科学版)	1
图书馆学研究	7	图书馆界	2	情报资料工作	1
图书馆	6	图书馆理论与实践	2	上海高校图书情报工作研究	1
图书馆研究	6	图书馆研究与工作	2	图书情报知识	1
图书馆学刊	5	现代情报	2		
新世纪图书馆	5	当代图书馆	1		

由表3可知,高被引篇数居前的基本上是核心期刊,其中核心期刊论文有102篇,占到高被引期刊论文总量的72%,这一数字与对阅读推广研究所有来源期刊发文量统计中核心期刊和CSSCI期刊所占的21%的发文占比形成较为鲜明的对比。阅读推广相关理论与实践的研究普遍存在低水平重复的现象,并且大量刊发在非核心领域的期刊上,通常来说,核心期刊刊发的相关研究成果的平均水平高于非核心期刊的刊发水平。表4主要列举图书馆阅读推广相关研究被引频次排在前50位的成果。可以说,在某种程度上,正是这些高被引研究成果,助推着阅读推广理论的提升和研究方向的不断深化。

表4 图书馆阅读推广部分高被引论文(被引频次前50位)

作者	题名	刊名	年份
陈书梅	从台湾阅读推广活动之现况谈公共图书馆之阅读指导服务	图书馆建设	2006
肖永英、陈永娴	阅读推广计划——深圳市社区图书馆的发展机遇	图书情报工作	2006

续表

作者	题名	刊名	年份
师丽娟	港澳地区阅读推广活动介绍及启示	图书馆杂志	2007
朱淑华	公共图书馆与儿童阅读推广	图书馆建设	2008
程亚男	关于阅读推广的几个问题	图书馆研究与工作	2009
谢蓉、张丽	阅读2.0：新一代的图书馆阅读推广	大学图书馆学报	2009
郑章飞	图书馆阅读推广理论与实践研究述略	图书馆论坛	2010
崔波、岳修志	图书馆加强阅读推广的途径与方式	大学图书馆学报	2010
杨梅	广州地区高校图书馆阅读推广调查研究	四川图书馆学报	2011
王波	图书馆阅读推广亟待研究的若干问题	图书与情报	2011
郎杰斌、吴蜀红	美国国会图书馆阅读推广活动考察分析	图书与情报	2011
秦鸿	英国的阅读推广活动考察	图书与情报	2011
段梅、范丽娟、赵晖	南京理工大学图书馆的阅读推广创新	大学图书馆学报	2011
丁文祎	中国少儿阅读现状及公共图书馆少儿阅读推广策略研究	图书与情报	2011
朱小玲	校园文化品牌活动构建和阅读推广	大学图书馆学报	2011
万行明	阅读推广——助推图书馆腾飞的另一只翅膀	当代图书馆	2011
吴志敏	社会阅读推广与公共图书馆使命——兼论罗湖区图书馆阅读推广实践	图书馆学研究	2011
吕学财	图书馆的阅读推广活动研究	吉林大学	2011
郭文玲	高校图书馆阅读推广策略分析与研究	图书馆论坛	2012
岳修志	基于问卷调查的高校阅读推广活动评价	大学图书馆学报	2012
郑伟青	高校图书馆阅读推广实践现状调查与分析——以"211工程"高校图书馆为例	图书馆工作与研究	2012
鄂丽君、李微、郑洪兰、朱学军	高校图书馆基于区域图书馆联盟开展阅读推广的探讨	图书馆建设	2012
郭海明	高校图书馆阅读推广服务机制构建	图书馆建设	2012
陈斌华	基于问卷调查的高校图书馆阅读推广活动分析	图书馆论坛	2012
谢蓉	数字时代图书馆阅读推广模式研究	图书馆论坛	2012
苏海燕	大学图书馆阅读推广模式研究	山东图书馆学刊	2012

续表

作者	题名	刊名	年份
彭艳、屈南、李建秀	试论大学图书馆的经典阅读推广——以首都师范大学图书馆为例	大学图书馆学报	2012
陈蔚	基于绘本的公共图书馆儿童阅读推广研究	南京大学	2012
范并思	阅读推广为什么？	公共图书馆	2013
王素芳、孙云倩、王波	图书馆儿童阅读推广活动评估指标体系构建研究	中国图书馆学报	2013
闫伟东	欧美图书馆多元化阅读推广模式及其启示	图书情报工作	2013
范并思	阅读推广：高校图书馆服务"新常态"	上海高校图书情报工作研究	2013
刘开琼	高校图书馆阅读推广模式探究	图书馆研究	2013
黄健	高校阅读推广活动的影响因素及其评价	大学图书馆学报	2013
吴高、韦楠华	我国高校图书馆阅读推广所存在的问题与对策研究	图书情报工作	2013
苑世芬	高校图书馆新媒体阅读推广策略研究	现代情报	2013
于良芝、于斌斌	图书馆阅读推广——循证图书馆学（EBL）的典型领域	国家图书馆学刊	2014
雷菊霞、乔婧、袁玉敏	新环境下图书馆阅读推广工作探析——北京师范大学阅读推广实践与思考	大学图书馆学报	2014
范并思	阅读推广的理论自觉	国家图书馆学刊	2014
范并思	阅读推广与图书馆学：基础理论问题分析	中国图书馆学报	2014
刘彩娥	国内高校图书馆阅读推广活动的几个误区	图书馆	2014
王姝、魏群义、黄娟	高校图书馆阅读推广理论架构与实践——以重庆大学图书馆为例	图书情报工作	2014
刘亚	移动互联时代的大学图书馆阅读推广策略——基于社会化阅读的启示	图书馆论坛	2014
李园园	高校图书馆阅读推广机制研究——以同济大学图书馆立体阅读为例	图书馆学研究	2014
吴晞	任务、使命与方向：图书馆的阅读推广工作	图书馆杂志	2014
万慕晨、欧亮	基于微信公众平台的高校图书馆阅读推广效果实证研究	图书情报工作	2015

续表

作者	题名	刊名	年份
王波	阅读推广、图书馆阅读推广的定义——兼论如何认识和学习图书馆时尚阅读推广案例	图书馆论坛	2015
谢蓉、刘炜、赵珊珊	试论图书馆阅读推广理论的构建	中国图书馆学报	2015
范并思	公共图书馆阅读推广的发展趋势	图书馆杂志	2015
许天才、杨新涯、王宁、魏群义	图书馆阅读推广的多元化趋势研究——以首届高校图书馆阅读推广大赛为案例	图书情报工作	2016

三、研究进展和热点聚焦

（一）数据统计依据

关键词是研究观点与思想的凝练，能够有效地反映特定时段、特定领域的研究热点。经统计，对排在前50位且具有实质内容的关键词进行适当归并，并排除泛义关键词，例如高校图书馆、公共图书馆、全民阅读、阅读推广活动、阅读推广服务等，我们可以看到：出现频次较高的关键词为阅读推广联盟、策略、微信、经典阅读、新媒体、儿童阅读、数字阅读推广、绘本等（见图10）。这些都是研究者普遍关注的热点。

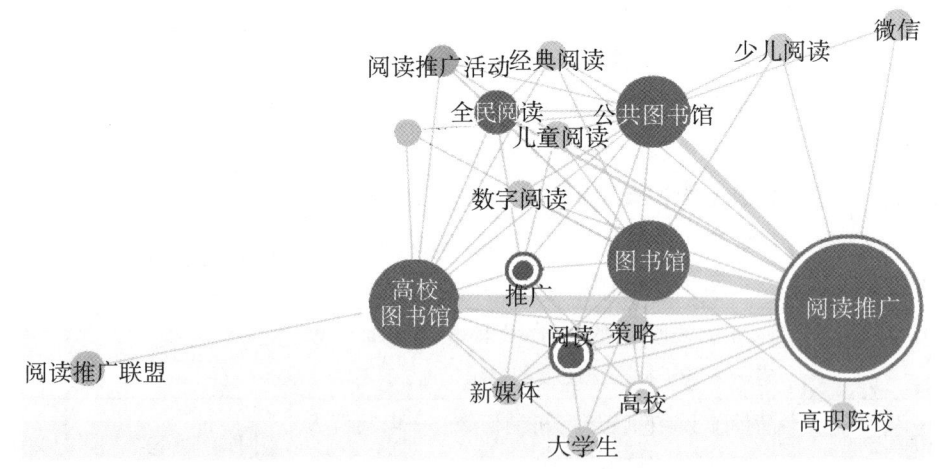

图10 图书馆阅读推广学术论文关键词词频共现

由此可见,阅读推广研究的范围较广泛。然而,并不是所有研究主题都是齐头并进的,有的比较集中,有的比较少;阅读推广受全民阅读的影响较大,活动开展普及度极高,受到高校、公共以及高职高专等图书馆的普遍关注,高校图书馆和公共图书馆是促进阅读推广实践和研究的两大堡垒,阅读推广的内容主要集中在经典书籍或绘本方面,推广的群体主要有大学生和儿童,在研究方面更多地关注新媒体阅读推广、数字阅读推广以及阅读推广联盟等。

但是,根据长尾理论,频率较低的关键词在实际研究中同样具有重要意义。一方面这些关键词可能出现得比较迟,代表着新的还没有被深入挖掘的研究领域;另一方面也可能会成为未来进行深入研究的突破口。为了进一步聚焦热点,本节又分析相关成果中的低频词,并结合近两年成果的关键词进一步分析,得到的热点关键词有阅读推广联盟、阅读行为、深阅读、阅读社区、微阅读、文化推广(地方文献)等。

(二)研究进展

图书馆实践活动的持续发展,总是需要相关理论作为引领,阅读推广活动也不例外。图书馆阅读推广创新的源泉是图书馆学理论,图书馆学理论可以引领图书馆阅读推广的方向与目标,支持阅读推广活动策划、实施与评估,帮助图书馆开发新的推广活动与服务资源。同时,阅读推广的丰富实践也为图书馆学理论创新提供了丰富的土壤。阅读推广的主要支撑性理论包括应用性理论和图书馆学基础理论。其中应用性理论是指运用基础理论研究得出的一般知识、原理、原则,针对具体实际问题,研究某一局部领域的特殊规律,提出比理论性研究更有针对性的理论和方法,主要解决实际问题。阅读推广的应用性理论是针对阅读推广的具体实践进行研究,如组织、策划、宣传、绩效测评和推广路径等;而图书馆学基础理论则主要包括基本概念、服务属性、目标群体、核心目标及阅读推广视域下的阅读行为与阅读文化研究等,即阅读推广"是什么""为什么""应该怎么做"这类问题,解决阅读推广的服务目标和价值定位[①]。

随着阅读推广实践活动的大量开展,相关案例大量涌现,阅读推广相关的理论研究也逐渐被学者所重视,尤其是2013年以后,相关的理论文章更是如雨后春笋般见诸各大图情刊物。这一时期涌现出一批醉心于图书馆阅读推广事业的专家和学者,尤其是范并思、吴晞、王余光、徐雁、于良芝、王波、张怀涛、万行明等,他们都从各自的知识背景出发,尝试对阅读推广的内涵、外延和类型、性质等问题进行理论探

---

① 范并思. 阅读推广与图书馆学:基础理论问题分析[J]. 中国图书馆学报,2014(5):4-13.

讨。同时,许多图书馆从业人员从阅读推广的实践出发,从实证的角度对阅读推广的策划、评价体系构建以及创新路径规划等进行探讨。

1. 理论层面

(1) 阅读推广的定义

在图书馆学基础理论方面,对于"阅读推广"以及"图书馆阅读推广"的界定问题,已有多位学者提出不同的见解。首先,对于阅读推广的界定,范并思是阅读推广基础理论研究的倡导者和践行者,他对阅读推广的基础理论问题进行了分析,提出阅读推广研究的理论自觉,认为"阅读推广的字面意义很简单,就是对阅读进行促进和推动",并且回答了"阅读推广为什么"的问题。郑章飞认为阅读指导的目的是满足读者的阅读需求,而阅读推广则是为了激发这种需求。阅读推广活动既是对阅读本身进行推广,也是对阅读指导服务的推广,同时也是图书馆一种很好的自我推广方式[①]。张怀涛在总结这些概念的基础上,认为阅读推广顾名思义就是推广阅读,简言之就是社会组织或个人为促进人们阅读而开展的相关活动,也就是将有益于个人和社会的阅读活动推而广之;详言之就是社会组织或个人,为促进阅读这一人类独有的活动,采用相应的途径和方式,扩展阅读的作用范围,增强阅读的影响力度,使人们更有意愿、更有条件参与阅读的文化活动和事业[②]。而王波在《阅读推广、图书馆阅读推广的定义——兼论如何认识和学习图书馆时尚阅读推广案例》一文中较为赞同张怀涛的定义,但是他认为"阅读推广"的定义如果做如下表述,则更为大气和简洁:阅读推广,就是为了推动人人阅读,以提高人类文化素质、提升各民族软实力、加快各国富强和民族振兴的进程为战略目标,而由各国的机构和个人开展的旨在培养民众的阅读兴趣、阅读习惯,提高民众的阅读质量、阅读能力、阅读效果的活动[③]。其次,何为"图书馆阅读推广"?仅有少数学者对此进行界定。于良芝等认为根据图书馆界从事阅读推广的经验,它主要指以培养一般阅读习惯或特定阅读兴趣为目标而开展的图书宣传推介或读者活动。培养阅读习惯或兴趣这一目标决定阅读推广试图影响的通常是休闲阅读行为,即与工作或学习任务无关的阅读行为。这是因为,与工作或学习任务相关的阅读,其目标是解决工作或学习中的问题,它既然主要

---

① 郑章飞.图书馆阅读推广理论与实践研究述略[J].图书馆论坛,2010(6):46-51,132.
② 张怀涛.阅读推广的概念与实施[J].河南图书馆学刊,2015(1):2-5.
③ 王波.阅读推广、图书馆阅读推广的定义——兼论如何认识和学习图书馆时尚阅读推广案例[J].图书馆论坛,2015(10):1-7.

受任务驱动,便不易受阅读推广的影响①。王波则在上述定义的基础上给出更为明确的界定,他认为:图书馆阅读推广,是指图书馆通过精心创意、策划,将读者的注意力从海量馆藏引导到小范围的有吸引力的馆藏,以提高馆藏的流通量和利用率的活动。谢蓉等也对图书馆阅读推广进行了界定,并认为图书馆阅读推广是图书馆利用其信息资源、设备设施、专业团队和社会关系等各种条件,鼓励各类人群成为图书馆的读者,并培养其阅读兴趣、养成阅读习惯或提升其信息素养的各种实践②。

(2)阅读推广类型的研究

张彬将阅读推广分为经典文献阅读推广、实用文献阅读推广、自选文献阅读推广三种类型③。张怀涛则分别以读者、读物和环境三个维度为切入点对阅读推广进行分类。其中读者维度又按读者特征分为行业型、学科型、层级型、年龄型、性别型、时间型、地域型7类,按读者水平分为养成型、训练型、帮助型和服务型4类,按读者需求分为导向型、导读型和导用型3类,按读者群集分为个别型、群体型和普适型3类。读物维度则按媒介形式分为人媒式、物媒式、纸媒式、数媒式、视媒式和多媒式6类,按运作形式分为对话式、沙龙式、授课式、参与式、展示式、集会式、参观式、评价式和游戏式9类,按组织形式分为直接式、间接式、联动式3类,按过程形式分为正向式、反向式和多向式3类。环境维度则按推广力度分为指令性、倡导性、感染性和疗愈性4类,按活动周期分为常态性、策划性、随机性3类,按启动机制分为主动性、被动性、互动性3类,按效果范围分成单项性、系列性、氛围性3类④。胡陈冲以高校大学生参加阅读推广活动的情况为研究对象,利用相关文献资料和实际访谈数据,尝试从推—拉理论的视角论述促使大学生参加阅读推广活动的内外推力与拉力因素⑤。这些因素(见表5)虽然不是关于阅读推广的分类,但是王波在《图书馆阅读推广的定义、类型、方法——在"图书馆阅读推广理论与实践"专题研讨会上的演讲》一文中认为这些因素可以作为划分阅读推广的类型。王波认为划分类型是研究问题的常用方法,有助于加深对研究对象的层次化、体系化认识,但是直到今天,关于图

---

① 于良芝,于斌斌.图书馆阅读推广——循证图书馆学(EBL)的典型领域[J].国家图书馆学刊,2014(6):9-16.

② 谢蓉,刘炜,赵珊珊.试论图书馆阅读推广理论的构建[J].中国图书馆学报,2015(5):87-98.

③ 张彬.图书馆阅读推广活动的理论支撑[J].山东图书馆学刊,2013(2):42-46.

④ 张怀涛.阅读推广方式的维度观察[J].大学图书馆学报,2015(6):59-65.

⑤ 胡陈冲."推—拉理论"视角下高校大学生参加阅读推广活动的动因分析[J].大学图书馆学报,2017(1):79-84.

书馆阅读推广还没有专家拿出令人信服的类型划分。王波在分析张怀涛分类法、岳修志分类法、张彬分类法、胡陈冲分类法的基础上,提出图书馆阅读推广活动类型可以按活动频率、活动性质、活动角色、活动方法和活动手段等标准来分类(见表6)①。谢蓉等认为,图书馆阅读推广可以按"馆藏推介"和"读者发展"两大基本目标分为基于资源的推广和基于读者的推广,这两种类型的推广密切相关:因为进行馆藏推介的前提是掌握读者需求,并能根据读者的反馈来调整馆藏;发展读者也通常需要以馆藏和服务来吸引他们,引导并固化其阅读需求,提升读者的满足感,使其认同图书馆的理念和价值,成为图书馆的忠实"粉丝"②。

表5 胡陈冲关于图书馆阅读推广的类型一览表

读者类型	影响因素	二级因素	三级因素
学生读者	内在推力	心理特征	好奇心
			兴趣爱好
			图书馆认同感
			从众心理
		发展需求	阅读能力
			增长知识
			今后发展
	中间障碍	时间	
		空间	
	外部拉力	主体因素	活动属性
			组织因素
			奖励制度
		环境因素	学校环境
			人际环境
			政策环境

① 王波.图书馆阅读推广的定义、类型、方法——在"图书馆阅读推广理论与实践"专题研讨会上的演讲[J].上海高校图书情报工作研究,2017(1):6-19.
② 谢蓉,刘炜,赵珊珊.试论图书馆阅读推广理论的构建[J].中国图书馆学报,2015(5):87-98.

表6 王波关于图书馆阅读推广的类型一览表

划分标准	阅读推广的类型	备注
活动频率	随机性推广、常态性推广、策划性推广	
活动性质	直接推广	
	间接推广	格式转换服务、存取共享服务
活动角色	主角推广、配角推广、媒角推广	
活动方法	拉法推广	有需求、大需求文献:热点文献、荐购文献、经典文献
	推法推广	小需求、无需求文献:新进文献、陌生文献、睡眠文献
	撞法推广	需求不明、需求混合文献
活动手段	借图、借声、借影、借演	

（3）阅读推广价值的研究

王余光认为阅读推广的内核应该是经典图书,高校图书馆做阅读推广的真正价值和使命是回归经典,通过阅读推广活动,让经典成为学生教养的一部分。王余光呼吁图书馆设立经典阅览室,围绕与经典有关的热点开展主题阅读活动,并根据不同院系的培养方针,为学生制订个性化经典阅读计划,将经典阅读教育纳入通识教育体系[①]。施春林认为图书馆阅读推广的价值考察存在诸多的迷思,主客体的价值关系辨识不清,对具体问题的认知与思考也总是处于各种似是而非的推断与理论的阴影之下。拨开迷雾需要从哲学的高度审视与剖析阅读推广的意义、目的及手段。从价值哲学角度来看,阅读推广不过是图书馆人对图书馆生存危机的一种应激反应,是救亡图存的一种主观努力。要真正实现这一目的,需要图书馆人有直面自我的勇气,从认识自我、改变自我出发,构建因应时代变革的调适机制与核心能力[②]。施晓莹等以马斯洛需求层次理论为参照,从读者的感知入手,初步建立了读者视角的阅读推广价值评价五层级模型,即读者知晓层、读者参与层、读者满意层、读者认可层、读者推广层的五级模型,为阅读推广评价的全域性研究提供新的视角,以期阅

---

① 王宇,王磊,胡永强,等.图书馆阅读推广实践和理论的新进展——东北地区高校图书馆阅读推广研讨会综述[J].大学图书馆学报,2016(4):17-22.
② 施春林.图书馆阅读推广的价值关系辨析及价值实现思考[J].图书馆建设,2017(3):39-43.

读推广工作能取得更大的进步[1]。谢艳芳认为阅读推广是在"开展全民阅读活动"这一背景下出现的,它符合我国社会主义核心价值观的要求,并从四个方面阐述阅读推广成为图书馆核心价值的理由,同时列举一些符合图书馆核心价值的阅读推广案例。

(4)阅读推广模式的研究

在阅读推广研究中出现比较多的还有对阅读推广模式的研究,通过对文章内容进行分析,大多是从公共图书馆或高校图书馆视角出发,基于各种类型的阅读推广案例总结适合国内图书馆的阅读推广模式。例如,闫伟东认为欧美图书馆通过公民阅读权保障、全民阅读氛围营造、阅读环境优化、多元化常态性阅读推广活动开展、注重多元合作等多元化模式推动本国的阅读运动,借鉴国外的成功经验,国内图书馆界在开展阅读推广中可更多地注重多元合作、多元主体互动环境构建、长效可持续发展机制构建、立体阅读环境构建等[2]。谢蓉分析参与阅读推广活动的主要实体,构建阅读推广模型,并通过对西安交通大学图书馆开通移动图书馆服务、上海图书馆推出电子阅读器外借服务、首都图书馆利用微博参与"图书交换大集"三个典型案例的探讨,重点提炼和总结数字时代几种初露端倪的阅读推广模式,即社会化媒体推广模式、电子阅读器借阅模式、移动图书馆推广模式,并认为三种推广模式,虽然推广的媒介不同,针对的阅读群体不同,推广的方式方法也有很大差别,但其推广的目的一致,都是为了促进各类文献资源的利用,扩大阅读的受众,让读者更多地利用图书馆,更便利地获取信息资源[3]。王彦力等分析了北京大学、重庆大学、四川大学等高校图书馆的一些精彩的阅读推广案例,总结出以多媒体技术、新媒体平台、大数据推广理念、游戏式推广、业务流程再造为支撑的五种基于信息技术的阅读推广模式,认为图书馆如果能有机地将这些推广模式相结合,将大大提升阅读推广的效果[4]。周天旻等提出多元化阅读推广模式,包含 OPAC 2.0 阅读引导模式、资源共享平台的引导模式、移动图书馆阅读引导模式、学科服务阅读推广引导模式、系列阅读推广引导模式和 Living Library 阅读引导模式[5]。张勇等提出基于顶层设计的阅读推

---

[1] 施晓莹,湛敏,张岩.基于读者视角的图书馆阅读推广价值评价研究[J].农业图书情报学刊,2014(9):74-77.

[2] 闫伟东.欧美图书馆多元化阅读推广模式及其启示[J].图书情报工作,2013(12):82-87.

[3] 谢蓉.数字时代图书馆阅读推广模式研究[J].图书馆论坛,2012(3):23-27.

[4] 王彦力,刘芳兵,杨新涯.以信息技术为支撑的阅读推广模式研究[J].大学图书馆学报,2016(4):30-35.

[5] 周天旻,陈贞谕.图书馆多元化阅读推广模式的融合和发展[J].图书馆研究,2015(1):51-53.

广模式构架、基于学分制的约束性阅读推广模式及基于开放性的阅读推广模式——引导式经典阅读推荐活动①。胡胜男等在文章中把近年开展的活动总结为三种模式:专题讲座模式、主题活动式阅读推广及环境友好式阅读推广,并提出高校图书馆可以对阅读推广学和阅读心理疗法进行深入研究,开设阅读推广讲座或课程,以便更好地指导阅读推广实践工作②。其他文章主要是对其他群体的阅读推广模式进行研究,例如陆晓红提出通过引入多学科理论包括战略理论、营销理论、儿童心理理论、儿童发展理论、阅读理论等构建系统性的儿童阅读推广模式③。赵发珍提出公共图书馆全民阅读的三种服务模式:以图书馆作为全民阅读核心机构的"阅读中心"模式;阅读项目模式,包括"阅读起跑线计划""青少年阅读计划""阅读挑战计划"及"悦读计划"等几种项目;通过个人自由阅读与集体阅读进行交流并激发思维的集体活动——"读书会"模式④。张丽等从宏观方面提出建设"馆家一体化、馆园一体化、馆社一体化"的儿童阅读推广模式,微观方面从阅读推广活动的策划、宣传、实施、评估等四个部分开展阅读推广活动⑤。严海帆等提出"儿童知识银行"未成年人阅读推广模式,把知识看作是和金钱一样可以存储的财富。读者可以开户、销户、储蓄、取款并获得利息,通过参加图书馆的各类阅读活动赚取"知识币",积累知识财富,并在奖励手段的激励下坚持不懈地阅读⑥。许欢针对儿童传统经典阅读,认为阅读推广应采取诵读工程推广和传统学堂深度阅读推广模式,即采取背诵的方式和学堂授课的形式,分传统经典阅读兴趣班和全日制经典阅读学堂,通过这两种方式来对传统经典进行阅读推广⑦。朱莺针对残疾人提出单独阅读推广模式、联合推广模式和数字阅读推广模式,即通过在图书馆设立残疾人阅览室和在馆内举办各种阅读活动等形式进行单独推广,联合其他图书馆或其他机构进行联合推广以及建设图书馆网

---

① 张勇,荣翠琴,王玲.试论高职院校图书馆的阅读推广模式——以成都航空职业技术学院图书馆为例[J].大学图书馆学报,2014(2):64-67.
② 胡胜男,敬卿,邱雪兰.高校图书馆阅读推广模式与理论探讨[J].高校图书馆工作,2016(1):20-24.
③ 陆晓红.我国公共图书馆儿童阅读推广模式研究[D].天津:南开大学,2014:5-8.
④ 赵发珍.公共图书馆全民阅读推广模式探析[J].图书馆学刊,2014(1):84-85,101.
⑤ 张丽,熊伟,惠娟澈,等.公共图书馆学前儿童阅读推广模式构建探究——以西安图书馆为例[J].图书馆论坛,2014(9):51-57.
⑥ 严海帆,郑杨佳.一种新的未成年人阅读推广模式——"儿童知识银行"[J].图书馆建设,2012(10):53-56.
⑦ 许欢.儿童传统经典阅读推广研究[J].图书与情报,2011(2):7-10.

站、向残疾读者推荐网络阅读资源等形式进行数字阅读推广①。

2. 应用层面

在阅读推广应用性理论研究方面，图书馆在阅读推广活动实践的基础上，均从不同的层面进行了相应的总结和研究。

（1）关于阅读推广策略问题

李铭提出图书馆阅读推广是一种点、线、面多维度发展的动态化过程，在推广的过程中要客观看待各维度上的单体以及相互之间的辩证关系，积极探索行之有效的推广策略。同时图书馆阅读推广是一项庞大的系统工程，有很多推广载体和途径。作者认为在众多推广载体和途径中，群体差异服务推广策略、综合职能延展创新策略、多元权益保障构建策略、升级社会阅读体系策略、完善政府职能管理策略等五个向度值得进一步深入实践探索②。刘淑琴则提出在"互联网+"时代，图书馆阅读推广要培养"互联网+"的阅读思维，并建设高质量的阅读推广平台，同时对阅读推广活动效果进行评估③。更多的文章则是从不同层次、不同类型或者不同阅读推广形式对图书馆阅读推广的策略进行研究，如高校图书馆、公共图书馆、少儿图书馆、高职高专图书馆，成人、少儿、大学生，新媒体、微媒体、数字阅读、经典阅读推广、绘本阅读推广、微信推广、家庭阅读推广等。同时，也有许多文章对境外图书馆阅读推广策略进行介绍，如《公共图书馆城市阅读推广模式研究——以香港公共图书馆为鉴》《新加坡图书馆阅读推广策略实践研究》《中美城市公共图书馆战略规划中阅读推广策略比较研究》。

（2）关于阅读推广的评价问题

黄健采取座谈会和问卷调查形式，对17种高校图书馆的阅读推广活动进行评价，并结合读者看法，就如何提高大学生的阅读兴趣、阅读能力、阅读素养，如何丰富阅读推广活动形式，如何加强阅读推广活动的宣传效果等六个问题进行分析，并从这些方面提出许多中肯的建议④。尹秀波从读者满意度、阅读心理、阅读推广能力、阅读行为四个方面构建评价体系，通过调查分析读者的感知变化，希望为提高阅读推广活动成效提供参考和改善性建议⑤。姚显霞在分析国内外阅读推广活动评价的

---

① 朱莺.图书馆残疾人阅读推广模式研究[J].图书馆学研究,2014(4):54-56.
② 李铭.图书馆阅读推广策略五向度探析[J].图书馆工作与研究,2014(11):24-26.
③ 刘淑琴."互联网+"时代图书馆阅读推广策略研究[J].图书馆学刊,2016(5):114-116.
④ 黄健.高校阅读推广活动的影响因素及其评价[J].大学图书馆学报,2013(2):93-96.
⑤ 尹秀波.基于读者视角的高校图书馆阅读推广活动评价研究——以黑龙江科技大学为例[J].河北科技图苑,2015(5):77-80.

研究状况后,认为阅读推广活动评价日益受到重视,但对于单个阅读推广活动缺乏科学的评价指标,对于某单位、某区域的阅读推广活动缺乏总体评价,对每个层次的阅读推广活动的评价缺乏"读者"参数。在此基础上,作者提出了一个阅读推广活动评价的总体框架,给出三种层次的阅读推广活动评价的内容和方法①。朱园园等以西南科技大学图书馆为研究对象,从读者、图书馆、馆藏资源三方面构建高校图书馆阅读推广活动效果评价体系,并利用 AHP 确定指标权重,然后运用动态模糊综合评价法对西南科技大学图书馆开展的两种阅读推广活动的效果进行实证分析②。

(3)关于阅读推广的路径问题

秦疏影以北京农学院图书馆为例进行了研究。北京农学院图书馆在前期准备工作的基础上,对阅读推广活动的主题和形式做了精心策划,包括活动时间的确定、活动的宣传、与读者的沟通和互动、阅读推广活动设计等方面。围绕活动是否达到预期目标,文章从评价的方法和读者的阅读效果两个方面进行探讨③。吴湘飞和朱小玲以浙江工商大学为例,从文献资源建设的角度,通过阅读调查、书目征集、读者荐购、微博、书评、书香寝室评选等对高校图书馆的阅读推广路径进行探析。活动是否达到目标、效果如何,应该有一个科学有效的评价方法,以便阅读推广活动可以再次有的放矢地开展④。

(4)关于"阅读推广人"的问题

2014 年,中国图书馆学会启动"阅读推广人"培育行动,随之《阅读推广人系列教材》第一辑、第二辑分别于 2015 年和 2017 年由北京朝华出版社出版。《图书馆杂志》和《图书馆建设》分别为王余光和邱冠华设了专栏。王余光作为这套教材的总主编之一,撰写了一篇小文《书外胜语:〈阅读推广人系列教材〉的编纂》,对"阅读推广人"培育计划及《阅读推广人系列教材》第一辑的编纂目的、过程等做了说明。随后,一系列关于《阅读推广人系列教材》的文章相应而出,张章从分析阅读推广人概念入手,从广义和狭义概念的角度对阅读推广人进行定义。梳理、介绍国内外阅读推广

---

① 姚显霞.阅读推广活动评价评述及其总体框架构建[J].大学图书馆学报,2016(2):89-93.

② 朱园园,胡翠红,唐婷,等.基于动态模糊综合评价的高校图书馆阅读推广效果评价研究[J].图书馆研究与工作,2018(8):50-54.

③ 秦疏影.高校图书馆精细化阅读推广模式研究与效果评价——以北京农学院图书馆阅读推广活动为例[J].图书情报工作,2015(16):45-49,89.

④ 吴湘飞,朱小玲.文献资源建设背景下的阅读推广路径探析——以浙江工商大学为例[J].图书馆,2015(6):103-106.

人培训的历程、方式和各自的特点,并着重分析中国图书馆学会阅读推广人培训的经验和创新,提出阅读推广人培训工作未来发展的重点、难点及解决方案①。

  无论是政府层面,还是全国性或者是各个地方学会层面都分别组织了名目繁多的"阅读推广人"培养计划,以提高阅读推广人的专业水平,推动阅读推广人向专业化方向发展。2011年,深圳率先在全国启动优秀阅读推广人评选,并于2012年起连续开展了"阅读推广人培训班",并且制定《深圳市阅读推广人管理办法》,对阅读推广人的定义、宗旨、业务范围、业务标准、资助扶持办法等内容进行规定,成为全国第一个专门针对阅读推广人的管理办法。江苏省常州市、镇江市、张家港市,湖南省益阳市等也开展了由政府机构主办的阅读推广人培训。中国图书馆学会在2014年开始着手推动阅读推广人培育行动,致力于将图书馆打造成培育推广人的摇篮,计划推出儿童推广、经典推广等分类培训项目,并且在全国图书馆界得到积极的响应。越来越多的图书馆,尤其是公共图书馆关注并开展阅读推广人培训工作。上海图书馆学会2014年启动了"阅读推广人"培育项目,开始了在实践和制度上的探索②,并于2018年新一届改选之际专门设立"阅读推广人"分委员会,加强对上海地区各图书馆阅读推广人培训和研究工作。曹娟认为阅读推广事业良好的发展态势对阅读推广人才提出了更高要求,以短期培训为主的阅读推广人培训机制能够提供的人才质量与数量无法满足阅读推广事业发展的需要,这是发展阅读推广人才专业教育的根本原因。她在文章中主张图书馆界推动阅读推广人才专业教育,图书馆是全社会阅读推广的主阵地,图书馆学科体系中应当有阅读推广的地位,图书馆学教育应当发展阅读推广专业教育③。郑勇等探讨阅读推广人的基本要求及培养方式,分析阅读推广人应具有的基本要求,即基本素养和核心能力,从微观层面即具体图书馆角度探讨培养模式④。雷水旺提出阅读推广人是指具备一定资质、能够开展阅读指导、提升读者阅读兴趣和阅读能力的专职或业余人员,并分析高校图书馆阅读推广人应

---

  ① 张章.阅读推广人培训的现状与展望——以中国图书馆学会阅读推广人培育行动为例[J].图书馆杂志,2016(8):34-41.
  ② 杨飞.构建专业化的阅读推广人队伍——上海市图书馆学会阅读推广人培育工作实践[J].新世纪图书馆,2015(7):38-42.
  ③ 曹娟.从阅读推广人到阅读推广人才——论图书馆界主导阅读推广专业教育[J].图书馆论坛,2018(1):78-85.
  ④ 郑勇,胡冰倩,惠涓澈.图书馆阅读推广人的基本要求及培养方式[J].图书馆论坛,2019(1):138-144.

具备的一般图书馆员资质能力和其他特殊能力[①]。另外,张敏认为高素质的高校辅导员是高校阅读推广队伍稳定、重要的力量,高校辅导员担任阅读推广人具有明显的优势,可行性和操作性强。在高校各部门的保障和支持下,高校辅导员采用多种切实有效的工作方法开展阅读推广工作是高校图书馆阅读推广的模式[②]。

可以说,阅读推广理论研究已经初步形成百家争鸣、多种理论流派共存的现状。但是,目前尚未形成主流的、统一的理论共识。当然,出现百家争鸣的情况是正常的。但是,无论是从理论层面,还是从应用层面,都应该对阅读推广的研究进展情况进行梳理并理清脉络,这对于推动阅读推广相关理论进一步深化,促进阅读推广活动的良性发展具有积极作用。

(三)热点聚焦

结合关键词并综合分析图书馆阅读推广研究的相关内容,本节主要从以下四个方面对图书馆阅读推广的热点问题进行聚焦。

1. 全民阅读推广

图书馆是倡导全民阅读、终身学习等基本理念的中坚,是联系群体阅读和个体阅读的桥梁。得益于政府近年来对阅读推广持续不断的关注,从2012年的"书香中国",到2013年《关于制定实施国家全民阅读战略的提案》提出的"由全国人大制定《全民阅读法》、国务院制定《全民阅读条例》"的建议,再到2014年《政府工作报告》首次提出"倡导全民阅读",这一系列关于全民阅读推广及阅读立法的举措,使得全民阅读推广相关研究逐渐成为图书馆界关注热点,研究内容多聚焦于图书馆(尤其是公共图书馆)在推进全民阅读推广中的制度保障、角色定位和模式构建等问题。有学者尝试从理论和政策法规层面对全民阅读推广的社会意义和有效实现进行探讨,也有学者从诸多具体的案例分析和比较研究中呈现全民阅读推广的现状和发展趋势,还有学者对德国、加拿大、日本和美国等国外的全民阅读推广活动进行介绍。中国图书馆学会阅读推广委员会在全民阅读推广方面更是做了大量的研究工作,相继推出"中国阅读报告""阅读推广丛书"等系列丛书。徐雁主编的《全民阅读推广手册》《全民阅读参考读本》"书香中国·全民阅读推广丛书",王余光和霍瑞娟主编的"阅读推广人系列教材"均是该领域的重要成果。

图书馆界对全民阅读推广活动的开展和研究,可以说取得了一定的成果,同时

---

① 雷水旺.高校图书馆服务的新生命力:阅读推广人[J].河南图书馆学刊,2016(4):42-44.
② 张敏.高校辅导员担任阅读推广人的探索[J].图书馆论坛,2013(5):153-156.

也激发出大量的实践案例,例如馆员书评、微书评、农家书屋、书香中国、冷书榜等。但是,全民阅读推广的理论研究还处于百家争鸣、多种理论流派共存的局面,对国外阅读立法的研究和借鉴不足,仅停留在介绍成功经验的层面,针对社会体系—文化公益体系—文化产业体系之间联动的研究较为欠缺。全民阅读推广可以说是一个需要持久关注的研究课题,相关理论与阅读实践活动随着阅读推广的深入进行都需要在今后的研究中不断深化、细化。

2."深阅读"推广

"深阅读"和"浅阅读"是随着互联网技术及电子媒介的发展而诞生的,是人们通过阅读获取信息的两种相对应的阅读方式。如果说"浅阅读"是一种浅显简单的获取浅层信息的阅读方式,而"深阅读"就是一系列促进理解的阅读过程,包括推论、演绎推理、批判分析、反思和洞察。一般来说,"浅阅读"会削弱人们对知识和事物的深入思考,从而使得人们的思考力和文化感受力萎缩,而"深阅读"则能够更深层次地挖掘出尽可能多的有用信息,其中也包含更大价值。因此,"深阅读"一度成为阅读研究的重要内容,引发各界学者激烈讨论及思考,尤其是随着全民阅读推广的进一步开展,"深阅读"也进入阅读推广研究者的视野,成为当前图书馆阅读推广研究的热门话题之一。

综观相关研究,在2010年,图书馆界开始涉足"深阅读"研究,但大多研究主要是论述在数字媒体时代,图书馆应该如何应对或发挥其引导深层阅读作用的文章。例如,《高校图书馆引导读者协调深阅读与浅阅读的思考》《应对读者的"浅阅读"图书馆需要"深服务"》《阅读的变革与图书馆策略》等。而到了2014年,有关"深阅读"的研究逐渐深化和分化,研究对象及范围也扩展至全民阅读和阅读推广方面。前期主要侧重于"深阅读"推广的策略、模型、方法等理论层次的研究,而现在则更倾向于实证研究,如史惠媛等以黑龙江中医药大学为例,对中医药院校大学生"深阅读"推广进行研究[1]。刘婷婷以沈阳农业大学图书馆的"裸读时光2.0"活动为例,阐述浅阅读背景下图书馆阅读延"深"应树立阅读延"深"的包容心态,实现阅读延"深"的价值导向,渐进培养阅读延"深"的习惯,创新阅读延"深"的宣传媒介[2]。李桂华将"深阅读"研究纳入读者阅读行为研究的范畴,认为现有研究对深阅读的理解主要有三个维度:与信息获取相关,与感受相关,与交流相关;而"参与性"是深阅读的基本属性。认为数字时代深阅读的意义在于其具有"复合"价值,而新文本、新读

---

[1] 史惠媛,王晓亮,徐小滨,等.中医药院校大学生"深阅读"阅读推广研究——以黑龙江中医药大学为例[J].中国中医药图书情报杂志,2017(1):61-64.

[2] 刘婷婷.浅阅读延"深"的特征分析与实践研究[J].图书馆建设,2017(12):80-84.

者、新环境召唤着新型深阅读,应以创造相遇、丰富体验、回归对话为导向开展阅读推广工作①。

由此可见,目前关于"深阅读"推广的研究多集中在理论方面的策略研究及应对措施,大多过度排斥媒介载体,认为电子阅读、网络阅读就是浅阅读,而传统阅读、经典阅读就是深阅读。随着"深阅读"概念界定的变化、以"深阅读"为主要方式的阅读推广活动的开展,相关研究(尤其是在媒介融合背景下深阅读的概念界定、微信时代下的深阅读探讨,以及面向"深阅读"阅读推广的实证研究等)仍需扩展研究的广度及深度。

3. 阅读推广联盟

阅读推广联盟是在图书馆联盟的基础上,随着全民阅读及图书馆阅读推广工作的实践而发展起来的,以图书馆为主,借助学生社团或者社会力量以推广阅读为主要目的的联合合作组织。综观相关研究,目前阅读推广联盟主要有两种组成形式。一是图书馆与民间阅读组织的合作模式,如学生社团组织、民间读书会、社会力量等。其中图书馆与学生社团合作构建阅读推广联盟的应用案例较多,是高校图书馆开展阅读推广较为普遍的一种方式,主要是将图书馆资源和学生社团资源进行充分整合,相互支持,协同发展,把高校的阅读推广工作持续开展下去。图书馆作为阅读推广联盟的核心,要把握阅读推广活动的主题,对开展的活动做到有规划、有分工、有总结、有反馈,对联盟中的学生社团进行统一管理,使学生社团在保持各自特色的同时,能得到更多的专业指导、资源支持、合作交流,更有助于学生群体发挥其在阅读推广工作中的优势,弥补高校图书馆开展阅读推广工作在空间、时间、形式等方面的局限②。图书馆与民间读书会合作开展阅读推广活动,也是近几年较为普遍的合作方式,这方面的成功案例较多,主要有:无锡"梁溪书友会"与无锡市公共图书馆共同为读者开展关于"吴语文化"的讲座;上海的"思南读书会""魔法童书会""书虫部落"等与上海市各公共图书馆合作,满足了不同年龄、不同兴趣读者对阅读的需求。而图书馆与社会力量合作的典型案例是2014年起江阴市图书馆采取的"公共图书馆+咖啡馆"公私合作(Public-Private-Partnership,PPP)模式,鼓励和调动社会力量参与构建现代公共文化服务体系,推出"三味书咖"城市阅读推广联盟,并纳入全市总分馆"一卡通"体系,为广大市民提供免费的公共图书馆服务。图书馆主要提供图书

---

① 李桂华.深阅读:概念构建与路径探索[J].中国图书馆学报,2017(6):50-62.
② 庞晓婧.基于学生社团的高校图书馆阅读推广联盟构建研究——以天津商业大学为例[J].图书馆工作与研究,2016(6):121-124.

资源并定期流转,咖啡馆等社会服务机构提供场地、必备的借阅设备以及日常服务人员①;北京西城区图书馆引入社会力量打造"图书馆+"特色阅读空间,如"图书馆+文物古建(西华书房)""图书馆+驿站(宣阳驿站、白云驿站)""图书馆+公园(海棠书斋)""图书馆+企业"等,这些特色阅读空间具有公益性、便利性、时尚性等特点,获得社会公众的认可和赞誉,并吸引社会公众的广泛参与,激发社会公众的阅读积极性,有效地促进了阅读推广活动的开展。

二是图书馆与各单位、社会团体、民间阅读组织等建立合作,如佛山阅读推广联盟,是由佛山市图书馆倡议,各单位、社会团体、公益组织和个人自发参与的,以促进全民阅读推广为目的,通过资源共享、协同合作,推广阅读方法、提升阅读能力、培养阅读习惯、开展阅读活动的阅读联合体系②。温州读书会联盟,由温州市图书馆负责牵头,各单位和各类民间读书会自愿加入,以温州市图书馆作为开展活动的主要场所,共同合作,推动阅读推广活动蓬勃发展,不断提升市民的人文素养。宁波阅读推广联盟,由宁波市图书馆牵头,由全市公共图书馆、社会阅读团体、实体书店、民间阅读场所自愿组成,是非营利性、非法人的交流合作平台。青浦阅读推广联盟,由上海青浦区图书馆牵头,联合本区域内的多家机构共同组建,旨在聚集社会各方力量,通过多种渠道、形式和载体向公众传播阅读理念,通过开展阅读推广活动,提升市民阅读兴趣和培养市民阅读习惯。

可以说,阅读推广联盟的建立和相关阅读推广活动的开展,不可避免地需要研究的支持,尤其是刘彦丽的"高校图书馆基于区域图书馆联盟开展阅读推广活动的策略研究"、赵俊玲的"中国民间读书会研究"国家社会科学基金课题获得立项,进一步助推此领域的相关研究。例如,孙薇薇提出的中职学校图书馆不断创新工作方式,向上与公共馆联盟,向下与班级图书馆联动,在三级协同合作中不断丰富图书馆内涵,依托公共馆资源背景,建构阅读情境,加强阅读协作,组织阅读会话,培养学生自我服务、自我管理能力,以阅读促进学生成长,以书香校园建设带动书香社会建设③。但是,对相关文章进行分析后发现,大多文章还仅停留在相关案例介绍阶段,以及阅读推广联盟构建、模式探讨、可行性分析和策略研究方面,例如《高校图书馆参与阅读推广联盟的运作模式研究——以柳州市中华阅读推广联盟会为例》《公共

---

① 宫昌俊.图书馆+:开启全民阅读PPP新模式[J].图书馆杂志,2015(11):15-17.
② 陈艳.民间读书会与公共图书馆合作模式探析[J].图书馆界,2017(1):9-12.
③ 孙薇薇.三级协同联盟提升阅读推广效能的实践研究——以宁波市职教中心学校为例[J].图书馆杂志,2018(6):90-95,128.

图书馆与社会阅读力量联动发展实践探索——以"佛山阅读推广联盟"为例》《社会力量参与公共图书馆枢纽型文化组织建设探析——以佛山市图书馆为例》《基于学生社团的高校图书馆阅读推广联盟构建研究——以天津商业大学为例》《江苏江阴市:推动城市阅读推广联盟的实践探索》《深圳地区公共图书馆阅读推广联盟建设研究》等,还远远没有进入理论构建以及实证研究方面。

4.阅读社区

图书馆传统阅读推广与导读服务方式在新媒介阅读面前显得捉襟见肘,导读和阅读服务效果面临质疑与挑战。因此,顺应数字环境和读者阅读行为变化的需要,建立以图书馆为主体的数字阅读推广和服务新模式,成为图书馆在数字环境下深化既有读者工作、做好数字阅读推广的关注重点。因此,许多高校图书馆借助社会网络阅读社区而构建图书馆网络阅读社区。顾名思义,图书馆网络阅读社区主要是指以图书馆为主体,为不同兴趣爱好、不同知识领域的读者构建网络阅读社区,以便图书馆嵌入阅读过程的每一个环节,更好地开展阅读推广服务,使得不同阅读偏好的读者能够找到偏好相同的读者群体,便于成员间进行阅读相关的交流与分享。近几年随着微信、微博等社会交互网络社区等在阅读推广领域的广泛应用,基于微信、微博等平台的社会网络阅读社区的研究也引起了阅读推广领域学者的关注,相关研究成果在2017年《图书馆论坛》以专题研究的形式发表。例如,黄琳等基于生命周期观点,以"当当读书"阅读子社区、"静静读书"书吧为研究对象,采用内容分析法,从读者参与交互活动的参与动机孕育、被动参与过程、主动参与过程、关注焦点转移四个生命阶段展开观察,并根据数据对读者阅读交互参与动机、表达偏好、体验及交互偏好等方面特征进行分析,阐述阅读社区中"交互""阅读"的相互促进关系,提出开发阅读社区阅读推广价值的策略[①]。冯亚飞和李桂华在对网上阅读社区特点分析的基础上,采用多案例分析方法,从价值网络的视角构建网上阅读社区分类体系,对价值主张维度下不同类型的优秀社区展开分析,并对阅读推广提出建议[②]。李桂华认为阅读社区是一种以"阅读文化认同"为中心的共同体,而非仅仅是阅读活动或阅读者的集合,基于阅读社区是一个无压力的、富有包容性的环境,能够滋养和拥抱不同观点,可以激发人们的表达,为社交深化提供最好的机会,阅读社区更容易实现人们

---

① 黄琳,李桂华,黄安妮.生命周期视角下的阅读社区读者交互特征[J].图书馆论坛,2017(7):48-54.

② 冯亚飞,李桂华.网上阅读社区分类体系构建的多案例研究[J].图书馆论坛,2017(7):41-47.

在情感上、认知上,甚至价值观上的一致性,从而达到一种其他很多阅读推广活动所不具备的深刻的影响力①。

因此,阅读社区可以作为图书馆主动适应全媒体形势,扎实推进阅读推广的一种创新尝试。只是当前的相关研究还只是初步探索,在理论探讨及实证研究方面均有待进一步深入和推进。

四、总结

图书馆阅读推广相关理论的发展是随着实践活动的开展而不断深入的,其中既包括阅读推广图书馆学理论基础,也包括阅读推广在理论指导下的实践应用,及其与其他相关理论间的多重联系。理论虽然来源于实践,但是理论研究只有高于实践,才能帮助解决困惑,指导实践,使得图书馆阅读推广良性发展。鉴于此,本节在文献计量学分析和梳理研究进展及热点的基础上,对今后图书馆阅读推广相关研究提出以下几点建议。

（一）规范学术研究方法,提升学术成果质量

基于文献计量统计结果,图书馆相关阅读推广研究成果逐年递增,趋势明显。但是,核心期刊发文量仅占21.4%,且论文质量普遍较低,多以独著为主,尚未形成相对稳定的核心作者群,说明此领域的研究论文的深度和广度还有待加强。

阅读推广作为一项实践性较强的图书馆活动,无论是在活动的策划过程,还是在活动的开展过程,都需要图书馆人通力合作、集思广益,才能达到更好的效果。在相关的研究领域,阅读推广的理论研究不仅需要图书馆学基础理论作为支撑,更需要对大量阅读推广实践进行调查研究和实证分析,研究才能得以升华和完善。而调查研究需要在严格的逻辑关系支持下进行,实证分析也需要遵循一定的程序和步骤,这样才能做到理论与实践相结合。规范的学术研究方法要求研究人员投入大量的时间和精力。但是,个人的精力有时不足以支持研究,更需要研究者采取通力合作的方式,汇聚各方优势,切实提升学术成果的质量。

（二）加强理论研究,聚焦热点,创新阅读推广模式

从图书馆阅读推广研究内容来看,理论层面的研究还不是很成熟,对图书馆阅读推广的界定、类型,以及价值和特点等尚未形成完善的理论体系。应用层面的实

---

① 李桂华. 阅读社区研究:阅读推广视角的社群信息学研究实践[J]. 图书馆论坛,2017(7):33-40.

践探索还未从深层次进行深化和细化,对创新型阅读推广模式研究还仅停留在浅层次的介绍。实践是理论研究的基础,丰富的图书馆阅读推广实践活动为其理论研究提供了坚实的基础。因此,研究人员可以根据图书馆阅读推广的特点,加强理论研究,关注研究热点,多渠道创新阅读推广模式,促进阅读推广活动的健康发展。

蔡迎春(上海师范大学图书馆)

第二节　上海地区大学图书馆阅读推广工作调研(2013—2016)

近年来,阅读推广作为一种新的服务形式,已成为国内大学图书馆的新常态。范并思将其基本宗旨概括为:遵循图书馆核心价值,尊重读者的阅读自由,以引导读者阅读,吸引读者走进图书馆[1]。笔者认为,阅读推广体现了图书馆的教育职能,注重培养和提升人的阅读素养(Reading Literacy),从而获得良好的阅读能力。在大学阶段,阅读素养与读写素养(Prose Literacy)紧密相关。具备读写素养的人,可以通过文字阅读获得更加完备、多元的知识,从而成为适应社会发展需要的人才。美国教育部所做的一项调查认为,大学应更加重视毕业生读写能力不断下滑的问题,因为读写能力强的毕业生更有可能获得雇主的青睐[2]。

大学图书馆的阅读推广与图书馆提供的其他教学研究支持服务相比,具有同样重要的作用,这一点在强调以学生为中心、提倡终身学习的时代背景下尤为如此。作为文献服务的延伸,阅读推广强调图书馆主动地、创造性地通过不同形式的活动及服务,吸引读者关注和参与阅读,并积极引导和介入读者的阅读活动。大学图书馆阅读推广所关注的阅读活动,从阅读内容上看,不同于为课程学习、课题研究需要,专门进行的专业阅读活动,而更加偏重课外阅读(Extracurricular Reading),或者休闲阅读(Leisure Reading);从方式上看,强调社区参与性的阅读,鼓励校园社区的共同参与;从阅读效果上看,是以丰富价值观、拓展视野、愉悦心性(Reading for Pleasure)为活动宗旨。总之,阅读推广要求大学图书馆改变传统的以文献为中心的间接

---

[1] 范并思.阅读推广:高校图书馆服务"新常态"[J].上海高校图书情报工作研究,2013(2):1-4.

[2] U. S. Department of Education, National Center for Education Statistics, A First Look at the Literacy of America's Adults in the 21st Century[EB/OL].[2018-03-12]. http://nces.ed.gov/NAAL/PDF/2006470.PDF.

支持,回归到以关注人的发展为核心的文化教育支持上来,以弥补专业化教育分割带来的能力发展缺失。

一、文献综述

爱洛特(Elliott)在其研究中主要梳理了美国大学图书馆开展课外阅读推广工作的历史及现状[①],同时面向美国研究图书馆学会(Association of Research Libraries,ARL)成员馆开展了相关的问卷调研和访谈,并指出预算、人力、学生参与度以及馆长支持等是影响阅读推广工作开展的主要因素[②]。

2010年,中国图书馆学会阅读推广委员会大学生阅读专业委员会、阅读与心理健康专业委员会,以及河南省图书馆学会阅读推广委员会曾联合开展了一次有关高校图书馆阅读推广的问卷调研,33位高校图书馆管理者参与反馈[③]。调研所获得的有关大学图书馆阅读推广概况、阅读推广行为以及阅读推广看法的相关数据,具有一定的代表性。

总的来看,国内已有的文献比较缺乏有关阅读推广活动的组织数据,无法较为系统、全面地了解阅读推广活动的组织开展情况;也缺少图书馆内部管理数据,无法从组织管理的角度,深入了解现阶段阅读推广工作与图书馆日常业务工作的关系。

为此,笔者通过上海市图书馆学会大学生阅读推广委员会在2013至2016年间开展的多次面向上海地区大学图书馆的跟踪调研,希望能够通过调研,弥补数据上的空白,以便对上海地区大学图书馆阅读推广现状形成较为全面的了解。

二、研究方法

数据收集方法采用问卷调研。在设计问卷时,首先对"阅读推广"的含义进行界定,即:图书馆开展的各类与阅读相关的读者活动,旨在培养和提升读者的阅读兴趣,鼓励和促进阅读活动。

问卷调研的目的是为了了解上海高校阅读推广活动开展的现状,从而为大学生

---

① Elliott,J. Academic Libraries and Extracurricular Reading Promotion[J]. Reference & User Services Quarterly,2007,46(3):34-43.

② Elliott,J. Barriers to Extracurricular Reading Promotion in Academic Libraries[J]. Reference & User Services Quarterly,2009,48(4):340-346.

③ 陈斌华. 基于问卷调查的高校图书馆阅读推广活动分析[J]. 图书馆论坛,2012(3):140-143.

阅读推广委员会制订工作计划提供依据和思路。调研选取上海高校图书馆主要负责校园阅读推广活动的馆员为对象；在具体开展过程中，体现了以大学生阅读推广委员会为核心，尽可能辐射更多图书馆的工作原则。

调研采用半开放式问卷，是2014至2016年跟踪调研所采用的问卷，在2013年的基础上保留了主要内容，并及时更新和补充了关于经费、组织领导等方面的问题。总体来看，问卷主要涉及如下四个方面的题目：

（1）基本信息（3个问题），包括：学校类型、全日制学生规模、馆员规模；

（2）阅读推广活动的开展情况（18个问题），包括：活动对象、活动频率、持续时间、活动形式、活动品牌化、宣传推广、合作伙伴、活动成果积累和利用、媒体传播渠道等；

（3）阅读推广工作的组织管理（18个问题），包括：工作团队的人员构成、组织领导、工作量、工作考核、经费支持、工作难点、工作成果转化等；

（4）对上海市图书馆学会大学生阅读推广委员会工作的期待（2个问题），包括对拟讨论的工作事项，征询意见建议。

三、数据收集和处理

2013年4月，笔者通过邮件邀请上海地区24所本科院校参与网络问卷调研，共计回收来自17所（占71%）本科院校的17份有效问卷。笔者后分别在2014—2016年先后对同样的12所高校图书馆（其中，10所参加了2013年的问卷调研）进行后续跟踪调研。参与调查的图书馆基本上涵盖上海地区各类型的大学图书馆，具有一定的代表性，见表1。

表1　参与调查的图书馆及所属院校的基本信息

类目	选项	2013年样本（n=17）	2014—2016年样本（n=12）
高校类型	普通高校	7(41%)	3(25%)
	211高校	10(59%)	9(75%)
	其中：985高校	4(24%)	4(33%)
	综合性大学	5(29%)	5(42%)
	专科性院校	12(71%)	7(58%)
招生规模	1万人以下	4(24%)	0
	1—2万人	4(24%)	4(33%)
	2—3万人	5(29%)	4(33%)
	3万人以上	4(24%)	4(33%)

续表

类目	选项	2013年样本(n=17)	2014—2016年样本(n=12)
馆员人数	50人以下	3(18%)	3(25%)
	50—75人	3(18%)	2(17%)
	75—100人	4(24%)	1(8%)
	100人以上	7(41%)	6(50%)

(一)阅读推广活动开展情况

1.活动开展计划性及主要对象

从阅读推广活动的开展情况来看,参与2013年调查的17家大学图书馆每年都会有计划地组织开展与阅读相关的主题活动。其中,65%的图书馆广泛地面向全体读者组织阅读推广活动,其余的图书馆则明确将本科生视为阅读推广活动的重点推广人群。

2.活动开展频率及持续时间

从活动开展频率上看,图书馆每学期集中一个月举办活动的较多见(29%),也有平均一学期举办两次为期一个月的活动(6%),还有的馆将阅读推广活动作为年度工作长期开展(24%),而更多的馆一年举办一次阅读推广活动(36%),持续时间从一周到一个月不等。

3.活动形式

在参与调查的图书馆中,最常采用的阅读推广活动形式依次为:讲座(88%)、书目推荐(88%)、展览(76%)、写作活动(65%)、公益活动(如图书捐赠、图书漂流)(65%)、读书沙龙(59%)和典礼仪式(59%)。此外,有一些图书馆还会开展在线活动(41%)和朗诵会(24%)等形式的阅读推广活动。

在2014年的跟踪调研中,馆员从组织者的角度对8种活动形式分别从读者参与情况(人数)和活动效果进行打分评估(见图1),结果显示,典礼仪式和讲座的参与情况最好(4.5),其次是书目推荐(含书展)和展览(4.3),读书交流活动的参与情况(3.1)最差。活动效果的评判依据涉及参与者反馈、校园影响及社会影响等因素,综合打分的情况不及参与情况的综合打分。分数由高到低依次是:典礼仪式(3.7)、展览(3.6)、讲座(3.5)、书目推荐(3.3)、公益活动(3.0)、写作活动(2.9)、在线活动(2.8)及读书交流活动(2.3)。

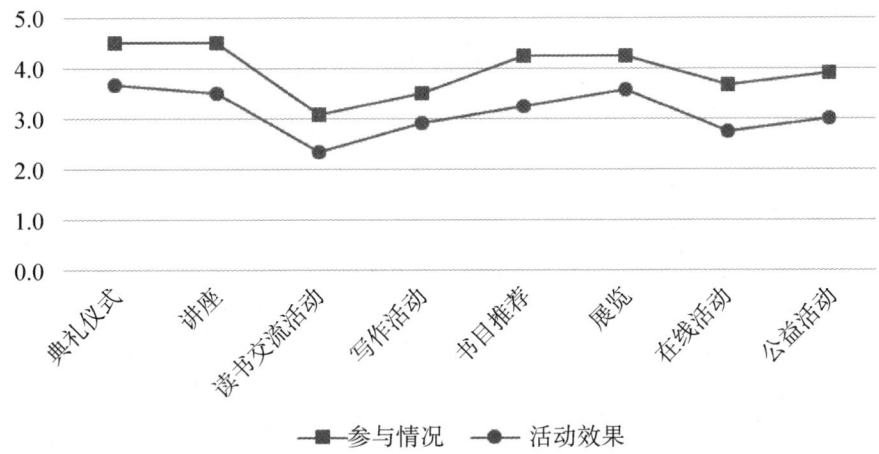

图1　不同类型阅读推广活动的参与情况与效果评估

4. 合作情况

在活动组织方面,参与调查的图书馆还会与一些校内外机构合作,以达到提升活动内涵、扩大校园影响力、吸引更多学生参与等目的。2013年的调研显示,最常出现的合作方主要为:团委(46%)、学生社团(46%)、宣传部(38%)、院系(31%)等。

在2016年的跟踪调研中,对6种合作方式的排序结果显示,独立主办和校内部门合作是最常用的方式,参与调查的图书馆对与院系、社团、其他图书馆或其他校外资源的合作等方式的倾向性较弱。

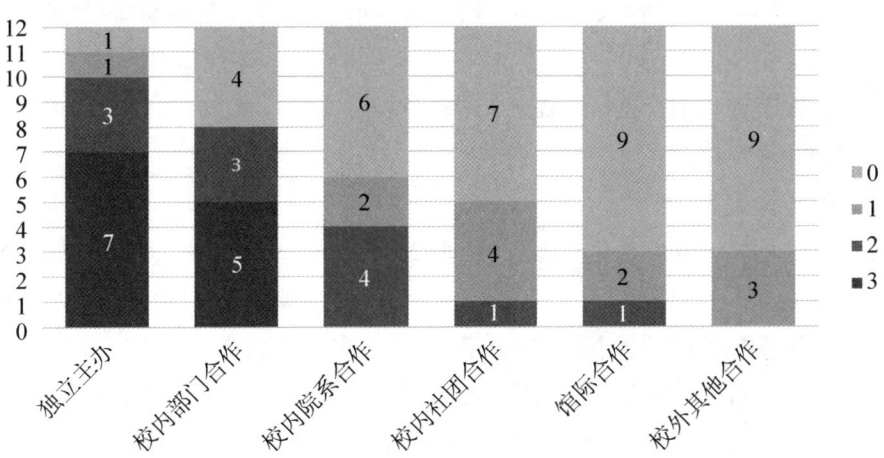

图2　阅读推广活动合作方式选择偏好

注:图例表示倾向程度的等级,3级最高,柱状图中的数字表示频数,同种色块的面积越大表示更多图书馆倾向采用该方式。

5. 活动品牌

在活动的营销推广方面,近一半的图书馆(47%)已将阅读推广活动品牌化,并通过海报、图书馆主页、社交媒体和传单等方式面向活动对象推广宣传。除了采用读书文化节、读书节、读者月、读书月等活动品牌外,图书馆已经开始形成并发展出一批更具本土特色的校园活动品牌。

表2 参与调查的图书馆阅读推广品牌信息

学校	品牌
上海外国语大学	校长读书奖、文明宣传月
上海财经大学	悦读
上海交通大学	IC2 人文拓展计划
同济大学	立体阅读
上海海事大学	海大人文

6. 活动衍生产品及延伸服务

活动结束后,对图书馆是否提供相关的衍生品和延伸服务进行调查,旨在了解图书馆在积淀和传播阅读推广活动成果上所做的努力。衍生产品主要指关于活动的二次文献,超过一半的图书馆(53%)会制作活动专题页面,以供长期查阅;一些图书馆会通过成果汇编(29%)、编制定期或不定期的出版物(24%)或纪念册(18%)将活动成果进一步积淀和扩散。此外,组织活动的馆员将活动经验通过论文的形式公开发表(1%),对于其他同行来说,这也是一种活动成果的积淀和传播。活动成果主要通过在线页面查阅(53%)、借阅服务(47%)、视频点播(35%)等延伸服务让更多的人了解和再利用。

7. 媒体传播渠道

关于阅读推广活动宣传推广工作,根据2013年的结果,海报(100%)、图书馆主页(88%)和社交平台(82%)是最重要的三种渠道。在跟踪调研中,专门增加了有关社交媒体运用情况的调研,调研结果显示:主页是最主要的传播渠道,其次是微博微信,且图书馆微信比图书馆微博更受青睐。采用邮件推送、专为阅读推广申请的微信、微博,以及豆瓣等社交平台的图书馆所占比例都低于25%(见图3)。从传播和组织角度,综合考虑通过新媒体发布信息开展活动的传播效果、互动参与及工作效率等因素,图书馆主页和微信最有效果,其次是微博,邮件推送和其他社交平台的效果则依次递减(见图4)。在活动的社会影响力方面,58%的图书馆在2015—2016年举办的阅读推广活动曾得到校外媒体报道。

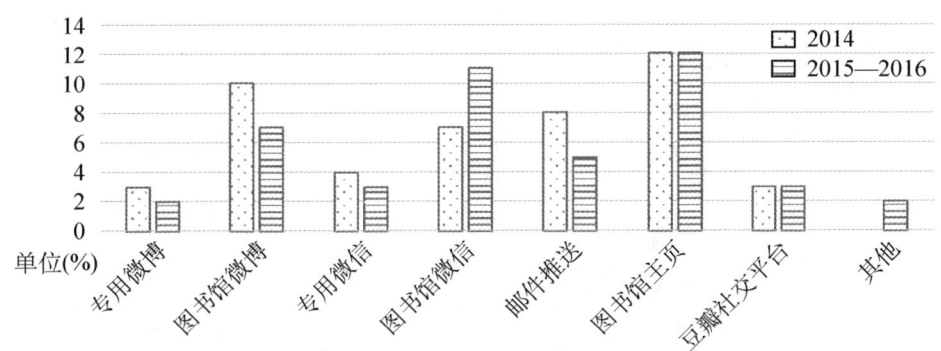

图 3 新媒体开展阅读推广百分比

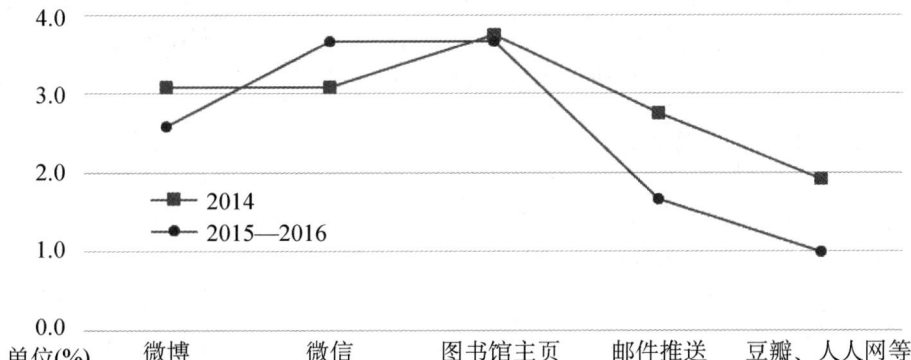

图 4 新媒体平台传播效果评价

表 3 阅读推广活动开展情况基本数据

类目	选项	数值(百分比,n=17)
是否有计划地组织开展与阅读相关的主题活动？*	是	17(100%)
活动对象*	本科生	6(35%)
	全体读者	11(65%)
活动开展频率	常年开展,一年一次,一次一年	4(24%)
	每季度开展,一次一个月	1(6%)
	一学期一次,一次一个月	5(29%)
	每年一次,一次一个月	3(18%)
	每年一次,一次半个月	2(12%)

续表

类目	选项	数值(百分比,n=17)
活动开展频率	每年一次,一次一周	1(6%)
	不定期	1(6%)
活动形式	典礼、仪式	10(59%)
	讲座	15(88%)
	读书沙龙	10(59%)
	写作活动(征文)	11(65%)
	朗诵会	4(24%)
	书目推荐	15(88%)
	展览	13(76%)
	在线活动	7(41%)
	公益活动(图书捐赠、图书漂流等)	11(65%)
	其他	1(6%)
是否已形成固定品牌	是	8(47%)
	校长读书奖、文明宣传月;读者月、读书月;悦读;立体阅读;IC^{2}人文拓展计划;读书节;海大人文;读书文化节	
	否	9(53%)
宣传渠道	图书馆主页	15(88%)
	活动海报	17(100%)
	社交网络平台(微博、人人网、BBS等)	14(82%)
	广播	6(35%)
	传单	10(59%)
	其他	1(6%)
校内合作机构	有	13(76%)
	院系	4(31%,n=13)
	学生社团	6(46%,n=13)
	宣传部	5(38%,n=13)
	团委	6(46%,n=13)
	学工部、学生处	2(15%,n=13)
	校工会	1(8%,n=13)
	没有	4(24%)

续表

类目	选项	数值(百分比,n=17)
活动结束后,是否有衍生产品(主要指与活动相关的二次文献)	没有	4(24%)
	专题页面、专题网站	9(53%)
	纪念册	3(18%)
	成果汇编(如:作品集)	5(29%)
	定期或不定期的出版物	4(24%)
	其他(发表论文)	1(6%)
活动结束后,是否开展延伸服务(主要侧重活动成果的持久利用)*	没有	4(24%)
	活动视频点播	6(35%)
	活动资料在线查阅	9(53%)
	活动成果(如:图书)纳入馆藏	8(47%)

注:*已去掉零值选项

(二)阅读推广工作的组织管理

1.组织领导

关于阅读推广工作是否有明确的业务主管领导,在跟踪调查中,2014年有7家图书馆(58%)表示有明确的业务主管领导负责阅读推广工作,2016年这一比例升至100%。担任阅读推广工作主管领导的职务以副处级以上的馆领导为主,少数由馆长直接牵头,更多的是由业务副馆长和书记牵头,这一变化在2016年的跟踪调查中更为明显。安排一个部门或职级低于处级的中层管理干部(馆长助理)统筹全馆阅读推广工作的情况属于个例。

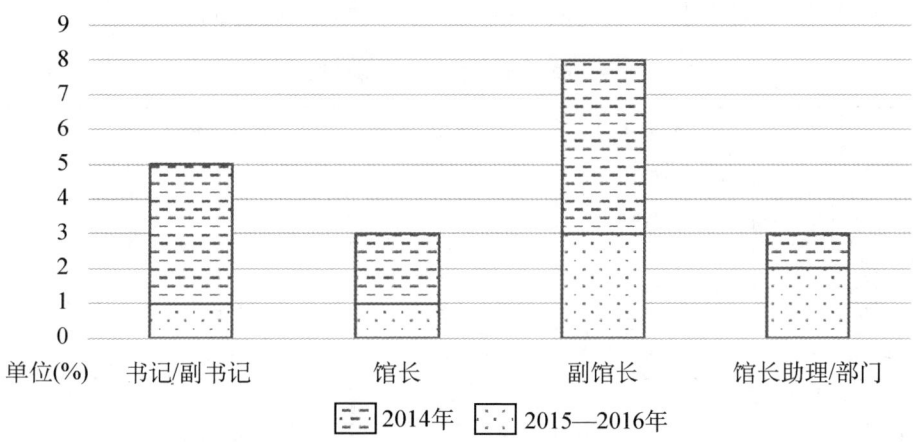

图5 主管领导职务变化情况

2. 人力资源

从图书馆内部组织管理的角度来看,在2013年的调查中,仅3家图书馆(18%)设置了专职岗位开展阅读推广工作。而无论是专职还是兼职,11家图书馆会安排2—3位馆员主要负责该项工作,另有4家图书馆有4人以上的团队负责该项工作。

表4 阅读推广活动负责馆员情况的基本数据

类目	选项	数值（百分比，n=17）	馆员规模(单位:人)			
			<50	50—75	75—100	>100
主要负责阅读推广工作的馆员人数	0人	1(6%)				1家
	1人	1(6%)	1家			
	2—3人	11(65%)	2家	3家	1家	5家
	4—5人	1(6%)			1家	
	6人以上	3(18%)			2家	1家
负责阅读推广工作馆员的工作方式	专职	3(18%)	1家	1家		1家
	兼职	14(82%)	2家	2家	4家	6家

在2014和2016年的跟踪调研中,2015年华东师范大学图书馆新成立了推广部,成为首个设立专职阅读推广岗位的图书馆。设立专职阅读推广岗的图书馆从1家发展至5家,平均每个馆有3人担任专职岗。同时,华东理工大学图书馆和上海杉达学院图书馆拟分别设立综合服务与阅读推广部、读者服务部,专门开展阅读推广工作。其余高校仍然以兼职的方式开展阅读推广工作,没有为此设立新部门的计划。阅读推广工作团队的规模大约在3—30人之间,平均每个馆有11%的馆员参与阅读推广工作,规模小于50人的图书馆,参与比例更高(见表5)。

表5 阅读推广工作团队规模情况

学校	2014年调研（人）	2015—2016年调研（人）	馆员规模（人）	2015年阅读推广馆员占比
复旦大学	25	5	170	3%
华东理工大学	10	10	88	11%
华东师范大学	3	6	130	5%
上海财经大学	5	10	62	16%
上海大学	不确定	20	158	13%
上海电机学院	30	10	36	28%

续表

学校	2014年调研（人）	2015—2016年调研（人）	馆员规模（人）	2015年阅读推广馆员占比
上海海事大学	3	3	64	5%
上海交通大学	15	10	176	6%
上海杉达学院	—	6	14	43%
上海师范大学	—	10	109	9%
上海外国语大学	不确定	—	40	—
同济大学	—	30	186	16%
均值	13	11	103	11%

从实际工作量上看,在2013年的调查中,除已设专职岗位的图书馆(18%)外,3家图书馆(18%)兼职馆员的阅读推广工作量超过总工作量的50%,接近于全职馆员。2家图书馆(12%)兼职馆员的阅读推广工作量为25%—50%。9家图书馆(53%)兼职馆员的阅读推广工作量低于25%。此外,义务参与的社团学生(71%)、付酬的学生工(47%)以及馆内的信息技术人员、采编馆员常常作为协作助手,参与到阅读推广工作中。

对于主要负责阅读推广工作的馆员来说,2013年近一半的图书馆(47%)在其岗位职责中有对阅读推广工作的相关说明,超过一半的图书馆(59%)要求馆员撰写年度阅读推广工作计划与总结。在2016年的跟踪调研反馈中,仅8.3%的图书馆表示有明确的考核指标及考核办法,对馆员在阅读推广中的贡献予以认定。

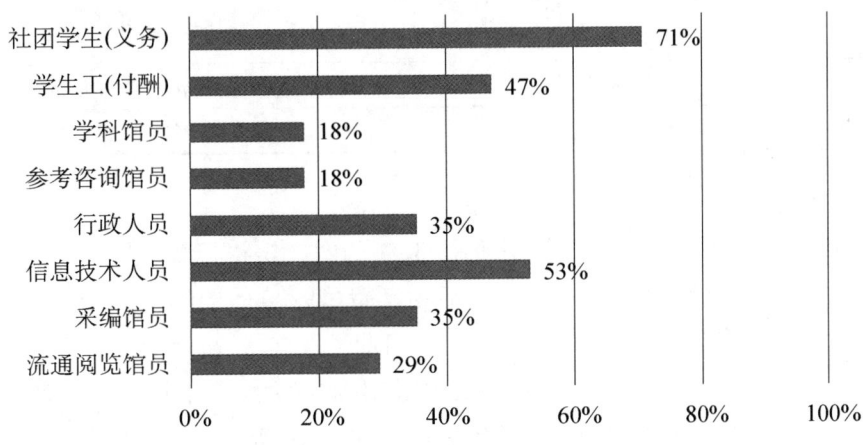

图6 参与协助的人员类型

从岗位角度上看,通过2013年的调查了解到,主要负责阅读推广工作的馆员大多是流通阅览馆员(57%)、参考咨询馆员(50%)、行政人员(43%)和学科馆员(29%),也包括少量采编人员(14%)和信息技术人员(7%)提供的技术支持。在后续跟踪调研中,参与阅读推广工作的馆员仍以来自读者服务和行政支持部门的馆员为主(见表6),流通阅览、行政支持、网站建设和参考咨询等岗位的馆员参与阅读推广工作的机会最多(如图7)。

表6 阅读推广馆员来源部门(按重要顺序)

学校	2014年调研	2015—2016年调研
复旦大学	各分馆业务部、参考咨询部和馆办公室、采编部等	各分馆服务部
华东理工大学	流通阅览部、采编部、数字资源部	读者服务部
华东师范大学	推广部、流通部	无
上海财经大学	读者服务部	读者服务部
上海大学	读者服务中心、信息服务中心	图书馆各部门
上海电机学院	流通部、馆长办公室、咨询部	馆办、咨询服务部、流通部、技术部、采编部
上海海事大学	办公室、流通阅览部	读者服务部、馆办
上海交通大学	行政办公室、综合流通部、文学部、技术加工部、系统部、工学部、理学部	综合流通部、学科服务相关部门、技术加工部
上海杉达学院	图书馆读者服务部	社团工作部、志愿者服务队
上海师范大学	读者服务部、展览中心、研发部门、视听中心、资源建设部	资源建设部、展览宣传中心
上海外国语大学	读者服务部	读者服务部、资源建设部
同济大学	特藏部、阅览部	特藏部、德文图书馆、办公室

3. 经费支持

在活动经费支持方面,2013年调研中,82%的图书馆将行政经费作为最主要的经费来源,采用机构赞助(29%)和专项活动经费(29%)的图书馆则相对较少。在2016年的跟踪调研反馈中,50%的图书馆有固定经费支持,每年的经费额度在5000元至15万元不等,平均5.4万元/年。其中,华东师范大学图书馆2015—2016年的经费是15万元。75%的图书馆表示他们的阅读推广活动经费全部来自图书馆运行经费,两家图书馆完全依赖校内文化建设经费或校外商业赞助;同济大学图书馆的阅读推广经费来自图书馆运行经费及宣传部相关经费两部分。42%的图书馆每年对阅读推广工作单独开列预算。其中,20%的图书馆在开展阅读推广活动时会超出年度预算,余下的图书馆则与预算持平。

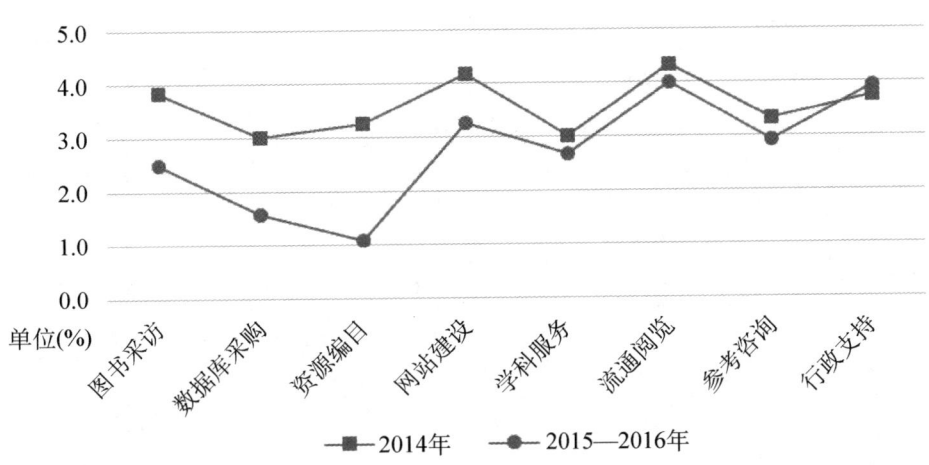

图7　阅读推广工作馆内业务合作情况

4. 工作难点

在2013年的调研中,大多数图书馆认为人力支持(71%)、经费支持(65%)以及活动的设计创意(59%)是组织开展阅读推广工作的难点。此外,近一半的图书馆认为工作时间的分配有限(47%)和活动资源的不足(41%)也是制约阅读推广活动组织工作的难点。还有的图书馆认为图书馆硬件设施及服务(18%),以及馆藏资源(6%)也在一定程度上限制了活动的开展。

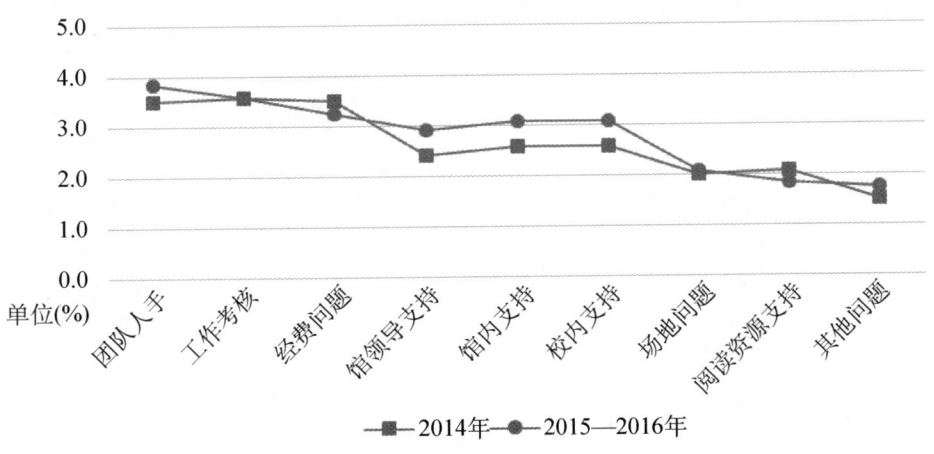

图8　阅读推广工作相关因素困难程度

在跟踪调研中,每年对阅读推广工作相关因素困难程度的打分结果显示,团队人手、工作考核、经费问题是最重要的三个影响因素,其次是来自馆内其他部门、学校相关部门以及馆领导的支持,场地问题和阅读资源支持(如:图书、数据库及平台建设)等其他影响因素则排位靠后。与2014年的调研相比,馆领导支持、馆内支持、校内支持及其他等因素产生的影响明显增加,阅读资源和经费等因素的影响明显减少。

表7 阅读推广工作相关因素困难程度打分情况

影响因素	2014年调研	2015—2016年调研	差异	差异(%)
团队人手	3.5	3.8	0.3	10%
工作考核	3.6	3.6	0.0	0%
经费问题	3.5	3.3	-0.3	-7%
馆领导支持	2.4	2.9	0.5	21%
馆内支持	2.6	3.1	0.5	19%
校内支持	2.6	3.1	0.5	19%
场地问题	2.0	2.1	0.1	4%
阅读资源支持	2.1	1.8	-0.3	-12%
其他问题	1.5	1.8	0.3	17%

5. 工作成果及转化

在跟踪调研中新增了有关阅读推广工作成果转化的两个问题,以了解图书馆结合阅读推广工作实践开展研究的情况。参加学术会议是最主要,也是最易实践的学习交流途径。这些业内交流不乏竞赛性质的活动,有50%的图书馆表示在2015—

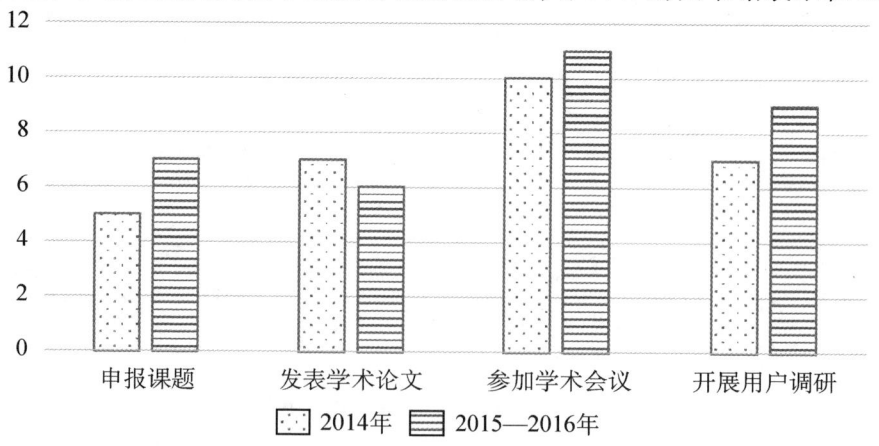

图9 阅读推广研究开展情况

2016年内取得过至少1次市级以上的相关奖励。

此外,越来越多的图书馆开始通过开展用户调研,主动收集与阅读推广工作相关的数据。申报阅读推广研究课题的图书馆也在逐年增加。但学术论文的发表数量有所减少,或与写作出版周期相对前几种方式较长有关。

6.行业支持

谈到对大学生阅读推广委员会的期待,参与调查的全部馆员认为应当尽快建立工作平台发布和共享阅读推广工作信息;同时,确立工作宗旨和愿景(81%)、共享活动资源(81%)、创立并共享品牌活动(69%)、创办内刊(63%)以及指导开展理论研究(56%)均得到了至少半数以上的参与调查馆员的认可。此外,在开放问题中,还提到了提供基金或者成果评选活动。

四、分析与讨论

通过调查发现,2013—2016年的4年间,上海地区高校图书馆的阅读推广工作经历了明显而可喜的变化:从最初的零星尝试,逐渐发展到有组织、有特色的主动实践,并取得一定的业内认可。从整体上看,尽管活动持续时间有别,各馆至少在每个学期都会组织开展特定主题的阅读推广活动,并且逐步成为一种常态;阅读推广活动的组织形式多样,为参与者提供了多种选择;图书馆积极利用社交媒体和各种信息技术进行活动推广;图书馆还在不同程度上注重活动前后各种资料的积淀和传播。

但调查也发现,由于各馆对阅读推广工作的理解和重视程度不一,也使得阅读推广工作在定位、品牌化、内容设计、人员组织等方面具有较大差异。

(一)活动定位:宣传推广与阅读推广

活动定位决定活动的形式和内容。通过此次问卷调查以及相关的文献调研,不难发现,最初不乏一些高校图书馆将"图书馆推广"理解为"阅读推广"的主要内容。实际上两者相互交叉,但推广目的却有所差异。二者属于不同的推广活动,其最大的差别在于:前者的目的是推广图书馆的资源和服务,旨在让读者更好地了解和利用图书馆;而后者则强调鼓励和支持阅读活动,特别是课外阅读这种相对轻松和非正式的学习活动,在促进图书馆资源深度利用的同时,更重要的是培养人的阅读兴趣和终身受用的阅读习惯。从介入的学习活动的性质上看,图书馆推广重在支持(Support)课堂学习和课题研究等正式的学习活动(Formal Learning),图书馆阅读推广更强调鼓励课外阅读这种非正式的学习活动(Informal Learning)[①]。从效果评估上看,信息素养可用来考量图书馆推广成效的重要指标,而阅读推广则与阅读素养、读写素养、人文素养更为相关。

在调研初期的反馈结果中,还能看到文明用馆宣传、数据库培训等活动被纳入阅读推广活动体系,随着对阅读推广的认识和实践的深入,很多图书馆已经开始将重点转移到设计开展定位更为明确、内容更具针对性的阅读推广活动上来。比如:同济大学图书馆闻学堂从创立之初立足传统文献资源的推广,且积极尝试将课外学习与课堂学习引入图书馆空间,并将活动品牌和特色推广至校园及校外。

(二)品牌建设:坚持与深化

品牌营销(Brand Marketing)是实现图书馆推广的重要途径,就是利用品牌符号在读者心目中形成对图书馆提供的服务、信息产品或活动的认可。品牌个性与品牌内涵、定位、宣传品设计、适用的对象密切相关。阅读推广活动的品牌建设应使图书馆阅读推广活动在众多校园活动中易于识别,代表校园文化的一个特定领域——阅读文化,它积极关注、引导并推动大学生阅读活动。

尽管在参与调查的图书馆中,有近一半的馆宣称已将阅读推广活动品牌化,但仔细观察不难发现,这种品牌建设意识还没有得到普遍重视。仅从字面上看,常见于图书馆推广中的"读者月""文明宣传月"等用语显然已经不能够涵盖阅读推广的目的,无法体现阅读活动的重要性。而对于已经将"读书""人文阅读""悦读"等元素注入阅读推广活动品牌中的图书馆来说,活动品牌的价值也还有待深入发掘和利用。

传统媒体和新媒体是品牌传播的重要工具。在关于新媒体运用的调查中可以发现,尽管微信微博的应用普及率很高,但如何利用新媒体,主动、持续、有效地经营图书馆阅读推广品牌,创造品牌价值,考验着从事阅读推广工作的馆员在活动的创意和组织能力、文字功底、审美能力等方面的综合能力。在团队合作模式下,一些图书馆尝试组建跨部门的新媒体推广团队,例如:上海外国语大学图书馆的微信编辑群,借助微信平台创意开展线上活动或结合线下活动开展线上推广的经验值得关注学习;上海财经大学图书馆在利用传统出版物作为课外学习工具,不断丰富品牌内

[①] 谭丹丹,林佳琪.以资源本位学习模式构建开放式课堂外教育环境:大学图书馆书法推广活动之策展策略[J].图书馆学与信息科学,2014,40(2):115-127.

涵、积淀和传播品牌活动成果方面所做的努力也值得借鉴①。

（三）人员保障:高校精英主义的制约？主业还是副业？

缺乏人力支持是国内外很多图书馆都面临的挑战。爱洛特将大学图书馆课外阅读推广的人员保障问题概括为人员数量的缺乏和人员兴趣的缺乏两个方面②。高校图书馆一向以支持教学和科研作为主要职责,从事读者服务的馆员在开展流通阅览、培训咨询、学科服务常规业务的同时,增加需要投入更多精力的阅读推广工作,表面上造成人手不足的情况。如何处理人员保障不足的问题,与高校图书馆对阅读推广工作意义的理解密切相关。最新修订的《普通高等学校图书馆规程》从行业规范的角度将阅读推广活动列入高校图书馆服务项目之一③,但如何更好地嵌入业务逻辑和业务流程,还需要从实践中不断提炼和反思。

在图书馆目前的组织架构中,明确设置阅读推广岗位还只是个别馆的尝试。华东师范大学图书馆在2015年成立推广部专门开展阅读推广活动,这是上海地区高校图书馆首次尝试为这一新的服务实践独立设置部门。该部门由有艺术专业背景的馆员担任主管,并通过招募学生工以及与流通部等部门合作的方式设计开展活动。上海师范大学图书馆也设有类似的展览部专事阅读推广工作。同济大学图书馆的闻学堂、德文图书馆更强调结合图书馆空间和资源,以部门为工作团队,开展各具特色的活动。大多数情况下,馆员以兼职的方式从事阅读推广工作,他们大多来自传统的流通阅览、行政管理、参考咨询或者学科服务岗位。上海交通大学图书馆的跨部门合作制是更为常见的人员保障方式。调查显示,尽管这项兼职工作占用的工作时间往往不到其全部工作时间的1/4,但很多馆员需要定期写有关阅读推广的工作计划和总结。

调研结果显示,定期开展阅读推广活动已成为惯例,而从持续时间上看,在阅读推广工作日益常态化的趋势下,一年一次、持续时间不到一个月的活动组织频率,反映出图书馆对于这项工作的重视还有待提高。

---

① 刘金涛,谭丹丹,孙阳阳,等.学生课外自主学习工具的图书馆出版品——上海财经大学图书馆"悦读"推广计划系列出版物[C]//陈进,顾萍,郭晶.高校图书馆服务创新案例精编.北京:海洋出版社,2017:419-423.

② Elliott J. Barriers to Extracurricular Reading Promotion in Academic Libraries[J]. Reference & User Services Quarterly,2009,48(4):340-346.

③ 教育部高等学校图书情报工作指导委员会.教育部关于印发《普通高等学校图书馆规程》的通知(教高[2015]14号)[EB/OL].[2017-07-01]. http://www.scal.edu.cn/gczn/sygc.

（四）活动内容：资源匮乏与资源共享

阅读推广活动需要不断推陈出新，活动资源往往需要借助校园内外的各类相关资源。这些资源主要包括：人、实物（馆藏）以及资金。特别是对于展览、讲座、读书沙龙等形式的活动，往往需要一位或多位领域的专家直接参与到活动的组织和实施过程中，而相关的实物、文献的挑选与补充也对馆藏保障提出了新的要求。图书馆的资金都是行政拨款，需要提前一年做预算，面对临时增加的活动预算申请，经费资源充足的图书馆比经费有限的图书馆在开展活动方面的自由度更高。不过，图书馆通过品牌建设和不断积累的活动成果、扩大活动影响力，可以获得向学校申请专项资金的机会。同时，上海地区高校图书馆展览资源共享的做法，让更多图书馆有机会在有限的预算条件下，利用校外资源为本校师生举办高质量的展览。

（五）活动设计：从做中学与同行经验分享

阅读推广工作常常需要通过活动将阅读的理念和材料推广给广大读者，如何将活动理念和活动参与方式以有效的方式传播给广大读者，活动创意至关重要。这种主动的、创造性的工作，对于适应了程式化的图书馆工作的馆员来讲是巨大的挑战和考验。

学习活动设计，可以通过以下方式来实现。首先，借鉴国外案例，很多国外大学图书馆开展的"One Campus,One Book"共同阅读活动就是一个范例[①]。其次，同行经验分享。上海市图书馆学会阅读推广委员会这样的行业支持平台，就为上海地区高校图书馆之间的交流搭建了桥梁。类似的平台还有中国图书馆学会或地方图书馆学会的相关平台，以及各种比赛、会议等行业交流场合。馆员之间通过各种观摩学习，交流经验，可以更好地调整工作方法，扬长避短，处理阅读推广工作中遇到的问题。再次，从做中学（Learning by Doing）。图书馆可以将交流借鉴的经验与自身实践相结合，边做边学，发现问题，探索适合本馆、本校校园文化和学生特点的阅读推广模式，总结成功或失败的经验，为同行提供参考。

（六）活动效果评估

目前，图书馆对阅读推广工作的考核主要采用行政管理手段。对活动效果的评估主要通过场次、参与人数或活动反馈等指标反映。笔者认为，阅读推广工作评估应是一个综合性的框架。从投入产出的角度考虑，需要结合预算考虑投入的经费，而产出方面，至少包括对图书馆、参与者以及社区等维度的评估：

---

① 鄂丽君.美国大学的"共同阅读"活动考察分析[J].大学图书馆学报,2014(6):18-23.

(1) 图书馆维度：活动场次、参与人次、反馈评分、借阅量；

(2) 参与者维度：借阅量、阅读时间、阅读效率、阅读主题的拓展、书评影评等原创作品的提交量、阅读交流过程中（智识、价值观、情感方面）的收获、阅读障碍等；

(3) 社区维度：品牌校园知晓度、认可度，社交媒体点击率、转发量、转载量、评论数等。

在实践中，关于阅读推广活动存在的参与人数与活动效果的矛盾一直存在。调研中，读书交流活动的参与人数排在其他活动类型之后，这是因为一场精心组织的读书会的主题不一定适合所有人，但实际情况是参与者的感受不一定比典礼仪式参与者的感受差。所以，简单地以参与人数来评判阅读推广工作成效的做法不可取。图书馆在组织活动和评估活动的时候，应结合具体情况，对阅读推广工作采取灵活、恰当的评估标准。

五、结论

系列跟踪调研从阅读推广的活动开展情况和组织管理两个基本维度，收集和分析了上海地区大学图书馆阅读推广工作的基本情况。由于篇幅所限，对于活动内容与活动效果，以及经验的可推广性，并未做深入剖析。调研所采取的活动类型仅勾勒出一个框架，需要更多的实践创新与发掘。数字阅读趋势不容忽视，针对不同阅读方式的推广活动也会有所差别，可在后续研究中予以关注。有关阅读推广活动受众的大众化与小众化趋势，也就是活动主题平民化还是精品化，与活动定位、策划、组织、评估等一系列工作密切相关，调研结果没有给予明确的回答。可以肯定的是，阅读推广的组织者需要有平台的概念，将零散的活动，通过某个主线连接在一起，并形成可复制、可扩展的机制，让活动得以延续，并不断发掘资源和茁壮成长。

谭丹丹（上海财经大学图书馆）

第三节　上海地区高校图书馆阅读推广工作调研（2017）

根据《2017年度上海市高校图书馆的发展报告》的撰写要求，上海市高校图工委向全市64所高校图书馆发出阅读推广调查问卷，共回收问卷23份。经对23家高校图书馆阅读推广问卷的统计，2017年上海市高校图书馆阅读推广年度报告主要从人员参与情况、阅读推广形式与内容、阅读推广宣传、阅读推广评价、阅读推广建议等5

个方面进行总结。

一、人员参与情况

(一)馆员参与情况

从回收的 23 份问卷看,在 2017 年上海高校图书馆开展的阅读推广活动中,图书馆馆员都积极参与,主要区别在于是专职还是兼职开展此项工作。从负责阅读推广的馆员性别看,女性 13 人,男性 3 人,这点与馆领导的性别比例相差较大,另有 9 所图书馆未提供相关数据。

1. 参与阅读推广的馆员人数

据统计,23 所图书馆共有 143.5 人从事与阅读推广相关的工作,平均每馆 6 人。馆员专职做阅读推广的有 11 所图书馆,共有 33 名专职阅读推广馆员;馆员兼职做阅读推广的有 16 所图书馆,共有 110.5 名兼职阅读推广馆员;这些图书馆中,又有 5 所既有专职阅读推广馆员,又有兼职阅读推广馆员,总人数达 52 人。从单一图书馆情况看,上海杉达学院专职从事阅读推广工作的馆员最多,有 8 人;而阅读推广馆员最多的是华东理工大学,专职和兼职加起来共有 17 人;此外,华东师范大学、东华大学、上海师范大学、上海工商外国语职业学院、同济大学、上海电力学院等馆从事阅读推广工作的人员都在 10 人及以上(见图 1)。

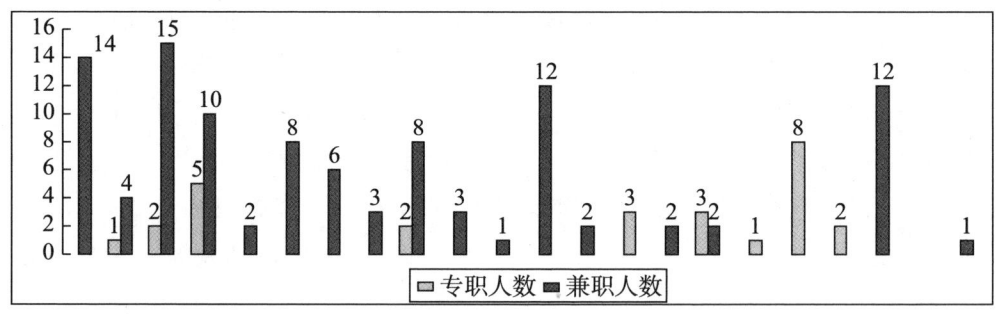

图 1　参与阅读推广的馆员人数

2. 参与阅读推广的馆员职称、职务

从问卷填写情况看,参与阅读推广的图书馆馆员职称不尽相同,参与阅读推广的馆员中副高有 6 人,中级 10 人,另有 7 所图书馆未提供此项数据。从职务看,6 人为部门主任(见表 1)。

表1　2017年上海高校图书馆馆员参与阅读推广一览表

类别 单位名称	人员情况					学科背景		
	专/兼职	专/兼职人数	负责人职称	负责人职务	负责人性别	理科	文科	图书馆学
东华大学	兼	14	副高	主任	女	√	√	√
复旦大学	专/兼	1/4	馆员		男		√	
华东理工大学	专/兼	2/15	馆员	主任		√	√	√
华东师范大学	专/兼	5/10				√	√	
济光学院	兼	2	馆员		女	√		
上海出版印刷高等专科学校	兼	8						
上海第二工业大学	专	6	副高	主任	女			√
上海电机学院	兼	3	副高	主任	女	√		
上海电力学院	专/兼	2/8						
上海东海职业技术学院	兼	3						
上海对外经贸大学	专	1	馆员		女		√	
上海工商外国语职业学院	兼	12	馆员		男、女	√	√	
上海工商职业技术学院	兼	2	馆员		女			
上海海事大学	兼	3	馆员		男、女			√
上海海洋大学	兼	2					√	√
上海交通大学	专/兼	3/2	副高		女	√	√	
上海交通大学医学院	专	1	馆员		女		√	
上海杉达学院	专	8						
上海商学院	专	2	馆员		女		√	
上海师范大学	兼	12	副高	主任	女			√
上海思博职业技术学院								
上海中医药大学	兼	1	馆员			√		
同济大学	兼	11.5	副高	主任	女	√		

3.参与阅读推广的馆员学科背景

高校图书馆馆员有一定的学科背景才能适应和胜任其工作,馆员学科背景有文科、理科,或者文理兼有。从回收的问卷中可知,阅读推广的负责馆员中具有理科背景9人,文科背景11人,图书馆学科背景8人,另有5所图书馆未提交此项数据,虽然馆员学科背景不一,但都依靠自己积累的知识,结合本校的情况开展阅读推广(见

表1）。

（二）参与部门情况

23所高校图书馆共有94个部门参与各自图书馆的阅读推广工作,按照各馆参与部门数量从多到少排序,其中同济大学参与部门最多,共有7个,分别是特藏部、德文图书馆、嘉定读者服务部、流通部、资源建设部、读者服务部和办公室(见图2)。

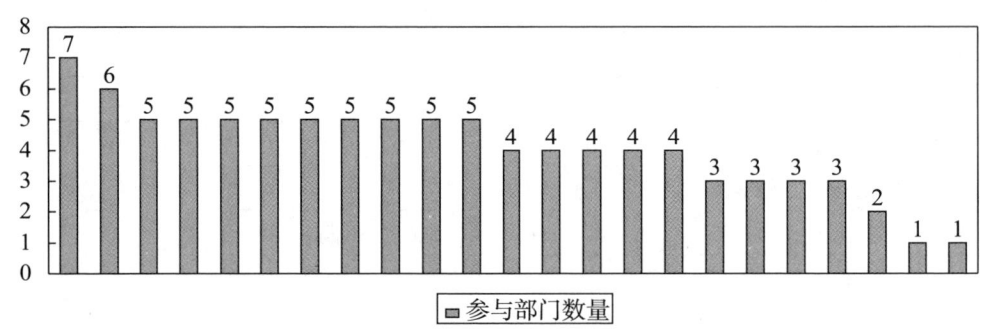

图2 各图书馆阅读推广参与部门数量

1.参与部门分布

各馆情况不同,参与阅读推广工作的部门也不相同,在不同的图书馆中,做同样工作内容的部门,名字上也有差异。经统计,从名称上看,参与图书馆阅读推广的94个部门有办公室、办公室(综合事务部)、编目流通部、采编部、参考咨询部、德文图书馆、读者服务部、后勤保障与文影部、基础服务部、技术部、嘉定读者服务部、江湾馆、流通部、流通服务部、流通阅览部、平台与技术支撑部、平台与技术支持部、浦东馆区、读者服务部、思想阅读社、特藏部、网络部、文化推广部、文化与特藏服务部、文献资源部、文献资源建设部、校办、信息技术部、信息咨询部、学生处、学习与研究支持部、学习支持部、医科部、阅读推广部、阅读推广工作室、阅览部、展览宣传中心、张江馆、咨询服务部、资源建设部、资源与公共服务部、资源与平台建设部、综合保障部、综合服务与阅读推广部、综合管理办公室等45种,本报告为了便于统计,将业务内容相同且名称相近的部门进行合并,对个别图书馆的部门名称进行了修改,例如"办公室",有的图书馆叫"办公室",有的叫"综合事务部",现统一改为"办公室";"采编部""文献资源部""文献资源建设部"等统一改为"资源建设部";"流通部""阅览部""读者服务部"以及以流通阅览为主的分馆等统一更改为"读者服务部"。经合并后有17种部门参与了图书馆的阅读推广工作,几乎涵盖图书馆所有部门,其中读者服务部、资源建设部和办公室是阅读推广的主力,这三个部门的参与占比达到参与部门的 64.89%。值得一提的是,有 6 所图书馆非常重视阅读推广,这些馆的阅读推广工作由阅读推广部直接推动。还有一些图书馆的阅读推广工作获得学校其他部门的支持,如上海思博职业技术学院的阅读推广工作得到校办和学生处的支持。具体统计见图 3。

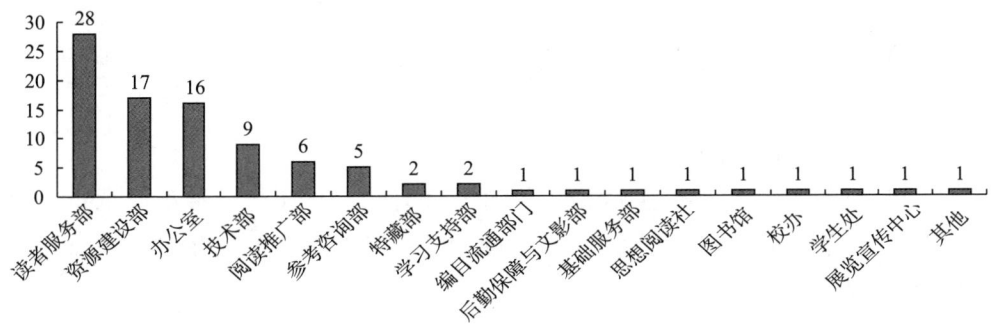

图 3　各图书馆参与阅读推广部门统计

2. 参与部门专、兼职(专兼职,参与度)

(1)专职阅读推广部门

从专职从事阅读推广的部门看,复旦大学、华东理工大学、华东师范大学、济光学院、上海第二工业大学、上海电力学院、上海东海职业技术学院、上海对外经贸大学、上海工商职业技术学院、上海交通大学、上海交通大学医学院、上海杉达学院、上海商学院、上海思博职业技术学院、上海中医药大学等 15 所高校图书馆都有至少一个部门专职做阅读推广工作,这些部门有基础服务部、阅读推广部、编目流通部、参考咨询部、读者服务部、资源建设部、图书馆、学生处、技术部。其中华东理工大学、华东师范大学、上海对外经贸大学、上海商学院、上海电力学院和上海工商职业技术学院 6 所图书馆的阅读推广由该馆的阅读推广部完成;上海交通大学医学院、上海杉达学院、上海东海职业技术学院 3 所图书馆由读者服务部负责阅读推广;其他高校则由其他业务部门完成,如复旦大学的基础服务部、上海交通大学的文化与特藏服务部、上海第二工业大学的参考咨询部等(见表 2)。

(2)兼职阅读推广部门

从兼职从事阅读推广的部门看,东华大学、同济大学、上海师范大学、上海海事大学、上海海洋大学、上海工商外语职业学院、上海电机学院和上海出版印刷高等专科学校等 8 所高校图书馆没有专职阅读推广的部门,但这些馆的其他业务部门也都积极努力地协助馆领导完成相关工作。涉及部门主要有办公室、读者服务部、资源建设部、技术部、参考咨询部、特藏部、展览宣传中心、各分馆等,其中读者服务部、资源建设部和办公室在各馆中都共同参与阅读推广工作。

(3)协助专职阅读推广部门的兼职阅读推广部门

前文提到的有专职阅读推广部门的15所图书馆,馆内其他部门也兼职做阅读推广,对该工作做出巨大贡献。这些部门主要有读者服务部、办公室、资源建设部、技术部、参考咨询部、学习支持部、编目流通部、思想阅读社、特藏部、后勤保障与文影部、校办、展览宣传中心及其他部门等。

(4)特殊阅读推广部门

特殊阅读推广部门主要是各馆的阅读推广工作由非图书馆业务部门承担的,前文已提到上海思博职业技术学院,该校的阅读推广工作得到了校办、学生处和思想阅读社的支持。

3. 参与部门工作内容

对阅读推广参与部门的工作内容进行统计。各部门的工作内容不同,从数量上看,有的部门仅负责1项工作,有的部门负责3至4项工作。

从工作内容上看,有部门协调、策划、后勤保障、技术保障、经费支持、配合相关活动、设备、组织实施、数据库宣传推广、数字提供、资源调配、文影等,各馆在工作内容描述上略有差异,例如"技术支持"在不同的馆被称为"技术保障""技术支撑""技术支持"等。诸如此类,在统计时合并同类项。经合并后,各部门的工作主要有组织实施、宣传、策划、配合相关工作、资源调配、后勤保障、技术支持、部门协调、文影、数字资源教育、数据提供、经费支持等。

从工作内容与部门之间的关系看,参与组织实施的有78个部门,参与宣传的有30个部门,参与策划的有28个部门,参与资源调配的有18个部门,参与后勤保障的有15个部门,有9个部门为本馆阅读推广提供技术支持,还有一些部门在数字资源教育、数据提供、经费支持、文影方面支持阅读推广工作的开展。

表2 2017年上海高校图书馆参与阅读推广部门一览表

单位名称	部门名称	专职	兼职	参与内容
东华大学	读者服务部		√	策划、宣传、组织实施
	资源与平台建设部		√	资源调配、书展等
	综合保障部		√	配合相关活动开展、后勤保障

续表

单位名称	部门名称	专职	兼职	参与内容
复旦大学	参考咨询部		√	数字资源教育
	基础服务部	√		策划、宣传、组织实施
	江湾馆		√	新生季系列活动
	医科馆		√	对账单系列活动等
	张江馆		√	毕业季系列活动
华东理工大学	办公室		√	配合相关活动开展
	采编部		√	配合相关活动开展
	读者服务部		√	配合相关活动开展
	综合服务与阅读推广部	√		策划、宣传、组织实施
华东师范大学	平台与技术支持部		√	技术支持
	文化推广部	√		策划、宣传、组织实施
	文献资源建设部		√	资源调配等
	学习支持部		√	策划、配合相关活动开展
	综合管理办公室		√	后勤保障
济光学院	编目流通部门	√	√	策划、宣传、组织实施
上海出版印刷高等专科学校	采编部		√	策划、资源调配、书展等
	流通部		√	宣传、组织实施
	信息技术部		√	配合相关活动开展
上海第二工业大学	办公室		√	后勤保障
	采编部		√	资源调配、书展等
	参考咨询部	√		策划、宣传、组织实施
	读者服务部		√	配合相关活动开展
上海电机学院	办公室		√	策划、宣传、组织实施、会务等全程
	采编部		√	联系书展、组织采书
	读者服务部		√	配合相关活动开展
	技术部		√	技术保障
	咨询服务部		√	负责某个专项及讲座等

续表

单位名称	部门名称	专职	兼职	参与内容
上海电力学院	办公室		√	后勤保障
	采编部		√	资源调配、书展等
	技术部		√	技术支撑、数据提供
	流通阅览部		√	配合相关活动开展
	浦东馆区		√	配合相关活动开展
	文化推广部	√		策划、宣传、组织实施
上海东海职业技术学院	办公室		√	策划、后勤保障、部门协调
	流通部	√		宣传、组织实施
上海对外经贸大学	办公室		√	后勤保障
	采编部		√	资源调配、书展等
	流通部		√	新生季活动、阅读之星评选等活动
	信息咨询部		√	移动阅读推广、配合工作室完成部分活动项目、提供技术支持
	阅读推广工作室	√		策划、宣传、组织实施
上海工商外国语职业学院	流通部		√	配合相关活动开展，如书展等
	网络部		√	配合相关推广活动开展，如培训等
	阅览部		√	策划、宣传、组织实施
上海工商职业技术学院	办公室		√	后勤保障
	读者服务部		√	配合相关活动开展、资源调配、书展等
	阅读推广部	√		策划、宣传、组织实施
	资源建设部		√	资源调配、书展等
上海海事大学	办公室（综合事务部）		√	宣传推广、后勤保障
	读者服务部		√	策划、宣传、组织实施
	文献资源部		√	资源调配、书展等
上海海洋大学	办公室		√	后勤保障
	读者服务部		√	配合相关活动开展
	阅览部		√	海韵导读、海韵阅读汇文化墙、书目推荐、读书征文活动等
	资源建设部		√	资源调配、书展等

续表

单位名称	部门名称	专职	兼职	参与内容
上海交通大学	后勤保障与文影部		√	文影、后勤保障
	平台与技术支撑部		√	技术支撑
	文化与特藏服务部	√		策划、宣传、组织实施
	学习与研究支持部		√	对院系活动宣传与实施
	资源与公共服务部		√	资源调配等
上海交通大学医学院	办公室		√	后勤保障
	采编部		√	资源调配、书展、新书分享等
	参考咨询部		√	数据库宣传推广等
	技术部		√	技术支持
	流通服务部	√		策划、宣传、组织实施
上海杉达学院	上海杉达学院图书馆读者服务部	√		策划、宣传、组织、推广等
上海商学院	办公室		√	后勤保障
	采编部	√		策划、宣传、组织实施
	流通部		√	资源调配、书展等
	信息技术部		√	技术保障、资源调配
	阅读推广部	√		策划、宣传、组织实施
上海师范大学	办公室		√	后勤保障
	读者服务部		√	相关阅读推广活动执行
	其他		√	设备、网络等技术支持和场地
	展览宣传中心		√	策划、宣传、组织实施
	资源建设部		√	策划、宣传、组织实施、资源调配、书展等
上海思博职业技术学院	思想阅读社		√	参与组织
	图书馆	√		策划、宣传、组织、后勤保障
	校办		√	配合相关活动开展及实施
	学生处	√		实施、资源调配

续表

单位名称	部门名称	专职	兼职	参与内容
上海中医药大学	办公室		√	经费支持
上海中医药大学	流通阅览部		√	图书提供
上海中医药大学	信息技术部	√		策划、宣传、组织实施
上海中医药大学	资源建设部		√	资源调配
同济大学	办公室		√	后勤保障
同济大学	德文图书馆		√	策划、宣传、组织实施、开展系列活动
同济大学	读者服务部		√	配合相关活动开展
同济大学	嘉定读者服务部		√	策划、宣传、组织实施、开展系列活动
同济大学	流通部		√	策划、宣传、组织实施
同济大学	特藏部		√	策划、宣传、组织实施、开展系列活动
同济大学	资源建设部		√	资源调配、书展等

（三）学生或学生组织参与情况

从2017年上海高校开展阅读推广工作的情况看，有20所高校的阅读推广工作得到了学生或学生组织的协助。据统计，学生以勤工助学、志愿者、助管等方式参与阅读推广，有27个学生组织分别协助各自高校完成阅读推广。

对学生组织参与阅读推广的工作内容进行统计。各学生组织工作内容各不相同，主要有阅读推广策划、宣传、组织实施、场地管理、举办读书交流、读书征文、文化讲座、话剧演出、期刊义卖、微信推文撰写与编辑、书目推荐、海报制作、新媒体推广等。从问卷看，每个学生组织都分别承担一项或者多项工作。

各馆在描述学生组织的相同工作内容时也略有差异。例如关于阅读推广宣传，就有"宣传""宣传活动""个别活动的宣传""阅读推广月宣传""宣传等"等多种描述方式；有些将工作内容表述为策划、宣传、组织实施，或者具体到某项阅读推广活动，如"海韵导读""鲜悦活动策划"，而有的不分工作界线概括表述为"所有关于阅读推广事项""协助做好部分阅读推广活动"。为了便于统计，对学生或者学生组织的工作内容进行整理和合并，将"宣传""宣传活动""个别活动的宣传""阅读推广月宣传""宣传等"等统一更改为"宣传"，将"策划""活动策划""鲜悦活动策划"等合并为"策划"；将"组织""组织实施""组织实施等""配合相关活动开展""协助做好部分阅读推广"及将该栏描述成具体活动的统一更改为"组织实施"；有些学生组织参与了阅读推广的全部活动，将该校在该栏所描述的"活动参与组织策划实施""所有关于阅读推广事项""读者服务月"等统一更改为"策划、宣传、组织实施"。经合并后,有7个学生或学生组织参与了从策划、宣传到组织实施的所有阅读推广活动,其他学生或学生组织参与部分阅读推广活动;学生参与策划的有16次,占工作内容20%,参与组织实施的最多达到41次,占比达到52%(见图4)。

二、内容与形式

《2017年上海市高校图书馆发展报告》问卷从阅读推广类别、激励、成本、评价和其他5个方面对各高校进行了调查。

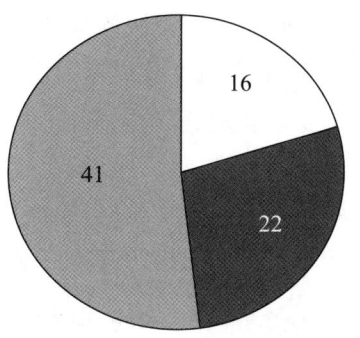

图4 学生或学生组织阅读推广工作内容情况

类别主要包括阅读推广的名称和类型,类型又可细分为阅读文化、资源推荐、书目推荐、服务推荐4个方面;激励主要调研各高校阅读推广的评比办法,奖励的种类、奖品来源;成本主要调研各高校在开展阅读推广活动的时间成本、人力成本、资金成本及设备成本;评价主要从满意度和获奖情况调查。基于填表馆员对馆内开展阅读活动的了解,共回收23所高校图书馆的阅读推广问卷。

(一)阅读推广内容

1. 概况

据统计,23所高校图书馆2017年共举办了131次(场)阅读推广活动,平均每馆举办5.7次(场)。举办活动最多的是上海第二工业大学图书馆,共举办了19次(场),这些活动有成立创享读书沙龙、现场购书活动、创业导师荐书活动、创新创业图书展、国学经典与人生智慧——以《菜根谭》为例、校第二届文献检索大赛、"我与图书馆故事"微视频大赛、图书馆2017年"优秀读者评选"活动、2017年"我眼中的包馆"宣传作品大赛、参加第四届万方数据"镜头下的传统文化"微视频大赛、参加2017年"知网杯"上海高校信息资源发现大赛、浦东非遗文化项目"浦东剪纸、三林刺绣"展示、品味书香活动、读者座谈会(学生)、师生现场书画秀、电子资源阅读推广活动、系列讲座、系列展览、经典影视欣赏等。此外上海师范大学、上海对外经贸大学、华东理工大学、同济大学举办的阅读推广活动也较多,均在10次及以上。另有一些高校提供的项目较少,但提供的项目名称有读书季、毕业季、读书节系列活动等,这样一来,这些高校也组织了多种形式的阅读推广活动(见表3)。

根据回收的问卷,各馆分别组织了阅读比赛、文化讲座、数字资源推广讲座、图书馆介绍、主题书展、图书馆咨询、文化展览、阅读表演、教工阅读推广、阅读交流、馆际互借等图书馆服务推荐、征文、翻译大赛、3D打印竞赛、真人图书馆、E读空间、诗词大会、传统文化展示、社会活动、图书馆技能培训、电影观摩、知识竞赛、中学生社会实践基地、校外图书角、图书漂流、导读、导师荐书、文献检索大赛、微视频大赛、优秀读者评选、读者座谈会、学科馆员等多种形式的阅读推广活动。对各馆的阅读推广活动从阅读文化、资源推荐、书目推荐、服务推荐4个方面进行归类,可得2017年上海高校图书馆阅读推广活动统计分类表(2)(见表4)。

表3 2017年上海高校图书馆阅读推广活动统计分类表(1)

单位名称	名称	阅读文化	资源推荐	书目推荐	服务推荐	社会化服务
东华大学	主题书展			√	√	
	主题讲座		√	√		
	知识竞赛			√		√
	竞猜活动	√	√		√	
	总结表彰大会		√		√	
复旦大学	读书节	√	√	√	√	√
	毕业季	√	√	√	√	
	对账单	√	√	√	√	
华东理工大学	读书月	√				
	征文大赛	√				
	3D打印竞赛		√	√	√	
	讲座	√	√		√	
	真人图书馆	√	√			√
	E读空间	√	√			
	展览	√	√	√	√	√
	诗词大会	√				
	翻译大赛			√		
	迎新活动	√	√		√	
华东师范大学	主题书展	√	√	√	√	
	天堂电影院				√	
	丽娃共读	√	√	√	√	
济光学院	超星杯图书馆知识竞赛	√	√	√	√	

续表

单位名称	名称	阅读文化	资源推荐	书目推荐	服务推荐	社会化服务
上海出版印刷高等专科学校	读书月系列活动	√				
	开展校园书展					
	专题数据库讲座		√			
	新书推荐			√		
	建立学科馆员制度				√	
	与社区共建图书馆					√
上海第二工业大学	成立创享读书沙龙	√	√	√	√	√
	现场购书活动		√	√		
	创业导师荐书活动			√		
	创新创业图书展		√	√		
	国学经典与人生智慧——以《菜根谭》为例	√				
	校第二届文献检索大赛	√	√			
	"我与图书馆故事"微视频大赛	√			√	
	图书馆2017年"优秀读者评选"活动	√			√	
	2017年"我眼中的包馆"宣传作品大赛	√			√	
	参加第四届万方数据"镜头下的传统文化"微视频大赛		√			
	参加2017年"知网杯"上海高校信息资源发现大赛		√		√	
	浦东非遗文化项目"浦东剪纸、三林刺绣"展示	√			√	√
	品味书香活动	√	√	√		
	读者座谈会（学生）	√			√	
	师生现场书画秀	√	√			
	电子资源阅读推广活动		√			
	系列讲座	√	√	√	√	√
	系列展览	√	√	√	√	√
	经典影视欣赏	√			√	

续表

单位名称	名称	阅读文化	资源推荐	书目推荐	服务推荐	社会化服务
上海电机学院	书展、展览	√				
	数据库讲座		√			
	新书推荐			√		
	情报检索培训				√	
	电影观摩					√
	图书捐赠漂流					√
	经典导读、征文		√			
上海电力学院	真人图书馆	√				
	时光邮局	√				
	征文活动	√				
	文化展览	√				
上海东海职业技术学院	图书馆信息动态		√	√	√	
	大学生科研助手		√	√		
	大学生读书交流会	√	√	√		
上海对外经贸大学	贸大思客	√				
	米分享	√				
	经典电影展播	√				
	讲座		√			
	移动阅读体验专享会		√			
	书展		√			
	悦读经典 乐享思源			√		
	一书一人			√		
	初见			√		
	毕业季				√	
	新生季				√	
	借阅绿色通道				√	

续表

单位名称	名称	阅读文化	资源推荐	书目推荐	服务推荐	社会化服务
上海工商外国语职业学院	工商外院第七届"世界读书日"活动	√	√	√	√	√
	与上海市公安局浦东分局老港派出所警民共建校外图书角	√	√		√	√
	上海市中学生社会实践基地	√	√		√	√
	图书漂流活动	√	√			√
上海工商职业技术学院	人天新书展		√	√		
	"书香工商"读书竞赛活动	√				
上海海事大学	主题书展		√			
	主题电影		√			
	真人图书馆	√				
上海海洋大学	海韵导读	√	√	√	√	
	海韵阅读汇文化墙	√				
	读书征文					
上海交通大学	书之道(Book Knows)	√				
	交圕·喜阅			√		
	思源悦读				√	
	鲜悦(Living Library)	√				
上海交通大学医学院	中外文书展	√	√	√	√	
	免费办理上海图书馆读者证	√	√	√	√	√
	"情系于书"三行情书征文大赛	√				
	"学术不端的自我防范与检测"讲座	√			√	
	新书分享活动	√	√	√	√	
上海杉达学院	"多读书、读好书"读书征文	√	√			
	"翰墨书香"国画、书法等中国传统文化展示	√	√		√	√
	信息素养讲座	√	√	√		√
上海商学院	上商读书节	√	√	√		
	讲座		√		√	
	参与社会活动	√				√

续表

单位名称	名称	阅读文化	资源推荐	书目推荐	服务推荐	社会化服务
上海师范大学	阅读马拉松	√				
	漫谈海派文化讲座	√				
	探秘 Library				√	
	万方开学季之才气双收		√			
	主题书展(11 场)		√			
	读者服务月咨询活动				√	
	民国老报刊中的风雅与时尚		√			
	"读诗词 品典故"阅读达人秀		√			
	悦读手拉手	√				
	师大朗读者			√		
	陪你读完一本书			√		
	汉服表演	√				
	读书分享会	√	√			
	古代诗词与当代青年——"悦读,与诗词同行"主题讲座	√				
	带你学术 带你飞——图书馆数字资源推广		√			
	对话央视"诗词大会"参赛同学——诗词读书交流会	√	√			
	帮你远程使用上海图书馆数字资源——上海图书馆免费办证活动在校图书馆举办		√		√	
上海思博职业技术学院	图书馆阅读沙龙活动	√		√		
上海中医药大学			√		√	
		√		√		
		√				

续表

单位名称	名称	阅读文化	资源推荐	书目推荐	服务推荐	社会化服务
同济大学	红色经典导读	√	√	√	√	
	立体阅读	√	√		√	
	"诗画东西"系列活动	√	√	√		√
	"敦煌:匠心神韵"系列活动	√	√	√		√
	"师·书济会"项目			√		
	品读会			√		
	啤酒文化主题阅读推广活动	√				
	行走阅读系列活动	√		√		√
	"博看"朗读大赛	√				
	嘉书有约、专题书架			√		

表4 2017年上海高校图书馆阅读推广活动统计分类表(2)

单位名称	阅读文化	资源推荐	书目推荐	服务推荐	社会化服务
东华大学	1	3	3	3	1
复旦大学	3	3	1	3	1
华东理工大学	9	8	6	5	2
华东师范大学	2	3	2	3	
济光学院	1	1	1	1	1
上海出版印刷高等专科学校	1	1	1	1	1
上海第二工业大学	14	11	7	11	4
上海电机学院	1	2	1	1	2
上海电力学院	4				
上海东海职业技术学院	2	3	3	1	
上海对外经贸大学	3	3	3	3	
上海工商外国语职业学院	4	4	1	3	4
上海工商职业技术学院	1	1	1		
上海海事大学	1	2			
上海海洋大学	2	1	1	1	

续表

单位名称	阅读文化	资源推荐	书目推荐	服务推荐	社会化服务
上海交通大学	2		1	1	
上海交通大学医学院	5	3	4	5	1
上海杉达学院	3	3	1	1	2
上海商学院	2	2	1	1	2
上海师范大学	7	10		3	
上海思博职业技术学院	1		1		
上海中医药大学	2	1	1	1	
同济大学	7	4	9	2	3
合计	78	69	49	50	19

2.各高校图书馆阅读推广工作重点

(1)最重视的阅读推广活动

以各馆阅读推广活动举办次数最多为依据判定该馆最重视的阅读推广工作,若某高校图书馆某类活动举办次数最多相同,则如实记录;若某馆举办各类阅读推广活动不超过1次,则该馆最重视的阅读推广工作忽略不计。据表可知,东华大学最重视的阅读推广工作为资源推荐、书目推荐和服务推荐;复旦大学最重视阅读文化、资源推荐和服务推荐;华东理工大学最重视阅读文化;华东师范大学最重视资源推荐和服务推荐;上海第二工业大学最重视阅读文化;上海电机学院最重视资源推荐和社会化服务,上海电力学院最重视阅读文化;上海东海职业技术学院最重视资源推荐和书目推荐;上海对外贸易大学对各项工作都非常重视;上海工商外国语职业学院最重视阅读文化、资源推荐和社会化服务;上海海事大学最重视资源推荐;上海海洋大学最重视阅读文化;上海交通大学最重视阅读文化;上海交通大学医学院最重视阅读文化和服务推荐;上海杉达学院最重视阅读文化和资源推荐;上海商学院最重视阅读文化、资源推荐和社会化服务;上海师范大学最重视资源推荐;上海中医药大学最重视阅读文化;同济大学最重视书目推荐。由图5可以看出,重视阅读文化、资源推荐、书目推荐和服务推荐、社会化服务的图书馆数量逐渐减少,其中有12所高校图书馆最重视阅读文化,11所图书馆则最关注资源推荐,这两项占到最重视阅读推广活动的70%,足见各馆的重视程度。

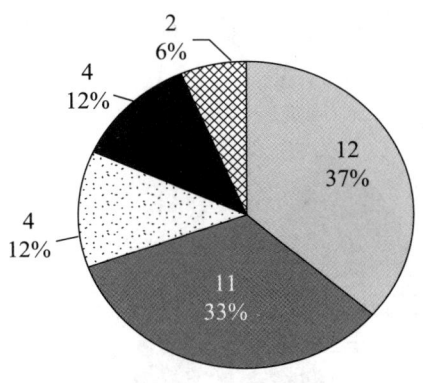

图5 各馆最重视的阅读推广活动

(2) 各高校馆阅读推广工作重点

若以每个高校图书馆举办活动的数量多寡排序,以举办次数超过3次,且在该馆阅读推广活动次数排名前3为依据,判定该类活动为该馆阅读推广工作的重点,若该馆各类活动均未超过3次,则以举办次数最多的活动为该馆的阅读推广工作重点;若某馆举办各类阅读推广活动最多次数相同,则均需统计在内。据此,东华大学的阅读推广工作重点有资源推荐、书目推荐和服务推荐;复旦大学重点工作为阅读文化、资源推荐和服务推荐;华东理工大学重点工作为阅读文化、资源推荐、书目推荐;华东师范大学注重资源推荐和服务推荐;济光学院和上海出版印刷高等专科学校5项均为重点工作;上海第二工业大学重阅读文化、资源推荐和服务推荐;上海电机学院重资源推荐和社会化服务;上海电力学院重阅读文化;上海东海职业技术学院重资源推荐和书目推荐;上海对外经贸大学重视除了社会化服务外的各类阅读推广活动;上海工商外国语职业学院重阅读文化、资源推广和社会化服务;上海工商职业技术学院的重点工作有阅读文化、资源推荐、书目推荐;上海海事大学重资源推荐;上海海洋大学重阅读文化;上海交通大学重阅读文化;上海交通大学医学院重阅读文化、服务推荐和书目推荐;上海杉达学院重阅读文化和资源推荐;上海商学院重阅读文化、资源推荐和社会化服务;上海师范大学重资源推荐、阅读文化和服务推荐;上海思博职业技术学院重阅读文化和书目推荐;上海中医药大学重阅读文化;同济大学重书目推荐、阅读文化和资源推荐。从图6可以看出,视阅读文化、资源推荐、书目推荐、服务推荐,以及社会化服务为重要工作的图书馆数量逐渐减少,其中有19所高校图书馆将阅读文化视为阅读推广的重要工作,有17所高校图书馆将资源推荐视为重要工作内容,这两项阅读推广重点工作普遍被视为重点工作,占比超过60%。

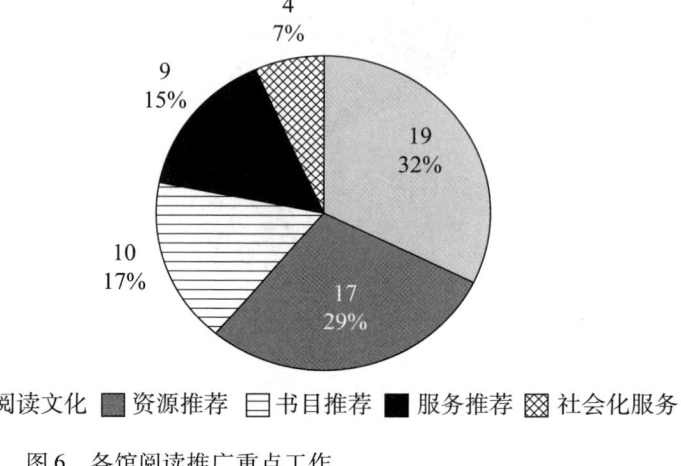

图6 各馆阅读推广重点工作

(二)阅读推广激励

激励是对人的某种行为给予肯定和表扬,使人保持这种行为,可以说激励是实现阅读推广目的的需要,在阅读推广中实施一定的激励措施,可以调动参与者的积极性,激发他们长久地参与图书馆的阅读推广活动,并影响周围的人关注和参与。从回收的问卷看,各高校图书馆为开展阅读推广均不同程度地实施了一定的激励措施。

1.评比方法

阅读推广中的奖励激励是根据该项活动的特点制定一定的评判标准和方法,据此评比活动中的优胜者,并给予奖励。回收的问卷中,共有75项活动有奖励激励。其中,38项活动给出了简单的评比方法,主要有比赛集齐所有图章、朗读+讲故事、演讲、实践学时、投票(含网络投票)、现场考核/测试、数据统计、线上答题、线下摇奖、线下实时竞猜、校内多部门联合审阅、现场阅读时间、阅读1小时以上送书1本、阅读后改编成情景剧,根据现场表演及内容打分、阅读速度快、准确率高、专家评选、网络评选、计分制、出勤量、图书借阅量等(见表5)。另有39项活动虽未给出评比方法,但根据奖励和奖品来源可以推断出这些阅读推广活动也有一定的评比方法。可以看出阅读推广奖励激励的评比方法具有以下特点:一是因活动形式多样而具有多样性,上海师范大学的"阅读马拉松"凭借阅读速度和回答问题的准确率评比、上海师范大学的"探秘Library"则要求"集齐所有图章"、上海中医药大学的阅读推广则凭借"计分制"评比;二是不单凭一种方法评选,如上海海洋大学的"海韵阅读汇文化墙"采取"专家评选+网络评选"的方式、上海思博职业技术学院的"图书馆阅读沙龙"采取"比赛+出勤+图书借阅量"的方式评选;三是活动注重专业性,邀请专家评选,如华东理工大学的"3D打印竞赛""翻译大赛"、华东师范大学的"丽娃共读"等十余个项目都邀请相关专家来评审。

评比方法给活动提供了判断依据,保证了活动的公正性,从而鼓励了大学生参与。

表5 2017年上海高校图书馆阅读推广活动激励表

单位名称	名称	评比办法	精神/实物奖励	奖品来源
东华大学	主题讲座	√		
	总结表彰大会	数据统计	实物奖励	
	知识竞赛	线上答题	实物奖励	
	竞猜活动	线下实时竞猜	实物奖励	
复旦大学	读书节	√	√	赞助
	毕业季	√	√	赞助
	对账单	√	√	赞助
华东理工大学	读书月	专家评审	实物奖励	采购
	征文大赛	专家评审	实物奖励	采购
	3D打印竞赛	专家评审	实物奖励	采购
	诗词大会	专家评审	实物奖励	采购
	翻译大赛	专家评审	实物奖励	采购
	E读空间	专家评审	实物奖励	赞助
华东师范大学	主题书展	专家评选	实物+精神	办公经费
	丽娃共读	专家评选	实物+精神	办公经费
济光学院	超星杯图书馆知识竞赛	线上竞答,线下摇奖	实物+精神	超星赞助
上海出版印刷高等专科学校	读书月系列活动	评学生优秀读者	实物+精神	馆内办公经费
上海第二工业大学	成立创享读书沙龙		实物+精神	
	师生现场书画秀		精神奖励	图书馆
	系列讲座		精神奖励	图书馆
	系列展览		精神奖励	图书馆

续表

单位名称	名称	评比办法	精神/实物奖励	奖品来源
上海第二工业大学	创业导师荐书活动		精神奖励	
	国学经典与人生智慧——以《菜根谭》为例		精神奖励	
	浦东非遗文化项目"浦东剪纸、三林刺绣"展示		精神奖励	
	品味书香活动		精神奖励	
	读者座谈会(学生)		精神奖励	
	电子资源阅读推广活动		精神奖励	
	经典影视欣赏		精神奖励	
	现场购书活动		实物奖励	
	校第二届文献检索大赛		实物奖励	
	"我与图书馆故事"微视频大赛		实物奖励	
	图书馆2017年"优秀读者评选"活动		实物奖励	
	2017年"我眼中的包馆"宣传作品大赛		实物奖励	
	参加第四届万方数据"镜头下的传统文化"微视频大赛		实物奖励	
	参加2017年"知网杯"上海高校信息资源发现大赛		实物奖励	
上海电机学院	数据库讲座	评委评选	精神/实物	
	书展、展览	网络投票	精神/实物	
	新书推荐		精神/实物	
上海电力学院	征文活动	√	√	赞助商赞助
	真人图书馆		√	自购
上海东海职业技术学院	大学生科研助手		√	
	大学生读书交流会		√	

续表

单位名称	名称	评比办法	精神/实物奖励	奖品来源
上海对外经贸大学	贸大思客	奖学金加分	精神奖励（荣誉证书）	图书馆
	经典电影展播	评选奖次	实物奖励(礼品)	
	米分享	实践学时	图书	
上海工商外国语职业学院	工商外院第七届"世界读书日"活动		精神/实物	活动专项经费
	图书漂流活动			
上海工商职业技术学院	"书香工商"的读书竞赛活动		实物奖励	学生处和书商提供
上海海事大学	真人图书馆		√	
上海海洋大学	海韵阅读汇文化墙	专家+网络评选	实物+精神（证书与奖品）	图书馆
上海交通大学	书之道（Book Knows）		精神奖励（素拓分）	
	鲜悦（Living Library）		精神奖励（素拓分）	
上海交通大学医学院	"情系于书"三行情书征文大赛	投票	实物奖励（钢笔礼盒）	图书馆
	新书分享活动	投票	实物奖励（钢笔礼盒）	
	免费办理上海图书馆读者证		实物奖励（上海图书馆阅览证）	
上海杉达学院	"翰墨书香"国画、书法等中国传统文化展示	网络投票	精神奖励	颁发参与证书
	信息素养讲座	现场考核、测试	实物奖励	馆内阅读推广专项经费、合作单位赠品
	"多读书、读好书"读书征文	校内多部门联合审阅	实物奖励	馆内阅读推广专项经费

续表

单位名称	名称	评比办法	精神/实物奖励	奖品来源
上海商学院	上商读书节	√	√	数据库商赞助
	参与社会活动		√	社会组织
上海师范大学	探秘Library	集齐所有图章	实物奖励	图书馆
	师大朗读者	朗读+讲故事	精神奖励（证书）	图书馆
	陪你读完一本书	演讲比赛	精神奖励（证书）+实物（书）	图书馆
	悦读手拉手	阅读1小时以上送书1本	实物奖励	图书馆
	"读诗词 品典故"阅读达人秀	阅读后改编成情景剧,根据现场表演及内容打分	实物奖励	图书馆
	阅读马拉松	阅读速度快、准确率高	实物奖励	图书馆
	万方开学季之才气双收		实物奖励	图书馆
	主题书展(11场)		实物奖励	图书馆
	读者服务月咨询活动		实物奖励	图书馆
	对话央视"诗词大会"参赛同学——诗词读书交流会		实物奖励（书）	图书馆
	漫谈海派文化讲座			图书馆
上海思博职业技术学院	图书馆阅读沙龙活动	比赛+出勤+图书借阅量	实物+精神	图书馆
上海中医药大学		计分制	实物+精神	图书馆
同济大学	"博看"朗读大赛		√	团委
	红色经典导读		√	院系提供
	立体阅读		√	院系提供
	啤酒文化主题阅读推广活动		实物+精神	

注："√"为有评比办法和奖励,但受访者未填写具体内容。

2. 激励措施

（1）激励措施

经统计，有 74 个项目都有奖励激励措施，有些项目未注明奖励措施，注明奖励的项目主要有"精神奖励""实物奖励""精神+实物"三种激励方式。其中，仅"精神奖励"的项目有 16 项，占比 22%，这些项目主要有上海交通大学的"书之道（Book Knows）""鲜悦（Living Library）"两个项目均以素质拓展分为奖励，另外上海第二工业大学的"师生现场书画秀""创业导师荐书活动"、浦东非遗文化项目"浦东剪纸、三林刺绣"展示等也仅实施"精神奖励"。仅"实物奖励"的项目有 31 项，占比 42%，这些项目有上海对外经贸大学的"经典电影展播"、上海师范大学的"'读诗词　品典故'阅读达人秀"、东华大学的"知识竞赛"、华东理工大学的"诗词大会"、上海杉达学院的"'多读书、读好书'读书征文"等。也有一些项目采取"精神+实物"相结合的激励方法，共有 14 项，占比 20%，这些项目有同济大学的"啤酒文化主题阅读推广活动"、华东师范大学的"丽娃共读""主题书展"、上海师范大学的"陪你读完一本书"、上海海洋大学的"海韵阅读汇文化墙"等。另有 13 个项目未注明激励措施，如复旦大学的"对账单"等、上海海事大学和上海电力学院的"真人图书馆"、同济大学的"'博看'朗读大赛""红色经典导读""立体阅读"、上海商学院的"上商读书节"、上海东海职业技术学院的"大学生科研助手"等。

（2）激励奖品

阅读推广主要有"精神奖励""实物奖励""精神+实物"三种激励方式，从问卷看，实物奖励主要有钢笔礼盒、图书、上海图书馆阅览证等文具及学习用品，精神奖励主要是荣誉证书、素质拓展分等。

奖品主要来源于图书馆自购和各项活动支持单位的赞助（图书供应商或数据库商），少数活动奖品由校内其他单位提供，有学生处、其他学院等。图书馆自购的奖品也依据活动不同经费来源不同，有图书馆业务经费和阅读推广专项经费两种。

从奖品的设置和价值额度看，一般都会设置一、二、三等奖及参与奖，且一等奖一般为价格不超过 500 元的学习用品，因此，奖品设置合理，尺度得当，符合国家的有关规定。

（三）阅读推广成本

成本虽是商品经济的价值范畴，但图书馆开展阅读推广活动是从图书馆阅读氛围营造、图书馆资源和服务推广等方面挖掘切合读者需求，让读者深刻了解并吸引读者使用图书馆的过程和活动，这必然耗费一定资源，主要有人力成本、资金成本、时间成本和设备等(见表6)。

表6 2017年上海高校图书馆阅读推广成本统计表

单位名称	名称	时间(小时)	人力(次)	资金(元)	设备(台)
东华大学	总结表彰大会	2		2000	电脑1、大屏显示器2、音响1、大背板1、桌子2、椅子60
	主题讲座	4	10	2000	电脑1、大屏显示器2、音响1、大背板1、桌子2、椅子60
	主题书展	20	15		桌子2、展架5
	知识竞赛	50	14	500	
	竞猜活动			300	桌子1、展架1、拉绳、纸若干
复旦大学	毕业季	200	20	5000	2
	对账单	200	20	5000	2
	读书节	600	50	20 000	5
华东理工大学	征文大赛		1	2000	
	3D打印竞赛		1	2000	
	翻译大赛		1	2000	
	真人图书馆		2	8000	
	迎新活动		3	3000	
	诗词大会		5	2000	
	讲座		5	6000	
	E读空间		5	6000	
	展览		6	5000	
	读书月		15	26 000	
华东师范大学	天堂电影院	2	3	0	一组
	丽娃共读	150	10	4000	0
	主题书展	720	4	600	3

续表

单位名称	名称	时间(小时)	人力(次)	资金(元)	设备(台)
济光学院	超星杯图书馆知识竞赛	前后50天	3	2000	0
上海第二工业大学	现场购书活动	4		500	
	成立创享读书沙龙	20	2	1000	
	系列讲座	25		5000	
	系列展览	48		5000	
	经典影视欣赏	104			
	浦东非遗文化项目"浦东剪纸、三林刺绣"展示			500	
	师生现场书画秀			500	
	校第二届文献检索大赛			1000	
	图书馆2017年"优秀读者评选"活动			1000	
	参加第四届万方数据"镜头下的传统文化"微视频大赛			1000	
	参加2017年"知网杯"上海高校信息资源发现大赛			1000	
	"我与图书馆故事"微视频大赛			2000	
	2017年"我眼中的包馆"宣传作品大赛			2000	
上海电机学院	书展、展览	240			
	数据库讲座	240			
	新书推荐	240			
上海电力学院	真人图书馆	2	5	2000	4
	时光邮局	4	6	1000	
	征文活动	480	15	5000	
	文化展览	720	3	1000	
上海对外经贸大学	贸大思客	200	100	10000	4

续表

单位名称	名称	时间(小时)	人力(次)	资金(元)	设备(台)
上海海事大学	真人图书馆	不定	3		小型报告厅
	主题电影	每周五	1		报告厅
	主题书展	展出时间1个月左右	1		书架
上海交通大学	交圕·喜阅		2		
	思源悦读		2		
	鲜悦(Living Library)		5	100	2
	书之道(Book Knows)		12	2500	4
上海交通大学医学院	"学术不端的自我防范与检测"讲座	2	5		
	新书分享活动	2周	5	500	
	中外文书展	2周	10		
	"情系于书"三行情书征文大赛	2周	30	1000	
	免费办理上海图书馆读者证	7	10		
上海杉达学院	信息素养讲座	30	30	3000	5
	"翰墨书香"国画、书法等中国传统文化展示	不定期开展,无法精确统计	不定期	800	23
	"多读书、读好书"读书征文	每学期开展,无法精确统计	每学期	5000	1
上海商学院	参与社会活动	160	86		
	上商读书节	240	1236		
上海师范大学	对话央视"诗词大会"参赛同学——诗词读书交流会	2	2		
	"读诗词 品典故"阅读达人秀	2	14	获奖同学奖品及宣传费用	
	漫谈海派文化讲座	2		专家讲课费	
	师大朗读者	2			

续表

单位名称	名称	时间(小时)	人力(次)	资金(元)	设备(台)
上海师范大学	陪你读完一本书	2			
	汉服表演	2			
	读书分享会	2			
	万方开学季之才气双收	4	13	宣传费用	
	古代诗词与当代青年——"悦读，与诗词同行"主题讲座	5			
	帮你远程使用上海图书馆数字资源——上海图书馆免费办证活动在校图书馆举办	5			
	悦读手拉手	6	6	教师阅读用书	
	阅读马拉松	6		宣传及100分同学奖品	
	主题书展(11场)	385	110	荐书同学奖品及宣传费用	
	探秘Library	4周		一、二、三等奖及完成同学奖品	
	民国老报刊中的风雅与时尚		2	展览制作费用	
	读者服务月咨询活动		14	宣传费用	
上海中医药大学		12—15天	10—15	4000	
		12—16天	3—5		
		6—8天	2		

续表

单位名称	名称	时间(小时)	人力(次)	资金(元)	设备(台)
同济大学	行走阅读系列活动	48	3	6000	
	啤酒文化主题阅读推广活动	48	4	4000	
	红色经典导读	50	2	1000	
	立体阅读	100	6	15 000	
	"博看"朗读大赛			1000	

1. 时间

从回收的问卷看,有58个项目注明了项目的时间成本(见表6)。问卷发放时要求填写项目的时间成本具体到小时,但从客观情况看,有些项目很难按小时计算,如不定期举办征文、真人图书馆等活动;有些项目持续时间很长,如主题文化展览、主题书展等,因此统计时按时间长短将这些项目分为两类,即8小时(一个工作日)以内的活动和超过8小时的多日活动。58个项目,8小时内的有20项,占比34%,活动主要是资源推荐、服务推荐、书目推荐类,如各类主题讲座、真人图书馆、电影观摩、读书分享交流会、阅读竞赛、总结表彰等;超过8小时的多日活动多达38项,占比66%,主要是资源推荐、服务推荐、阅读文化和社会化服务类项目,如各类主题书展、主题文化展览、主题系列活动等。

2. 人力

无论阅读推广活动举办了几个小时还是几天,都不能否认活动从策划到最后的成功举办花费了阅读推广工作人员的大量精力和心血(见表6)。由表可知,有57个项目注明了人力成本,不同项目需求的人力不同,不定期举办的项目人力无法确定。从人力看,一般而言,项目持续时间越长则需要的人越多,反之则需要的人力越少。如复旦大学的读书节和毕业季分别持续了600小时和200小时,各投入了50人和20人的人力成本;上海师范大学的主题书展,共持续了385小时投入了110人;而主题讲座、阅读交流活动和电影观摩等活动一般持续时间都不超过一个工作日,投入5人以下即可顺利完成。

3. 资金

阅读推广活动也有金钱成本,一般而言,主要是活动的各类奖品、宣传费用、专家讲课费、展览制作费、其他费用等(见表6),共有59个项目填写了经费情况。问卷发放时要求填写项目资金成本单位为元,但从回收问卷情况看,有9个项目只说明了项目开销的来源,而未注明具体金额;另50个项目填写项目成本。投入10 000万元以上的项目有4个,分别是华东理工大学的"读书月"、复旦大学的"读书节"、同济大学的"立体阅读"和上海对外经贸大学的"贸大思客";投入10 000元以下1000元以上的项目有华东理工大学的"真人图书馆""E读空间"、同济大学的"行走阅读系列活动"、上海杉达学院的"'多读书、读好书'读书征文"等37个项目;低于1000元的项目有上海杉达学院的"'翰墨书香'国画、书法等中国传统文化展示"、华东师范大学的"主题书展"上海交通大学的"鲜悦(Living Library)"等9项。

三、阅读推广宣传

(一)概况

本部分主要调研了2017年上海各高校图书馆阅读推广工作的宣传情况,主要从宣传媒体的类别、频次、内容形式、评价和是否关注其他图书馆阅读推广等方面调研,共有22家单位填写了阅读推广宣传问卷(见表7)。

表7 上海高校图书馆阅读推广宣传

单位名称	名称	微博	微信	其他	信息发布频率	文本	图文	视频	音频	多媒体	评价	是否关注其他图书馆的阅读推广
东华大学	东华大学图书馆		√		11次	√	√					是
	爱书小蜜蜂服务队		√		13次	√	√					是
	海报、横幅			√	3次	√	√					
复旦大学	复旦大学图书馆	√	√		不定期		√	√	√		优	√
华东理工大学	华东理工大学图书馆		√		每周3次		√	√	√			√
华东师范大学	主题书展		√	网页	每月		√	√			优	是
	微书展		√		每周		√	√	√		优	是
	微文摘		√		每周		√				优	是
	天堂电影院		√	网页	每周		√	√			优	是
	"以文会友"读书会		√	网页	不定期		√	√			优	是
	文化展览		√	网页	每月		√	√			优	是
	丽娃共读		√	网页	不定期		√	√			优	是
	经典诵读		√	网页	不定期		√	√			优	是
	其他		√	网页	不定期		√	√			优	是

续表

单位名称	名称	微博	微信	其他	信息发布频率	文本	图文	视频	音频	多媒体	评价	是否关注其他图书馆的阅读推广
济光学院												√
上海第二工业大学	上海第二工业大学图书馆		√		每周1次	√	√	√	√		√	√
上海电机学院		√	√	√		√	√				√	√
上海电力学院	上海电力学院图书馆微信公众号		√		每周1次		√	√	√			是
	上海电力学院图书馆网站			√	每周1次		√	√	√			是
上海东海职业技术学院	图书馆信息动态				20期/学期	√						
	大学生科研助手			讲座、培训	2年一届	√	√					
	大学生读书交流会			交流会	1年一届	√	√					
上海对外经贸大学	上海对外经贸大学图书馆	√	√			√	√	√	√		√	√
上海工商外国语职业学院		√				√					√	
上海工商职业技术学院				√			√					
上海海事大学	悦读空间（yueduSMU）		√		每周2次	√	√					√
上海海洋大学	海韵导读	√				√	√					
	上海交通大学图书馆	√	√									√
	李政道图书馆	√			每月4次	√	√	√				√

续表

单位名称	名称	微博	微信	其他	信息发布频率	文本	图文	视频	音频	多媒体	评价	是否关注其他图书馆的阅读推广
上海交通大学医学院	中外文书展		√	海报			√			√		√
	免费办理上海图书馆读者证		√	海报			√			√		√
	"情系于书"三行情书征文大赛		√	海报			√			√		√
	"学术不端的自我防范与检测"讲座		√	海报			√			√		√
	新书分享活动		√	海报			√			√		√
上海杉达学院		√	√	√	每月1次	√	√	√		√	良	是
上海商学院	上海商学院图书馆		√				√					
	书香驿站		√				√					
	叶辛文学社		√	报纸	每周3次		√					
上海师范大学	上师大图书馆	√			大约每周1次	4	43					89
上海思博职业技术学院	阅读沙龙活动		√	图书馆官方网站	每周1次			√				是
上海中医药大学			√	海报	每周1—2次		√			√	好	是
同济大学	同济大学图书馆	√			每天	√	√	√		√	满意	√
	同济大学图书馆		√		每周						满意	
	同济大学图书馆信息服务		√		每天		√	√			满意	√
	嘉小图		√		每天		√	√			满意	
	闻学堂		√		每天		√	√			满意	√
	德文图书馆Tongji		√		每天		√				满意	

1. 宣传媒体类别

从回收的问卷看,各高校图书馆阅读推广宣传媒体不一,有的通过微博宣传、有的通过微信宣传、有的通过图书馆官网、有的通过传统的纸媒体,大多数图书馆是集中方式相结合、个别图书馆仅采用其中的一种方式。

经统计,22家高校图书馆共有67个宣传媒体对该单位的阅读推广活动进行宣传报道。用微博宣传的图书馆有6家,占比27%,用微信宣传的图书馆有16家,占比73%,用官网、海报等其他方式宣传推广的有12家,占比55%(见图7)。上海师范大学、上海工商外国语职业学院仅用微博;华东理工大学、上海海事大学、上海海洋大学仅用微信;上海东海职业技术学院、上海工商职业技术学院仅用官网或者传统的纸媒体进行阅读推广宣传,其他高校图书馆则选用至少两种途径进行阅读推广宣传,上海电机学院、上海杉达学院则是三种途径进行宣传。用微信公众号进行宣传的图书馆有16家,有些高校还不止一个微信公众号,除官微外,有的图书馆还有分馆微信公众号,如"李政道图书馆""嘉小图""德文图书馆Tongji";有的图书馆还用部门微信公众号进行阅读推广,如"闻学堂""同济大学图书馆信息服务";还有图书馆用学生组织的微信公众号,如"爱书小蜜蜂服务队"等。可见微信已成高校图书馆阅读推广的宣传主力。

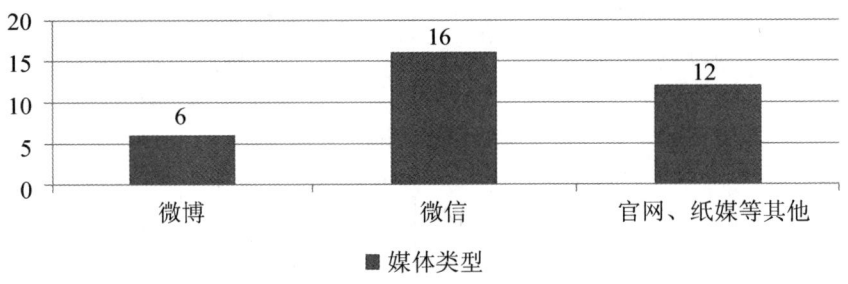

图7　2017年上海高校阅读推广媒体类别

2. 发布频次

从回收问卷看,无论通过微博、微信或者其他途径宣传阅读推广,该宣传媒体都发布了许多阅读推广相关的信息,从发布频次看,有定期发布的,也有不定期发布的。

(1)定期发布

宣传媒体信息发布的频率不尽相同,有每月发布一次的,如华东师范大学官网每月会发布"主题书展""文化展览"等信息、上海杉达学院官网也会每月发布阅读推广相关信息;每周更新阅读推广内容的有"上海第二工业大学图书馆""同济大学图书馆(微信)""李政道图书馆""上海师大图书馆"等;还有一些图书馆的信息发布频率更高,每周发布2—3次,如"华东理工大学图书馆"、上海海事大学的"悦读空间(yueduSMU)"上海商学院的"叶辛文学社"等,更有每天更新的,如"同济大学图书馆(微博)""同济大学图书馆信息服务""嘉小图""闻学堂""德文图书馆Tongji"等。

(2) 不定期发布

由于各高校馆的阅读推广活动周期、主管部门不同,再加上有的是通过图书馆官网等宣传的,因此在发布频率上无规律可循,有内容则发布。这主要有"复旦大学图书馆""上海交通大学图书馆""上海对外经贸大学图书馆""上海商学院图书馆"、上海海洋大学的"海韵导读"等。东华大学的"东华大学图书馆"和"爱书小蜜蜂服务队"分别发布了11次和13次阅读推广相关内容,也属于不定期发布,发布的内容较多。

3. 发文形式

阅读推广内容的发布形式,主要有文本、图文、视频、音频、多媒体等。各馆因宣传媒体不同,因此发文形式也不相同。如"同济大学图书馆(微博)"发布阅读推广内容5种形式皆有,"同济大学图书馆(微信)"则发布了图文、视频、音频3种形式,上海交通大学医学院等通过海报的形式发布阅读推广相关内容,从发文形式看只有图文1种。统计各高校馆发文形式,67个宣传媒体,选择发布文本的有19个,占比28%;选择发布图文的有31个,占比46%;选择发布视频的有14个,占比21%;选择发布音频的有15个,占比22%;选择发布多媒体内容的有10个,占比15%(见图8)。从此可以看出,更多的宣传媒体选择发布图文形式的内容,主要是考虑图文并茂,生动有吸引力;仅发布文本形式,会因过于枯燥单调,难以吸引用户;视频、音频和多媒体形式的内容虽然吸引用户,但制作时间较长、占用网络空间相对较大,阅读

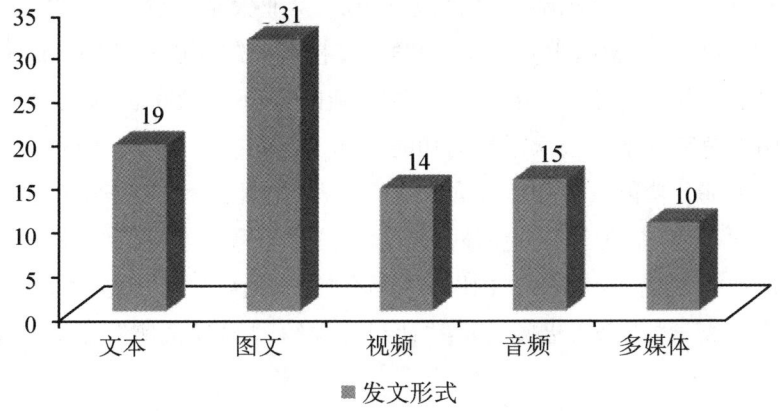

图8　2017年上海高校阅读推广宣传媒体发文形式

需要花费较多的流量,且网速不稳定时,显示不出来或者不流畅都会影响阅读。从实际工作情况来看,一般情况高校图书馆会酌情发布各种形式的阅读推广内容,复旦大学、华东师范大学、上海第二工业大学、上海电力学院、上海对外经贸大学、同济大学等学校的宣传媒体会发布所有形式的内容,各高校图书馆几乎所有宣传媒体都会选择图文形式的内容进行发布。

4. 其他

高校图书馆的宣传媒体对阅读推广进行宣传,促进阅读推广工作和图书馆工作的开展,得到了一致好评,从回收问卷看,填写的问卷均表示满意该馆的阅读推广宣传。这些宣传媒体在积极宣传本馆阅读推广工作的同时,还极其关注其他图书馆的阅读推广,借鉴其他图书馆的阅读推广活动的经验,从内容和形式为本馆阅读推广提供新思路。

(二)微信平台的功能

微信是为智能终端提供即时通信服务的免费应用程序,支持文本、图文、视频、音频等多种格式。高校图书馆借助微信公众平台发布阅读推广相关内容,这主要得益于微信公众号的以下几个优点:①传播速度快,传播效率高;②便于随时随地提供信息和服务;③富媒体——图片、文字、声音、视频的传播形式,便于信息分享,碎片化的时间得以充分利用;④便利的互动性,信息推送迅速、实时更新;⑤推广成本比传统纸媒体低。

用微信公众号进行宣传的图书馆有16家,有些高校还不止一个微信公众号,填写关于阅读推广微信平台功能的高校有18家,可见微信已成为高校图书馆阅读推广的宣传主力。从回收的问卷看,18家图书馆填写微信公众平台的功能(见表8)。复旦大学、华东理工大学、华东师范大学、上海第二工业大学、上海对外经贸大学、上海交通大学、上海交通大学医学院、同济大学等高校图书馆提供阅读"馆藏查询""阅读指导""书目推荐""阅读沙龙、读书交流会""新闻报道""数字资源检索"等功能,这构成高校图书馆阅读推广公众平台的功能主体,其他高校图书馆阅读推广微信公众平台具有以上部分功能。除以上功能外,东华大学、复旦大学、华东师范大学、上海第二工业大学、上海电机学院、上海对外经贸大学、上海商学院等学校的微信公众平台还有其他功能,如东华大学的"内网云打印""通知通告"、上海电力学院的"杂志推荐"、上海海洋大学的"个人借阅信息""研讨室预约""自助选座"、上海商学院的"图书漂流"等。

表8 2017年上海高校图书馆阅读推广宣传媒体——微信公众平台的功能

单位名称	馆藏查询	阅读指导	书目推荐	阅读沙龙、读书交流会	图书漂流	新闻报道	数字资源检索	其他
东华大学		√	√			√		内网云打印、通知通告
复旦大学	√	√	√	√		√	√	√
华东理工大学	√	√	√	√		√		
华东师范大学	√	√	√			√		√
上海第二工业大学	√	√	√	√		√		
上海电机学院		√	√	√		√		√
上海电力学院	√	√	√			√		杂志推荐
上海对外经贸大学	√	√	√			√		
上海工商外国语职业学院	√	√				√		
上海海事大学		√	√	√		√		
上海海洋大学	√						√	个人借阅信息、研讨室预约、自助选座
上海交通大学	√	√	√	√		√		
上海交通大学医学院	√		√	√		√		
上海杉达学院								
上海商学院	√	√	√	√	√	√		√
上海思博职业技术学院	√	√	√			√		
上海中医药大学	√	√	√	√		√		
同济大学	√	√	√	√		√		

四、阅读推广评价

（一）概况

本部分调查上海高校图书馆2017年阅读推广的评价机制，主要从是否有该评价因子及评价因子的重要性进行调查，要求有阅读推广评价机制的高校图书馆对照问卷中的评价因子对该馆的阅读推广打分，分数范围1—10分，其中10分认为该因子最重要。

问卷中的阅读推广评价机制包括"阅读推广计划""内容和形式""读者参与"

"目的""成本""其他"6个评价因子,各评价因子又包含若干子评价因子。

评价机制中的"阅读推广计划"包括"阅读推广计划"一个子因子,评分标准为"详细、可行的阅读推广计划"。

评价机制中的"内容和形式"包括"主题"和"形式"两个子因子,评分标准分别为"主题鲜明"和"形式新颖"。

评价机制中的"读者参与"包括"读者参与人数""读者入馆次数""读者入馆时间""读者学到新知识、掌握新技能""满意度"5个子因子,评分标准分别为"读者参与人数增加""读者入馆次数增加""读者入馆时间延长""读者学到新知识、掌握新技能""读者满意度高"。

评价机制中"目的"包括"纸质书刊利用率""电子资源利用率""图书馆服务内容"3个子因子,评分标准为"纸质书刊利用率提高""电子资源利用率提高""图书馆服务内容广而告之"。

评价机制中"成本"包括"时间""人力""财力""设备"4个子因子,评分标准为"时间减少""人力减少""财力减少""设备减少"。

评价机中的"其他",由各馆根据实际情况填写,评分和评价也因各馆具体情况而定。

(二)高校图书馆的阅读推广评价机制

从回收的问卷看,仅有复旦大学、华东师范大学和上海电机学院3所高校图书馆的阅读推广具有评价机制。学校数量虽少,但也分别是原"985""211"和"一般本科"三种类型的高校。根据问卷可得三所高校图书馆阅读推广活动评价机制的雷达图(见图9)。

从评价因子看,复旦大学更重视阅读推广计划和阅读推广的内容和形式,相对而言不重视阅读推广成本;华东师范大学最重视阅读推广的目的和成本,读者参与情况也是该馆阅读推广考虑的因素之一,相对而言不重视阅读推广计划,也不在乎阅读推广的内容和形式;上海电机学院非常重视阅读推广计划和阅读推广的内容和形式,不重视成本、目的和读者参与情况。从评价子因子看,复旦大学认为有详细、可执行的阅读推广计划,同时活动的主题鲜明、形式新颖,读者满意度高的阅读推广活动更有效;华东师范大学认为读者满意度高、纸质书刊利用率提高才是阅读推广活动的最终目的,相反不太看重阅读推广计划,在阅读推广成本上,该馆认为财力和人力比时间和设备重要;上海电机学院则认为详细、可执行的阅读推广计划、主题鲜明、人力是阅读推广活动顺利开展和取得成效的关键。

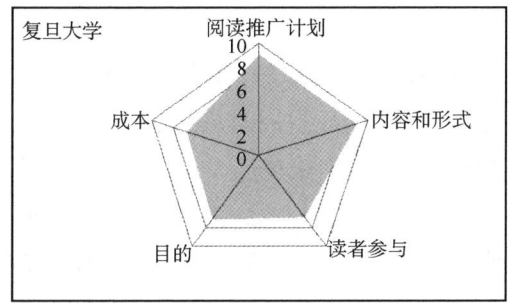
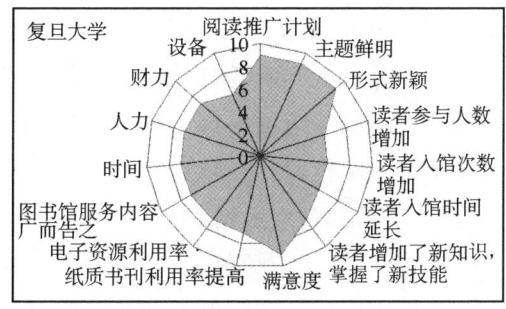
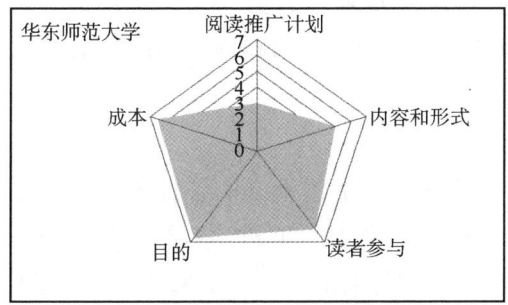
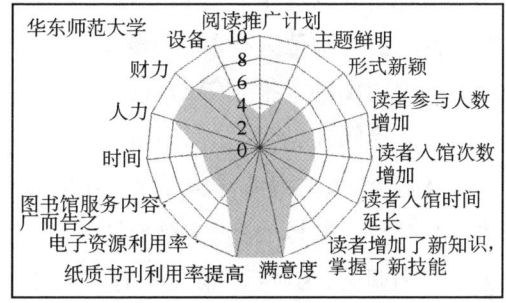
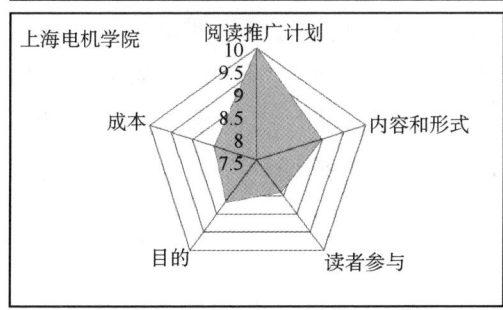
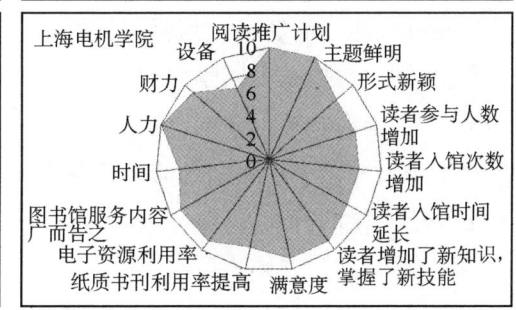

图9　阅读推广评价因子(左侧三图)和子因子(右侧三图)重要性

五、上海地区高校图书馆阅读推广特点

2017年,上海地区高校图书馆结合各馆馆情开展了形式多样、内容丰富的阅读推广活动,从各馆提交的项目看主要有以下特点:

(一)关注读者需求,调研为先

阅读推广能否成功举办?读者是否关注图书馆的阅读推广?读者喜欢什么方式的阅读推广活动?各馆在开展阅读推广活动前后以问卷或座谈会的方式对读者进行了调研。阅读推广活动是建立在对图书馆内外部环境充分理解、评价、分析基础之上的,这样的阅读比赛才更有针对性,有本有源。如上海第二工业大学的读者(学生)座谈会等,既是阅读推广活动之一,图书馆也可以通过此项活动关注大学生的阅读需求。

(二)基于馆藏开展,形式多样

阅读是从纸本或者电子载体上的文字、符号、公式、图表等中获取信息的过程。阅读推广活动参与者根据不同的目的通过阅读进行知识回答和再创造。各高校图书馆都针对本校、本馆的情况、开展了形式多样的阅读推广比赛。

1. 立足馆藏,展示精品文献

东华大学、华东师范大学、上海海事大学、上海交通大学、同济大学等高校举办各类主题书展或在馆内设置专题书架,如同济大学的"嘉书有约"等,将馆藏精品集中展示。上海师范大学基于馆藏举办"民国老报刊中的风雅与时尚"文化展览,揭示了馆藏中的民国老报刊等珍贵的民国文献。

2. 立足阅读,展示知识储备

复旦大学、上海海洋大学、上海交通大学医学院等学校举办的各种主题征文活动、知识竞赛、翻译大赛、主题导读等,围绕馆藏开展,同时也是对读者阅读倾向的一次考察和调研,为今后"馆藏推荐"等阅读推广活动提供依据。各类阅读竞赛、基于经典阅读表演等活动,对参赛同学的文化底蕴、诗词功底和综合素质都是一种极大的考验,同时也展示了同学们关于"阅读"这样一件事的创意、活力以及背后所付出的努力,如上海师范大学的"阅读达人秀——经典我来演绎""汉服表演"等。这种将书本知识与才艺展示相结合的阅读推广活动,是激发大学生参与读书活动的积极性和进一步阅读的有效方式。

3. 立足经典,立体推广

同济大学的"立体阅读"是该馆的阅读推广品牌项目,在上海乃至全国都有较大的影响,是各馆学习和效仿的榜样。2017年,上海高校图书馆开展的阅读推广由单一的活动向主题系列的"立体"阅读推广项目趋势发展,除同济大学外,复旦大学、上海交通大学、上海第二工业大学、上海师范大学、上海对外经贸大学、华东理工大学等高校举办阅读推广活动次数多,活动形式也多,不拘泥于传统活动形式,"立体"阅读推广吸引了众多学生社团及个人积极参与,扩大了图书馆阅读推广的影响力,使阅读推广活动得以向纵深发展。

4. 立足检索,纸电推广两不误

在重视纸质资源推广的同时,各高校图书馆也开展信息检索培训和竞赛,内容涉及图书检索、期刊检索、电子资源检索、数据库使用等,有些高校在策划此类活动时,融知识性、悬念性、趣味性、竞赛性于一体,读者通过参与此类活动,提高(或检验)了自己的信息检索的技能,及对最新数据库的了解程度等。馆藏的纸本资源和电子资源同时得以推广则是图书馆在此项活动中的收益。

(三)重视团队推广,阅读热情激增

在"上图杯 2017 上海阅读马拉松秋季赛"中,复旦大学、上海交通大学、同济大学、上海财经大学、上海师范大学、上海海事大学、华东理工大学、上海应用技术大学等高校积极组织参与。"阅读马拉松"要求 5 人一队,每一队都有一个充满青春气息的队名,以团体为单位进行比赛,记个人成绩和团队成绩。团队中个人阅读成绩的好坏会直接影响到集体的荣誉。除此之外,其他阅读比赛及阅读表演等阅读推广活动无论在哪个环节同样都需要参赛同学默契的协作才能最终完成。这些团队阅读推广活动,形式新颖,同学参与热情高,反响良好,更能增强阅读氛围,激发读书热情。

(四)评比方法科学,活动公正

2017 年,上海高校图书馆开展的阅读推广活动中有 74 项有评比方法。总体而言,规则详细明确,比赛流程规范、公开、透明,评判标准精准,评审专家专业的评比方法给活动提供了判断依据,保证了活动的公正性,从而鼓励了大学生参与。从调查结果看,上海高校图书馆的阅读推广评比方法具有以下特点:一是具有多样性,上海师范大学的"阅读马拉松"凭阅读速度和回答问题的准确率评比,上海师范大学的"探秘 Library"则要求"集齐所有图章",上海中医药大学的阅读推广则凭借"计分制"评比;二是不单凭一种方法评选,如上海海洋大学的"海韵阅读汇文化墙"采取"专家评选+网络评选"的方式,上海思博职业技术学院的"图书馆阅读沙龙"采取"比赛+出勤+图书借阅量"的方式评选;三是活动注重专业性,邀请专家评选,如华东理工大学的"3D 打印竞赛""翻译大赛",华东师范大学的"丽娃共读"等 10 余个项目都邀请相关专家来评审。

(五)多方团结协作,领导重视

各馆馆情不同,阅读推广较传统的图书馆服务对馆员的要求更高,阅读推广馆员的努力与坚持、全馆各部门的团结协作等也是阅读推广工作顺利开展的又一重要原因。回收的 23 份问卷中,2017 年上海高校图书馆开展阅读推广活动明确反馈有领导直接参与的有 21 家,占回收问卷的 91.3%。馆领导既是图书馆阅读推广的重要实践者,其自身具有的研究水平和理论知识又在实践中指导图书馆阅读推广的开展,这也是近几年阅读推广作为上海高校图书馆服务得以迅速发展的重要原因之一。

六、存在的问题与建议

（一）客体反馈

问卷由上海市高校图工委分发，关于阅读推广的评价等部分由上海各高校图书馆馆员填写，较为真实全面地反映了组织者对其图书馆阅读推广工作的评价情况，非常遗憾的是，各馆的阅读推广活动主要是针对在校大学生的，此次问卷缺少对阅读推广客体——读者的调研，阅读推广评价缺少读者的反馈。华东师范大学图书馆等十分重视开展阅读推广活动时的读者参与情况，读者参与人数、读者反馈、读者满意度等都是该馆评价阅读推广活动的重要指标，在阅读推广评价部分，该馆对该项指标赋值较高。

（二）活动创新

创新是图书馆阅读推广能否持续开展的动力和源泉，阅读推广创新包括推广理念、推广模式和活动形式均有创新，创新的阅读推广活动读者参与兴致高、活动成功率高，为阅读推广及图书馆吸引大量粉丝。综观2017年上海高校阅读推广工作，从单一的图书馆看，活动均有创新，但从整个地区看，活动形式与活动趋同现象比较严重，创新不足。仅有"阅读马拉松"等少数活动具有创新性，该活动要求大学生6小时内完成一本书的阅读和答题，并撰写读后感，是一场关于专注力和毅力的挑战。阅读马拉松报名、组队、答题等环节均通过"阅读马拉松"微信公众平台，参赛图书馆提供阅读场地，是"线上＋线下"模式，这种模式也深受学生喜爱。各类主题征文、专题讲座、专题导读、影视观摩、主题书展等传统的阅读推广在各馆工作中占比较高，虽然也起到阅读推广作用，但形式和内容趋同明显。

（三）经费问题

阅读推广活动作为一种新型的图书馆服务形式，与图书馆以往的文献借阅服务或信息服务相比，大多数阅读推广活动服务人数较少，服务成本较高。就阅读推广的成本而言，有人力、物力、时间和经费等。从阅读推广经费看，主要是活动各类奖品、宣传费用、专家讲课费、展览制作费、其他费用等，不同项目投入资金成本不一。从回收的问卷看，经费来源主要有行政经费、业务经费等，鲜有图书馆有专门的阅读推广经费。没有专项经费，增加了阅读推广活动被严格的高校财务制度扼杀的可能性；经费不足，会使阅读推广宣传、奖品等受影响，从而使部分阅读推广活动失去吸引力，活动的成效也受到影响。

（四）评价机制

上海高校图书馆2017年阅读推广调查问卷的关于阅读推广评价，主要从是否有该评价因子及评价因子的重要性进行调查,评价因子包括"阅读推广的计划""内容与形式""读者参与""目的""成本""其他"6个,各评价因子又包含若干子评价因子。各馆根据实际情况填写,评分和评价也因各馆具体情况而定。从回收的问卷看,仅有复旦大学、华东师范大学和上海电机学院3所高校图书馆的阅读推广具有评价机制,其他高校图书馆对此重视不足。构建科学、可行的评价体系是阅读比赛科学、公平、合理的保证,及时总结阅读比赛成败经验,特别是那些不足的经验,有利于避免重蹈覆辙,有利于节约成本,有利于吸引更多的读者参与阅读比赛。因此各馆需要制定简明科学、可比、可操作、可量化的阅读推广评价体系,甚至委托第三方评价机构,对阅读推广做出客观评判。

(五)组织管理

经过近几年的实践,阅读推广已发展成为图书馆的主流服务,但它与传统的借阅等服务特点又截然不同,对图书馆领导和馆员要求更高。从每年高校图书馆开展的大量阅读推广活动实践看,活动形式多样,但举办什么活动？以什么形式举办？往往都取决于图书馆领导,如果缺少对活动进行论证就开展,显得阅读推广仓促且过于随意,这样的阅读推广往往流于形式,而达不到预期的效果。此外,还存在对读者需求不了解,而导致部分阅读推广活动参与人数很少,为了场面壮观而强拉学生,这既无法扩大阅读推广影响,反而使强拉来的学生更不满意,图书馆形象和阅读推广成效俱受损。因此图书馆领导重视阅读推广工作,更应培养专门的阅读推广人才,定期开展调研,重视制订阅读推广计划,阅读推广才能更有针对性,才能激发学生阅读的愿望和热情,提升学生的阅读兴趣,让阅读真正成为大学生生活中的趣事之一。

七、总结

2017年上海高校各图书馆按照各自的客观情况开展了一系列阅读推广活动,馆领导重视、馆内各部门相互协调、馆员积极参与、学生组织也贡献了一定的力量,多种因素相互结合,顺利完成一整年的阅读推广工作。这些阅读推广工作有营造阅读文化氛围的,有馆藏资源和服务推荐的,也有少数图书馆的阅读推广活动从馆内向馆外拓展,发挥了高校图书馆的社会化服务功能,总之,阅读推广工作内容丰富多彩。各馆对各项活动进行积极宣传,使更多的人了解和参与图书馆的阅读推广工作。少数图书馆还有阅读推广活动评价机制,并就阅读推广给出了建议,这些对今后阅读推广工作的开展都是非常宝贵的经验。

穆卫国(上海师范大学图书馆)

第四节　全民阅读背景下老年群体阅读推广的现状与对策

近年来,阅读内容多元化、载体多媒体化,使得阅读方式不再局限于纸质书本,电子图书、数字新闻、电子杂志、网络文学等阅读方式极大地冲击着传统阅读。根据国家统计局《中华人民共和国 2016 年国民经济和社会发展统计公报》的数据①,2016 年末,全国共有公共图书馆 3172 座,总流通量 64 781 万人次,全国内地总人口为 138 271 万人,出版各类报纸 394 亿份,各类期刊 27 亿册,图书 86 亿册(张),人均图书拥有量 6.27 册(张)。从历年数据来看(见表 1),图书馆数量和人均拥有图书馆个数都有所增长,但由于中国人口基数过大,统计到人均,就显得严重不足。

表 1　2013—2016 年全国公共图书馆资源与人均购书费用

年份	实际使用建筑面积（万平方米）	每万人平均建筑面积（平方米）	图书总藏量（万册）	人均馆藏量（册）	阅览室座位席数（万个）	计算机（万台）	人均购书费（元）
2013	1158.45	85.14	74 896	0.55	80.98	19.54	1.22
2014	1231.60	90.04	79 092	0.58	85.55	19.86	1.24
2015	1316.76	95.80	83 844	0.61	91.07	21.18	1.43
2016	1424.26	103.00	90 163	0.65	98.6	21.16	1.56

注:以上数据来源于《中华人民共和国各年度国民经济和社会发展统计公报》。

2016 年 12 月,《全民阅读"十三五"时期发展规划》正式发布,规划中提到:"要着力保障农村留守儿童、城市流动儿童和贫困家庭儿童的基本阅读需求。要着力保障残疾人、进城务工人员等困难群体、特殊群体的基本阅读需求。"老年人同样是阅读困难群体、弱势群体,也是一个容易被社会遗忘的群体,全民阅读也需保障老年人的阅读需求,加强老年人的阅读推广活动。

人口老龄化是当今世界各国面临的重大问题之一,随着老年化进程的加快,如何保障老年人的阅读权益也逐渐被提上了议事日程。根据国家第六次人口普查数

---

① 中华人民共和国文化部.2016 年文化发展统计公报[EB/OL].(2017-05-15)[2017-08-19]. http://www.fmprc.gov.cn/ce/cgny/chn/whsw/zgwhxx/dtxw/t1461801.htm.

据,我国总人口数达到13.39亿(不包括港澳台地区),65岁及以上人口1.1亿,占总人口的8.87%[①]。国际上通常认为当一个国家65岁及以上人口占到全国总人口的7%时,就已经进入老龄化社会,这一比例已大大超出国际上关于老龄化国家的标准。随着人民生活水平的提高以及医疗卫生事业的日益发展,我国的老龄化进程仍将继续加快。老龄化社会的到来,社会环境却并未适时地跟上时代的发展,老年人群体无论是社会地位、经济状况、身体状态以及心理等各方面都处于弱势地位。公共图书馆在提供老年群体服务的过程中应该按照实际情况给予一定的重视,多方面考虑老年人的身体条件和知识需要。

一、公共图书馆老年群体服务的现状

在我国无论是城市还是农村,独居老人、空巢老人数量居多,很多老年人还承担着隔代抚养的责任。根据中国老龄中心的调查,目前我国帮助子女照顾孙子女的老年人比例达66.47%,2岁半以前的儿童,主要由祖父母照顾的占总数的60%—70%,其中有30%的儿童甚至是被放在祖父母家里抚养照顾[②]。阅读对于老年人来说不仅仅是一种娱乐活动,更能够在不同层次上填补他们心灵的空缺,给予他们知识,让他们走出孤独,学会更好地与人交往,享受充实幸福的晚年生活;推进老年阅读,让家庭中充满阅读的氛围,也能对培养儿童早期阅读兴趣带来有利的影响。如何满足庞大老年人群的知识需求,积极引导广大老年人树立乐观老龄化、健康老龄化的理念,倡导老年人终身学习、奉献社会、自尊自爱的时代风尚,丰富老年人文化生活,完善为老年人服务的社会体系,成为摆在公共图书馆面前的一个重要课题。

目前老年人的业余生活主要有抚养孙辈、体育锻炼、棋牌、旅游疗养等,他们的活动场所主要集中在公园、广场绿地、社区老年活动室、社区活动中心等,也有部分老年人喜欢看报、看杂志。老年人有时间阅读,但阅读环境和阅读条件不理想,影响

---

① 第六次全国人口普查[EB/OL].(2012-10-03)[2017-08-19].http://baike.so.com/doc/2224717.html#2224717-2353991-6.

② 罗桦琳.带孙子的老年人比例达66.47% 隔代抚养引深思[EB/OL].[2017-08-19].http://edu.ifeng.com/a/20140828/40777102_0.shtml.

了老年读者的阅读主动性和积极性[①]。同时基于以下阅读障碍,并没将阅读作为重要的娱乐活动:

①文化水平、文化修养不高,通过阅读丰富业余生活的习惯未养成;

②老年人一部分患有老花眼、白内障等眼科疾病,视力差影响阅读,市面上的出版物字体较小,不戴眼镜阅读比较困难;

③记忆衰退、阅读缓慢;

④适合老年人的读物较少;

⑤缺乏阅读交流场所和交流对象,老年人怕孤独,更喜欢群体性活动。

公共图书馆作为阅读推广活动的主力军,近年来在面向老年人群体的阅读推广方面积极地发挥着自己的作用。老年人群体也是公共图书馆重要的读者群,但实际上,我国公共图书馆并未完全重视数量庞大的老年读者,针对老年群体的文献资源稀少、更新慢,许多书籍的字体和排版不适合老年读者。

本节以34个省级公共图书馆、36个一二线城市的市级图书馆作为调查对象,共计65个公共图书馆(其中北京、上海、天津、重庆为直辖市,南京图书馆同时也是江苏省图书馆),关注其在老年群体服务上的工作。调查主要通过公共图书馆的门户网站,并辅以电话调查、微信关注及文献分析。本次调查发现几乎所有的省市级图书馆都为阅览室配备了放大镜、老花镜、视听设备等设施,老年读者更加倾向于阅读传统的纸质书刊,因此期刊/报刊阅览室成为图书馆中聚集老年读者最多的地方。在65个省市级公共图书馆中对老年办证有优惠的有7个,占所调研公共图书馆的10.8%。馆内辟有专门的老年阅览室或阅读角的图书馆共有15个,占所调研公共图书馆的23.1%。而几乎所有图书馆都开设各类适合老年人参加的讲座、展览、培训等,其中专门为老年群体设置讲座、培训的图书馆有24个,占所调研公共图书馆的36.9%;专为老年群体开办展览、组织读友会的图书馆有19个,占所调研公共图书馆的29.2%。除此以外,有18个图书馆还组织其他各种形式的老年阅览推广活动,例如天津市图书馆的主题诵读活动,深圳市图书馆的"银发阅读"计划,台湾"中央图书馆"的"乐龄学习资源中心",哈尔滨市图书馆的"老年人读书教育基地"等。

---

① 金晓英.全民阅读视野下的老年读者阅读意愿分析[J].图书馆理论与实践,2015(10):20-21.

表2 省级、一二线城市市级公共图书馆老年服务情况表

级别	老年办证优惠(7个)	老年阅读专区(15个)	老年培训、讲座(24个)	老年展览、读友会(19个)	其他老年活动(18个)
省级	北京市、山东省、安徽省、新疆维吾尔自治区	北京市、天津市、山东省、辽宁省、吉林省、浙江省、湖南省、台湾省、内蒙古自治区、广西壮族自治区、宁夏回族自治区、海南省	北京市、天津市、山东省、浙江省、安徽省、湖南省、陕西省、江苏省、贵州省、黑龙江省、广东省、香港特别行政区、澳门特别行政区	天津市、安徽省、辽宁省、台湾省、陕西省、黑龙江省、江苏省、福建省、贵州省、广东省、内蒙古自治区、澳门特别行政区	上海市、天津市、台湾省、陕西省、黑龙江省、江苏省、贵州省、广东省、内蒙古自治区、澳门特别行政区
市级	深圳市、西安市、无锡市	长沙市、温州市、唐山市	长沙市、无锡市、西安市、济南市、宁波市、厦门市、成都市、哈尔滨市、沈阳市、南宁市、昆明市	深圳市、无锡市、西安市、济南市、宁波市、苏州市、南宁市	深圳市、温州市、西安市、杭州市、哈尔滨市、沈阳市、苏州市

二、公共图书馆老年阅读推广的问题

在各级公共图书馆的读者队伍中,老年读者在数量和到馆频次上都具有相当的优势。但老年读者较少主动提出需求,而公共图书馆在面向老年人进行阅读推广服务时,通常采取的是"引进来"而非是"走出去"的模式,这正是图书馆应当在阅读推广中积极改善的方面。在本次调查对象中还有19个图书馆从未开展过专门为老年群体举办的阅读推广活动,而是将老年群体视为一般成年人读者,不需要特殊服务。本次调查中还发现很多传统的老年活动持续性差(如电脑培训),或者是一些活动仅在重阳节期间举办一下,或者都只是在阅读日声势浩大地开展,之后几天就默默地消沉下去了。

(一)为老年群体专设的阅览空间少

如本节表2调查所示,为老年群体专门开辟老年阅读专区的省、市级公共图书馆

仅有15个,大多数公共图书馆还未开辟专门的老年阅览空间;而在已经开辟老年阅览室或阅览区的公共图书馆中,有些也仅将视障阅览区或报刊阅览室区与老年阅览区相结合,并没有真正意义上专设区域,为老年读者专门服务。

(二)老年群体需要的阅读资料少

目前市场上针对少年儿童的专门出版物市场繁荣,绘本故事、低幼读物等在很多书店、公共图书馆都能找到。然而专门针对老年群体生理、心理需求的阅读资料就相对匮乏。帮助视力有障碍的老年人"阅读"的有声读物有限,大字号图书出版物稀缺,公共图书馆馆藏中迎合老年人关注内容的文献也较少。

(三)老年群体的服务不到位

老年群体已经成为公共图书馆读者群体的重要组成部分,但公共图书馆的服务方式往往是被动的,即有读者咨询或者疑问提出就回答和提供服务,对老年读者没有提供相应的特殊对待和主动服务。

(四)阅读推广活动形式单一,持续性差,活动局限在馆内

目前公共图书馆为老年人举办的阅读推广活动形式主要有:老年电脑讲座培训、健康养生讲座、书画培训以及老年摄影展。这些培训、展览在老年读者中非常受欢迎,像南京图书馆、深圳图书馆坚持多年开办老年电脑讲座培训,但也有不少图书馆在敬老节等活动期间举办一次就没有下文了。而且由于活动绝大多数局限在馆内,受众面限于经常来馆参加、对图书馆活动非常了解的读者,那些对阅读有兴趣而不能亲身到馆的老年读者则无法参与。

三、公共图书馆老年阅读推广的对策

图书馆于阅读推广活动中发挥的作用主要体现在:第一,公共图书馆是全民阅读的文献资源保障中心;第二,公共图书馆是保障公民平等阅读的场所;第三,公共图书馆利用专业知识指导全民阅读。针对公共图书馆在老年群体服务中的问题,应从以下几个方面来做好老年群体阅读推广工作:

(一)公共图书馆开辟老年阅览室/阅读区

老年读者正在成为公共图书馆中一个持续稳定并不断壮大的特殊读者群体,老年人具有特殊的文化需求和生理需求,因此有必要将老年读者与其他成年读者区分开来,设立老年读者阅览室/阅读区。公共图书馆的建设要实行无障碍设计,路面平

坦顺畅,有高度差时需用坡道解决,坡道上需要安装扶手、护栏①。老年阅览室应当宽敞明亮,阅览室书架不宜过高,以方便老年读者的拿取和放还,书架上的分类标志要特殊放大,或设置专门书签,灯光要明亮;除了使用适合老年人特点的书架、桌椅外,还可配置一些老人常用物品,如老花镜、放大镜、扩印设备等。基于老年读者喜欢交流沟通,在老年阅览室,还可设置方便老年读者聊天、交流的区域。

(二)选择老年群体需要的阅读材料

在文献资源的选择上,可以有针对性地选择老年读者喜爱的时政类、生活类、养生保健类等书刊,并尽可能选择排版大字号的出版物。基于老人阅读节奏慢的特点,适当延长老年人的借阅时间,为老年读者提供更多的人文关怀。

在本次调研中发现21个省市级公共图书馆的数字资源中建设了有声读物数据库,使得老年读者能"听读"更多喜欢的图书。老年人视力退化,有声读物给视力不好的老年读者打开了阅读的一扇窗,公共图书馆可以利用这一优势向老年读者推荐有声读物。

(三)提高为老年读者服务的能力

首先,对待老年读者热情服务。随着老年读者群体的日益扩大,图书馆员将越来越多地接触和服务老龄群体,图书馆在馆员的在职培训及阅读推广人培训中应增加为老年读者服务的内容,使馆员、阅读推广人了解基本的生理和心理常识,具备与老年读者沟通的技巧,不断提升馆员的综合能力水平。面对反应迟缓,听力、视力下降的老年读者,态度要热情诚恳,要不厌其烦、耐心解释,并尽可能地提供力所能及的帮助,要给老年读者以特殊关照,把被动接待变为主动服务。

其次,对老年群体进行辅导阅读。辅导阅读是读者在产生了自发的或原始的阅读意识后,经过向图书馆员咨询,或通过参加某个专题讨论会、报告会后,较迅速、准确地确定其阅读目标,并能较准确地理解阅读内容的阅读行为②。公共图书馆可以针对老年群体的阅读开展专题讨论会、读书会,向老年读者推荐书目。

此外,为老年读者提供面对面朗读服务。老年群体中,不乏存在一些视力、听力方面有功能障碍的读者,为他们提供特殊的朗读服务也是必不可少的。图书馆还可以招募志愿者,进行一定的培训后为老年读者提供朗读服务,不仅解决了他们在阅读上的困难,而且还能以丰富的形式吸引老年读者的参与。

---

① 应斐,张吉祥.人口老龄化背景下图书馆工作的探索[J].江西图书馆学刊.2006(3):6-8.
② 许大猷.试论高校图书馆的阅读辅导[J].上海师范大学学报(哲学社会科学版),1998,27(1):146-147.

（四）老年阅读推广活动的创新

1. 创新阅读推广活动的形式

公共图书馆不妨扩大所举办的老年电脑讲座培训、健康养生讲座、书画摄影展等传统活动的宣传力度，增加举办频率，与一些社区老年大学、老年活动中心、文化馆、疗养院等合作，也可进入社区、公园等老年人聚集地，举办一些免费的互动交流活动，定期举办读书座谈会、读书报告会、老年读者演讲会等①。

2. 创新阅读推广活动的内容

培训的内容不要局限于电脑培训，老年人接受新生事物比较慢。首都图书馆、广东省图书馆等开展的老年智能手机、微信使用培训班，老年人报名非常踊跃。

基于老年人喜欢与人交流，可以由公共图书馆倡议组织"银发阅读会"这类的老年读友会，由老年人自我管理，图书馆提供场地、文献资源等服务，既服务了老年读者，又提升了公共图书馆的服务。对于一些需要照顾孙辈的老年人，公共图书馆可以不定期举办育儿讲座、隔代阅读活动。除此以外，借鉴日本图书馆隔代讲传统故事的形式，推出"故事爷爷/奶奶"这类活动。例如，由图书馆将适合少儿"阅读"的故事书推荐给老年读者，同时开展如何生动有趣讲故事的技巧培训，让"故事爷爷/奶奶"带领少儿一起阅读，不失为一种新的隔代教育方式，能促进老年、少儿的阅读兴趣，真正做到"全民阅读"。

又如澳门公共图书馆2016年10月曾开设的"长者体适能工作坊"，根据老年人身体特点制定专业的身体测试，评估出潜在的身体风险，制订科学合理的锻炼方案，控制体重，预防关节肌肉问题，提高运动能力，预防跌倒，提高生活质量。

3. 延伸图书馆服务体系

从本次调查中，发现大部分省市级公共图书馆与市、乡镇（区县）图书馆实现了通借通还或馆际互借。以上海为例，《2016年上海公共文化服务发展报告》所示，上海市现有各级公共图书馆238家，市中心图书馆"一卡通"有效读者证325.2万张，居/村委会综合文化活动室5245个，农家书屋1514个②。这些更贴近老年读者生活半径的区级、镇/街道图书馆可以在省市级公共图书馆的指导下更好地为老年群体服务。如今很多社区、村委开辟了老年活动室，配备棋牌桌和舒适的座椅，是社区老年人非常喜欢聚

---

① 陈莉莉.公共图书馆开展老年阅读推广活动的思考——以深圳图书馆为例[J].四川图书馆学报,2015(6):34-37.

② 上海市文化广播影视管理局,上海市文物局.2016年上海公共文化服务发展报告[EB/OL].(2017-04-21)[2017-08-19]. http://wgj.sh.gov.cn/.

在一起玩棋牌、做手工、聊子女、带孙辈的场所。如果公共图书馆将送书上门、送活动上门,把老年活动室作为重要的"战场",必定能把老年阅读推广这一仗打得漂亮。

2007年,全国范围内开始实施"农家书屋"工程,但大多数农家书屋建成后,由于管理、使用跟不上,出现资源贫乏,无专职书屋管理员,管理培训机制欠缺,服务效能低下等问题。公共图书馆将延伸服务发展到农家书屋,招募老年志愿者进行一定的培训,由老年志愿者管理好农家书屋。

4. 学习国外老年服务方式

国外很多公共图书馆的老年服务值得我们学习,如英国图书馆的服务口号是:百分之百满足老年读者所需图书的要求,并定期上门服务。日本有一半以上的图书馆都设有专门的老年人服务设施,许多图书馆还专门配备家庭服务员,上门为那些高龄老人提供朗读、交流等服务。美国纽约市布鲁克林区公共图书馆将服务延伸至市民社区中心、老年人俱乐部、疗养院、医院等老年群体聚集的地方;开展读书讨论会、影视欣赏等活动,还组织老年互助、邻里互助小组。美国亚拉巴马州伯明翰图书馆和杰弗逊图书馆针对那些无法来馆的老年人推行一种免费邮寄图书业务。丹麦公共图书馆早在20世纪60年代就开始为老年人提供送书上门之类的馆外服务,内容包括:图书传递、馆员家访等形式,家访是为了更好地了解老年读者的阅读爱好和需求,以便传递适合老年读者阅读的图书①。

四、结论

全民阅读活动在国内掀起一波波浪潮时,不要忽视了广大老年群体,公共图书馆作为社会文化公益机构,应当为老年读者构建适宜的阅读空间,注重老年阅读推广活动的开展,根据老年群体的生活习惯和阅读需求来开展活动。图书馆应确保充足的经费投入,加强服务宣传,加强与其他机构的合作,将老年读者服务推广至城市的每一个角落,让越来越多的老年读者参与其中,将全民阅读推向高潮。

吴冬梅(上海师范大学图书馆)

---

① Nielsen G S. Library Services to the Homebound Elderly in Denmark[C]. 68th IFLA Council and General Conference, August 18—24, 2002.

第二章　理论体系研究

第一节　图书馆阅读推广的定义、类型、方法
——在"图书馆阅读推广理论与实践"专题研讨会上的演讲

今天到上海来讲阅读推广，心情忐忑，感觉有点班门弄斧。因为上海在阅读推广方面，理论上有一批顶尖专家；实践上更是百峰竞秀，高校图书馆、公共图书馆都涌现出十分精彩的创新案例。不过，在2010年，我拿到了一个关于阅读推广的国家社科基金项目——"图书馆阅读推广活动调查研究"，比较早地思考图书馆的阅读推广问题，所以有一点自己的想法，今天就不揣浅陋，向大家汇报一下。希望大家在听了我的发言之后，能有一点收获，得到一点启发，并举一反三地应用于今后的阅读推广工作中。

下面从五个方面阐述我的观点。

一、图书馆阅读推广的定义

曾经，我们觉得图书馆阅读推广不需要下定义，图书馆阅读推广不就是图书馆开展的推广阅读的活动吗？其定义有什么值得探讨的呢？然而这正是我们缺乏理论敏感性和理论自觉性的表现，而一旦我们把讨论的对象上升到理论，就必须给它划边界，厘清内涵和外延。2015年我主编了一本书，叫《图书馆时尚阅读推广》，在撰写导论时，我决定探讨一下图书馆阅读推广的定义。我下的定义是：图书馆阅读推广，是图书馆通过精心创意、策划，将读者的注意力从海量馆藏引导到小范围有吸引力的馆藏，以提高馆藏的流通量和利用率的活动。这个定义还发表在《图书馆论坛》2015年第10期上[①]。

那么，这个定义的来源是哪里？谁启发我下这个定义呢？2015年，我看到于良芝教授等在《国家图书馆学刊》2015年第6期上发表的《图书馆阅读推广——循证图

---

① 王波.阅读推广、图书馆阅读推广的定义——兼论如何认识和学习图书馆时尚阅读推广案例[J].图书馆论坛，2015(10)：4.

书馆学(EBL)的典型领域》一文,该文介绍美国的阅读推广,谈到以戈登霍尔(Goldhor)为代表的美国图书馆学者是怎样研究哪种阅读推广方式更有效的。他们同时试验了几种阅读推广方式,一是站在校园的十字路口,给师生发阅读推广书单;二是在图书馆内用展板介绍图书;三是直接把推荐的图书集中在专架上,放在图书馆的显眼位置。观察后发现,这三种方式都是有效的,但最有效的是把实物推出去,第二有效的是展板宣传,第三有效的是在十字路口发传单。这个案例启发我们如何去研究阅读推广的效果。我们的图书馆已经搞了多种多样的阅读推广活动,究竟哪一种更有效,仿照美国学者的做法,在阅读推广的过程中注意对比观察,不失为一种简单易行的好办法。

当然,于老师在文中还介绍了许多其他的美国研究图书馆阅读推广的方法,最后将美国同行的研究结论总结为五点:第一,图书馆面向幼儿的阅读推广,宜从半岁左右开始;第二,凡是能够将读者的注意力从海量馆藏引导到小范围的有吸引力的图书的推广方式,都有可能提高图书的流通量;第三,相对年长的儿童,喜欢自选读物,对分级阅读持否定态度;第四,公认最好的书与借阅量大的书之间不存在显著关联;第五,诗歌作为简短易记的体裁,也可以作为阅读推广的材料[①]。我的图书馆阅读推广定义就是从这些结论的第二条引申来的,所以我觉得我的阅读推广的定义,在某种程度上肯定是对的,因为这是从美国同行形成共识的研究结论中反推出来的。

那么有了这个定义,它有什么作用呢?

第一,确定要素。从图书馆阅读推广的定义我们可以知道,图书馆阅读推广的基本要素有两个:一是聚焦,二是创意。聚焦是图书馆阅读推广的基本原理,图书馆阅读推广,如果把整个馆藏全部推荐给读者,就没有重点,等于没推荐,世界上没有这样的阅读推广,所以必须聚焦到部分有吸引力的馆藏。那么何谓有吸引力的馆藏?这就牵涉到图书馆阅读推广的第二个要素——创意。有的馆藏本身有吸引力,比如说年度好书、经典、最美的书,即便如此,也要通过创意,将其宣传得更好;还有的馆藏,本身并没有吸引力,但可以通过创意、策划,将其变得有吸引力,比如集中推出常年无人借的书,或者最难懂的书,通过激将的语言,挑起读者的阅读欲、征服欲。

第二,划定对象。根据前述图书馆阅读推广的定义,图书馆阅读推广的对象必须是图书馆自己的馆藏,不是自己的馆藏,理论上是不能推荐的。馆藏包括四类:一

---

① 于良芝,于斌斌.图书馆阅读推广——循证图书馆学(EBL)的典型领域[J].国家图书馆学刊,2014(6):15.

是现有馆藏,这个很好理解。二是未来馆藏,比如说我们推荐了刚刚过去的2016年的好书榜,对推荐的书要逐一查重,若馆里还没有,那就应该一边推荐一边采购,确保其不久就会入藏。三是延伸馆藏,比如说一本很珍贵的书,学术价值很大,应该向读者推荐,但该书昂贵,图书馆没有收藏,那就必须通过馆际互借、文献传递等途径帮助读者获得。四是门径馆藏,即是别的图书馆的馆藏,图书馆不能直接帮读者获得资源本身,但可以向读者提供获得的方法,比如说近期,国家图书馆向全体公民开放了很多电子数据库,但必须有国家图书馆的借阅证才可以使用。沈阳师范大学图书馆给全校的教职工统一办理借阅证,该校师生就可以使用国家图书馆的电子文献数据库了。也就是说,虽然不是图书馆的馆藏,但是图书馆给读者提供了使用的门径。如果一本书,图书馆既不能帮读者获得,又不能向读者提供获得的门径,那么图书馆的推荐就没有意义。图书馆和社会上个人的阅读推广、媒体的阅读推广不一样,他们可以把海内海外的好书都拿来推荐,因为他们没有帮助读者获得图书的责任,但是我们图书馆不行,因为我们干的这一行就是向读者提供图书的,我们一定要推荐能为读者提供的图书,否则读者就会抗议我们不作为、渎职,要向我们问责。

第三,理解成功。图书馆阅读推广怎么样才算成功呢?根据于老师介绍的美国同行的研究,每一项阅读推广都是成功的,只是成功有大有小,哪怕是以前我们最老套、最简单的新书推荐书目的开列,其实也是有作用的,只是它的作用比现在精心策划的活动要小一些。按照前述图书馆阅读推广的定义,只要有益于图书馆馆藏的流通率、利用率提高的阅读推广都可以说是成功的。

二、图书馆阅读推广的类型

划分类型是研究问题的常用方法,有助于加深对研究对象的层次化、体系化认识。

比如说我研究阅读疗法,首先要给它一个分类。阅读疗法通常分为两类,第一类是发展阅读疗法,即阅读保健。只要我们承认人无完人,每个人性格上都有缺陷,那么阅读疗法就适用于所有人。读一读跟自己性格互补的书,对性格的发展、优化和完善都会有帮助。性格好了,凡事理性面对、心平气和,乐观常在,忧戚不生,就会百病不侵。所谓养正则吉、大德必寿,讲的就是这一类阅读疗法的道理。第二类是临床阅读疗法,即阅读治疗。就是当真患病了,医生在治病的过程中,配合药物和手术治疗,推荐一些书,辅助治疗和康复,那就叫临床阅读疗法。像阅读疗法这样一分类,大家就一目了然,对其内容和范围有了很清晰的认识。

但是直到今天,关于图书馆阅读推广,还没有专家拿出令人信服的类型划分。已有的类型划分,要么类目繁多,达几十种甚至上百种,不便于记忆、理解和应用;要么划分标准不统一。所以我们应该考虑怎么把图书馆阅读推广的类型划分得更加简洁、更加实用。

那么,研究图书馆阅读推广的类型,意义何在呢?至少有以下几点。

第一,汇集案例。要研究图书馆阅读推广的类型,就得调研以往举办的活动。将以往的案例全部或大部分聚集到一起,就相当于对已有成果的一次大检阅。检阅本身就会给我们带来很多思考、启发和灵感。

第二,寻找方法。类型即方法,找到多少种类型就是发现了多少种方法。连环的方法就构成套路,套路是一组方法的定型化、集成化、制度化。要想保证我们的阅读推广活动每次都能成功,就得通过划分类型的方法,寻找有效活动背后的套路。

第三,扩展思路。类型划分周全了,说明活动的调研完备了。在筹划阅读推广活动的时候,如果一筹莫展,苦苦找不到新的活动形式,就可以拿类型表来对照一下,什么类型的活动本馆开展过了,什么类型的活动本馆没有开展过,便会一目了然,如此便可以扩展策划的思路,提高策划的效率。

关于图书馆的阅读推广类型,曾有一些同行探讨过,大部分发表在《大学图书馆学报》上。下面介绍几种具有代表性的成果。

第一个是张怀涛分类法。张怀涛老师长期担任中原工学院图书馆馆长,这几年在阅读推广的理论和实践方面表现突出,成果累累,出版了专著《读书有方》。他认为阅读推广活动包括读者、读物和环境三个要素,在这三个要素下分化出若干小要素,小要素下分化出各种活动,共分三级,见表1。

表1 张怀涛对图书馆阅读推广类型的划分①

一级要素	二级要素	活动类型
读者	读者特征	行业型推广、学科型推广、层级型推广、年龄型推广、性别型推广、时间型推广、地域型推广
	读者水平	养成型推广、训练型推广、帮助型推广、服务型推广
	读者需求	导向型推广、导读型推广、导用型推广
	读者群集	个别型推广、群体型推广、普适型推广

① 张怀涛.阅读推广方式的维度观察[J].大学图书馆学报,2016(6):59-65.

续表

一级要素	二级要素	活动类型
读物	媒介形式	人媒式推广、物媒式推广、纸媒式推广、视媒式推广、数媒式推广、多媒式推广
	运作形式	对话式推广、沙龙式推广、授课式推广、参与式推广、展示式推广、集会式推广、参观式推广、评介式推广、游戏式推广
	组织形式	直接式推广、间接式推广、联动式推广
	过程形式	正向式推广、反向式推广、多向式推广
环境	推广力度	指令性推广、倡导性推广、感染性推广、疗愈性推广
	活动周期	常态性推广、策划性推广、随机性推广
	启动机制	主动性推广、被动性推广、互动性推广
	效果范围	单项性推广、系列性推广、氛围性推广

在读者要素下，张老师列举了许多推广形式，这里挑几类比较新颖的，略做介绍。比如读者特征类下的行业型推广，指的是公共图书馆面向出租车司机、美容师、按摩师等各行各业人士开展的阅读推广。层级型推广，指的是面向一个行业里的不同阶层的人开展的阅读推广，如高校图书馆面向教师、研究生、本科生和公共图书馆面向领导干部、一般科员等搞的阅读推广。时间型阅读推广，比较典型的是高校图书馆已形成的以"两季两日"为中心的阅读推广活动，"两季两日"指的是毕业季、迎新季、校庆日、世界读书日。地域型阅读推广，比如南阳师范学院图书馆经常举办的"南阳作家群"著作的阅读推广，二月河、周大新等经常成为讲座嘉宾。在读者水平层面，有养成型推广，比如苏州图书馆加入了英国发起的"阅读起跑线"活动，本地居民的孩子一出生，苏州图书馆就会送上一个礼包，里面都是精心选择出来的幼儿图书，目的是帮助孩子养成阅读习惯。有训练型推广，比如高校图书馆推荐如何写论文的书和关于学术规范的书。有帮助型推广，比如华南师范大学束漫教授针对自闭症儿童等阅读障碍者的阅读推广研究及实践，还有泰山医学院图书馆面向大学生的网瘾、失恋和抑郁症等心理困扰的阅读疗法等。有服务型推广，比如高校图书馆盛行的学科服务。根据读者需求来划分，有导向型推广，比如中国人喜欢将经济发展和文化优势关联起来，如今中国经济崛起了，文化自信也空前提高，明代王阳明的知行合一思想受到推崇，顺应这个形势，图书馆就应该适时地推广王阳明的"王学"或者"心学"，这就是一个社会在一个时期的导向性推广。从阅读推广面向的读者群体看，有个别型推广，比如说阅读疗法，有时候就是一对一的服务，或面向一类人的服

务。有群体型推广，比如杭州图书馆的阅读疗愈服务，主要面向四类人：职场受挫者、亲子不和者、婚姻破裂者、轻度抑郁者。有普适型的推广，比如南京图书馆面向所有读者，一年推广一部经典，从《老子》《庄子》到《水浒传》《红楼梦》……如此排下来，看似较慢，但久久为功，坚持几十年，就形成了一个庞大的体系。

在读物要素方面，张老师从媒介形式、运作形式、组织形式、过程形式等角度进行细分。媒介形式类下，包括人媒式推广，比如上海交通大学图书馆等开展的真人图书馆。物媒式推广，比如现在国家图书馆等推出的文创产品。视媒式推广，比如北京大学图书馆开展的以摄影为亮点的阅读推广，在2014年组织30位学生模仿西洋油画里边的女士拍摄读书图，和原画进行对照展示，搭配需要推荐的书，在2015年又开展"书脸"阅读推广活动，即把图书封面上的人脸或虚构人物的脸、动物的脸，和现实中的人的肢体相嫁接，以此来推荐那些"有脸面"的书，希望读者"知书知面也知心"。这两种推广形式都对读者产生很大吸引力，效果很好，在社会上也引起广泛反响。运作形式类下，大家一般会想到对话式、沙龙式、授课式等，比较多，不一一列举。值得一讲的是游戏式推广，大家接触的可能不多。比如说"搜索大赛"，北京大学图书馆每年都举办，形式是出一批题，看谁能从数据库中最快找到。北京邮电大学图书馆也举办过，但形式类似于浙江电视台的节目"奔跑吧兄弟！"，是在馆外的小树林里发线索，看谁能最先跑到图书馆并找到线索指向的图书。还有一种比较新颖的形式是"阅读马拉松"，北京化工学院联合北京尚善基金会举办过，形式是指定一间阅览室，让参加活动的读者在门口存好手机，然后进去看书，看谁读书的时间最长，期间可以享用图书馆提供的简餐，坚持时间最长的获胜，全程时间设定为6小时。组织形式类下，有一个联动式推广，也是不常见的，比较典型的是湖南省高校图工委模仿美国的"一书，一城"活动，联合全省高校举办了"一校一书"活动，即各校老师和学生都推荐一本书，推荐次数最高的，作为当年推荐给该校全体读者读的书。在过程形式类下，张老师认为有正向式推广，即先推广图书再推广与书有关的电影，也有反向式推广，即先推荐电影再推荐与电影有关的书。

在环境要素方面，张老师从推广力度、活动周期、启动机制、效果范围四个方面进行细分。

张怀涛老师对阅读推广类型的划分，显著优点是"大而全"，囊括了如今出现过的绝大多数图书馆阅读推广活动，第一级划分为读者、读物、环境这三个要素也是合适的，但是不足也是明显的：一是推广类型平行铺展得过多，看起来眼花缭乱，不易把握重点，得到的规律层面的启发就少，反而弱化了指导价值。二是二级要素的名称有些不妥当，比如环境通常包括政策环境、时间环境、空间环境,阅读推广的机制和力度取决于政策环境,周期取决于时间环境,范围取决于空间环境,不如变4类为3类,直接划分为政策环境、时间环境、空间环境。三是二、三级类目的归类不当,出现误归、交叉、重复等现象。比如读物之下,应首先划分为"文"和"献","文"就是载体,"献"就是贤人,古代的"文献"二字就这么得来的,所以说如今流行的"真人图书馆"并不是一个新现象,我国古代就很重视贤人的交流价值。载体之下,可分为纸质载体、数字载体、富媒载体,再加上人物载体,就构成4个类名。至于阅读推广的运作、过程、组织等形式,是基于各种因素统筹考虑的结果,归于读者类下是不够合适的,属于误归。"物媒式推广"和"纸媒式推广"则属于交叉,运作形式和组织形式则在字面上和内容上都有所重复。

第二个是岳修志分类法。岳修志是张怀涛老师的继任者,现任中原工学院图书馆馆长。中原图书馆素有开展和研究阅读推广的传统,所以他也写了很多关于阅读推广的论文,并参与了我的项目。他把图书馆阅读推广分为21类,见表2。但他没有再做细分,所以显得有些杂乱,其中将"污损图书展览"作为一种阅读推广类型,值得推广。"污损图书展览"的作用,一方面是警示读者,不要破坏公物;另一方面,凡是污损的图书实际上都是好书,只有读者翻得多,才会带来污损,"污损图书展览"实际上是一个变相的好书展览。另外,岳老师还把图书馆阅读推广中最费力的活动和最省力的活动都通过调查进行排序,对图书馆开展阅读推广很有参考价值,见表3。如果图书馆某年的阅读推广活动操作晚了,或者经费不足、人力不够,那就找一个最省力的来开展,如果某年计划得早,经费足、队伍强,那就开展最费力的活动。

表2　岳修志对图书馆阅读推广类型的划分[①]

读书征文比赛	图书推介	名家讲座
图书捐赠	读书有奖知识竞赛	图书漂流
精品图书展览	经典视频展播	读书箴言征集
名著影视欣赏	馆徽设计征集	名著名篇朗诵
品茗书香思辨赛	评选优秀读者	污损图书展览
书法作品选	书签设计	校园风景摄影比赛
读书节启动仪式	读书节闭幕仪式	读书节口号征集

---

① 岳修志.基于问卷调查的高校阅读推广活动评价[J].大学图书馆学报,2012(5):101-106.

表3 最"费力"和最"省力"的图书馆阅读推广活动

最"费力"的活动	最"省力"的活动
读书辩论赛	经典视频展播;名著影视欣赏
读书节启动仪式和闭幕仪式	图书推介
书法作品选(展览)	读书征文比赛
校园阅读(风景)摄影比赛(展览)	名家讲座
名著名篇朗诵	污损图书展览
读书有奖知识竞赛	图书漂流
书签设计	读书箴言征集
精品图书展览	评选优秀读者

第三个是张彬分类法(见表4)。张彬是华侨大学图书馆的馆员,也是我项目的参与者。她提出了一个分类法,将调研到的所有图书馆阅读推广活动分为23对、46种类型。有些类型是别的分类法所没有的,比如仪式型和日常型、财政拨款型和社会捐助型、阅读关怀型和阅读疗法实践型,都是比较有特色的。

表4 张彬对图书馆阅读推广类型的划分

仪式型和日常型	理念型和实施型	政策型和法规型
财政拨款和社会捐助型	有纸型和无纸型	低碳型和共享型
网络型和实体型	展示型和推荐型	快速阅读型和深度阅读型
儿童阅读型和成人阅读型	亲子阅读型和故事会型	班级读书会和图书馆读书会型
分级阅读指导型和生日书包型	文本阅读型和绘本阅读型	科普型和人文型
互动型和反馈型	有奖竞赛型和趣味型	主角型和主题型
一托多型和多托一型	汉民族语言型和少数民族语言型	讲坛型、论坛型和沙龙型
阅读关怀型和阅读疗法实践型	阅读推广人型和阅读大使型	

第四个是胡陈冲分类法(见表5)。胡陈冲是天津美术学院图书馆的馆员,他在《大学图书馆学报》发表了一篇题为《推—拉理论视角下高校大学生参加阅读推广活动的动因分析》的文章。他的研究理论灵感来自人口迁移理论,比如说长江三峡移民,外有拉的力量,国家能源发展、防洪抗灾的规划需要把原住民往外拉,内有推的力量,原住民也有向往外面的精彩世界、走出荒山僻壤的梦想,而人口迁移需要克服的障碍则是时间和空间,即何时移、移往哪里?同样的,以学生读者为例,决定他们是否参加阅读推广活动的因素,一是内部推力因素,包括心理特征和发展需求。从

心理特征角度看,如果一项阅读推广活动能够满足读者的好奇心,符合读者的兴趣爱好,而且读者对图书馆有认同感,加上从众心理的作用,读者就会积极参加。从发展需求角度看,如果读者有阅读能力,同时增长知识和进步发展的愿望强烈,内在就会生成积极参加阅读推广活动的强大推力。至于影响参加阅读推广活动的外部拉力因素,则有主题因素和环境因素,主题因素包括活动的属性,比如阅读推广活动是否纳入必修课或选修课,是强制性的、指定性的还是自愿性的?这是读者考虑是否参加阅读推广活动的一个因素。主题因素还包括活动的组织因素,比如阅读推广活动的主办单位是图书馆、院系、学工部、团委、学生会还是社团?有的学生比较功利,可能倾向于服从院系,院系组织的他就愿意参加;有的学生比较超脱,可能倾向于服从社团,因为自发性更强。现在高校图书馆的阅读推广呈现出多家联动的趋势,就是联合院系、学生会、团委、社团等校内各类组织共同举办,这是有道理的,因为如此一来,无论是喜欢服从哪种组织因素的同学,都会被拉入活动中来。影响主题因素的还有奖励制度,阅读推广活动设置的奖励是精神奖励还是物质奖励?是大奖还是小奖?环境因素包括学校环境、人际环境和政策环境,以学校环境为例,比如说综合型院校,像北京大学这样的,推广文史哲类书籍可能大有"市场",但是对纯粹的专科性院校,比如说林业院校、农业院校、医学院校,或许就没有太多人感兴趣。另外,胡陈冲的分类法,把中间障碍作为影响因素,再细分为时间障碍和空间障碍,这就提醒我们,在搞阅读推广的时候,一定要避开节日、考试期、上课时间、运动会、国际重要赛事直播等学生繁忙的时段,在空间安排上,要离学生比较近,注意保障学生方便到达、安全返回。

　　胡陈冲的分类法是对学生参加阅读推广活动的动因的分析,不是关于阅读推广的分类,但是用于划分阅读推广的类型也是可以的。这个分类法的最大优点是从读者参加阅读推广活动的心理动力的角度来划分,因而实用性更强。将心理动力根据施力的方向划分为推、拉两类,也足够简洁,令人印象深刻,便于记忆和理解。由于是基于调研并借鉴比较成熟的人口迁移理论,因此小类之间的并列互补关系明显,没有交叉重复现象。所以这个分类法是迄今为止比较好的划分阅读推广活动的方法,值得借鉴。

　　第五个是王波分类法。前面讲了那么多,实际上都是在为最终推出我自己设想的分类法做铺垫。关于图书馆阅读推广类型的划分,前面各家讲的都有道理,但是如果追求一个更简明的、大家一看就明白的、更容易记忆的、更容易使用的分类表,这些还都不是特别理想。在此,我提出一个分类表,见表6。我的划分方法强调的是指导性和实用性。

表5 胡陈冲对大学生参加图书馆阅读推广活动因素的划分①

读者类型	影响因素	二级因素	三级因素
学生读者	内在推力	心理特征	好奇心
			兴趣爱好
			图书馆认同感
			从众心理
		发展需求	阅读能力
			增长知识
			今后发展
	中间障碍	时间	
		空间	
	外部拉力	主体因素	活动属性
			组织因素
			奖励制度
		环境因素	学校环境
			人际环境
			政策环境

表6 王波对图书馆阅读推广类型的划分

划分标准	阅读推广的类型	备注
活动频率	随机性推广	
	常态性推广	
	策划性推广	
活动性质	直接推广	
	间接推广	格式转换服务
		存取共享服务

---

① 胡陈冲.推—拉理论视角下高校大学生参加阅读推广活动的动因分析[J].大学图书馆学报,2017(1):79-84.

续表

划分标准	阅读推广的类型	备注
活动角色	主角推广	
	配角推广	
	媒角推广	
活动方法	拉法推广	有需求、大需求文献:热点文献、荐购文献、经典文献
	推法推广	小需求、无需求文献:新进文献、陌生文献、睡眠文献
	撞法推广	需求不明、需求混合文献
活动手段	借图	
	借声	
	借影	
	借演	

按照活动的频率,我认同张怀涛老师的看法,阅读推广活动可以分为常态性推广、策划性推广和随机性推广。

按照活动的性质,阅读推广活动可以分为直接推广和间接推广。图书馆平时开展的阅读推广活动基本上都是直接推广,常常忽略间接推广,其实间接推广的作用不亚于直接推广,应该引起我们的充分重视,特别是格式转换服务和存取共享服务。我们知道,现在读者用 kindle 等各种电子阅读器时,需要把搜集到的各种各样的文本文件转化成字体大小适合阅读的、自己习惯的格式文件,但是校园里却鲜有机构提供便捷的格式转换服务,读者只能自学格式转换技能,但是由于版权、审核等原因,网上的在线格式服务很难完全支持学术研究,图书馆有责任把格式转换服务承担起来,在网站上提供限于校内人员使用的格式转换服务。另外,新浪爱问知识人、百度网盘、金山快盘等网站,曾给高校师生科研资料的上传、下载和分享带来很大方便,但是随着网盘监管的收紧,大多数网盘类服务不再提供,这给读者的资料分享带来很大困难。图书馆提供的机构知识库等服务,只保存师生已发表的论著,却不允许师生上传希望云存储以便阅读、交流的文献。如此就构成一种奇怪的现象:我们的数字图书馆号称先进,但是师生学习、科研过程中的一项最基本需求——阅读对象的上传、赋链、分享和格式转换,却从来没有图书馆给予重视,希望能够从间接阅读推广这个角度,引起数字图书馆建设者的反思,从而尽快解决这个问题。

按照图书馆在活动中的角色,图书馆阅读推广呈现出图书馆从主角到配角再到媒角的发展趋势。最初,图书馆喜欢在校园阅读推广活动中担任主角。后来经过三年、五年的阅读推广实践，感觉创新乏力，转而发动学生社团开展阅读推广，自己转当配角，有的图书馆感觉学生自发组建的读书社团用着不顺手，还会组建挂靠图书馆的学生社团，比如北京大学图书馆、东北师范大学图书馆、华侨大学图书馆，都有馆属学生读书社团。下一步，图书馆的阅读推广活动将陆续遇到创意瓶颈，阅读推广活动逐步进入常态化，单纯依靠一个或几个社团已经无法给读者带来新鲜的阅读推广形式，解决读者的参与疲劳，此刻图书馆在阅读推广中的角色会继续退向幕后，由"垂帘听政"的配角变为媒角，即成为沟通图书馆空间、资源、舞台和学生社团之间的媒婆，把阅读推广活动完全交给学生。在媒角阅读推广时代，图书馆承担的是动员、审核、竞评、服务等工作，而不再承担最难的也是吃力不讨好的策划工作。这个时期，图书馆就像是一个包含诸多小剧场的大剧院。在这个空间，法学院的学霸刚出版了一本书，正在开一个小型的新书发布会；在那个空间，艺术学院的学生刚欣赏完一部新电影，正在争论与原著孰优孰劣；在另外一个空间，信息管理系的学生正在讨论国内外书籍史的不同结构和叙述方式，力图把握最前沿的视角和研究方法……在同一个图书馆、同一个时刻，同时有多个学生社团在图书馆的不同空间举办阅读推广活动，这才是图书馆阅读推广活动应有的模样。当然，这里的学生社团也可以替换为教工社团及高校的所有相关组织。

从方法的角度，我认为所有阅读推广活动，包括图书馆阅读推广活动，其方法简化到极致，可划分为三种：

第一种是拉法阅读推广。拉法阅读推广适用于读者需求旺盛的文献，比如热点文献——那些上了各种好书榜的佳作；经典文献——从《诗经》《论语》到前四史、四大名著等；读者荐购文献——读者基于学习和研究需要，迫切希望图书馆采购的文献。这些文献读者或有耳闻，或耳熟不能详，或无缘相见，或无资相购，图书馆将这些"自带吸引力"的书采购到馆，并通过展览等途径通知读者来馆借阅，这就是拉法阅读推广。

拉法阅读推广是一种最基本、最容易、最常规的阅读推广，策划的色彩最淡，只需把公认的好书推荐给读者即可。盛行于英美的"一书，一城"阅读推广活动，因为所用书目都是民众投票选出的，属于公认的好书，所以属于拉法阅读推广。另外，把历史悠久的"镇馆之宝"锁在玻璃柜里，常年展示出来，也是一种拉法阅读推广，例如1454年古登堡印刷的圣经初版，全世界目前只剩11个羊皮纸全本，拥有这些珍本的欧美图书馆大多数将其在玻璃柜里常年展示，引以为傲，如美国国会图书馆、耶鲁大学图书馆。

第二种是推法阅读推广。推法阅读推广适用于需求不旺的新文献、陌生文献、睡眠文献。比如说，图书馆为适应国家的"一带一路"建设和研究，新采进了一批涉及丝绸之路的首次从中亚文字翻译过来的图书，那这批图书对相关研究者而言就是新文献、陌生文献，如果图书馆不推广，因为信息不对称的原因，可能就没有需求或需求很小。还有一种是睡眠文献，比如有一本对论证钓鱼岛自古就属于中国的非常有利的图书，长期夹杂在一套冷僻的古籍丛书中不为人所知，直到某一天被一位图书馆员或一位学者突然发现，就像一位"睡美人"被"王子"发现，终于大放异彩。对这两类图书，图书馆就需要通过阅读推广，大张旗鼓地将其广而告之，全力推进读者乃至全社会的视野，发挥文献应有的社会效益。基于这种文献的阅读推广就叫推法阅读推广，因为其基本方法不是吸引而是推送。

推法阅读推广的难度高于拉法阅读推广，策划的色彩较浓，因为这类文献的吸引力不是天然的、自带的，而是需要图书馆员去发现、去论证、去创造。比如前面提到的中亚图书，能否推广成功，就在于图书馆员能否对其在研究"一带一路"方面的价值进行成功揭示，再如关于钓鱼岛的睡眠文献，能否将其推广成功，也需要图书馆员深入了解钓鱼岛研究的现状，对文献的价值进行准确判断和宣传。

第三种是撞法阅读推广。撞法阅读推广适用于需求不明或需求混合的文献。通过物理形式或气质特征筛选出来一批混合主题的图书进行推广，可称为撞法阅读推广。这里的"撞"的意思是图书馆员并不十分清楚哪些读者喜欢这类书，而是出于"感觉有人感兴趣""或许有人感兴趣"的判断，抱着"撞着谁是谁"的态度，将一批具有某种独特的物理形式和气质特征的书推广出去。撞法阅读推广类似于QQ中的"漂流瓶"和微信中的"摇一摇"。撞法阅读推广因为效果具有偶然性——有可能成功，也有可能失败，成功与否取决于图书馆员的"第六感"，所以起步时更有策划感，落幕时倘若成功，也会有极大的成就感。关于撞法阅读推广案例，下面我也还会具体展开细讲。

从具体手段的角度，我认为阅读推广可借用的主要是艺术手段：一是借图，即图书展搭配摄影展，比如北京大学以"腹有诗书气自华"为主题，以女生仿拍古典油画读书图，来配合好书展。二是借声，即借助语言艺术来推广图书，比如北京大学图书馆以扫描二维码播放全国各省学生乡音短书评的方式，来吸引新生参加阅读推广活动；泰山医学院图书馆以音乐疗法配合阅读疗法。三是借影，即把电影和剧本原著以及相关图书组合推广，如东北师范大学的"书影随行"活动。四是借演，比如天津财经大学举办"图书里的话剧"竞赛，通过对名著片段进行话剧演绎，提高读者对名著的热爱程度和理解深度。盛行于高校图书馆的"真人图书馆",某种程度上也可以理解为"借演",即通过达人对自身经历的生动阐述,来传播某方面的显性知识和隐性知识。

三、有待加强的图书馆阅读推广方法

对图书馆阅读推广类型的执着探索,目的是查漏补缺,有的放矢地为今后的图书馆阅读推广提供指导。对照前面列举的阅读推广类型,我们不难发现一些以往短缺或薄弱的类型尚且有待加强。

第一是埋伏法。通俗地说,就是预案法。之所以称其为埋伏法,是因为其提前做好方案,而后不动声色,届时突然引爆的特点犹如伏击战。当前图书馆的埋伏法阅读推广做得还不够,应该给予重视。比如春节过后,将近"三八"妇女节,图书馆就可以提前策划、提前行动,把馆里封面和书脊为粉色的书籍全部挑出来,到节日那天,在显眼位置,将这些书列专架齐刷刷展示,一定会给读者带来极大的惊喜和震撼。大多数粉色的书籍之所以被设计成粉色,也是因为其内容更适合女性阅读,所以无论形式还是内容,这批书都会吸引读者走近、合影、浏览、借阅。再如在 11 月 11 日这样的新型光棍节,图书馆可以提前"打埋伏",把历史上知名的男光棍和女光棍写的名著,或描写对象为男光棍和女光棍的名著,都挑出来,在节日当天隆重推出。还可以推广一些"撒狗粮"的书,比如钱钟书、杨绛等才子佳人回忆完美校园恋爱的书,来虐一虐"单身汪"。总之,所谓埋伏法,就是掐着日子提前做好预案和充分准备的阅读推广。例如,茅盾奖、安徒生奖、诺贝尔奖等国内外奖项,都是定期颁发的,图书馆可以提前把重点候选人的著作信息准备好,在颁奖日静等揭晓,一俟揭晓,就可以在第一时间推广获奖人的著作,无疑会受到读者的欢迎。再如,我们当今的国家领导人在阅读推广方面率先垂范,讲话的规律一是善于用典,二是重视推广名家名著,每到一国一地,总会谈到那方山水孕育的人杰佳作。掌握了这个规律,我们就可以提前把领导人将要出访的地方产生的经典著作汇集起来,在出访那天,根据实际讲话再调整一下,就可以及时推广出去,按照《人民日报》网站的说法,这就叫作"跟着习大大来读书"。另外,习总书记在治国理政的著作中,用了大量典故,图书馆员倘能逐一考证,推出相关引用图书,也是一个不错的阅读推广好方法。

第二是机变法。机变法也叫随机法,就是迅速响应新闻事件而实时开展的阅读推广,这种阅读推广的阵地通常是微博和微信。因为大多数新闻事件是突发的,针对突发新闻事件的阅读推广是无法提前做准备的,全靠图书馆员平时的知识积累,

所以更能看出图书馆员阅读推广的水平,更能看出图书馆员有没有时刻开展阅读推广的意识。比如2016年8月初,王宝强离婚事件发生,湖南省图书馆的微信公众号反应神速,很快以《婚内出轨的人都没有好下场》为题推出《失乐园》《查特莱夫人的情人》《廊桥遗梦》等7本书的内容简介。这些书的选择是有水平的,说明图书馆员博览群书,遇到一个新闻事件便能够将相关的书籍信手拈来。但是这篇推文的标题是有缺陷的,倾向性太强,等于诅咒全体婚内出轨的读者,这类读者看到这篇文章,便肯定不会转发,就会影响阅读推广内容的接受和再传播。图书馆作为相对中立的辅助教育机构,其对不道德现象可以谴责,但不应诅咒,要有团结所有读者、建设读者统一战线的意识。一段时间后,当我们回头再找湖南图书馆的这条微信推文,发现其标题已经改为《这七部经典小说告诉你,婚外情看上去很美,实则很危险》,这说明该图书馆的馆员已经意识到了这条推文原标题不妥。将"下场"改成"危险"可谓绝妙,"危险"是一个道德上的中性词,浪子回头、悬崖勒马就能转危为安,一意孤行则会粉身碎骨,选哪条路请读者自己决定吧,图书馆只是尽到提醒的职责。可见,标题一改,这就是一条很好的阅读推广文章,即便是真有出轨行为的读者也有可能收藏和转发,并会到图书馆找找所推荐的书,反思一下何去何从。所以,机变性阅读推广是有难度的,不光考验图书馆员的知识储备,还考验图书馆员对推广文章的立场、价值观、出发点的拿捏,要使推文符合图书馆的定位、符合图书馆员的身份,才能真正为读者所欢迎、所接受。

第三是推法。前面我已经介绍过推法的含义,指的是对读者需求量小的新文献、陌生文献、睡眠文献的推广。这类推广之前国内图书馆做得也比较少,今后要适当加强。比如美国国会图书馆把因为难懂而长期无人问津的图书摆在醒目的地方,并且提示这些书很深奥,只有学问渊博的人才能读懂,从而挑起读者的征服欲,使其被借阅一空。同样,大学里一些同学也在追逐这些艰涩的书,比如吉林大学的网络论坛上,就有同学列举了10本最艰涩难懂的书,如《资本论》《周易》《形而上学》《小逻辑》等①。这些书单独放着的时候,一般人不会去看,但是当图书馆将这些最难懂的书集中展示,并极力宣扬其难懂程度的时候,就会有同学会为挑战自己的智商而去看这些书。图书馆可以学习美国国会图书馆的做法,以"谁是惊动睡美人的王子?"为标题,推出一批长期无人问津的书。

---

① Buyumayu. 总结了十本最艰涩难懂的书. [EB/OL]. [2017-11-08]. http://tieba.baidu.com/p/2034146556.

第四是撞法。撞法的含义前文也讲过,这种方法的策划性最强,比较好开展,但是也容易被忽视。撞法的手法之一是按物理形式推荐图书,比如可以基于颜色推荐图书,在妇女节,把封面为红色的书集中起来展示;在植树节,把封面为绿色的书都集中起来展示。可以基于颜值、身材推荐图书,把最美的书、最丑的书、各种形式怪异的书、最小的书、最大的书、最厚的书、毛边本都集中展示,给读者先是带来形式上的冲击感,吸引读者走近、浏览,或许读者还会喜欢上其中的内容。还可以基于标题,把标题最差、标题最怪的书集中展示,也有一定的吸引力。图书漂流也是撞法的一种,在地铁的座位上留一本书,究竟下一个读者是谁,这本书将漂向何方,书的命运完全靠撞。对图书馆来说,撞法是最好操作、效果可能还比较好的一种方法,值得大家好好思考该怎么运用。

第五是本土法。本土法也可以叫作地方性格法,指的是不同地方的图书馆的阅读推广应该是不一样的,应具有本地特色。比如美国图书馆阅读推广的基本方法是"一书,一城",不同城市阅读推广的书之所以不一样,就在于考虑到了本地特点。《杀死一只知更鸟》这本书旨在化解种族误解,消除种族隔阂和种族矛盾,所以像芝加哥、西雅图这些种族分歧比较大的城市就共同阅读《杀死一只知更鸟》。同理,在上海的大学图书馆,就可以宣传推广一下海派作家的书,比如余秋雨、王安忆、六六、金宇澄、韩寒等上海作家的书;在武汉的大学图书馆,就可以宣传推广一下方方、池莉的书;在贵州的大学图书馆,就可以推荐一下王阳明的书和传记,因为王阳明就是在贵阳的龙场悟道,创造了心学;洛阳师范学院就坐落在邵雍旧居安乐窝附近,离两程故里也不远,那么该校图书馆就可以推荐关于易经和程朱理学的书。

第六是阅读关怀和阅读援助法。这种方法以前用得也不够。阅读关怀指的是针对特殊人群开展的阅读推广。比如我们到高校图书馆工作,一般学校会要求你参加一个月的上岗培训,但是退休的时候就没有这样的培训。其实退休的头五年是非常危险的,因为无用感、失落感会非常强烈。图书馆可以填补起退休无培训的空白,联系工会开展一些阅读推广活动,给临退休者推荐一些怎么面对退休的书或一些长寿老人写的书。阅读援助指的是针对信息贫困人群的阅读推广。比如过去富士康工人发生"连环跳",这跟他们工作特别劳累有关系,也跟他们业余生活太单调有关系,当地图书馆就可以考虑跟企业的工会、群众组织联系,把一些适合青年工友读的书送过去,丰富他们的业余精神文化生活,或许可以减少跳楼这样的极端现象。同样,高校里面生存着各种各样的劳动者,比如说厨师、保洁员、保安、修自行车师傅等,他们为我们服务,我们也可以对他们进行阅读关怀和阅读援助。再比如说出租车司机,在工作期间常常开着收音机,那么公共图书馆通过 APP,或通过租用的无线电频道,给他们播放有声书,也是一种阅读援助,武汉图书馆就通过无线电,推出了"武图之声"阅读推广节目。

第七是返祖法。也可以说是全媒体法。古代之所以发明文字,是因为没有办法传播原始信息,所以具有压缩信息性质的文字就成了主要的传播载体。现在信息技术高速发展,通信手段非常发达,所有信息的保存、传播变得非常方便,比如说我今天的演讲,可以录个像,通过网络,把现场原汁原味地分享、传播给感兴趣的人。相对于文字,视频或者多媒体的传播方式更原始,所以上海图书馆的刘炜副馆长将多媒体的传播方式称为文化上的一种返祖现象,借用刘老师的概念,利用多媒体的阅读推广,可称为返祖法阅读推广。比如,在推荐《了不起的盖茨比》这本书时,可以同时推荐同名的电影和有声书。图书馆可以打造专门的有声书阅览室,每个座位上方垂下来一个耳机,好像耳机的森林,更酷一点的,座位还可以换成跑步机,读者可以边跑步边听书。图书馆还可以与银行、理发店等需要等待叫号的地方合作,由图书馆提供有声书资源,由商家提供耳机,在顾客无聊等待的时候,听一段书。随着手环等自我测量工具的出现,现在喜欢走路健身的人越来越多,花在走路上的时间多了,佩戴耳机听书的时间就多,图书馆在资源建设上应该增加有声书的采购,还可以动员学生上传一批自己录的有声书,每天上传一节,既推动了学生的阅读,又为图书馆贡献了资源,方便更多的读者听书。另外,正在露出面纱的可穿戴设备、读书机器人等,也是返祖法阅读推广的利器,图书馆应该关注这些新技术、新工具,及时将它们用于阅读推广。

第八是学分法。这是一种简单、直接但十分有效的阅读推广方法,也是阅读推广的一个趋势。2001 年,韩国的江源大学就采用了这种阅读推广方法:在本科新生的入学通知书上指定暑假必读书,到校后有个小测验,检测过了,拿到学分,才能正式报到。国内高校采用学分制推广阅读的,起初主要是高职高专院校,因为考上高职高专的学生,在高中时期大都不是尖子生,阅读习惯不是太好,不靠强制性的学分制,阅读推广的效果不佳,学生的人文素养难以提升。比如黑龙江东方学院,就设有阅读必修课,采用学分制。但是现在,学分制阅读推广有向重点大学蔓延的趋势,据武汉大学图书馆调查发现,有 13 所"211"大学实施了阅读学分制,包括浙江大学、东南大学、东北大学、北京邮电大学、西安电子科技大学等。武汉大学图书馆也正在考虑申请开设学分制阅读推广课①。各个图书馆应该关注这个趋势,如果认为有必要、有条件,可以向已经开课的高校图书馆取经,基于以往的阅读推广活动编写教材,及时地把图书馆的阅读推广活动升级为一门计算学分的公共课。

四、阅读推广对阅读兴趣的影响

本来按照题目,我的发言到这里就可结束,但是根据以往报告的经验,在报告结束之后往往有人问我:阅读推广活动能否提升?如何提升读者的阅读兴趣?我觉得与其一会儿受到提问,不如现在直接回答一下。

阅读推广对阅读兴趣的影响,一般认为是单向度的,必须提升,否则阅读推广活动就算失败。我不这么认为。我认为阅读推广对阅读兴趣的影响是多向度的,包括以下几种情况:

一是栽种兴趣。比如说对刚出生的孩子,"阅读起跑线活动"送给孩子一个图书礼包,犹太人在给婴儿看的书上点一滴蜂蜜让孩子第一次读书的时候感觉书是甜的,这就是为阅读兴趣的萌发种下一粒种子。孩子对读书感兴趣了,他就成了中国古人所说的"读书种子"。

二是满足兴趣。阅读推广不一定非要提高读者的阅读兴趣,满足也是可以的。读者喜欢什么书,可以推荐图书馆购买,图书馆购买了并通知读者,读者过来兴冲冲地借走,这也是一种阅读推广。

三是转移兴趣。读者对某些书的兴趣太高,高到影响生活、学习的时候,图书馆帮助读者转移一下兴趣、合理分配一下兴趣,也是一种阅读推广。假如有的女读者天天看言情小说、天天看韩剧小说,看得都患了"慕男症",见到"小鲜肉"都流口水,达到影响生活、影响学业的地步,这个时候她求助于图书馆员,图书馆员给她推荐一批书,让她进入另一片新世界,这就属于转移兴趣的阅读推广。类似的,还有的男学生爱看武打书,不把金庸、古龙、梁羽生所有的武侠小说看完不罢休,图书馆针对这类同学开展一些阅读推广活动,将他们的阅读兴趣转移到专业学习或更宽广的领域,对他们也是一种帮助。

四是归并兴趣。在大数据时代,图书馆有一个重大的职能是帮助读者找到相同阅读兴趣的人,给他们提供交流的机会。比如说有很多人读《平凡的世界》,但是究

---

① 王新才,谢鑫.阅读行为视角下高校图书馆实施阅读学分制的动力研究[J].大学图书馆学报,2017(1):72-78.

竟哪些人借阅过,以前的图书馆目录系统不显示,但是最近宁波大学图书馆的"智慧图书馆"APP已经有了这个功能,同一本书谁读了,点开都能列出来,这些人都是兴趣相投的,他们得到了图书馆提供的信息,就可以在私下组成读书会,集体交流共同读过的这本书,那么大家的兴趣就会越激发越大,对所读的书的内容和作者就会越钻研越深,逐渐成为这方面的达人或专家。

五是装点兴趣方面。国内外不少图书馆设有一面高高的书墙,为了减轻对地板的压力,在高层放的甚至是空心的假书,只有封面没有书芯。这种做法并非不可取,因为图书馆除了储藏和传播真知,还有文化象征的意义,有环境育人的作用,高高的书墙就是一种文化象征,可以营造浓浓的读书氛围。从阅读推广的角度来看,其作用还表现在装点阅读兴趣方面。阅读兴趣有真有假,即便是装点假的阅读兴趣,也会推动读者从心理上接近阅读、接近图书馆。假设一个人根本不读书,但他在图书馆看到一面书墙很壮观,愿意在这里留个影,那么图书馆就起到了装点他的假的阅读兴趣的作用,会从心理上悄悄拉近他对书本的感情,或许哪一天,假的阅读兴趣就会变成真的。图书馆如果做个假的图书拱门,让新婚的人来这里拍婚纱照,或者把图书馆的所有讲台都做成书本摞起来的形状,那么凡是在图书馆拍婚纱照的人,在图书馆演讲的人,都会感觉到与别处的不一样。他们的照片、他们的回忆都会暗示他们甚至他们周边的人多读书、多到图书馆。如今,网上有很多具有阅读元素的创意产品,比如绿色灯罩的民国台灯、书本形状的电话座机、抽纸盒、书本基座的台灯,都很受欢迎。购买这些产品的人,有的是真有阅读兴趣,有的是假有阅读兴趣,图书馆要允许人们附庸风雅,附庸风雅就表明了对阅读的向往之心。所以图书馆要大力推出文创产品,为装点阅读兴趣服务,这也是一种潜在的阅读推广。2016年,中国图书馆学会第二届阅读推广委员会成立,其下新增加了一个分支委员会——文创产品开发委员会,目的就是希望通过开发大量文创产品来影响读者爱上阅读。试想一想,当菜刀的刀鞘、切肉的砧板都做成了书的形状,杀猪的人天天用这样的工具劳作,他都不好意思不读书。当暴发户家里沙发的背后都是一排书墙,即便全是假书,书脊上的书名对来访的客人和户主的后代也会产生些微积极的影响。当全社会都流行阅读元素的文创产品的时候,表现的是对阅读的认可,是对文明的向往和服从,那么即便是伪读者,也有了变成真读者的希望。

六是妥协兴趣。世界上还有一类人,或是最底层的文盲老百姓,或是信教地区虔诚的底层信徒,他们或没有能力阅读,或没有条件阅读,但对阅读的效果十分渴望,希望通过不阅读而达到阅读的效果,对他们这种独特的阅读兴趣,我们应该给予尊重,实在改变不了,就要设法以妥协的方式来满足,方法也是提供文创产品,让替代阅读的文创产品帮助他们实现阅读的愿望。例如,在西藏地区,那里为不读书的人准备了两样代替读书的神器——转经筒和玛尼石。转经筒转一圈,就相当于把上面刻的一圈文字读了一遍,转速越快代表读得越快。玛尼石是不识字的人请人刻的或写的布满经文的石头,往往摆放在山上的风口,一层一层整齐地码起来,风一吹就代表请石的人把石上的文字读了一遍,风越大代表读得越快。转经筒和玛尼石是表达虔诚的手段,也代表人类对阅读速度、阅读量的极限追求,还代表人类希望将阅读普及到每个人的追求。对转经筒和玛尼石的运用严格来说是一种伪阅读,这种替代阅读的工具,或许阻滞了西藏老百姓真正阅读兴趣的提升、阅读水平的提高,但是,反过来看,也正是有了转经筒和玛尼石,西藏把具有特殊阅读兴趣的一批人也纳入了阅读的轨道,至少在形式上看,他们是爱阅读的。转经筒和玛尼石可以看作是一种文创产品,它启发我们,图书馆可以通过文创产品,把实在不能阅读、不爱阅读的人收编到阅读的队伍。

七是提高兴趣。这方面前面论述得很多了,图书馆已经开展的大部分阅读推广活动都是基于这个目的,此处不再赘述。

五、阅读疗法的现状及其二元应用

这个话题也是附赠的。因为我一直研究阅读疗法,会议举办者希望我也顺便谈谈这个话题。

在阅读疗法研究方面,我们和英国、美国有几十年的差距。美国第一篇关于阅读疗法的长文发表在1916年的《大西洋月刊》上。我国直到2007年才出版第一部研究阅读疗法的专著,即我写的《阅读疗法》(2014年再版)。但之后发展得特别快,2011年出版《阅读疗法理论实践》《儿童阅读治疗》,2013年出版《诗歌疗法——理论与实践》,2014年出版《阅读疗法实证研究》,2016年出版《阅读疗法基地建设研究》和《阅读疗法教程》。

现在全国阅读疗法搞得好的图书馆,一家是泰山医学院图书馆,这里已经成为研究和实践阅读疗法的基地,其牵头人宫梅玲老师是国内知名的阅读疗法专家。现在泰山医学院图书馆的阅读疗法,不仅是图书馆服务的创新,还是该校德育教育、学生工作、心理健康教育的创新,已经变成该校的一张名片。华北理工大学图书馆的阅读疗法搞得也很好,馆长带着一个团队在推进。公共图书馆里,以杭州图书馆的阅读疗法最有代表性,该馆的做法与高校图书馆的不太一样,采取的是"图书馆搭台、心理咨询师唱戏"的模式。该馆和杭州市的心理咨询电台合作,由电台派信息咨询师定期到图书馆坐台问诊,治疗方法是心理咨询和阅读疗法相结合,图书馆员则作为学员和助手。第三方评估则邀请浙江省心理学会指派专家进行。这种做法规避了医疗事故,也培养了图书馆的阅读疗法人才,值得高校图书馆研究和借鉴。

阅读疗法有两种类型:一是阅读保健,即发展阅读疗法;二是阅读治疗,即临床阅读疗法。社会上望文生义,把阅读疗法简单地等同于阅读治病,经常质疑:读书真的能治病吗?图书馆员为了证实阅读疗法的科学性,就千方百计将自己专业化。我认识的不少开展阅读疗法的图书馆员,他们都参加了心理咨询师资格考试,真的变成了披着图书馆服的心理医生。好像就剩下我这个国内研究阅读疗法的先驱,还在"非法行医"。但是他们似乎忘了还有另外一种阅读疗法——阅读保健,所以我现在比较忧虑的是,当我们热爱阅读疗法的图书馆员都热衷向"专业化"发展,那么阅读疗法作为阅读推广策略方面的作用就会降低。

我认为图书馆开展的阅读疗法,今后还得"两条腿走路",既要追求它在医学领域的科学性,把它向高精尖方向推进,保证提供的书的药方确实是验方,另外还要保持它在搞笑、调侃、娱乐这方面的天性。比如说小孩子大都不爱理发,但是有的家长发现,当孩子抗拒理发的时候,递给孩子一本绘本,孩子看得入迷,就忘记了理发这件事,使理发得以顺利进行。图书馆就可以用"不爱理发的阅读疗法"为专题,推荐一组有助于小孩子接受理发的绘本,这就是一种带点娱乐性的阅读推广策略。英国专门开展阅读疗法培训的公司"生命学院",其培训师新出的《小说药丸》一书,在"失眠的阅读疗法"一节下,推荐《睡眠之屋》一书,导读却注明"切勿睡前阅读",因为此书太过精彩。这完全是一种把阅读疗法调侃化、搞笑化的使用,虽然"埋汰了"阅读疗法,但却成全了阅读推广。

严肃和娱乐,或者说治疗和娱情,是阅读疗法的二元应用,不应丢弃任何一个方面。当阅读疗法认宗于人文主义,服从于一般阅读推广的时候,它是一个幽默的阅读推广策略,具备娱乐性;当阅读疗法认宗于医学,服从于治疗效果的时候,它是一门科学,需要客观对待、认真研究。坚持二元化应用,阅读疗法可能会遭受很多误解,但是不坚持,它就会失去一半价值。为了实现阅读疗法的最大价值,不忘阅读疗法的两层本意,还是应该坚持其二元化应用。

阅读推广不是图书馆的新使命。阮冈纳赞的图书馆学五定律:书是为了用的;每本书有其读者;每个读者有其书;节约读者时间;图书馆是一个发展着的有机体。其中前四条都与阅读推广有明确而直接的关系,应该说阅读推广就是这四条定律推导出来的,它是图书馆的天然使命,其在图书馆建设中具有高度重要性。这四条定律还是指导图书馆阅读推广的根本大法和图书馆阅读推广努力实现的目标。如今我们重视阅读推广,无非是图书馆创办初心的一次回归,或者说是一次复兴,让我们不忘初心,继续前进。

王波(北京大学图书馆)

第二节　图书馆阅读推广如何体现专业性

图书馆阅读推广是机构行为、行业行为,不是个人行为,需要体现一定的专业性。兹不揣浅陋,讨论图书馆阅读推广如何体现专业性,就教于方家。

一、图书馆阅读推广为何要体现专业性

第一,图书馆工作是一项社会分工,说明它是一项精细化的专门工作,需要具有专业态度、专业知识、专业技能的专业人员来从事;第二,图书馆是一项信息救济、知识援助的制度安排,为使这项制度落地生根、惠及全民,图书馆负有专业使命;第三,图书馆承担着社会教育、文化传播的责任,应有专业担当;第四,图书馆行业是一个职业共同体,需要树立专业形象;第五,图书馆员多数是国家事业编制的公职人员,入行有一定资格要求,本来具备专业背景,应不断提高专业水准;第六,图书馆员承担一定的职业责任、社会责任,须严肃对待工作、强化专业意识;第七,图书馆学是一门学问,要追求和创造专业知识。

基于以上原因,从国际到国内,关于图书馆的法规、政策,对图书馆的专业性都有一定要求。

例如,联合国教科文组织发布的《公共图书馆宣言》(1994)中关于图书馆的运作与管理的第一条指出"必须有效地组织公共图书馆并保持运作的专业水准"[①]。《中国图书馆员职业道德准则(试行)》(2002)是中国图书馆学会制定的行业自律规范,第七条指出图书馆员要"努力钻研业务,提高专业素养"[②]。《中国图书馆学会图书馆服务宣言》(2008)第四条指出"图书馆提供优质、高效、专业的服务"[③]。这是图书馆

---

① 吴晞.图书馆史话[M].北京:社会科学文献出版社,2015:184.
② 中国图书馆学会.中国图书馆年鉴(2003)[M]:北京:科学技术文献出版社,2004:1.
③ 刘懿.图书馆公共关系理论与实务[M].北京:兵器工业出版社,2009:246.

人不懈努力和追求的目标之一。《普通高等学校图书馆规程》(2015)的"总则"第四条第四款也指明"图书馆的主要任务是积极参与各种资源共建共享,发挥信息资源优势和专业服务优势,为社会服务"①。《中华人民共和国公共图书馆法》(2017)第十九条明确规定"政府设立的公共图书馆馆长应当具备相应的文化水平、专业知识和组织管理能力……公共图书馆工作人员应当具备相应的专业知识与技能"②。

追求专业性,是追求完美、追求极致的一种精神,是打造职业特色、行业优势的努力,当我们图书馆员代表图书馆、图书馆行业开展阅读推广的时候,不能不考虑如何专业地开展这项工作。

二、关于图书馆阅读推广专业性的相关论述

如何体现图书馆阅读推广的专业性,不是一个新问题,已有专家做过论述,可以作为我们进一步思考的基础。

(一)范并思教授的观点

范并思教授认为图书馆阅读推广的专业性体现为维护知识自由。1949年面世、经1972年和1994年两次修订,确立了现代图书馆核心价值的《公共图书馆宣言》,以及1953年被美国图书馆协会和出版商协会自由阅读委员会采纳,分别于1972年、1991年、2000年、2003年修订的《阅读自由宣言》,它们的基本思想都是强调图书馆是民主社会的基石,要维护读者的知识自由。维护知识自由基本上已成为全世界图书馆的共识。因此范并思教授认为,图书馆阅读推广的专业性首先体现在认同全世界图书馆的主流价值观,保证读者的阅读自由,保持价值中立,不能倾向性特别强地推荐某些读物,不能用图书馆员对某本、某类读物的刻板印象来影响读者对这些读物的认知,要维护读者的阅读自由、知识自由。

为维护读者的知识自由,阅读推广的专业性表现为间接性,即图书馆员不宜直接从事阅读推广,而应该扮演供给者、管理者、中间人的角色。专业的图书馆阅读推广的核心是供给。一是供给资源,包括馆藏、空间、舞台等;二是供给人才,组织社会有资质的专家、学者或者阅读推广人到图书馆开展阅读推广;三是供给服务,为阅读推广人提供空间舞台、环境布置、广告宣传、流程设计等服务。换句话说,图书馆员

---

① 教育部. 普通高等学校图书馆规程[EB/OL]. [2018-06-03]. http://www.scal.edu.cn/gc-zn/sygc.

② 中华人民共和国公共图书馆法[EB/OL]. [2018-06-03]. http://www.npc.gov.cn/npc/xinwen/2017-11/04/content_2031427.htm.

在阅读推广中的作用是管理,即对资源、人才和服务的管理。

为什么强调图书馆员不宜直接从事阅读推广,其原因一是难以证明图书馆员比读者高明,二是因为阅读推广是一种教育活动,而图书馆员往往缺少进行教育活动的资质。比如在大学里,教师的教育活动有教师证、教学计划等来赋权,来证明其合理、合法性,但图书馆是教辅机构,因此图书馆员并没有相应的资质。同理,公共图书馆的馆员也存在类似问题。

(二)李东来馆长的观点

中国图书馆学会阅读推广委员会主任李东来馆长在2018年中国图书馆第十二届全民阅读论坛的发言中指出,阅读推广要将法制化与专业化相结合。

法制化指遵循2018年1月1日正式实施的《中华人民共和国公共图书馆法》,2018年我国图书馆界阅读推广的主题是"阅读,与法制同行"。

专业化包括文献、队伍、理论、管理、技术等5个方面的专业化。在文献方面,阅读推广要根据对象的需求,灵活确定推广文献的高度、广度和粒度;在队伍方面,要不断提高阅读推广馆员的信息素养和职业能力;在理论方面,要加强理性思考,制定实践指南;在管理方面,要重视绩效和均衡;在技术方面,要认识到技术是时代之基、效能之源。

三、图书馆阅读推广如何体现专业性

上述专家意见有其合理性,值得在实践中参考。此外,结合本人参与北京大学图书馆阅读推广活动的体会和研究阅读推广所获得的认识,我认为图书馆阅读推广的专业性,还应体现在以下7个方面。

(一)讲政治

各行各业不讲政治,都谈不上专业。在图书馆开展阅读推广,不讲政治是不可能的,也是不专业的。

当前,党的十九大报告对图书馆事业提出很多直接、间接的要求。最直接的至少有三个方面:

一是将文化分类为传统文化、革命文化、先进文化。这个分类法也出现在《中华人民共和国公共图书馆法》总则中的第三条,应引起图书馆的重视。在阅读推广时就要围绕这三种文化展开,传承优秀传统文化,继承革命文化,发展社会主义先进文化。在以前的阅读推广中,我们对继承和发扬优秀传统文化着力较多,对革命文化中的红色文化投入较多,对更广义的革命文献,如马克思的理论文献和传记的推广

不够,对当代先进文化的追踪意识不强,这些都要作为将来的拓展方向。今后应该更多关注传统文化中人格高尚、浩气感人、知行合一的伟大人物的作品和思想的推广,比如与苏轼、王阳明等有关的文献的推广;基于"伟大也要有人懂"的理念,以生动活泼的形式推广革命领袖的经典著作及其生平伟业;结合时事学习、理论学习,关注并推广反映新时代治国理政、经济建设、科技发展等方面的先进文化。

二是要求扶贫同扶志、扶智相结合。图书馆在扶志、扶智方面具有优势,可以尝试面向邻近地区或对口支援地区的贫困群众开展阅读推广,或提供白手起家、先富起来的中外代表人物的传记,进行扶志;或提供蕴含创业、创富知识的文献,进行扶智。高校图书馆可以在寒暑假之前,通过筛选或调研,征集一批有益扶志、扶智的图书,动员贫困学生带书回家,间接起到扶志、扶智的作用。

三是倡导文化服务要讲品位、讲格调、讲责任,抵制低俗、庸俗、媚俗。在阅读推广已进行多年,各图书馆进入创意饱和甚至创意疲劳的时候,尤其要警惕无原则迎合、娱乐化、哗众取宠思想的泛起,清醒反对各种形式主义。物质奖励要注意掌握限度,以物诱读有违阅读推广的初衷,社会上已有批评之声。范并思教授曾说,世界上最简单的阅读推广是每本书里夹上10块钱,肯定全部馆藏都被哄抢一光。他同时又指出:"但这样的阅读推广又有何价值呢?"讲品位、讲格调、讲责任,抵制低俗、庸俗、媚俗,这6项原则需要开展阅读推广的图书馆员时刻放在心上。

当然党的十九大报告对图书馆的宏观要求、间接要求还有很多,比如要增强文化自信;加快一流大学和一流学科建设;养成稳重求进、压茬拓展、好学习、善创新、能落实的工作作风;加强中外人文交流,以我为主、兼收并蓄,推进国际传播能力建设;养成朴实、真诚的文风;等等。这些都需要图书馆员认真学习领会,体现在阅读推广工作当中。

此外,日常生活中的讲政治还突出地表现为传播爱国主义思想、传播正能量等方面。在阅读推广过程中,经常会用到与领土主权有关的语词,那就要掌握、执行最新的规范,比如"内地"对应"港澳","大陆"对应"台湾"等。阅读推广涉及敏感新闻事件时,要与国家态度保持一致,既要反对狂热,也要反对麻木。

(二)守法律

阅读推广中的守法律,表现为在法律调节范围内的要严格守法,不在法律调节范围内的也要高标准地依法办事,深知社会化媒体、自媒体、馆内展览等都不是"法外之地"。在阅读推广中,要特别注意树立出版意识、版权意识、隐私保护意识、广告意识。

首先,要有出版意识。图书馆阅读推广多采用展览、海报、自媒体等方式,线上线下相结合,这些发布活动是一种"类出版",为稳妥起见,应该高靠、遵循出版条例,尤其是不能违反《出版管理条例》(2016)禁止出版的内容,这些内容包括:

①反对宪法确定的基本原则的;

②危害国家统一、主权和领土完整的;

③泄露国家秘密、危害国家安全或者损害国家荣誉和利益的;

④煽动民族仇恨、民族歧视,破坏民族团结,或者侵害民族风俗、习惯的;

⑤宣扬邪教、迷信的;

⑥扰乱社会秩序,破坏社会稳定的;

⑦宣扬淫秽、赌博、暴力或者教唆犯罪的;

⑧侮辱或者诽谤他人,侵害他人合法权益的;

⑨危害社会公德或者民族优秀文化传统的;

⑩有法律、行政法规和国家规定禁止的其他内容的[①]。

图书馆阅读推广在发布任何文案之前,都应该认真对照上述条文进行检查。通常情况下,图书馆员对涉及国家主权、国家安全、民族团结、暴力犯罪、赌博淫秽的内容比较有判断力,但是在宗教信仰、民族歧视、封建迷信、侮辱或诽谤他人、侵害他人权益、有损社会公德等方面,容易因为麻痹大意而产生无心的微小闪失,因此要杜绝失误,就要强化对照检查意识。

出版意识还包括规范意识,要注意学习和应用最新的语言文字、标点符号等规范。比如按照以前的规范,两个双引号、两个书名号之间要加顿号,但是现在改为不加顿号。

其次,要有版权意识。转载要标明出处,参考文献的著录要符合国家标准,当前最新的标准是 2015 年由国家标准化管理委员会发布的《信息与文献 参考文献著录规则(GB/T 7714—2015)》,要严格遵循标准,避免产生版权纠纷。

再次,要有隐私保护意识。阅读推广中使用的数据、图片、肖像等,要征求与其有关的读者的意见,得到许可才能使用。尤其是在图书馆拍摄到动作亲密的做共读状的读者,不能想当然地认为是夫妻、亲属、恋爱关系,而将图片作为阅读推广的宣传材料广为散发,以避免引发意想不到的社会矛盾。

---

① 出版管理条例(2016年修正本)[EB/OL].[2018-06-03]. http://www.gapp.gov.cn/sap-prft/govpublic/6681/356061.shtml.

此外,要有广告意识。阅读推广的宣传虽然不是广告,但自觉遵守广告法,无疑更为稳妥和专业。如果没有完全把握,不要采用"最""第一"等极端用词;不用国旗、国徽、国歌;不用政府机关名义;不用患者名义等,这些都是广告法的最基本要求。

当然,在守法方面,最需要遵守的是与图书馆事业最直接相关的 2018 年元旦开始实施的《中华人民共和国公共图书馆法》,不但公共图书馆要严格贯彻落实,其他类型的图书馆也要依法与公共图书馆开展合作,参照其基本原则开展本系统的图书馆工作。对于高校图书馆而言,2015 年由教育部修订印发的《普通高校图书馆规程》是事业发展的根本遵循。中国图书馆学会阅读推广委员会将 2018 年全国图书馆阅读推广的主题定为"阅读,与法制同行",充分强调了守法对图书馆阅读推广的重要性。

(三)合道德

合乎大的道义,图书馆阅读推广基本上都能做到,但是无意识的对读者的微冒犯现象偶尔会发生。在阅读推广过程中,应力争避免微冒犯。

在国外的社会学界、政治学界、图书馆学界等领域,"微冒犯"已经成为一个新的研究方向和热点。学者们通过研究,推出了关于种族歧视、残障人士日常遭遇、性别歧视等方面的微冒犯分类框架和清单,相关研究已涉及社会不平等的诸多领域。

国内一些学者也开始关注图书馆服务中的微冒犯问题。中山大学资讯管理系的肖鹏博士刚刚将对微冒犯的研究引入国内图书馆学界,将其翻译为"微侵犯"。我认为译作"微冒犯"似乎更贴切一些。"微冒犯"指的是针对特定人群的不明显的、潜在的、无意识的冒犯和侮辱行为。这些隐形的歧视行为潜伏于日常生活,不易被觉察,却营造出一个对特殊人群不友好且充满压力的社会环境①。图书馆员在阅读推广中,有时会冒犯了读者,但自己却意识不到,比如把残障读者说成残废读者,即属于一种微冒犯。

为减少微冒犯,西方学术界已开列了涉及社会不平等的诸多领域的微冒犯分类框架和自检清单。肖鹏博士也在自己的研究中尝试性地列出了图书馆在团队建设、战略规划、资源加工、宣传推广、服务设施、用户反馈等方面通常存在的微冒犯自检清单。例如,在宣传推广时使用不恰当的言论、社群偏见;在服务中对特定人群的不礼貌称呼、面向服务对象的有"罪"推定、错误性评价以及针对对象有选择性的服务;

---

① 肖鹏.当偏见与歧视隐于日常:图书馆与信息服务领域中的"微侵犯"初探[J].大学图书馆学报,2018(4):5-10.

在用户反馈时进行选择性答复等。

关于微冒犯最典型的例子：一是在日本，曾开展过是否将《匹诺曹》从图书馆全面下架的广泛讨论。原因是该书塑造的卡通形象匹诺曹，一说谎鼻子就变长，这就给现实中长着大鼻子的人，尤其是儿童，带来很大压力，好像他们都是经常爱说谎话的人。那么图书馆收藏这本书，就是对大鼻子人士的歧视和冒犯。于是在1976—1979年间，有个叫"匹诺曹调查会"的市民团体一直要求图书馆全面下架《匹诺曹》，然后回收、销毁①。但是日本图书馆界经过广泛讨论，以及向市民做大量的沟通工作，最终没有支持全面下架《匹诺曹》，认为主张下架也是一种偏见。不过特别提醒广大图书馆员，要注意《匹诺曹》对特定人群有歧视和微冒犯的特点，不宜将其作为阅读推广的选材。如果非要讲述该书，则一定要说清楚其虚构性和正向的教育意图。

二是在2018年"两会"期间，一位蓝衣记者因为不满身边红衣记者的抢问和提问，居然在电视镜头下大翻白眼。在如此重要的场合搞不好表情管理，就是很不专业的表现，不仅消解了会议的庄重感、严肃性，而且冒犯了周边记者、回答问题者以及观看视频的广大观众，是不明大德、不守公德、不严私德的失礼行为。

图书馆员应该从上述事例中吸取教训，引以为戒，追求阅读推广等各项服务工作的专业性，减少微冒犯现象，扩大图书馆服务的社会包容度。

下面抛砖引玉，尝试性地开列一个阅读推广中的微冒犯清单，见表1。希望拥有丰富阅读推广经验的同行能够继续"接龙"，充实、细化这个清单。将来在开展阅读推广的时候，严格将活动日程和指南与这个清单进行认真对照，以提醒参与活动的图书馆员，注意避免各种有可能给读者带来微冒犯的情形，保证活动的专业性。

表1　图书馆阅读推广中比较常见的微冒犯清单

类型	表现
语言不当	将残障人士称为残废人； 将盲人、聋哑人、小儿麻痹症患者称为瞎子、哑巴、瘸子； 将年龄大的未婚女子称为大龄剩女、剩斗士、齐天大剩； 将显老的年轻男士称为大爷； 将显老的年轻女士称为阿姨、大妈； 骂反应迟钝的读者为弱智； ……

---

① 李国新.日本图书馆法律体系研究[M].北京：北京图书馆出版社,2000:318.

续表

类型	表现
慢待读者	对不爱听或听得多而烦躁的问题,爱答不理,或选择性答复、答非所问,甚而指桑骂槐; 对不想干的读者要求的事情,启动慢动作,故意降低效率; 对看不惯的读者,翻白眼、给背影; ……
宣扬偏见	《水浒传》宣扬土匪文化; 《三国演义》是厚黑大全; 《小兵张嘎》鼓励儿童参战; ……

微冒犯既是道德问题,也是政治问题。说是政治问题,是因为新时代我国的政治目标是满足人民对美好生活的需要,而人民在图书馆的生活美好不美好,是否受到微冒犯是个十分关键的影响因素。因而某种程度上也可以说,微冒犯是"政治不正确"的表现。国外关于微冒犯的研究,也多是将其归入"政治不正确"的范畴。图书馆行业不允许有微冒犯现象存在。微冒犯影响的是人们对美好生活的感受,往往是人际关系紧张、社会矛盾冲突的导火索。我国的图书馆服务应重视自我检视,尽快按业务类型开列微冒犯分析框架和自检清单,以避免微冒犯情况的发生。

(四)尊重主流的职业价值观

按照前述范并思教授的观点,图书馆阅读推广要养成4种意识:供给意识、中介意识、服务意识和管理意识,归根到底是管理意识。在主流的、专业的图书馆阅读推广中,图书馆员最核心的能力是管理,管理好资源的供给、人才的供给、服务的供给,不宜直接担任推广人。2003年,英国关于公共图书馆发展的战略性文件《未来的框架》指出公共图书馆的现代使命建立在开放、中立和自助的文化之上[①],这种图书馆文化显然也是不支持图书馆员直接参与阅读推广的。不过,范并思教授也指出,在实际工作中,因为专家有限而且难请,图书馆员不亲自参与阅读推广是教条主义的、不现实的。

图书馆员在阅读推广中不直接披挂上阵是不可能的,但要树立三种意识,才能最大限度地保证阅读推广的专业性。

---

① 王波.中外图书馆阅读推广活动研究[M].北京:海洋出版社,2017:113.

一要清醒地知道什么是图书馆的核心价值,什么是专业的阅读推广,坚持管理优先、价值中立的原则,尽可能维护知识自由这个图书馆核心价值,维护开放、中立、自助的图书馆文化,尽可能约请有资质的人士开展阅读推广。

二要抓住各种学习机会,进行自我提升,将自己变成有资质的阅读推广人,实现自我赋权。比如参加中国图书馆学会等单位举办的阅读推广人培训班,拿到结业证书;像泰山医学院图书馆的宫梅玲老师等,在开展阅读疗法时,先考取心理咨询资格证书;又比如攻读学位、力争升职、出版专著,开展与自己的硕士或博士专业方向、工作岗位、出版专著相对应的文献的阅读推广,在所学、所干、所著的专业范围内,图书馆员应对自己的权威性有一定自信。通过学习获得赋权,对从事阅读推广的图书馆员而言,这既是对读者负责,也是对自己负责。

三是在阅读推广全过程中,时刻保持客观,尽量不干涉读者的阅读自由,不散发负能量。比如推荐书目的开列,尽可能不基于某位或几位图书馆员的偏爱草率推出,而应尽量采取民主、科学的方式。比如可收集、统计各种公开发布的好书榜、借阅榜,通过计算重合率的办法生成推荐书目,中国图书馆学会阅读推广委员会旗下的阅读与心理健康专业委员会每年推出的"好书中的好书"就是这样的书目,其可信度、权威性无疑更高。在讲座、讲故事等方式的阅读推广中,图书馆员要规避激进、偏激的观点和态度,力争客观地、全方位地把读物蕴含的丰富信息传达给读者,而不是抓住一点,不计其余。

(五)了解传播新现象

网络时代,新传播现象频出,了解这些传播现象,掌握其规律,对图书馆阅读推广十分有益。比如"后真相"就是近年出现的一种新的传播现象,值得关注。

"后真相"是指一些人为了自身利益,无视客观事实,盲目迎合受众的情绪与心理,使用断言、猜测、感觉等表达方式,强化、极化某种特定观点,攻讦、抹黑对手,或博取眼球效应和支持率。2016年,牛津词典宣布"后真相"(post-truth)是其年度词,美国图书馆协会也将"后真相"列为2016年美国图书馆界的十大热点之一。牛津字典把"后真相"定义为"诉诸情感及个人信念,较客观事实更能影响民意"。因为特朗普竞选美国总统、英国脱欧都巧妙地运用"后真相"手法传播舆论、操纵民意,取得成功,导致"后真相"一词的使用率急遽上升2000%[①]。

---

① 后真相[EB/OL].[2018-06-03]. https://baike.baidu.com/item/%E5%90%8E%E7%9C%9F%E7%9B%B8/20232790?fr=Aladdin.

"后真相"用来形容一种不正常的舆论生态,其基本手法是对事实进行包装,隐蔽地设置观点性而非事实性议题,放大和强化某种情绪或偏见。后真相的存在基础是人们相信社交媒体、相信网络算法的推荐,同时通过朋友圈进行立场过滤。"后真相"的危害是使情绪变成流量、谎言变成艺术、舆论变成暴力、多元变成一元、先流氓后反思(忏悔)。

同时,"后真相"也给图书馆的业务拓展和阅读推广带来机遇,图书馆参与打假、辟谣的义务变得空前迫切。2017年1月,国际图书馆协会联合会(以下简称"国际图联")通过微服务账号,号召图书馆积极参与提升媒介素养、反对虚假新闻的活动,并介绍识别虚假新闻的8个步骤:了解来源,查实内容,核实作者,证实真伪,核实时间,判断虚实,检查自身的偏见会不会影响判断,向专家求教[①]。国内图书馆界要积极响应这个号召,宣传国际图联提出的识别假新闻技巧,并在一切阅读推广活动中不信、不用、杜绝假新闻。然而由于国际图联提出的识别假新闻的8个步骤有交叉之处,比如查实内容、证实真伪、判断虚实属于同义重复,我国图书馆界也可以号召专家研究,协助国际图联制定更科学的识别假新闻的步骤。

2017年1月15日至2月3日,国际图联还开展了主题为"#1lib1ref"(即1位图书馆员提供1份参考条目)的维基百科活动,鼓励图书馆员积极在维基百科上添加新条目,以提升维基百科的质量,其真正目的是希望图书馆员利用自己鉴别信息真伪的能力参与到培养读者信息和媒体素养的活动之中[②]。为响应这个活动,建议我国图书馆界也开展一次"一位图书馆员,一条百度百科"的阅读推广活动,号召每个图书馆员在百度百科上创建一个准确介绍一本书的条目,或将原来有错误内容的关于书的一个条目编辑为完全正确,假若有10万名图书馆员参与,就会创建或修正10万本书的条目信息,这样年年坚持下去,其社会效益是相当明显的。

在"后真相"时代,图书馆阅读推广的专业性突出地体现为识别"后真相"、驾驭"后真相",有两大任务:第一,拨开情感迷雾,积极揭示真相,缩短真相的滞后呈现时间;第二,用"后真相"的技巧开展阅读推广,比如"后真相"的基本手法是情感先行,那么"想一想就高兴,为迎接校庆北大图书馆大赦逾期罚金""确认过眼神了,读这些经典家长最开心"这类情感先行的标题,无疑更受读者欢迎。

(六)提高设计能力

图书馆的阅读推广专业不专业,最直观地体现在海报、招贴画、展板、PPT等体现

---

①② 吴建中.再议图书馆发展的十个热门话题[J].中国图书馆学报,2017(4):4-17.

设计素养的产品中。所以,图书馆员应高度重视提高设计能力。近几年,我国图书馆界举办了多次海报大赛,目的就是促进提升图书馆员的设计水平。

比如,在海报设计时,创意要出人意料而又言简意赅,文案讲究行距、字距、字体,图片要富有美感。在进行数据分析时,少用简单统计分析,多采用图书馆学比较擅长的可视化知识图谱等方法,以标签云、关系网络图、动图、思维导图等来展示,以体现图书馆员的数据素养、专业水准。

(七)客观评价效果

图书馆阅读推广的专业性,还体现在事后能够对活动进行客观理性的评价。

那么如何才能更专业地评价图书馆阅读推广的效果呢?

一是用前面6个体现专业的标准进行自检。

二是看其是否有创意,阅读推广最珍贵的是创意,创意最珍贵的是自由,创意的本质是突破常规,是唯一无所谓专业不专业的要素。

三是看谁受益最大。事物最核心的本质是利益,利益是评价的基点。如果所开展的阅读推广活动,读者受益＞图书馆员受益＞图书馆及其上级机构受益,那么该活动就是优秀的阅读推广;如果读者受益＝图书馆员受益＝图书馆及其上级机构受益,则是及格的阅读推广;如果读者受益＜图书馆员受益＜图书馆及其上级机构受益,则是差的阅读推广。至于如何得知谁受益更大,可以通过读者调查辅以馆员自评来获知。那么有人问了,何为图书馆员和图书馆受益呢？这里的受益指的不是得到什么额外收入,而是指图书馆员完成了任务、释放了压力、得到了薪酬,图书馆完成了上级指令,成绩又记上一笔。这种受益本来无可厚非,但如果是仓促应付、不讲效益,算入成本的话,和读者的收获不相适应,那么就可以判断这样的阅读推广活动是不成功的。

国际图联的营销奖也提供了一个现成的关于阅读推广的评价标准,可以拿来直接使用。营销奖的申请文件认为:包括阅读推广在内的营销模型必然具有四个环节——用户研究、市场细分、市场营销组合策略和评估,四个环节完整的才是专业的营销。评估指标包括11个方面:营销的策略、创造力、创新性、可见性、有效性、承诺、情感表达、可持续性、伦理、清晰规划、资源分配效率[1]。这个评估指标体系涵盖的项目很完备,但主观性项目比较多,评价结果主要靠评委专家审看阅读推广单位自己

---

[1] Gupta D K, Koontz C, et al. In Search of Marketing Excellence in Libraries: The IFLA International Marketing Award[J]. IFLA Journal, 2010(1):176-183.

提交的材料,因此也有一定的局限性。

图书馆阅读推广如何体现专业性,既是一个理论问题,也是一个实践问题,牵涉诸多复杂因素。以上论述只是一个初步探讨,旨在抛砖引玉,引导各位同行共同思考、逐步完善。

王波(北京大学图书馆)

第三节　设计故事与讲故事
——"2018图书馆阅读推广优秀案例分享会"上的发言

一、什么是"讲故事"?

当我们在形成阅读推广的案例时候,我们所讲述的"故事"并不是面向读者的,而是面向同行的,即向同行介绍自己为读者做了什么样的阅读推广服务。只不过,这时所讲的故事,其前提是我们已经做了一个"故事"——阅读推广活动。也就是说,所有能形成案例的东西,首先需要去实施,这个故事是真实地发生了,所以我们才能把它讲出来。

二、策划可以学习吗?

对很多图书馆同行而言,有创意的活动策划是阅读推广的难点,图书馆馆员总是在为策划活动而绞尽脑汁,并常常因自己不够强大的策划能力而沮丧;同时也深信,这世界上一定是存在策划能力比较强的人。可是他们在哪里?他们是谁呢?他们是怎么做到的呢?由此产生的一个问题是:策划可以学习吗?我们似乎很快就得到回答了,即策划不能通过培训的方式来学习!因为,生活中太多的案例告诉我们:没有谁的策划能力是由课堂培训出来的。但是,策划能力真的就不能通过学习而获得提升吗?我们发现市面上有不少人在写作关于策划的书,其中不乏精彩的,比如赖声川的《赖声川的创意学》。如果策划不可以学习,那么赖声川写这样的书就毫无意义,从知识的属性来说,凡是能够写出来并传递出去的就是客观知识,就可以被别人学习和接收,可见策划并非不能学习,只是我们不知道怎么学习以及到哪里去学习。感谢赖声川写了这样的书,这其实就是给了我们一个学习的机会。关于策划的书还有很多,比如奇普·希思的《让创意更有黏性》,该书从另一个角度让我们认知创意活动。说到学习对于提升策划能力的重要性,赖声川说,在文学创作中有两种现象,一是一个人文笔很好,很能写,但是没有思想(我理解赖声川是说这个人没有创意),故就出不了好作品;二是一个人有很多的想法,其中不乏好的创意,但是他没有技巧,这样的人同样写不出好的策划案。所以赖声川认为:一般的策划培训课程讲授的都是关于方法的技巧,这部分属于知识,是可以也应该去学习的,唯独创意是没有办法到培训班去学习的。

三、到底该如何提高策划能力?

就策划而言,我们需要有"两个面向",一个是面向"构想",一个是面向"执行"。即一旦有了构想,就要把它实现出来,变成一个实实在在的、可以实施的活动。在这两个环节里,创意都是必需的,就是说,不仅仅在构想的时候需要创意,执行的时候也是需要的。创意从哪里来?这是一个"天问",如果一定要回答这个问题,答案就是:"去想"。想的过程,就是一个有意识、有目标、有高度要求的思维活动,就是成语"绞尽脑汁""冥思苦想"所形容的状态。想的结果不可控,即也可能什么也想不出来,但如果不去想,那就连机会也没有了。一个人的思维空间是有限的,所以我们需要调动各种思维资源,比如通过"头脑风暴"活动去激发团队成员的思维活动,让"灵感"产生的机会大大增加。只是需要注意的是,让团队成员坐在会议室开个会,讨论一下方案,这并不是真正的头脑风暴活动,只有通过一定的程序与方法,想方设法去激发成员的思维活动,让每一个人的头脑里掀起风暴,这才有可能产生好的创意。

图书馆的阅读推广策划活动可分为两类,一是服务类的,另一类是推广类的。就服务来说,仅通过媒体的方式来宣传难度较大,可通过设计活动来扩大图书馆在社会上的影响力,过一段时间要有一个新的动作、新举措。对推广类的活动而言,有时候虽然花了大力气,效果却并不理想,这就涉及活动创意的问题,可将创意从活动的主题、内容、形式等方面进行分解,即要思考一场活动的各个环节里什么地方需要创意。有的时候可以只在某一个点上出现创意,有的时候是一种综合性的创意。

同时,我们要认清现实,首先要把对阅读推广活动的期望值降低。要承认这样一些事实:首先,阅读不是人的基本生存需要,只是基本的文化需求之一;其次,社会上满足阅读需要的渠道越来越多,不仅限于图书馆,比如,在互联网发达的今天,读者可能不需要到图书馆里参加活动,而是通过社交媒体便可获得服务信息。

美国《图书馆杂志》举办过一系列在线培训课程,全国的图书馆员可以在上面学习,其中就有一门图书馆营销课程。该课程主讲人指出,社交媒体的营销其实就是内容营销。内容营销有三个关键因素:时间点、故事和吸引力。按照内容营销的要求,浙江大学图书馆的公众号在推介服务或资源时,故事讲得精彩,标题也很抓眼球,是内容营销的一个不错的样本。江苏独墅湖图书馆一位馆员在其个人的微信号上写了她个人利用图书馆的故事,故事讲得真诚而有可读性,就图书馆营销而言,这也是一个不错的营销样本。

四、怎样写案例?

如何给同行"讲故事",即写案例,这个问题已经越来越重要。首先,哪些素材可以成为案例?活动举办了很多年、图书馆做了很多的事情、活动很有意义等都不能成为被选作案例的依据。案例写作要抓住两个要点:一个是图书馆员在策划这个案例的时候的创新点,另一个是整个活动构成了一个怎样的故事。其次,故事不是讲出来的而是做出来的,如果图书馆在服务上没有"故事"可言,那也就没有案例可讲,千万别把日常工作当成案例来讲,那只能是工作经验,不是案例!说到"故事",有大故事也有小故事,"大故事"是图书馆的大手笔革新,比如推出一项全新的服务,通过体制机制上的创新改变了某个长期难以解决的问题等;小故事则可能来自日常工作的服务创新,比如一场有创意的阅读推广活动,甚至一些年复一年的常规活动,如每年"4·23"世界读书日活动在活动的主题或形式上的创新等。

在做出了"故事"的基础上,"讲故事"就仅仅是一个写作问题了。在案例的写作上,应注意结构要简单,要包含背景介绍、具体做法、取得的效果以及经验总结等内容。一些写得较差的案例,往往在文风和内容上都问题多多。比如标题,很多案例的标题不是公文式就是新闻报道式,或者二者皆有;在正文的结构和文字方面,使用公文式文风是案例写作中最为常见的现象,这样的文风用于同行交流或者正式发表是不合适的。我们要记住,案例是同行之间的交流,而不是写给政府官员看的。在内容描述方面,需要记住的是,来自定性描述的结论往往不具备权威性,只有用数据和事实说话时,这样的案例才具有说服力。

在"做"与"讲"的过程中,要有包装意识,也就是说,从活动策划开始就要有包装意识。包装可以从两方面入手:一是常规活动品牌化,从整体性上和持续性上打造品牌;二是通过赋予一个好的活动主题来提升活动的魅力。美国图书馆协会(ALA)对每年的暑期阅读挑战活动都设计一个非常吸引人的主题,如"每一个英雄都有一个故事""我的魔法世界",等等。好的包装有利于活动的宣传推广,可以吸引更多人参与其中,有包装的故事才有可能成为好案例。

用营销的思维讲故事。国际图书馆协会联合会(IFLA)国际营销大奖赛的申报书非常规范,包含项目概述、营销内容、实际或潜在用户(群)的构成、营销目标、营销组合、评估营销项目的方法以及营销分配。我们在写案例的时候不妨按照申报书的格式来构思自己的策划。由此我们也可以得到一个启示:一个活动如果一开始就有一个好的文案,可能会取得我们意想不到的效果。

李超平(浙江大学公共管理学院信息资源管理系)

第三章 推广方法研究

第一节 协同创新视域下高校图书馆阅读推广策略研究

近年来,阅读的地位和重要性越来越突出。2014年以来,"倡导全民阅读"连续被写入国务院《政府工作报告》,已经从"倡导全民阅读"升级为"大力推动全民阅读"。《中华人民共和国国民经济和社会发展第十三个五年规划纲要》要求"推动全民阅读",并把全民阅读工程列为"十三五"时期重大文化工程之一。2013年中国图书馆年会的主题是"书香中国,阅读引领未来",2015年、2016年先后举办两届全国高校图书馆阅读推广案例大赛,推动了高校图书馆阅读推广工作的发展。这一系列举措都凸显了阅读推广服务的重要性。大力推动建设书香校园、书香社会已上升到国家战略高度。近年来高校图书馆在阅读推广方面也做了很多有益的探索和实践,取得一定成效。但是利用协同创新理念指导阅读推广的研究却较少。笔者在中国全文期刊数据库(CNKI)上以关键词协同创新与阅读推广查询,只检出相关论文5篇,以主题检索,也只检出相关论文10篇。因此,如何在建设书香校园以及书香社会的过程中创新性地推广阅读是目前高校图书馆面临的重要课题。

一、协同创新理论的基本内涵

协同创新理论起源于协同论,是代表人物德国学者赫尔曼·哈肯于1971年提出的。协同是指通过同一系统内部不同的组成部分相互协调、相互配合、合作或同步的联合作用,而产生 1+1>2 的效果的一个有机关系体的过程。

而后,哈佛大学教授彼得·葛洛最早给出协同创新的定义:具有共同愿景的能够自我激励的网络小组,通过网络开展分工、交流、合作,以实现共同的目标[①]。

随着协同创新理论的日渐形成,我国学者孙长青认为"协同创新"是指不同创新主体以合作各方共同利益为基础,以资源共享或优势互补为前提,合理分工、通过创

---

① Colaborative Innovation Network[EB/OL].[2018-03-12] http.//en.ikipe-dia.Org/wiki/Co-laborative-Inno-vation-network.

新要素有机配合,相互作用,产生单独要素所无法实现的整体协同效应的过程。

这里的协同创新既可以是团队内部的协同创新,也可以是不同团队之间的协同创新。

二、高校阅读推广创新发展需要协同创新的原因

(一)高校阅读推广的核心主体——高校图书馆内部参与体需要协同创新

在倡导"全民阅读,建设书香社会"的大背景下,许多高校图书馆会定期开展阅读推广活动,一般以"4·23"世界读书日或某个有纪念意义的节日为契机,就多数高校而言,会从图书馆不同部门临时抽调部分馆员参与,突击开展阅读推广活动。如需采编部人员提供资源采购、加工等;信息部人员负责经典影视、视频推介、大数据分析等;技术部人员负责技术保障;还需要某些馆员对接院系、社团等。这样做的不足之处是,各个部门人员本有各自的任务,不能全力以赴地投入到阅读推广服务中,这种短期行为一定程度上影响阅读推广的效果;活动结束后,各自回原岗位,不利于活动后及时地反馈收集、经验总结,也使得阅读推广活动较少形成长效机制。现在阅读推广服务已从过去自发、补充式读者服务转变为图书馆根本性任务、主流服务与核心工作。在此情况下,设置专门的阅读推广部门与人员,协同一致开展工作有利于取得更好的效果。如沈阳师范大学图书馆以副馆长牵头成立阅读推广部,下辖资源管理组、影视组、基地组、社团组协同制定阅读推广计划,通过良好的沟通和协调合作,既带动了全馆积极性,又激发了馆员参与创新阅读推广服务的热情。走出了一条可持续发展的阅读推广之路[①]。

(二)高校阅读推广校内各参与主体间需要协同创新

中国图书馆学会阅读推广委员会吴晞主任于2015年6月25日在江苏镇江召开的"2015年阅读推广峰会"上强调:图书馆是全民阅读的主阵地,有着当仁不让的地位和作用[②]。高校图书馆就是高校阅读推广的主体核心。要将多读书、读好书、好读书的理念传播到每一位读者,落实到每一位读者,需要高校图书馆与高校各个部门协同创新阅读推广服务。如高校图书馆需与各二级学院、团委、教务处协同开展数字阅读推广、心理疗法阅读推广、专业文化阅读推广;在阅读推广中为激励读者参与需与教务处、学工处等部门协同建立激励机制。许多活动的宣传有学校宣传部、学

---

① 王宇,王磊,吴瑾.面向创新的高校图书馆阅读推广规划与设计——以沈阳师范大学图书馆为例[J].大学图书馆学报,2016(6):77-84.
② 吴晞.图书馆阅读推广的若干热点问题[J].图书馆,2015(12):31-33.

生社团的参与会取得事半功倍的效果,因此,高校图书馆就需要跟校宣传部、学生社团等进行协同创新。

(三)高校阅读推广的校际、校社等之间需要协同创新

当前全民阅读已经成为社会各界的共同行动,已经融汇到全国性、世界性的阅读潮流之中[①]。阅读推广服务是一项包含多个环节的系统工程,当前有许多各有优势的机构在推动阅读推广服务,如公共图书馆、政府、媒体、书店、作者、社会公益组织、民间社团、数据商、系统、软件开发商等。高校图书馆要在阅读的潮流中发挥更有效、更广泛的影响,需要跟其他兄弟院校图书馆协同创新,同时高校图书馆还可以与数据商、软件开发商、电信运营商等协同研发智能推广平台、数字互动体验平台创新数字化阅读推广;可以和书店、作者、出版社等协作,如内蒙古图书馆同内蒙古新华书店协作,以"我的阅读我做主"为理念,创新阅读推广服务模式,对持有内蒙古图书馆借书证的读者,均可在内蒙古新华书店的新书中任意挑选自己喜欢的书籍外借,实现了读者"零等待"[②];在宣传、创意、策划等方面与政府、媒体可协同创新;与社会公益组织、民间组织协同创新真人图书馆推广服务。阅读推广服务的多参与主体、多环节性,需要协同创新。但是这样的协同创新还很少,即便是简单的合作也仅有少数高校图书馆在尝试。

三、协同创新视域下高校阅读推广策略

(一)创新服务理念是先导

观念创新是一切创新的前提,是高校阅读推广创新发展的先导。一直以来,高校阅读推广没有引起足够的重视,虽然现在已有很多高校内部有多部门参与阅读推广活动,但参与度不高,多是高校图书馆以"图书馆服务宣传月"或"世界读书日"为主来进行阅读推广活动。观念上认为阅读推广仅仅是图书馆的教育活动的高校人士大有人在。当前,在中国图书馆学会发起倡议建设书香校园、书香社会,在国家倡导大力推动全民阅读,在"双一流"大学建设的浪潮推动下,树立高校阅读推广协同创新观念势在必行。

1. 确立一致性目标是树立协同创新观念的基础

目标的一致性是达成协同创新系统的前提。而协同创新就是要在各参与体之

---

① 吴晞.图书馆阅读推广的若干热点问题[J].图书馆,2015(12):31-33.
② 杜洁芳.读者选新书,图书馆买单[N]中国文化报,2014-05-16(8).

间构建协调一致的目标追求,以利于各参与体优化组合致协同效果最优,从而达成共同目标。因为"目标一致"可以减少参与各方间的冲突数量和强度,从而提高系统的总体协同[①],使系统具有高效性。高校阅读推广的核心目标是促进大学生多读书、读好书、好读书,进而建设书香校园,促进校园文化建设。这是高校各个部门追求的共同目标,也是构成高校阅读推广协同创新系统的基础。校内参与主体主要包括高校图书馆、宣传部、各二级学院、校团委、教务处等各部门,以及大学生社团及学生群体;校外包括公共图书馆、社会公益组织、作者、书店、出版社、数据商、软件开发商、电信运营商等以及社会文化公共服务部门等力量,这些参与体一般基于自身利益的追求,其目标指向是多元性的。但是在促进大学生多读书、读好书、好读书,进而建设书香校园,促进校园文化建设这一目标是一致的。这种目标的一致性,就构成了高校阅读推广创新系统在各主要参与体之间开展协同创新的基础和前提条件。

2. 建立开放、协同性观念是协同创新的基本条件

高校阅读推广的协同创新发展要求各参与主体保持开放性和协同性。改变传统上各自为政、相互隔离,甚至相互封闭的局面。系统的各参与主体如果处于封闭或孤立状态,缺乏沟通交流,缺乏资源、信息的共享,也就谈不上协同,更无从谈创新。建立开放的系统是协同创新的基础。要保证协同创新系统顺利进行,还要依赖于系统建立沟通交流机制、信息资源共享机制,充分发挥其功能,协调系统的各参与体默契配合、和谐一致,在目标一致性原则下,使各参与体在系统的各环节中既能发挥各自的积极性和优势,又能与其他参与体协同一致,朝着协同创新目标前进。

3. 树立协同创新观念的重点是建立创新发展的观念

高校阅读推广要发展,创新是关键。阅读推广资源的整合、参与推广各部门的融合协作、阅读推广队伍的建设,以及运行机制的优化都需要创新,这就需要各参与主体树立创新发展观念。高校阅读推广的创新发展,需要系统化的协同设计,同时摒弃过去各自为政的观念,建立具有目标一致、开放协同的创新观念。

(二) 建设协同创新队伍是关键

建设协同创新团队是高校阅读推广协同创新发展的客观基础,专业的服务团队是高校阅读推广活动可持续发展的重要保障,是构成高校阅读推广协同创新能力的关键要素。高校阅读推广协同创新队伍建设的重点是提高各参与体的协同创新能力,着力培养协同创新骨干,从而有效、长期地开展高校阅读推广创新服务。

---

① 王海建. 协同创新:高校政治思想教育创新发展的必由之路[J]. 探索,2013(2):139-143.

1. 提升协同创新的能力

协同创新意识是高校开展阅读推广协同创新活动的前提和基础,但要把阅读推广协同创新活动真正落到实处,还需要各参与体具有较强的协同创新能力。高校阅读推广协同创新团队能力需要在实践活动中得到锻炼与优化。活动主题和内容的丰富,创意的策划,活动有条不紊地组织、管理,及富有吸引力的宣传等各个环节都需要靠图书馆或与校团委、学生社团,或与各院系、宣传部、研究生部、兄弟院校及校外力量等部门其他成员开展有效的沟通交流,分享观点、信息和资源,使各主体通力协作、各尽所能。

2. 培养协同创新骨干

建立专门的阅读推广机构和组建稳定的阅读推广创新团队是实施高校阅读推广活动连续性、常态化的质量保证。由专门的阅读推广机构统筹规划并指导阅读推广活动,能使之具有科学性、规范性。稳定的阅读推广创新团队不仅能保证阅读推广活动长期、稳定地开展下去还能使其影响力产生辐射效应。同时要培养一批能够总揽全局,协调各方,视野开阔,有影响力和领导能力,具有协同创新能力的阅读推广人。"送出去"参加中国图书馆学会的阅读推广人培育计划,外出观摩交流,开阔视野;"请进来"邀请各方专家指导、同行共同探讨交流学习、提升高校阅读推广协同创新质量。阅读推广人是阅读推广的承载者,阅读推广人培训是阅读推广管理的重要环节[1]。

(三)构建协同创新机制是保障

机制,指有机体的构造、功能及其相互关系。在社会学中其内涵可以表述为"在正视事物各个部分的存在的前提下,协调各个部分之间关系以更好地发挥作用的具体运行方式。"[2]构建高校阅读推广协同创新机制,必须建设一套使各主要参与体相互协调、相互促进的运作方式和机制,使系统发挥高效的整体性作用。高校阅读推广协同创新机制如沟通协作机制、信息分享机制、资源共享机制、健全的保障机制等是高校阅读推广工作制度化、系统化、规范化、常态化的保障。就目前而言,笔者认为,以下三个方面是构建高校阅读推广协同创新机制长期发展的重点,也是影响现阶段高校阅读推广绩效的重要方面。

---

[1] 杨俊丽.阅读推广研究的新进展——2015年中国图书馆年会阅读推广分会场会议综述[J].国家图书馆学刊,2016(4):81-84.

[2] 张翠萍.民办高校学生工作组织体系及运行机制研究[J].统计与管理,2016(11):166-167.

1. 协同创新阅读推广长效机制的构建

营造良好的读书氛围,建设书香校园阅读文化,为建设"双一流"高校打下坚实的文化基础是一项长期的工作,高校阅读推广活动应该保持持久的活力。构建协同创新阅读推广长效机制首先要设立高校阅读推广机构,以示阅读推广是学校及图书馆重视的长期工作。以校一级党政领导负总责,成立以图书馆、人文学院为主导的各院系选派专家参加的专家委员会,统筹规划并指导阅读推广活动,为在校师生提供科学合理的阅读指导。要制定明确的阅读推广总目标、总任务、阶段性要求和年度计划,形成协同创新的阅读推广一致性目标。通过阅读推广协同创新团队全面规划、有效分解,协同各学院、各部门开展持久的阅读推广活动,同时通过读书讲座、读书征文、专题书展等连续开展,深化和拓展主题引导读者深阅读

2. 阅读推广协同创新成效评价机制的构建

高校阅读推广协同创新成效评价机制的建立是高校阅读推广活动逐渐走向成熟与完善的重要标志。成效评估机制的建立,首先能够考核阅读推广协同创新各主体的工作绩效,激发阅读推广人员的积极性和创新性,提高服务质量。其次可通过定量、定性指标体系的衡量,对活动效果进行有效的评价和追踪,可以发现问题,总结经验,并根据反馈情况改进下次活动的方案[①]。成效评估机制为高校阅读推广工作的协同创新提供决策依据,科学的评价机制能够促进活动健康发展而不流于形式。具体可采用有关数据综合分析法,特别是有助于对阅读推广活动进行跟踪和评价的大数据,如分析结构性数据:用户到馆数、文献借阅量、网站点击数等,同时关注非结构性数据如微信、微博的用户转发、评论等,以挖掘读者的阅读需求,掌握资源使用趋势。结合用户调查法、访谈法、专家评估法等用科学方法设定多观测点的评估指标,尽可能全方位地考量阅读推广活动的得失,推进高校阅读推广的协同创新。

3. 阅读推广协同创新激励机制的构建

美国哈佛大学的詹姆斯教授在研究激励机制的过程中发现:如果没有激励,一个人的能力发挥仅为20%—30%;如果施以适当的激励,将通过其自身努力使能力发挥出80%—90%[②]。由此可见,激励机制直接影响着个体积极性与创造性的发挥。高校阅读推广委员会要建立一套科学、有效的激励机制,激励读者的阅读积极性,为读者的阅读提供动力,既可以是物质奖励也可以是精神奖励,如发放纪念品、获奖证

---

① 陈晓梅.高校图书馆阅读推广机制的构建与完善[J].图书馆界,2016(6):81-84.
② 潘莉.基于新时代背景下的人力资源激励机制研究[J].中国集体经济,2016(6):94-95.

书、作者签名赠书以及积分制奖励等。阅读推广协同创新激励机制不仅要有对读者的激励机制,还应包括对阅读推广团队的激励,因为团队的积极性与创新性的发挥是阅读推广活动长期创新发展的保障。

(四)搭建创新平台

搭建良好的高校阅读推广协同创新平台,使各方参与主体在协同创新平台中得到锻炼,提高自身的协同创新能力,有利于提高高校阅读推广的质量和水平,从而促进高校阅读推广协同创新的进一步发展,提升校园文化建设层次。因此,整合校内外各种资源,搭建校内、校外协同创新平台可以为高校阅读推广创新发展提供载体支持①。

1. 校内协同创新平台建设

首先,要建设微信、微博等新媒体的沟通、互动、宣传平台,有效提高沟通效果,提升阅读推广宣传效果。

其次,高校阅读推广协同创新团队能力的提高需要在实践活动中得到锻炼与优化。在活动主题和内容、策划、组织、管理、宣传等各个环节中如何沟通、协调以致协同,从而形成阅读推广工作的整体合力,都需要高校图书馆在校内构建多种利于阅读推广协同创新平台,如下图:

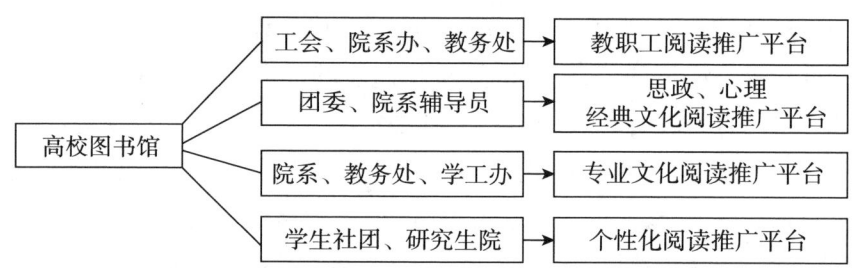

图1 构建校内阅读推广协同创新平台

2. 校外协同创新平台建设

高校图书馆阅读推广活动要取得最佳效果,既需要依靠校内各参与主体的协同创新,又需要依靠校外各参与主体协同创新。校外参与主体包括其他高校图书馆,公共图书馆,政府、媒体、书店、作者、社会公益组织、民间社团、数据商、系统、软件开发商等。

区域高校图书馆联盟是以地域为中心建立的高校图书馆联合协作组织,如南京城东高校图书馆联合体,高校图书馆联盟的建立有利于发挥联盟馆各馆优势,在资源共建共享基础上协同创新阅读推广服务,取得 1+1+1>3 的非线性效果。今后还可以加入

---

① 王海建.协同创新:高校政治思想教育创新发展的必由之路[J].探索,2013(2):139-143.

社区公共图书馆、省市公共图书馆形成区域图书馆联盟,成立区域联盟阅读推广项目小组,统筹规划,长期负责区域间的阅读推广活动。形成规模和联动效应,使阅读推广的影响力得到有效提升。

高校图书馆还可以与博物馆、纪念馆、文化馆(站)、美术馆、音乐厅、剧院等公共文化机构开展创新协同,将校园阅读推广活动拓展到社会,惠及更多社会大众,为建设"书香社会"做更多贡献。

张爱科　丁枝秀(南京信息工程大学图书馆)

第二节　用大数据个性化推荐系统进行智慧型阅读推广

图书馆在推动全民阅读方面做出了一系列的努力,尤其是公共图书馆,积极和互联网相结合,推出不少新的阅读推广举措,激发潜在的用户群,也为广大读者提供了更好的服务。如广东东莞图书馆于2016年推出的"扫码看书,全城共读"活动,后来被中国图书馆学会升级推广为在全国范围内开展的"扫码看书,百城共读"活动[①]。高校图书馆通过公众号推介新书、开展在线导读活动、举办作家讲座等,不断丰富阅读清单、拓展师生的阅读面。

现今图书馆已经成为开展全民阅读活动的主导力量和核心机构,但在阅读推广中还未使用到针对个体读者量身打造书目的系统,更多的是批量推荐。如《人民日报》推荐了暑假亲子阅读100本精品书目,诸多图书馆纷纷在公众号里转载,无差别地推介给所有年龄段的读者;从英美发源的地铁图书漂流,是一种随机的阅读推广方式,北京、上海等城市也在城市地铁里举办了图书漂流活动,但没有对阅读结果进行后续跟踪和分析,使得对象十分宽泛而反馈模糊。图书馆目前对阅读推荐的理解还处于初始阶段,在满足读者个性化阅读需求方面任重道远。

此外,人们在互联网的海量数据中处于需要耗费大量时间精力也未必能寻找到合适内容的困境,读者在自身需求相对明确的时候,可以通过搜索引擎(Google、Bing、百度等)的关键词搜索来完成兴趣目标的查找;当读者不能明确自身需要或无法简单用关键词定义需求时,图书馆如果能够通过智慧型的推荐系统来满足读者个

---

① 东莞全民阅读出新招:扫码看书 全城共读[EB/OL].[2018-02-21]. http://news.xinhuanet.com/city/2016-11/03/c_1119842344.htm.

人阅读喜好,则将打破无差别化推广的现状。

一、实现智慧型阅读推广的可能

Nature 杂志在庆祝 Google 成立 10 周年之际推出了"大数据"专题,旨在讨论大数据的意义和挑战,第一次把大数据作为专有名词提出来。时至今日,随着移动互联网、物联网、移动终端设备等的发展,关于读者个体、资源等数据越来越丰富,大数据已经成为一种现象级的存在。但获取全面和海量的数据并不是目的,图书馆只有对大数据进行采集、挖掘、传输、分析、处理和应用,才能形成对趋势的预判和对读者需求和习惯的分析,从而提升智能化等级,即智慧型阅读推广。智慧型阅读推广的含义是在现有的普通推介的基础上,通过大数据分析和个体画像等技术手段,智能地为读者量身打造个性化阅读书目和推广服务,以在不同环节获得价值的倍增。

智慧型阅读推广以满足读者求知体验为目标,采用新技术、新模块,其中大数据的智慧搜索采集和个性化推荐将是实现智慧图书馆的"最后一英里"技术。个性化推荐早已在电子商务和社交媒体等各类平台获得了广泛应用,如在 Netflix 上,80%以上的电影都是用户通过推荐系统看到的,其推荐系统每年产生的价值超过 10 亿美元[1]。个性化推荐技术中诞生较早的协同过滤技术,也是比较著名的推荐算法,主要通过对用户历史行为数据的挖掘发现用户的偏好,并基于不同的偏好对用户进行群组划分并推荐品味相似的商品[2]。但由于现实中用户与资源的交互数据经常出现稀疏或缺失问题,使得该项技术时常面临冷启动难点,从而影响了推荐的准确度和认可度。

数据稀疏性问题是个性化推荐系统难以避免的一个关键问题。网络资源在一般情况下都会被人为设定属性特征词、所属目录、描述文本等,所以应更多地关注对用户的特征刻画。尤其是新加入的用户和资源,由于缺少历史交互记录,或是一些用户出于隐私保护的考虑没有公开个人信息,用传统方法很难提取用户兴趣偏好等特征,因此之后的研究转为语义分析技术,尤其注重在用户和资源特征的描述文本中挖掘出相关语义,通过用户和资源之间的语义特征进行匹配,从而实现个性化推荐。根据大数据描绘出的个体画像所包括的内涵,勾勒出的是最真实的读者自我,

---

[1] Gomez-Uribe C A, Hunt N. The Netflix Recommender System:Algorithms, Business Value, and Innovation[J]. ACM Trans[J]. Management Information Systems,2016,6(4):1-19.

[2] Kosinski M,Stillwell D,Graepel T. Private Traits and Attributes are Predictable from Digital Records of Human Behavior[J]. Proceedings of the National Academy of Sciences,2013,110(15):5802-5805.

与读者自行勾画的兴趣内容多少有些出入,有时候甚至是截然相反。智慧型阅读推广要做的,不是强行普及各领域著作,而是契合读者心境和渴望,推出让他们愿意见缝插针阅读的书籍,从而创造出一种"默契朋友"的角色,不断地为读者提供惊喜和喜悦。

二、智慧型阅读推广中的个性化推荐模块

图书馆拥有海量数据和相对全面的读者信息,在阅读推广中可以尝试将读者个体与群体的精准画像技术结合起来,充分刻画用户对某项资源的喜好程度,有效解决因为缺少语义背景知识支撑造成的语义失配问题,提升针对读者个体推荐的精准性。

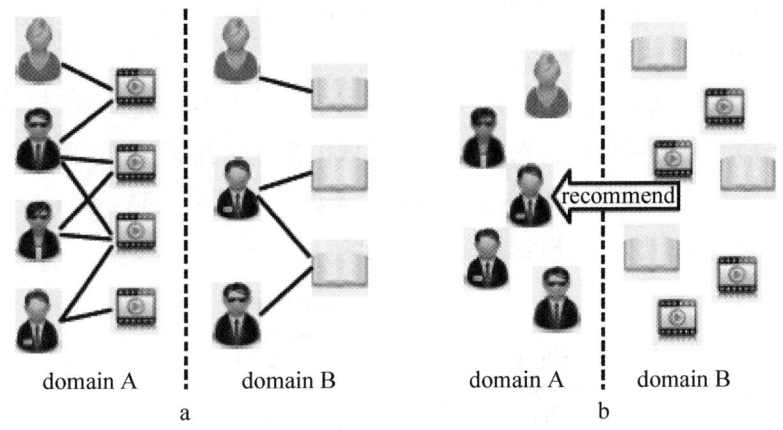

图1 用户与资源交叉领域的推荐模拟

如上图提供的模拟场景所示,图a是传统的交叉领域推荐模型,当用户之间互动频繁、周围信息丰富时,比较容易实现交叉推荐;图b则为读者和图书馆经常面临的困境,图书馆对读者潜藏的阅读习惯和兴趣没有分析了解,读者不知道图书馆拥有的书籍、胶片、音像等资源状况,甚至有些读者不能清晰了解自己的需求,这种情况下要解决相互的信息匹配的难度比传统的交叉领域推荐(图a)大。因此图书馆为了使读者获取更好的体验,在进行阅读推广时,应准确把握读者的个性化需求,整合各方模块进行推荐方案定制,即对读者进行个体画像和群体画像。

个体画像中的"个体"指的是在社会群体中的具有独特和重要作用的每个独立存在,一个群体中的代表个体主要通过网络拓扑结构和传播影响力来发现和定位。格莱曼兹(Golemati)创建了一个基于本体的用户画像模型框架,集成了用户建模的概念和属性,是用户个体画像与本体论相结合的产物①。本体论(ontology)是从哲学领域引申而来的概念,其本意是指对一种存在的系统化解释,当本体论扩展至信息领域后,相关研究者给予其新的定义:本体论是对概念化对象的明确表示和描述。

从个体画像勾勒出群体画像过程中,个体用户的"舆论领袖"作用显示出了重要作用。传统上对舆论领袖的定义是:"在将媒介信息传给社会群体的过程中,那些扮演某种有影响力的中介角色者。"②一个用户节点在其所在的群体中处于"核心"位置,则对信息的传播、群体结构的稳定起到关键作用,其传播影响力对群体内整体用户都有着直接影响。个体传播影响力越大,其意见越有可能被群体内其他用户所了解和接受。因此,分析个体用户的影响力时,可以从网络拓扑和传播影响力两方面进行量化分析,从而寻找发现群体中的代表个体,以其经验和观点,了解读者的反馈意见,甚至可以以此推测出阅读领域的下一个热点。

对于个体画像的方法,首先可以构建一个有向且带权重边的社会影响力网络图,如参考新浪微博的用户标签,设计一个区域内标签传播算法,为单个的读者用户生成一组基于语义的描述性标签。下图演示了区域内读者传播信息的过程中形成的个体标签,从而对用户个体进行准确的特征画像。

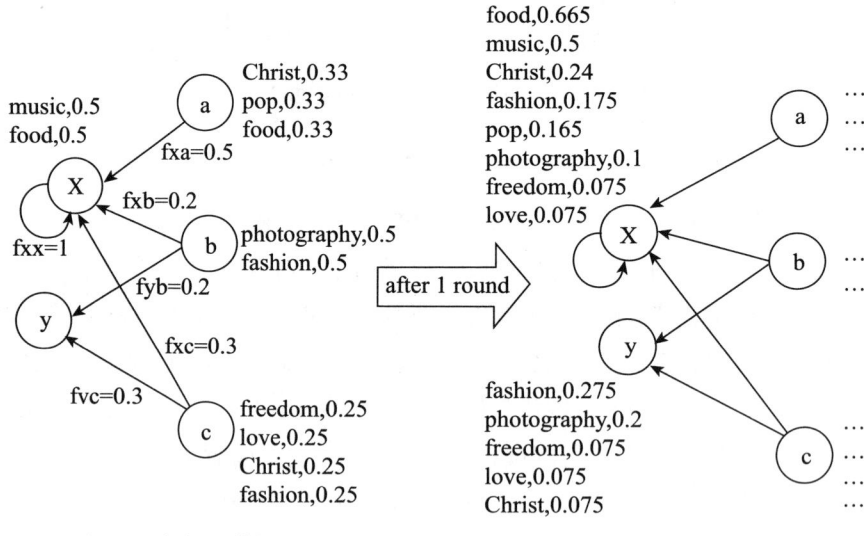

图2　局部标签传播

---

① Golemati M,Katifori A,Vassilakis C,et al. Creating an Ontology for the User Profile:Ethod and Applications[C]Proceedings of the first RCIS conference. 2007:407–412.

② 约翰·费斯克等.关键概念[M].北京:新华出版社,2004:192.

图中结点代表读者用户,有向边则代表社会影响力的方向(即标签传播的方向),边的权重用影响力传播的概率来量化。从数据库获得上述用户标签,其传播的基本原理为:有真实标签的用户将其标签依据网络路径(如微博或公众号)上的传播影响力传至相邻用户或关注人群,使没有标签描述的用户(可能是新用户,也可能是惰性用户)也能采用合适的标签描述其兴趣偏好,以便与资源特征做相似性匹配。上图演示了一轮个体用户标签传播的过程,其中 fxa 表示标签沿从结点 a 传播到 x 的概率,标签后面的分值用以量化该标签刻画用户特征的程度。传播是一个迭代过程,迭代次数直接决定计算代价。可以看出,标签 b 和 c 是具有虚拟空间影响力的个体,接受其传播内容的用户较多,但 a 用户的黏联度高,传播概率在一半左右,引起共鸣的观点较强。而在右边图中,显示出新用户采用了资源相似的如美食、音乐、时尚等作为自己的标签,定位自己在网络中的特征身份。图书馆在获得个体读者特征和偏好信息后,针对群体推荐系统的研究主要侧重于聚合策略以及基于社会网络的群体推荐模型,同时考虑群体中个体的影响力、群体成员之间相互影响等社会学、心理学的问题,实现通过社交媒体对广大读者个体和群体进行个性化阅读推介,从而直击读者内心,达到传播学上的"魔弹论"效果。

读者的群体画像即是计算机语言表示的群体信息,存储的是对不同读者群体的特征进行描述的信息,这些信息可以用来分析并得出关于群体有哪些特点和偏好的结论。群体画像可以包含群体的基本信息(年龄、地域、学习工作经历和当前关注热点等),或者群体的偏好信息、群体成员之间的社交关系信息,以及社交网络里群体成员对群体的影响力信息等。对读者的个体和群体画像是整合用户服务模块的基础,为后续个性化检索以及推荐系统等相关研究提供基本数据。

智慧型阅读推广系统模块里主要包含数据采集、群体画像、观点分析、实时汇报几个流程,最终构建一个面向读者的智能推荐系统,该系统能够利用互联网数据挖掘技术,通过对多源异构数据的处理和分析,结合个体和群体画像技术,准确分析出不同群体对于阅读的潜在兴趣,最终为读者呈现智慧的推荐方案和服务,具有较高的效率和准确度。面向读者的智慧型分析推荐系统构架图,以及主要包含的子系统及其关键模块如图 3 所示:

模块一是数据采集子系统,通过数据采集模块对线上线下阅读相关数据进行抓取和整合,如线下的书店、各大图书馆、相关政府机构数据,线上的虚拟社区如豆瓣读书网站、文化名家博客、微博微信、移动社交网络等关键领域的信息进行采集,对网络数据进行一个全面的挖掘和获取,表现为文本、图片、视频、地理信息、时空数据的多种数据类型进行有效表达和关联分析。

模块二是数据处理子系统,通过个体建模做出用户画像,进一步进行读者观点分析、兴趣偏差纠正,将结果在最短时间内处理完毕。

模块三为数据汇报子系统,将数据分析汇总后的信息进一步处理,将观点可视化、标签化,在最短时间内汇总群体观点,建立起语言模型,根据推理建立情景模型库,对每个用户建立用户档案。在分析用户本体的同时,将用户本体库里同类用户的偏好信息和基于情景本体的主题模型进行匹配,既避免了信息杂乱无章,也避免了空间和计算资源的浪费,最后将最终的数据按读者需求进行决策服务。

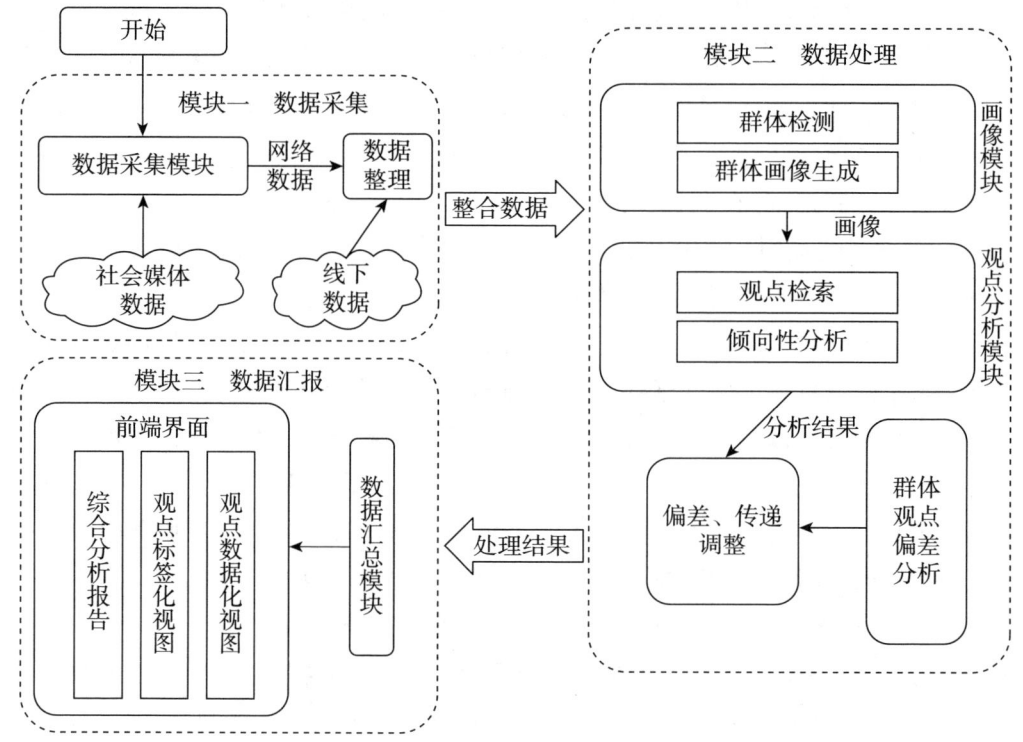

图3 智慧型阅读推广系统处理模块

从信息技术的角度来看,采用大数据搜索和语义分析技术来刻画用户群体画像,能够做到准确理解读者的意图,在海量、多源、异构、多态的数据中实现对读者需求的分析和预测,提供出符合读者个性化需求的汇报。这些模块可以同时服务来自全国各地的用户,尤其是移动互联网的用户,从数量众多的数据来源人中得到不同的群体画像,将杂乱繁多的个人观点聚集、总结为清晰明了的群体观点,从而构成阅读推广的大数据驱动。

个性化推荐系统是将群体观点进行智能分析后的最终呈现方式,它能够将来自读者个体、个体所在的各个交叉群体、社会网络舆论领袖的不同观点,经过偏差分析后结合读者的个性化喜好分析,选择最恰当的阅读推荐信息呈现给读者,以激发读者更强烈的阅读欲望和行为,提升读者对阅读推广服务的价值体验。

王顺箐(复旦大学图书馆)

第三节　中华典籍资源在阅读推广中的价值及其建构
——以公共图书馆国学特色推广为视角

典籍,广义上指古今之图书。"典"的字形结构属会意造字,"象双手奉册之形"[①],《尔雅·释言》释"典"为经义;《广韵》释"典"为法义;古时又以"三坟五典"分别指代三皇和五帝时代的书。从"典"字本意出发来理解,凡能被称为典籍的文献,应区别于一般的书籍,指的是经久流传的具有标准性、典范性、权威性,对人类文明产生重要影响的文献总称。在此意义层面上,本节中所谈到的典籍资源便有了特定指向。中华典籍汇集和记录了中华民族凭借勤劳智慧创造的灿烂辉煌的中华文明,代表了东方文明的卓越成就,在整个人类的文明发展史中具有举足轻重的地位。中华典籍的特点归纳有三:一是载体性。因为它不仅是语言文字的载体,更是古代文化、学术、经验的载体,其内在所凝附的是一个民族的传统和精神。次为经典性。被称作"经典"的书籍是历史上大部分书籍的基础,离了这些书,其他书就无所依附或者变得苍白空虚。文化寓于书籍,只有经典才能使文化之根越扎越深。再是包容性。我国是一个多民族国家,各民族文化发展有其自身的特点,各民族文化的交流融合是中华文明历史发展的动力。多元开放的文化理念使得中华民族在外来文化进入本土时,也能海纳百川、包罗万象。我国文明发源早,文化遗产多且珍贵优秀,中华典籍资源正是代代相传的宝贵文化遗产之一。作为中华典籍资源公藏最多的机构,公共图书馆不仅要坚守和保护这一部部举世无双的古籍,更迫切的是要响应阅读推广的呼声,变藏为用,变秘本为显学。

---

① 徐中舒.甲骨文字典[M].成都:四川辞书出版社,1993:490.

一、中华典籍资源在阅读推广中的价值

（一）中华典籍资源是民族记忆的保存

美国图书馆学家巴特勒提出"图书馆是将人类记忆的东西移植于现在人们的意识之中的一个社会装置"。在没有记录图像工具的历史年代，人类只有通过口耳相传和文字载录两种形式来保存和传播文明。《易·系辞》载"上古结绳而治，后世圣人易之以书契"。语言和文字的产生为中华文明的繁荣演进奠定了基础。中国文字是世界上最古老的文字系统之一。书写工具的不断革新又为语言文字的发展提供了技术支持。商周时期的甲骨文是现今考证的中国最早文字，龟甲和兽骨可以说是最初的文献载体，与此同时人们还将文字刻写在青铜器上，此种文字被称为金文，到了春秋战国时期则开始使用简牍和缣帛，并逐渐学会使用毛笔。东汉时期蔡伦发明了纸，用纸书写的时代正式开启。雕版印刷和活字印刷术的流行，为纸质书籍的刊行和流通提供了必要条件。随着典籍形态的不断变化发展，典籍数目的不断增长，历史的、文化的信息才得以在沧海桑田里记录、保存和流传，浩如烟海的典籍成为现代社会丰富可观的文化记忆。

（二）中华典籍资源是民族精神的积淀

民族精神是一个产生于近代的外来词汇，它是民族文化、民族习俗、民族信仰、民族宗教、民族价值观念等特质所构成的综合概念。中华民族的民族精神因其悠久的历史而显示出博大精深的特质，每一个阶段都显示出不同的精神风貌，但是有一条主线一直在中华民族的发展中传承延伸，其核心就是热爱祖国的精神信仰。除此，勤劳勇敢、自立自强等品质亦是民族精神的具体表现，这些都是中华典籍中所熠熠生辉的记载。经、史、子、集是传统目录学对于中华典籍最经典的分类，各部类中的书内容各异、题材万千，构成了丰富瑰丽的中华典籍宝库。他们历经千载而长盛不衰，促进了中华民族的生生不息，授之以民生精神的力量。就如产生于先秦时期的儒家经典及诸子百家之学说，奠定了中华民族精神之基础。其思想的精粹性和典范性对现代社会来说依旧适用。

（三）中华典籍资源是复兴传统文化的重要工具

周有光认为"现代是双文化时代"。他将文化分成两个层次：地区传统文化和国际现代文化。随着现代科学技术的发展和引进，西方思想文化渗透于中国社会的各个方面。千秋易代，中华传统文化在历史长河中变革激荡。自"五四"开始，中国传统文化经历了不断被"边缘化"的命运，甚至一度受到毁灭性打击。这场危机割裂了传统文化与现代文明的联系,使得人们漠视建立在母语系统上的传统文化,丧失了东方大国应有的文化自信。而当今,以"快、新、奇"为特征的速食文化和快消文化浸入传统文化耕植的土壤,一味地追求高速度、高效率而淡化内涵与品质,某种程度上更易造成传统道德精神教育的忽视,导致民众素质的下滑,一系列社会问题由此而产生。时至今日,我们逐渐在教训中总结经验,深刻地认识到传统文化丢失所带来的严重影响,认识到实现民族复兴的重要一环就是传统文化的复兴。在建立起传统文化接受心理的背景下,整个社会开始重新审视和强调传统文化的培育,这种重视着眼于文化精髓内核的挖掘,以经过去伪存真、去粗取精后提炼的优秀传统文化去滋养整个社会,焕发新的光彩。

二、中华典籍资源在阅读推广中的建构

资源如果没有被纳入一套科学合理的体系中,终归是零散的、庞杂的,无章可循的,更无法被有效地利用和传播。构建一种模式去组织资源、协调资源、优化配置是阅读推广整体工作长效发展的重要保证。

(一)重视中华典籍资源的整理和分类

对历代书籍进行系统整理有助于书籍的保存和传播,古籍整理古已有之。明清时期出现了众多集大成的古籍整理著作,《永乐大典》《四库全书》《古今图书集成》皆为代表之作。中华典籍整理是古籍研究和推广的基础性工作。整理者通过对书籍进行审定、校勘、注释等加工整理,使新出版本便于当代人阅读。特别是白话文代替文言文成为语言文字应用的主流、新式标点的普遍启用后,古籍整理本的优势体现在除却一般的影印技术外,对于原书还进行了标点、校勘、注释,甚至翻译,更适合于非专业的一般性阅读。现今,除古籍原本,读者可以在图书馆接触到的古籍普遍形态都是古籍整理本。古籍整理作品良莠不齐,图书馆有责任向读者推荐权威的古籍整理本,更应与包括高校、博物馆、出版社、科研院所等在内的研究机构加强联系,利用图书馆所藏典籍资源,积极承担整理文化遗产的伟大职责,宣传古籍知识,培养社会各界人士的文史兴趣。

(二)讲好中国典籍故事

讲故事是再创作的过程,涉及"谁来讲""向谁讲""讲什么""怎么讲"四个维度。能够担任"主讲人"角色的主体很多,作为文化教育的重要环节,学校、家庭、社会是主要方面。本节以公共图书馆为视角,即以公共图书馆为对象进行讨论。"向谁讲"指的是公共图书馆的服务对象,从广义上来说即社会大众;从狭义上来讲是和图书馆发生关联的读者(用户)。"讲什么"这个问题包含内容广泛,从中国典籍故事的题材可以分为:历史故事、文学故事、民俗故事或其他非物质文化遗产的相关故事等;以时间段考虑,可分为:古代故事、近代故事、现代故事,甚至未来想象;以社会生活基本领域分,又可分为政治故事、经济故事、文化故事、军事故事等。可以看出,能够"组织故事"的素材很多,而最值得公共图书馆关注的即"怎么讲好故事",这关系到如何"让书写在古籍里的文字活起来"。除了不断搜索、选择、提取并引据相关材料外,创新形式引导受众了解中国典籍故事显得尤为关键。公共图书馆常见的有展览、讲座、读书会、征文等传统的阅读推广活动,另有新兴的阅读推广形式在实践,如发行阅读刊物、撰写书评、遴选书籍作阅读推介书单、发布电子阅读资源等。2017年1月,中共中央办公厅、国务院办公厅印发的《关于实施中华优秀传统文化传承发展工程的意见》中提到了"实施中华经典诵读工程,开设中华文化公开课,抓好传统文化教育成果展示活动"等经典阅读推广活动的新方向。传承中华优秀传统文化任重道远,讲好中国典籍故事是重要一步,起到承前启后、继往开来之功用。

(三)研究和化用中华典籍资源,把握其现实意义

在封建社会,儒家是支配华夏民族发展生存的主流思想,儒家经典以"四书五经"的形式合为一统,后又增至"十三经"。先贤圣哲的著作作为科举明经之教材和考试大纲而盛行。不同于旧时代读书人的功利性阅读,中华典籍资源在现代社会体现出不一样的社会价值。朱自清在《经典常谈》中提到"经典训练的价值不在实用,而在文化"。我们应当关注的是典籍资源里的语言文字、思想内涵、道德理想对于现代社会人们价值观的塑造和培育所起到的作用。试给中华典籍资源做一个简单的分类并叙述其现实意义:①儿童启蒙读物。这类读本着眼于儿童启智训练,主要涉及辨音识字、习惯培养、品德教育等内容。②古代诗文。这是中华文化的艺术瑰宝,背诵吟咏诗词歌赋,从学科教育上来说能够培养阅读能力,提高谈吐、写作水平和文学素养;从个人情趣上来说,能陶冶性灵,增强感悟能力和审美意识。③经典著作。这一类作品包罗万象,包括政治历史、思想文化、风俗礼仪、文学艺术、传统知识,国学常识等一系列内容。此类除专业研究的需要,对普通人来说更重要的价值是通识教育。掌握一定的古典文化知识应当是现代人的基本素养,更能呈现出个人的道德和教养。④当代国学作品。主要指的是对国学经典的解读和研究,在尊重历史和传统的基础之上,立足现实,汲取古籍中的思想之精华服务于振兴中华。

(四)重点打造中华文化精品,促其化身千百、传播八方

中华古籍浩如烟海、内容纷繁,在"无法读尽天下书"的情况下要思考如何泛中

取精,这是阅读推广和指导的重点工作。科研机构、出版机构研究出版各类型的"国学基本典籍丛刊",普惠广大读者。公共图书馆悉心编排阅读计划,推荐阅读书单,帮助读者选择书籍。另一方面,在全媒体时代,数字化阅读突破了以往纸质阅读的传统,以丰富多样的形态更新读者的阅读体验,扩展了书籍的传播途径。读物由无声变有声,由静态文字变动态视频;阅读超越时空的限制,曾经深藏书库里的中华典籍被重新包装后更易于被认识、被接受,切实提高了中国古籍的海内外影响力。

三、国学经典阅读推广的设计与实现

"国学这个名词,是因为欧美学术输入才发生的。它的范围,是把西学输入以前中国原有的全部学术包括进去的"①。国学是建立在中国传统典籍资源基础上的学术体系,涵盖古代的思想、哲学、科学、技术、历史、地理、政治、经济及书画、音乐、术数、医学、星相、建筑等多个方面。现阶段,公共图书馆进行了诸多富有成效的探索,在国学特色推广的这一重要课题上积累很多经验。笔者采用理论探索、实际考察及大数据搜索等方式,对"公共图书馆国学经典阅读推广的设计与实现"进行分析探究。因考虑到基于案例的阐释可以更好地进行有针对性意义的补充,笔者从若干所公共图书馆选取有代表性的工作实际做案例,以期为其他单位提供参考借鉴并启发思考。

(一)硬环境和软环境的双重打造

实施国学经典特色推广首先要创设良好的阅读环境,提供国学阅读活动所需的基础设施和服务设施,使读者从感官上能迅速进入状态,投入阅读活动。硬环境的设计应该突出"国学"特色,以专业的团队和准确的定位来规划,为今后国学推广的深入开展奠定物质基础。目前,公共图书馆比较流行的做法是:特设国学阅览专题阅读空间,设立国学训练专门场所,推行"图书馆+书院"模式,引进并共享国学书籍电子资源等。软环境相对于硬环境而言,指的是文化氛围、政策法规、体制机制、思想观念等外部因素和条件的总和。公共图书馆在国学教育和推广的初始阶段,就应设立其发展目标,形成一套完善、规则、系统的发展计划,才有助于营造一个对读者具有强吸引力的软环境。公共图书馆的公益属性决定其国学推广较之一般社会机构具有更强的普及性,因此打造公共图书馆国学推广平台,加强软硬件建设,也是公共服务领域的一项惠民工程,可以让公众更便捷、更广泛地接受国学文化的熏陶。

---

① 曹伯韩.国学常识[M].北京:生活·读书·新知三联书店,2014:1.

1. 南京图书馆"国学馆"

2017年南京图书馆打造全新馆中馆项目,建成了总面积约4000平方米的特色古籍阅读区——"国学馆"。国学馆的设计风格参照中国古典园林,渲染古典雅致的艺术氛围。正堂设"爱莲说"主题展台,展台后方为珍本展呈室"玄览堂";展台东侧为"惜阴堂",是特色珍贵历史文献专藏区和原本阅览区、电子阅览区;展台西侧为南京图书馆古籍新印文献、民国新印文献和新国学资源陈列区。国学馆呈列5万册古籍新印本、3万册民国新印文献、1万余种新国学类书籍。古籍新印本内含历代文集著作、史料汇编、家谱及各类大型古籍丛刊;新印民国文献包括各类专题性影印丛书以及民国时期报纸影印本,并及时增添最新史料及研究成果;新国学区书籍精选历代经典著作,以古籍点校本、国学研究书籍为重点,全景展现中华文化的博大精深。国学馆的数据建设与服务将实现一站式的目录检索服务、完善数据库链接服务、以馆藏为中心建设版本数据库。另外,"国学馆"还将成为举办经典诵读、国学沙龙、国学论坛等活动的重要基地。

2. 山东省"尼山书院"

山东素来被称作孔孟之乡、礼仪之邦,优秀传统文化底蕴深厚。随着弘扬中华优秀传统文化工作的推进,山东省文化厅在全省创新推出"图书馆+书院"的公共文化服务模式,并以"尼山书院"命名全省各级图书馆的书院。尼山书院本着因地制宜的原则,面向公众免费开放,主要开展国学文献资源的收集、整理、保存、传播和服务等工作的专业性服务,以深入开发公共图书馆自身承载的历史与文化资源,强化以文化人、以人育人的功能。据悉,"尼山书院"建设的目标任务是到"十三五"末,全省尼山书院联盟建立健全、运行规范,形成山东孔子故乡独有的特色与优势,打造全国甚至国际知名的文化品牌。

(二)国学经典阅读推广应注重组织性、计划性、策略性

公共图书馆阅读推广的执行者主要是图书馆员,也会聘请专业的阅读推广人或来自各个专业、各个领域的阅读推广志愿者。配备良好的专业组织队伍是阅读推广的必要条件。阅读推广是一项有意义的长期事业,特别是进行以中华典籍资源为核心的经典阅读推广,它的成效短时间内并不显见。由于社会风气的影响,人们习惯性地会去寻找阅读理解的捷径,可能片面或者错误地接受了典籍里所传达的思想。这时,从事阅读指导的人员应当引导读者正确理解经典,避免恶俗、庸俗、媚俗的文化因子,存精华、去糟粕,改造传统文化与现代社会不相适应的那些部分,弘扬优秀传统文化,向读者传达一个正确的、有格调的世界观、人生观。除此,组织国学经典

阅读推广应当倡导不同阅读形式的有机结合，不论是轻阅读、浅阅读，还是专业阅读、研究性阅读，不能抹杀任何阅读方式的意义。从这点引申下去，进一步对导读人提出要求，要根据认知结构的不同，注重增强读者阅读活动的主动性。国学和经典书籍因年代久远，语言的艰涩和文意的深奥加大了阅读难度，但并不代表普通人无法企及，而仅能作为专业研究者的材料。导读人既要遵循分级阅读的一般规律，也要循序渐进、由浅入深地指导阅读，帮助读者寻找阅读方法，将经典阅读推向大众化层面。

在国学经典阅读推广的实际工作中会遇到各种问题和难题，以上列举的只是少量典型问题，所以，公共图书馆应当以发展的眼光来看待这项事业，有计划、有步骤地持续做好国学特色推广。

（三）全媒体时代下的国学经典阅读

科学技术发展日新月异，互联网、数字化、人工智能等已经深入人们的生活。从多媒体过渡到全媒体时代，国学经典阅读的方式以及阅读推广的媒介形态也因信息传播的方式、途径的变革发生了深刻的变化，这种变化给图书馆带来巨大的挑战和机遇。一方面，对于中华典籍来说，数字化是保护古籍的重要手段，用数字化资源来替代古籍原本可以减少对古籍的损坏，并且还能有效提高古籍的使用率，让更多的读者可以不出家门接触到一手资料。另一方面，利用全媒体技术开展国学经典阅读推广，其高效性、便捷性是过去单一的推广方式所不可比拟的。但仍须强调的是，科学技术只是手段，它的目的是服务用户的，以人为本永远是阅读推广工作的核心。

为弘扬中华优秀传统文化，2016年8月，湖北省图书馆正式推出国学阅读推广网络平台"数字国学馆"。该平台依托省图书馆馆藏资源，以网站、手持移动终端、触控阅读终端等多种新媒体形式向读者提供和推送优秀传统文化数字资源。主要包含国学诵读、经典导读、中华礼仪、戏曲荟萃、诗词鉴赏、琴棋书画、名作赏析、道德展厅和网上国学课堂等栏目，读者可借助电脑、手机和触摸式阅读机等登录线上平台，翻阅馆藏数字古籍、国学典籍，观看视频讲座。该项目建立总分馆制服务体系，实现国学数据资源共享，扩大国学典籍借阅服务辐射面，更好地为省内公共图书馆读者服务。

（四）加强与社会各界的多方合作

合作的目的通常是为了共享资源，联合力量，实现双赢，而对于阅读推广来说，公共图书馆所面临的合作可以分为外部合作和内部合作两个方面。阅读推广的主要机构大致可以分为：图书馆、学校、家庭、出版社以及其他社会相关机构。每一个机构的组织运营方式都有其特点与侧重,如果单凭某一个或某几个发挥作用,则收效有限。只有所有的关节都打通,加强行业间的合作,才能提高阅读推广的效益。阅读推广内部合作也至关重要。2006年中国图书馆学会成立"科普与阅读指导委员会",2009年委员会换届,更名为"阅读推广委员会",下设15个专业委员会,2010年在深圳召开成立大会,建立了"全民阅读"网站,现增至21个委员会。阅读推广的范围广,在技术操作层面分得比较细致,目的是为了覆盖到每一个公民,带来的结果就是不同委员会工作上会有交叉。所以,做国学经典阅读推广不能单枪匹马,要和其他阅读推广工程加强交流和合作,如民族文献阅读推广、儿童与青少年阅读推广、新媒体阅读推广等,只有相互配合才能促成力量的叠加和价值的升华,增强社会影响力。

(五)开发中华典籍创意元素、创意作品

文博行业一直是文创产业的主要阵地,可以向文创产品提供所需要的大量元素和材料。文创作为文化服务行业的衍生产品,依托现阶段文化发展的强劲势头,具有广阔的市场前景。现阶段,中国内地的公共图书馆的文创产业开发还尚未形成规模。虽然起步晚,但是发展潜力大。国家在政策层面予以保障和支持。文化部、国家发展改革委、财政部、国家文物局等部门联合出台《关于推动文化文物单位文化创意产品开发的若干意见》,对推动博物馆、美术馆、图书馆等文化文物单位文化创意产品开发工作做出部署。公共图书馆的文创产业开发正在有条不紊地推进。不仅坚持在概念、创意、设计、加工、生产等方面做强做大,更着眼于产业化发展的道路,强调市场需求分析,鼓励和引导社会力量参与,完善文化创意产品营销体系,真正落实解决好商业化和公益性的矛盾,艺术性和实用性的协调,境外经验和本土特色的结合,以及人才和资金的保障等问题。用文化带动传统产业,用传统产业去宣传文化,二者密切合作,形成一套规范的文创产品开发机制,达到双赢的目的。

四、结语

阅读推广是在社会发展过程中不可忽视的问题,是提高文化实力、推动文化繁荣、实现文化自信的重要途径。图书馆凭借其文献集中性和服务专业性成为阅读推广的首要阵地,义不容辞地承担起阅读推广责任。本节的讨论倾向于研究阅读推广中的中华典籍文献的价值及其建构,而回归问题的根本是,我们该抱怎样的态度来对待中国传统文化。即使目前来看,能够快速转换为生产力的科学技术才是世界竞争发展的原动力,掌握外语才能够适应国际化发展步伐。然而"一种文明的兴旺发达,一个民族的自立自强,其背后往往充盈着一种深厚的思想基础和文化力量"①。中华典籍中所包含的是民族血脉,中华民族的血脉中涌动着中华文化源流,阅读推广是重塑价值观的过程,而尊重传统、敬畏历史的精神才是民族灵魂之所系。

张小仲(南京图书馆)

第四节 疗愈视角下的图书馆非物质文化遗产阅读推广
——以湖北民间故事为例

从发生学的视角来看,如果一个事物最初是因为某个原因而发生的,那么它就会保持最初的天性,始终发挥为这个原因服务的功能②。早期的人类毫无遮蔽地生活在天地之间,生存环境十分恶劣,时时感到惊慌、恐惧、无助、迷茫,民众在辛勤的劳动之外,常常面临莫名天灾人祸带来的巨大损失。肉体上所遭受的伤害无法忍受,人类精神世界里有着无边无际的苦难,于是不断追问和思考,对所依赖的生存环境产生朴素认识和原始想象,从而创造出宗教、文学、艺术等多种发泄情绪的渠道,以表达述求、安定心理,今天我们定义为非物质文化遗产的各种传统文化的载体形式应运而生。2011年颁布并实施的《中华人民共和国非物质文化遗产法》指出,非物质文化遗产是指各族人民世代相传并视为其文化遗产组成部分的各种传统文化表现形式,以及与传统文化表现形式相关的实物和场所。包括:传统口头文学以及作为其载体的语言;传统美术、书法、音乐、舞蹈、戏剧、曲艺和杂技;传统技艺、医药和历法;传统礼仪、节庆民俗等③。

在传统口头文学中,民间故事恒河沙数,它是最能够反映民众的社会生活以及理想愿望的口头文学④。图书馆是收集、整理、加工、保存文献资料并传播正能量的信息中心,关注并参与保护非物质文化遗产工作是图书馆不可推卸的神圣使命⑤,尤

---

① 颜旭.文明的和谐 中国现代化的战略选择[M].广州:暨南大学出版社,2015:117.
② 王波,傅新.阅读疗法原理[J].图书馆,2003(3):1-12.
③ 孙沁南.非物质文化遗产保护及民族地区图书馆职责与实践——以大理白族自治州图书馆为例[J].图书馆理论与实践,2014(5):97-100.
④ 刘克梁.论口头文学的非物质文化遗产传承与保护——以湖北当阳土家族自治县"都镇湾故事"为例[J].祖国,2016(9):68-69.
⑤ 李富珍.图书馆保护非物质文化遗产的定位与思考——以宜宾市为例[J].四川戏剧,2015(2):132-134.

其民间故事,作为口头文学中最为典型的表现形式,是民众喜闻乐见的非物质文化遗产资源,以其固化为供人传阅的纸本多年来被图书馆广泛收藏。本节以湖北民间故事为例,分析非物质文化遗产资源的疗愈功能,以期从有益身心健康的角度更好地保护并传承传统文化,同时为图书馆阅读推广工作拓展新思路。

一、湖北民间故事疗愈功能分析

湖北地处中原,是多种地域文化交汇融合的中心地带,被称作"九省通衢",具有悠久灿烂的历史文化底蕴,非物质文化遗产资源丰富。截至2016年,湖北省公布的省级非物质文化遗产项目第一批98项、第二批66项、第三批106项、第四批56项。其中,民间文学类的项目共41项,在其他非物质文化遗产类别如戏曲、民间音乐及民俗活动中也存在民间文学的因子,湖北各地讲故事的风气十分盛行,民间称为"讲古话""讲瞎话""粉白""说古""日白"等[①]。这些故事世世代代口头流传,古朴而生动,着眼于、立足于现实生活,折射出劳动人民朴素美好的心灵世界,其中蕴含着的丰富人生哲理对民众具有疗愈功能。

(一)叙事形态简练流畅、不受约束,具有满足想象与放松心情的功能

民间故事是人类最自然、最朴实的语言,也是人类最纯真、最淳厚的情感表达,大都结构简单、表述简洁,这种表达不是刻意编撰的结果,而是与其讲述者和受众——普通老百姓有关,反映出它源于生活、展现生活的特性[②],蕴含着创作者深刻的生命体验和丰富的内心世界。民间故事的讲述真真切切地反映了人民群众悲欢离合的境遇,没有一丝矫揉造作,土里土气的语言风格折射出简单明了的人生道理,讲述活动的主体与客体都能从中获得情感满足。如被誉为汉族首部创世史诗的《黑暗传》,以瑰丽的语言风格生动描述了世界形成、人类起源的历程,融汇了盘古、混沌、女娲、伏羲氏、炎黄二帝、浪荡子等许多历史神话人物事件,尽情释放着人类早期热烈奔放的情绪,是远古文化的"活化石"。故事行文忽而俗得如同大白话,忽而又透露出文人骚客式的"雅",它像一泓山间的清泉肆意流淌,传达着湖北先民对未知世界的无尽探索和丰富的想象力、表现力,在这个过程中缓解对变化莫测的生存环境的恐惧,调节了生活压力。

(二)传统民间故事幽默风趣,具有宣泄情感与调节矛盾的功能

---

① 陈建宪.湖北民间文学百年概述[J].民间文化论坛,2016(6):43-54.
② 王丹."三佬姨"故事研究——基于湖北民间故事家刘德方讲述的分析[J].民间文化论坛,2013(2):35-41.

"晏子使楚"的史实、"楚之乐人"的记载,以及流传下来的大量民间故事都是在较量中彰显智慧,在竞争中明辨事理,在嬉笑中传播知识,湖北兼具楚地的蛮气和灵气,聪慧精明的民风民俗沉淀出有着鲜明地域特色和民族风格的非物质文化遗产资源。在湖北西部地区,广为传讲的"三佬姨"故事有思想、有包袱、有笑料,是人们娱乐消遣、调和气氛的重要手段。"三佬姨"故事是中国民间广泛流传的有关"女婿"的故事的一种,"佬姨"是鄂西方言,故事讲述了三个人应该平等却又不平衡的关系纠葛,轻松调侃的风格适合劳动间歇的休闲娱乐,因而为群众喜闻乐见。大佬姨、二佬姨家境好,得丈人欢心,而三佬姨家境贫困、不被喜爱,他就常常以劳动人民的乡土智慧和率真机智的语言给嫌贫爱富者和社会上层人物有力的抨击。故事中三佬姨的胜利让生活中的底层弱势群体长出一口气,在阅读中情绪得到释放,宣泄出平时积压于心的郁闷;精神得到解脱,感到愉悦满足;心情得到放松,心态得到调整,不再纠结于社会贫富不均带来的愤怒与忧愁。幽默智巧地表达民众对幸福的憧憬,把严肃的事件活泼化、复杂的问题单纯化、平常的日子诗意化,达到现实与心理的平衡和满足,这是湖北民间故事的共性。

(三)大力宣扬伦理道德,具有传递知识与教育教化的功能

民间故事的讲述与传承教人们认识世界、顺应自然,学习与掌握生存的方式与法则,给人心理上的安慰。正确与高尚的伦理道德可以教化人心,弘扬社会正义,是维持社会稳定的基本要素。大量的湖北民间故事宣传思想精华和优秀文化传统,如孝敬老人、称颂爱情、行侠助人、勤劳勇敢、坚定信念、扬善惩恶等,宗教意识的渗透讴歌精神的力量,表达了民众渴望社会安定和谐,能够过上美好生活的愿望,组成人类精神财富的宝库。《和氏璧》中卞和有着坚持真理的顽强,《董永》传递感天动地的孝道,《黄鹤楼》宣扬知恩图报的人生信条,诸如此类的民间故事引导大家树立起崇高的道德情操和健康的价值评判标准,激发人向着积极的、美好的事物努力奋斗,使受众得到心理上的宽慰与快乐。通过对民间故事的讲述,总结、运用和传播经验,如《野人家家》类似于流传极广的《狼外婆》故事,但是打上了湖北文化的烙印,"外婆"通常坐的桶变成了反映当地生活习惯的饭甑。而《早发的魔箭》与湖北一些典型的山川风物地理地貌结合在一起,具有鲜明的荆楚风水巫术色彩,表现了人们对现实生活的深入思考。

(四)讲述方式轻松诙谐,具有加强沟通与促进社会和谐的功能

民间故事的讲述与传播是劳动人民的重要休闲与凝聚方式,最开始是一群人于工作间隙坐在田间地头以生动有趣的语言缓解疲劳,慢慢发展为茶余饭后聚在一起

不断沉淀出固定的故事文本,在"讲"与"听"、"想"与"评"的过程中交流思想、增进感情,形成稳定而紧密的社交圈。这一活动丰富了民众的精神生活,吸引大量的人参加,大家热热闹闹地围坐听故事,轮流讲故事,就是平时有点矛盾的人碰面,在开心的气氛中常常也容易和解。另外,体现互帮互助、团结友爱的民间故事不胜枚举,如《抢爹》中的老汉不贪钱财、助人为乐,在乞讨流浪中还关心他人,帮人收衣服,挖到金银财宝也不私藏据为己有,而是送予他人。好人有好报,他因而被好心的兄弟二人和县官都认作爹[①]。无独有偶,《千鸟袍》则讲述猎手殷小正勇救小凤凰被杀害,百鸟拔下自己的羽毛织成千鸟袍救活殷小正并帮助他烧死坏皇帝,最终鸟儿们和殷小正成了好朋友。这些讲述人与人、人与动物、人与大自然和谐共处的民间故事调适着湖北人民之间的心理情感,表达着对世间美好人际关系的向往,起着调节生活矛盾的作用。

二、疗愈视角下的图书馆非物质文化遗产阅读推广

(一)营造轻松自然的阅读空间,收藏非物质文化遗产资源

网络兴起并迅猛发展之后,逐渐取代图书馆作为信息获取中心的地位,同时,互联网发出的各种"刺激性杂音"造成的以浏览为主要特征的"碎片化阅读""浅阅读""轻阅读"等阅读方式大肆盛行[②]。新的时代背景下,以民间故事为代表的各种非物质文化遗产丧失生存土壤,受到强烈冲击,越来越没有人乐于在"故纸堆"里欣赏传统古文化,在这种情况下,图书馆不应再对用户提出诸多入馆规定,而要广开大门,采取"以用户为本"的思维方式,化"堵"为"疏",吸引用户到图书馆来[③],营造舒适愉悦的实体空间让用户感受到非物质文化遗产资源的魅力。对于自然形成于民间的文化遗产来说,以流畅自由的风格维系其生命力,收藏的地方要做到功能设置完善、方便用户出入、光线温度适宜、文化气息浓厚,这是十分必要的。增强阅读体验的舒适感,让用户在幽雅惬意的环境里接触、领会非物质文化遗产资源,这合乎新时代用户的阅读习惯和资源本身的属性,有助于引导用户对图书馆的阅读活动产生兴趣,而兴趣是最好的老师。

---

① 郑春元.伍家沟民间故事的审美内涵[J].十堰职业技术学院学报,2003(1):51-55,84.

② 陈幼华,杨莉,谢蓉.阅读推广视角的图书馆空间设计研究[J].图书馆杂志,2015(12):38-43.

③ 沈娟.浅谈如何打造愉悦的阅读空间——新加坡图书馆空间设计的启示[J].科技情报开发与经济,2015(5):62-63,71.

(二)用经典浸润灵魂,感悟非物质文化遗产资源之美

现阶段阅读推广的内核为经典阅读推广,从非物质文化遗产中挖掘出经典之作的各项功能,可以锁定用户的注意力,提高其人文素养,并在这个过程中达到弘扬中国文化"软实力"的目的,而疗愈功能的开发新颖独特,适应了网络时代用户求新求异的信息需求心理。早在20世纪初,顾颉刚先生就指出,我们的"经典"应该包括民众文化。从民间生长出来的非物质文化遗产的"经典化"源远流长,《诗经》中的民谣、《山海经》与《楚辞》中的神话等,大量的非物质文化被史学家记录又为文人们自如运用,凭借其生动活泼、充满生活气息的风格规避了说教式传播而成为中国文学经典,深受民众的喜爱,滋养了一代又一代的中国人。民间故事传递着自由奔放、坚强不屈、积极乐观、勇于进取的精神气质,让人在优美流畅的文字中荡涤心灵、感悟人生哲理,更加能体会出传统文化的伟大和美丽。强大的民族自豪感会促使用户认真阅读相关图书文献,既有利于非物质文化遗产资源的保护与传承,又能帮助用户养成阅读习惯,提高其阅读能力。

(三)注重体验参与的交流方式,传播非物质文化遗产资源

在阅读推广活动中,交流互动是很重要的一环。有别于传统阅读强调心无旁骛,正襟危坐于书斋之中,手捧一卷书独自体会的阅读方式。阅读疗愈功能的发挥需要在专业图书馆员的指导下进行,倾听、交谈和朗读是三大法宝,而以民间故事为代表的非物质文化遗产资源的传播最初也正是基于这三个原则。生动形象的故事内容、妙趣横生的表达方式、其乐融融的讲述氛围、尽情宣泄的情感抒发,这些审美体验在漫长的历史长河中锻造出了非物质文化遗产资源,仍然适用于今天的人们以此为基点来欣赏、传承。收藏非物质文化遗产资源的库室不再是一个封闭的阅读房间,而是集教学科研、休闲娱乐与学术探讨为一体的综合性空间,馆员与用户之间、用户与用户之间能够有计划、有规模地进行研讨会、茶话会式的交流学习。风趣幽默的故事缓解阅读疲劳,热烈奔放的讨论消除学习倦怠,大家认真地倾听,点评相互的想法,激发灵感,增进了解,还可以即兴朗读传统文化的精髓,在热闹的气氛中感受美好,回归到非物质文化遗产的起源状态,有意无意间形成紧密的兴趣圈,巩固对阅读的喜爱。

(四)借助情感纽带的教育作用,推广非物质文化遗产资源

亚里士多德曾经讲过:"我们无法通过智力去影响别人,而情感却能做到这一点。"非物质文化遗产资源中蕴藏着流传千年的民间智慧,在新的历史阶段仍然具有丰富的文化价值和经济价值,讲故事的方式更是值得我们学习。回避生硬的理性、

逻辑思维,以柔软的共情建立起人与人之间的链接,从而影响别人去认同自己想要灌输给他的知识,达到解决问题的目的,这是以民间故事为代表的非物质文化遗产资源的优势。故事中蕴含巨大的力量,叙事的过程有写实、有想象,更有着民众对真善美的讴歌,对幸福生活的渴望,几乎涵盖所有的人生经验。听故事是自我疗愈,听故事的人沉浸在设定的悲欢情节中,好像身临其境,产生共鸣、净化、平衡、暗示、领悟等一系列心理反应,情绪得以调节和慰藉,从而进入有所排遣、有所纠正和有所升华的情感状态,不知不觉间就接受了其中传递的信息。图书馆员在推广阅读的时候不仅需要具有专业素质,更要对读者满腔热情、积极主动、全心全意、真心诚恳,强烈的语言感染力让用户感受到关怀,把用户当作朋友去沟通和交流,这种拉近心理距离的情感服务必然会受到用户的欢迎。

（五）开展真人图书的系列活动,传承非物质文化遗产资源

非物质文化遗产是一种"活"的遗产,其重要载体是传承人①。传承人掌握着中华民族祖先创造的精湛技艺和文化传统,他们是民间文化的活宝库,具有极强的创造力。图书馆在进行阅读推广时邀请传承人来到现场,举行讲座、会谈等面对面的情感交流活动,有助于非物质文化遗产中隐性知识的挖掘,特别对于民间故事来说,真人图书馆还原了最本真的传播模式。传承人与用户面对面交流经验和分享内心感受,这是阅读任何一本纸质资源都无法获取的珍贵体验,用户可以在动态场景中亲身感受传承人的语言魅力、情感流露和思想观念。置身于这种双向沟通的平等、愉悦氛围中,用户可以全身心参与其中,倾听"真人书"的故事,极易产生情感的碰撞与火花,这对于非物质文化遗产的理解和认知是非常奏效的②。真人图书活动传输思想性智慧,启发和引导受众与传承人产生心灵共鸣,能够提高对非物质文化遗产资源的关注度,如传承人孙家香、刘德培和刘德方作为真人图书参加各种阅读推广活动以后,吸引了大批学者对湖北宜昌地区民间故事进行收集、整理、加工和研讨,成为图书馆传统文化阅读推广工作的亮点,有效地延续了传承人的文化遗产。

三、结语

以民间故事为代表的非物质文化遗产资源是人民大众共同创造的文化产物,是

---

① 陈海珠,秦嘉航,胡唐明,等.基于文化传承视角的高校图书馆经典阅读推广新思路——以雕版印刷技艺展演进校园为例[J].大学图书馆学报,2015(5):64-68.

② 高飞.真人图书馆对嵌入式学科服务模式的借鉴与创新[J].图书馆研究,2017(1):79-84.

一种名副其实的大众文化。德国法兰克福学派理论家列奥·洛文塔尔（Leo Lowenthal,1900—1993）认为大众文化的三个导向性能是"消遣"（distraction）、"逃避"（escape）和"虚构的情感"（borrowed-emotions），这与阅读疗法理论中的"消遣娱乐""逃避现实"和"情感发泄"三大特性如出一辙。正如弗洛伊德所说："文艺的价值在于为人类的本能欲望提供了一种合理的宣泄和满足的途径。我们的身上经常存在压抑的作用，而当我们听到天真的言辞，抑制的作用就会骤然解除，从而产生笑。"[1]图书馆深入挖掘民间故事等非物质文化遗产资源的疗愈功能，可以使其在新时代里焕发新光彩，重新赋予其生机与活力，从而延续非物质文化遗产资源的生命力，同时为发扬光大阅读推广工作开拓出新的领域。

张鑫（湖北文理学院图书馆）

第五节　小而美的阅读推广
——以上海外国语大学虹口校区图书馆为例

近年来，随着理念的建构和完善，"阅读推广"在我国高校图书馆中已经不再陌生。各大高校图书馆都或多或少地进行了活动尝试。但在长期的工作实践、走访调研、同行交流中，笔者发现，对阅读推广感到有心无力甚至不知如何起步的高校亦不占少数。本节将简要概括高校阅读推广实践难点，进而引入"小而美的阅读推广"思路，并就上海外国语大学虹口校区图书馆的阅读推广案例详细分析，为相关高校图书馆提供有针对性的、易于操作的阅读推广策略。

一、高校阅读推广面临的困境

部分高校图书馆在阅读推广实际工作中面临一些客观条件上的限制，如人力不足、场地受限、经费缺乏等。

人力不足包括馆员、读者两方面。馆员方面，因专业背景差异或者未经过较为系统的阅读推广人训练，不擅长策划与创新阅读推广活动；读者方面，除考试季外，各高校平时到馆人数多呈减少趋势，无形中也减少了能够积极参与阅读推广活动并从中受益的读者数量。

---

[1] 张雪娇.白马藏族民间故事的功能探讨[J].音乐探索,2015(4):98-104.

场地受限表现为部分高校图书馆建馆年代较早、装修陈旧,在短时间内无法实现大规模翻新,很难如商场书店、独立书店营造出文艺气息浓郁的、吸引年轻读者的整体环境氛围。

高校图书馆作为非营利组织,原本就无太多经费支持活动。在阅读推广这一新兴且评估办法尚未成型的工作方面,短期内尤其难以获得专项拨款。

由于人力不足、场地受限、经费缺乏,很多高校图书馆开展阅读推广活动困难重重。人员配备、改建、拨款虽然必要,但长期等待势必导致图书馆无法尽快为师生读者提供更优的阅读服务。因此,我们应积极设计策划适合现有空间、价值内涵的阅读推广活动,以少胜多。

二、"小而美的阅读推广"思路

(一)理念来源及思路

"小而美"的理念由阿里巴巴集团创始人马云在2009年APEC峰会上首次提出。在电子商务领域,它指的是对于消费者的需求给予更大的满足,针对需求做出局部创新。"小而美"有别于"大而全",注重情感因素,注重长尾多样性和互动性,注重可持续发展。随后有学者研究小微电商出路时,认为"小而美"即是服务差异化、产品多样化和个性化定制[①]。

笔者将"小而美"这一理念移用到阅读推广领域,指的是在图书馆有限的客观条件下,不以拨款、馆员数量增长为前提,直接而积极地实现局部创新,以期对目标读者的阅读需求给予更多的满足。在实施"小而美的阅读推广"过程中,特别重视与读者的亲密互动,并重视分析读者的前期建议和后期意见,及时调整方案;推广形式极简但多样,且不拒绝小众策展。

(二)可行性

上文中,笔者给出了阅读推广工作面临的困境。小而美的阅读推广可以有效解决这些困难。首先,小而美的阅读推广以小型书展形式为主,辅以其他灵活的推广方式。通过下文案例我们会发现,小型书展需要实际参与的馆员人数不多,且有流程可循,可复制性较强。其他推广方式可以贯穿在资源建设部(或采编部)以及读者服务部(或流通部)的工作流程中,费时极少。同时,跨部门合作也符合图书馆阅读

---

① 姜奇平.小微企业根本出路在因小而美[J].互联网周刊,2011(21):6.

推广的部门边界逐渐消失这一发展趋势①。而师生读者的参与策展等于扩充了人力,这也是小而美的阅读推广极具特色的地方。

在场地和经费方面,因地制宜、"四两拨千斤"是最好的策略。在场地改建受限的前提下,不妨从布置供阅读推广使用的展台、书架开始。能够优先升级添置一组书架固然会为图书馆增加新意,如果任何添置都存在困难,甚至也可以移用现有的阅览桌、报刊架等进行装饰、组合。这就是局部创新。而下面介绍的"小而美的阅读推广"实例,相关费用支出一般仅为文印费用。

三、"小而美的阅读推广"案例分析

本节将以上海外国语大学虹口校区图书馆(以下简称"上外虹口馆")为例,具体介绍如何进行小而美的阅读推广。

上外虹口馆自2015年10月起,布置小型甚至微型书展,至今已有16次。除寒暑假书展周期略长外,基本保持每月有新展。充分考虑到上海外国语大学外语语言文学类学科特色,上外虹口馆策划的阅读推广以人文学者、翻译家为核心,用多种细化的形式推广其作品、译著。下表就近两年以来上外虹口馆的实际布展情况,进行梳理分类并分析,也补充书展以外的、小而美的阅读推广方式。

近两年上海外国语大学虹口校区图书馆书展情况简表

时间	书展主题
2015年10月	致敬大师——草婴译著文献展
2015年11月	青春是美丽的——巴金文献展
2015年12月	沈从文生日,图书馆阅读推广"微"活动
2016年1月	社科新书展
2016年3月	"明河社"版金庸作品小展
2016年3月	宋词之旅
2016年5月	所有的怀念须回归作品——杨绛作品展
2016年7月	品书知日本——日本文化主题书展
2016年9月	"2016诺贝尔文学奖由你选?"
2016年11月	鲁迅的"民国萌"
2017年1月	社科新书展

---

① 范并思.公共图书馆阅读推广的发展趋势[J].图书馆杂志,2015(4):11-15.

续表

时间	书展主题
2017年3月	傅雷作品展
2017年3月	"赏世界诗歌于上外"书展
2017年4月	"读享世界"——上外人互享书展
2017年5月	汪曾祺的戏、文、书、画
2017年6月	品书知日本——日本文化主题书展

（一）"突然纪念"

在这一类中，又可细分为三种：①突发事件；②快闪来袭；③插空衔接。

"突发事件"包括作家、翻译家的突然离世，也包括其他社会事件。这种推广活动往往由于事出意外，无法预先准备。难点在于必须有迅速的文案反应。

例如，2015年10月24日，翻译家草婴先生逝世。馆员考虑到草婴先生在俄罗斯文学翻译方面的卓越贡献，且与上海外国语大学俄语专业学科背景有极为紧密的联系，果断抓紧周末时间进行策划。由一位馆员检索出草婴先生的译著，撰写简洁的先生小传，取书与交付打印同时进行。周末过后，题为"致敬大师——草婴译著文献展"的小型书展呈现在上外虹口馆师生读者面前。展台布置在图书馆一楼过道一侧，采用的是一张闲置的小主席台。这是上外虹口馆第一次尝试小型书展。草婴先生的译著馆藏量其实并不大，仅20余本。但是一旦将图书请到台前，引来师生读者驻足的同时，几本旧版译著也迎来了入藏以来首次出借。

此类"突发事件"策展还包括2016年5月的"所有的怀念须回归作品——杨绛作品展"。这一次的特色是：为了解决杨绛先生的作品馆藏纸本数量不多的问题，馆员在宣传中强调了电子书阅读。因为有限的纸本图书被借出后，其他读者预约借书需要等待，这个过程可能会消弭阅读热情。适时地推广电子书检索和阅读方法，对于书展式阅读推广是一种很好的形式补充。

"快闪来袭"表现为仅存在一天（甚至更短）的微型书展，用"过时不候"的方式引起读者的阅读兴趣。

例如，12月28日是沈从文先生的生日，虽然当月有其他已经策划好的主题图书展出，馆员仍推出了当日活动。文案非常简练："今日是沈从文生日，凡于今日借沈老书籍，且于元旦后再归还者，可得明信片一张。"这次的"快闪"书展摆放在图书馆进门处总服务台。图书总数不到20本，给读者一种"比手快"的感觉，也表达了阅读"不拖延"的主张。将还书时间稍做限制，目的是给读者一段真正与书相伴的时间，避免过于游戏化的当场借当场还,提高真实阅读的可能性。

"插空衔接"指的是在学期阅读推广计划之外,在这一次与下一次较为有计划、有时效性的阅读推广之间,安排一次相对即兴、随性的小书展活动。

例如,2016年春季学期,上外虹口馆计划准备一次宋词主题阅读推广,因整体活动要与学校宣传部配合协调,须安排在3月下旬,其时距开学已有近一个月。为了不使开学期间展台空置,而3月10日又逢金庸先生寿诞,馆员临时策划布置了"插空"式的书展——"贺'大侠'寿诞,'明河社'版金庸作品小展"。借此机会,将密集书库中少有师生借阅的香港明河社出版的繁体竖排金庸作品集推广给读者。微型书展为期一周左右,虽然整体借阅量并不大,但其中《飞狐外传 上、下》《倚天屠龙记(一)》实现了借阅次数零的突破。

(二)"立体联展"

"立体联展"指的是上外虹口馆与上海外国语大学松江校区图文信息中心(松江馆)(以下简称"上外松江馆")联合布展。

上外松江馆大厅拥有足够的布展空间,于2015年11月与巴金故居等单位联合举办"巴金图片文献展";于2017年3月与上海浦东傅雷文化研究中心等单位联合主办"傅雷手稿墨迹纪念展"。如果能够进行馆际合作或与出版社、文化机构等合作,将实物展品与图书馆藏结合起来实现"立体阅读"[①],当然会令书展更加生动、吸引读者。但若实物布展只能安排在一个校区或馆舍,则其他校区馆可同样以主题检索形成书单,布置与实物展馆遥相呼应的小型书展。这样既做到了多馆同步策展,也确实能够惠及不方便至实物展馆的师生。在上述两次立体联展中,例如配合上外松江馆的"巴金图片文献展",上外虹口馆推出了"青春是美丽的——巴金文献展"。其中"青春是美丽的"这部分标题更是与同期推出的巴金作品翻译比赛同题呼应。

(三)"胸有成竹"

这一类可细分两种:①相对固定的阅读节目;②精心准备的文学"大咖"推广。

1. 相对固定的阅读节目

包括在世界诗歌日、世界读书日、诺贝尔文学奖发布日进行相关图书、作家的推广活动,其"固定"性表现在可分别于每年的3月、4月、10月策划推广,使阅读活动富于延续性和长效性。

---

① 李园园. 高校图书馆阅读推广机制研究——以同济大学图书馆立体阅读为例[J]. 图书馆学研究,2014(7):85-88,96.

在上外虹口馆的应用案例中,上述时间点分别对应了"春天读诗""读享世界""猜诺贝尔文学奖"等阅读主题。

2016年3月的"宋词之旅",是上外虹口馆第一次结合微信公众号进行阅读推广宣传。因此在文案语言上,更为贴近年轻读者,也使用了当时的流行语进行编写,如:"在正统文化之外,传统文人也寻觅着玻璃心的安放。文人士大夫心里苦,文人士大夫不说——他们填词。"这次书展以宋词文本、词人、词学、文化研究为主,兼顾唐五代词,并特别推出叶嘉莹先生讲词若干种。做到了整体和个别并重。次年3月同样是诗歌主题,名为"赏世界诗歌于上外"。这次书展与微信公众号推送结合得更紧密,因为推送贯穿整个书展期间,而非一次性宣传。每一次的推送标题以一个语种来代替"世界"二字,例如,"赏法语诗歌于上外"等。从馆长到院系教师再到学生读者,都参与到读诗活动中来。

在2017年的世界读书日到来之前,上外虹口馆发起了"互享书单"的微信推送。师生读者直接在这篇推送下留言自己想与全校师生分享的书名和理由。近百人参与留言。最终形成的书单成为上海外国语大学图书馆"4·23读享世界"书展书单。

诺贝尔文学奖一般在10月初揭晓。上外虹口馆于2016年9月推出"2016诺贝尔文学奖由你选?"书展及微信推送,将可能获奖的作家作品集中展出。并于奖项揭晓后,及时撰写微信推送补充介绍鲍勃·迪伦,以弥补其作品当时在国内出版不多、馆藏更有限的遗憾。

这部分固定的阅读节目,馆员特别重视的是与师生读者的互动。

2. 精心准备的文学"大咖"推广

每个学期开学前,馆员会制订本学期阅读推广计划提纲,提纲中一般会包括一位重点推广的文学大咖。例如,上外虹口馆已经完成过的此类推广有:"鲁迅的'民国萌'"同题书展与微信推送,题为"汪曾祺的戏、文、书、画"的书展以及题为"再使风俗淳"的相关推送。推广特点是:注重前期资料准备,力求推广文案的原创性、趣味性和知识性,力求真正引起读者的借阅兴趣。这部分策划的确需要部分馆员有较为出色的文字功底。在馆员力有不逮的情况下,可通过提前向师生读者约稿来完成。

(四)"有福坐读书"

"有福坐读书"指的是寒暑假阅读。寒暑假是高校师生工作、学习、生活中的重要时间节点,张弛有度的假期时光可以令师生以更好的状态投入新学期的工作和学习当中。高校阅读推广不应忽略这一特殊的时间段。上外虹口馆经过两年的实践,已形成了一定的布展规律,这类书展特别重视视觉装饰效果,从局部体现阅读推广空间的多元美感和文化氛围①。

例如,2016年、2017年寒假前,上外虹口馆都推出了以"社科新书"为主题的书展。馆员有意选取较为宽泛的主题,营造假期中"开卷有益"的读书氛围。具体做法是将前一年第四季度(尤其是11月、12月)出版的社科新书作为考察对象,结合馆藏,参考"百道好书榜",遴选书单并进行布展。在展台环境方面,注重"读新书迎新春"的时令氛围,布置预先从师生读者、馆员中征集的手写春联。这一策划也在师生微信朋友圈中引来晒图好评。

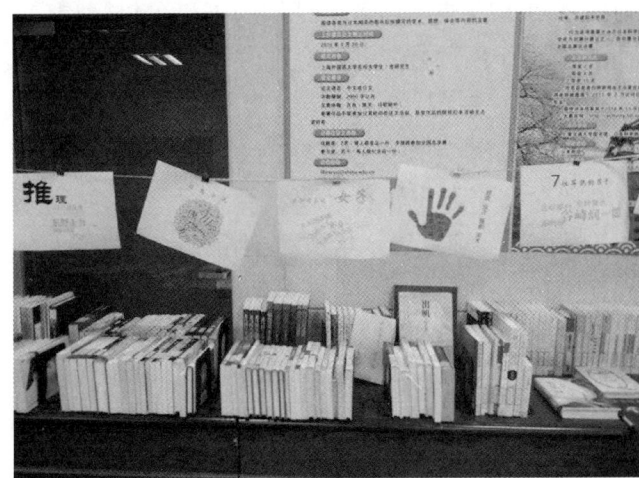 

上海外国语大学虹口校区图书馆"品书知日本——日本文化主题书展"

而这两年的暑假前,恰逢全国各高校共同参与"品书知日本"征文大赛。因此馆内布展以日本文化相关图书为展品,特别重视发挥纸质装饰品的视觉效果。比如用文字云软件将书名生成茶壶形状(以日本茶道代表其文化)、手掌形状(代表日本设计),以A4纸打印,或者以沉重的黑色加粗隶书渲染推理主题,以彩色明快的多种字体错落排列日本女性作家名字,也有以竖排楷书书写那些姓名被冠以奖项的日本作家——如夏目漱石、芥川龙之介等,这些同样都以A4纸打印。最后将一根细绳悬系于展区,将纸质印刷品夹到绳上,其下方对应的正是相关主题。在活动经费方面,实际上只出资交付海报打印两张,其他A4纸彩印若干,布展用时也非常短,但视觉效果典雅活泼而深具日本风格。

---

① 陈幼华,杨莉,谢蓉.阅读推广视角的图书馆空间设计研究[J].图书馆杂志,2015(12):38-43.

（五）其他简便易行的推广方式

"小而美"的阅读推广还包括利用图书馆微信公众号进行书讯发布。上文中笔者已经具体介绍了微信推文在书展类阅读推广活动中的宣传配合作用。同时我们应注意到，这不仅是一种可以与实体小型书展相辅相成的推广方式，更可以灵活运用在新书发布方面。微信推文可以与采编部形成推广关联。新书购进，主题多元，除了上文提到的利用寒假推广主题宽泛的"社科新书"，还可以定时或不定时推送一套、几本甚至单本新书。因此，利用图书馆微信公众号可以令从事后台采编工作的馆员直接与读者互动，新书资讯的传播更加方便而高效。零散的书讯可以每周、每月发布，积少成多。形成规律后，同样有助于阅读推广的长效性发展。

馆内自助借还机旁的还书车也是客观存在的"小而美"阅读推广途径。我们知道，经过设计的书籍摆放[①]可以提高图书流通率。而不可忽略的事实是：读者还回的图书在走向下一个管理流程之前，一般会在书车中暂存几小时至半天、一天时间不等。因此，馆员可定时将这部分图书短暂而合理地展示给所有到馆读者。同龄人或者本校老师借过的图书，在一定程度上极易引起情感共鸣，产生连锁效应。这无异于师生之间"匿名"的互动与推广。根据笔者的实践，馆员仅对这部分图书做一次如"书脊向外"的摆放，就可以起到增加借阅次数的作用。不因短暂而忽视展示还回未及上架的图书，坚持则能收到显著的效果。

另外，随着移动通信的发展与普及，曾经分布于校园、生活区的IP、IC电话亭除极特殊的应急情况外，显得无用武之地。如能与相关投放部门进行协调，将电话亭稍做修饰[②]，作为配合图书馆阅读推广主题的图书漂流点，把阅读推广渗入到校园步道乃至生活区，这也是小而美的阅读推广。

四、总结

小而美的阅读推广注重创意和互动，可以在方方面面汲取灵感，局部创新。它包括但不仅限于小型书展。书展的实施和分工可简化如下图：

---

① 杨莉,陈幼华,谢蓉.高校图书馆开展专业阅读推广的实践探析[J].图书馆杂志,2015(12):29-37.

② 春晓.图书馆何妨小而美[N].工人日报,2011-10-24(7).

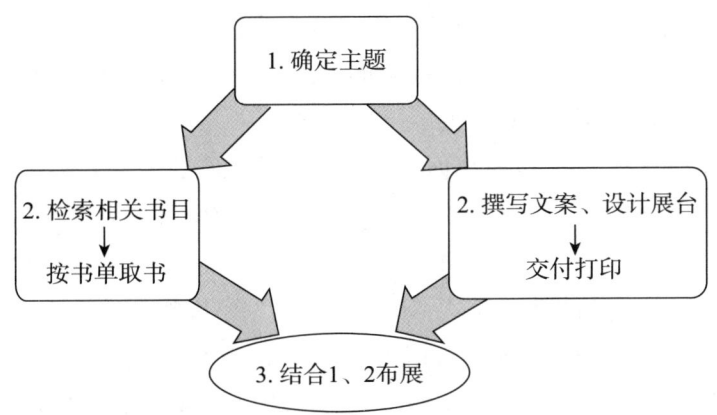

小而美的书展实施和分工图

小而美的阅读推广简便易行。其目的在于：活动先行，见到效果方可进行进一步的改革——包括高校馆今后的活动预算，更包括推进阅读推广工作评估办法的落实；以小见大，美在细节，真正激发目标读者群的阅读兴趣。

潘攀（上海外国语大学图书馆）

第六节 "乐道+尚艺"阅读推广模式探究
——以华东师范大学"在图书馆发现敦煌"为例

近代图书馆产生的动因之一是社会精英希望普及阅读以教化民众，图书馆产生的最初，图书馆信奉图书馆员应该像老师一样对读者进行阅读指导，教化人类心灵，图书馆界一度盛行"教化神话"，但20世纪随着图书馆学家发现图书馆员并不比普通人高明，图书馆开始对阅读保持疏离，遵循"保障读者自由阅读"的原则，采取不干预不介入的中立价值观[①]，即阅读是个人行为，图书馆服务功能大于教化功能。这种将"阅读推广"边缘化的图书馆服务模式，导致图书馆基本上对民众不予以"阅读指导"。

但随着信息生产和传播方式的改变，图书馆作为知识门户和公共信息中心的地位被动摇。第十一次全国国民阅读调查数据显示，2013年，我国成年国民数字化阅

---

① 范并思.阅读推广的服务自觉[J].图书与情报,2016(6):72-76.

读方式接触率已达半数以上①。读者可以不选择进入图书馆,便可以获取相应的知识。"读者的消失"使图书馆人再次将眼光聚焦在"阅读推广"上,希望以主动介入读者阅读行为来探索图书馆未来发展方向。

除了外部挑战外,图书馆内部面临着结构优化任务,图书馆不再满足于存储书籍知识,而要转型发展为"智慧型图书馆",高校图书馆因服务人群的高智性,其需求尤其强烈。为实现这一目的,图书馆应主动开展阅读推广工作。不少图书馆已在前期实践中总结出一系列的推广模式,如"阅读节""图书漂流""读书会""移动图书馆""特色主题活动"等②。但阅读推广服务方兴未艾,尚无典范模式。

华东师范大学图书馆为加强阅读推广服务,2014年4月根据图书馆业务发展需要,增设了推广部,通过组织主题书展、学术讲座、读书会、艺术展览等多种类型的文化活动,拓展服务内容。在长期的实践中,华东师范大学图书馆逐渐总结出一套"乐道+尚艺"相结合的阅读推广模式。以下将以2016年"在图书馆发现敦煌"为案例,考察此种模式的运作及实践效果。

一、"在图书馆发现敦煌"——"乐道+尚艺"阅读推广模式的实践

(一)"乐道+尚艺"阅读推广模式理念

"道"与"艺"是中国哲学的一对概念,子曰:"志于道,据于德,依于仁,游于艺。"先秦儒家认为"艺"是小道,因此有重道轻艺的倾向。然而,在历史发展过程中,艺的地位逐渐凸显,以达到与道平等的高度,苏轼曾言:"有道而不艺,则物虽形于心,不形于手。"③因此,宋以后逐渐形成了"德艺兼举"的模式。"道"与"艺"的结合,对图书馆阅读推广模式有很强的借鉴意义。

"乐道+尚艺"阅读推广模式包括乐道和尚艺两大板块。"乐道"的推广内容侧重学术化的专业知识,倾向传统的教学模式,如学术讲座、文化论坛、主题书展、文化展览等活动皆属于乐道范畴;"尚艺"的推广内容更具通识性,侧重受众的直接参与、现场体验,如传统技艺体验活动、主题影视赏析、知识拼图游戏、美食文化品鉴等。"乐道+尚艺"阅读推广模式在同一主题下融合进各类活动之中,将学术化的知识传

---

① 新民网.第十一次全国国民阅读调查结果公布[EB/OL].(2014-04-22)[2017-08-25].http://health.xinmin.cn/jkzx/2014/04/22/24106441.html.

② 中国图书馆学会.中国图书馆学会年会论文集(2014年卷)[C].北京:国家图书馆出版社,2014:214.

③ 朱立元.美学大辞典[M].上海:上海辞书出版社,2010:242.

授与艺术化的现场体验结合起来,以实现"专业与通识"并驾齐驱、知行合一的推广目标。

(二)"乐道+尚艺"阅读推广模式的实践

2013年9月和10月,习近平总书记在出访哈萨克斯坦和印度尼西亚期间,提出共建"丝绸之路经济带"和"21世纪海上丝绸之路"的倡议。几年来,"一带一路"引起国内外的积极反响,已成为国家的重要项目之一。历史上的丝绸之路,除了经济交流之外,还伴随着广泛的文化交流。敦煌在汉唐时期一直是陆上丝绸之路的重要节点,也是遗留丝绸之路历史信息最多的地方。因此,2016年10月,华东师范大学图书馆以"一带一路"为主题开启"在图书馆发现敦煌"大型阅读推广项目,该项目依托图书馆的空间环境和基础设施,以"乐道""尚艺"为基本宗旨,多角度、多形式地体现推广主题。

"在图书馆发现敦煌"活动持续开展了三个月。敦煌学涉及历史、地理、语言、文学、天文、历法等多个学科,甚至还有数学、医学等方面的内容,为帮助学生初步建立起敦煌学的知识谱系,乐道板块解密敦煌与丝路古道文化,包括丝绸之路与传统文化系列讲座、"在图书馆发现敦煌"文化展、"40、50年代敦煌老照片展""敦煌佛教艺术与文化传承"文化论坛、"走进敦煌"主题书展、"乡愁与相思:贡山的故事"真人图书馆、"'一带一路'之两汉魏晋南北朝史书中的西域"读书会。

为深入了解敦煌所承载的文化史意义以及博大精深的中华传统文化,华东师范大学图书馆特别邀请学术界知名专家学者,先后举办13场学术讲座。学者们分别从艺术、历史、经济、文化和时代风尚等不同领域叙述丝绸之路上的华戎交汇,景风梵声。如敦煌研究院美术研究所原副所长谢成水主讲"敦煌艺术",其他专家学者主讲"斯里兰卡佛教艺术""山水邈远:敦煌莫高窟山水形象初探""敦煌与现代艺术"等专题,这些讲座增进了学生对敦煌艺术的了解。复旦大学中文系教授陈尚君、历史系教授仇鹿鸣以历史学的视角主讲"石刻与唐代文明系列讲座";中国美术学院副教授何鸿,华东师范大学艺术研究所教授张同标、张晶、朱浒等学者讲解敦煌的壁画、石刻、佛教、钱币等方面的内容,学者们的讲座围绕敦煌的历史与艺术,为同学们提供了一个系统了解敦煌和陆上丝绸之路的平台。

在系列讲座之间,华东师范大学图书馆先后举办了两次关于敦煌的艺术展览,希望让学生更直观地理解敦煌。"在图书馆发现敦煌"文化展展厅由华东师范大学师生共同设计,整体为敦煌洞窟的形式,墙面以壁画局部为底,天顶悬挂各色敦煌艺术纹样作为藻井,为观众营造敦煌艺术的美妙氛围。展览围绕敦煌的历史、地理、艺术、敦煌写本和敦煌学为核心展开。在文字与图片的基础上，展出了图书馆珍藏的唐代佛经写本以及借展自各界的敦煌莫高窟壁画的粉本、塑像、陶瓷等原作或摹本，其中有：张大千粉本高仿版7件，中国美术学院教授谢成水壁画作品2件、供养菩萨雕塑2件；丝绸之路文物若干件，包括犍陀罗佛像、西晋陶器、古代吐蕃藏文经书若干件等；还展出了图书馆馆藏的两件敦煌卷子，一件为7世纪唐写本《大般涅槃经卷第六》，另一件为时间稍晚的唐写本《妙法莲华经卷第三》。所有展品均属精品，有些是首次展出。另一展览是"40、50年代敦煌老照片展"，该展览提供了20世纪四五十年代敦煌考察队拍摄的珍贵老照片，展现出未遭破坏以前的敦煌莫高窟原貌。

主题书展是"乐道"模式的重要内容，也是阅读推广的传统形式之一。华东师范大学图书馆馆藏敦煌主题书籍逾2000种，此次敦煌主题书展特邀华东师范大学艺术研究所张同标教授策划，从馆藏中精选150余种敦煌主题书籍展出，选出的书籍兼顾学术性与可读性，并编制了一份敦煌主题推荐阅读书单。

在图书馆主办的敦煌读书会上，历史系李磊博士根据余太山先生的著作《两汉魏晋南北朝正史西域传研究》，带领学生深入了解这一时期史书中的西域风貌。李磊博士的精辟解读与学生讨论结合，加深了学生对两汉魏晋南北朝正史所记载的有关西域的认识。真人图书馆活动中，图书馆邀请了方金奇老师对其当年在贡山的人生体验与读者进行交流。"敦煌佛教艺术与文化传承"文化论坛上有来自武汉大学、新疆师范大学、上海师范大学以及华东师范大学的学者共同出席论坛，探讨在"西去东来"丝绸之路上艺术文化交融的历史叙事。

与"乐道"侧重敦煌学知识的普及传授不同，"尚艺"板块更关注敦煌文化及技艺的传承，充分展示敦煌物质文明。该系列活动包括敦煌壁画临摹、品"味"丝路、"丝路帐篷"知识竞答、"重走丝绸之路"拼图游戏、"谁是勇敢的西行者"知识PK大赛、"丝路影语"电影主题活动、"敦煌与新丝绸之路"师生艺术创作征集等内容。

图书馆特邀华东师范大学美术系壁画专业沈春兰教授作为敦煌壁画艺术临摹体验活动的指导老师。该活动将教学与实践完美结合，沈老师在活动现场详细介绍了敦煌壁画的相关知识，并选取两张来自45窟的敦煌壁画局部人物头像作为临摹涂色的底本。活动在图书馆大厅持续两个半小时，学生通过现场学习、临摹，体会古代绘画技法，从艺术的角度感受中国传统文化的魅力。

"丝路帐篷"知识竞答和"重走丝绸之路"拼图游戏着重活动形式层面的创新。"丝路帐篷"知识竞答活动特邀设计学院的师生协助在图书馆大厅搭建了类似帐篷的木头架，架子长宽约5米，高3米，活动通过在架子上牵系多根麻绳，挂满知识题卡、知识小贴士与风景明信片,吸引学生驻足参与。知识题卡采用帆船的形状,代指海上丝绸之路;知识小贴士卡片则采用骆驼的形状,代指陆上丝绸之路。这种设计配合展示丝绸之路上各城市风土人情的明信片,使学生参与自助答题,感受丝绸之路上各城市不尽相同的风采和古韵。在该活动中,学生只需要答出5至10道丝绸之路知识小题便可领取小奖品。在"重走丝绸之路"拼图游戏中,图书馆特意制作了丝绸之路沿线城市风光明信片和大幅丝绸之路路线海报图,该游戏通过让学生参考展出的丝绸之路线路图,将明信片按城市名称排列成序,从而正确地连通路上与海上丝绸之路。学生只需依序连接成功10个城市名便可获得一份精美奖品。

此外,如品"味"丝路——食在丝路活动,让学生根据丝绸之路的站点,选出相应国家及城市的特产,学生在品尝特色美食的同时,可了解丝绸之路上各类民俗文化。"丝路影语"电影主题活动精选《西域大都护》《生死罗布泊》《千里走单骑》《大唐玄奘》等影片,于每周三下午在图书馆小电影院播放。"敦煌与新丝绸之路"师生艺术创作征集活动向校内师生征集优秀作品,涉及文学、历史、美术、书法、音乐、影像等多种形式,并邀请了相关专家进行评选,选出的优秀作品在活动后期进行线上线下展示。

(三)"乐道+尚艺"阅读推广模式要素分析

好的阅读推广服务模式需要充分考虑到多样化的活动形式、因人而异的服务定位、灵活的策划理念以及资源的合理配置。

"在图书馆发现敦煌"阅读推广项目活动形式多样化。该项目虽将活动划分了"乐道"与"尚艺"两大板块,但涵括了静态服务(文化展、主题书展等)和动态服务(艺术论坛、真人图书馆、学术讲座、读书会、技术体验活动)等十几项具体活动。活动的多样化打破了以往单一的阅读推广形式。

华东师范大学图书馆有着精准的服务人群定位。因高校图书馆的服务人群主要以高校学生为主,文化素养较高,活动参与意愿强,因此"乐道"活动邀请了谢成水、陈尚君等十余位专家学者开展讲座、读书会等;"尚艺"在活动中设置游戏环节及现场体验,让学生动眼、动手、动嘴、动脚,多方面体验敦煌之美。

"在图书馆发现敦煌"活动遵循了"乐道+尚艺"阅读推广模式灵活的策划理念。一是强有力的宣传。活动肇始图书馆举办活动开幕式,邀请学校领导、相关院系师生以及校内外合作单位等三十余人参加;活动期间,图书馆运用微信、微博、官网等大力宣传,共发布27篇微信,21篇网页新闻通知,制作活动海报30余张。二是充分利用馆内设施和空间,图书馆开放馆内小电影院,举办了丝绸之路电影展;精心布置展厅,因地制宜地利用展览空间等。三是让学生参与策划。如华东师范大学美术学系、艺术研究所、设计学院等学生在策划、文案、设计等方面出谋划策;让学生自主选择闭馆时播放的轻音乐;举办敦煌艺文征集活动等。

"在图书馆发现敦煌"阅读推广项目有专业团队,拥有丰富的校内资源和广泛的社会资源。专业团队由2名总顾问、2名总策划、5名活动策划组成。总顾问和总策划统筹制定活动框架,5名活动策划具体负责展览、书展、讲座、实践活动、设计宣传等内容。该项目得到华东师范大学文化建设委员会、中国美术学院艺术鉴赏实验室、华东师范大学艺术教育研究中心、德必集团、一号艺术公社、庐江草堂、穰芳堂、谢成水工作室等单位的大力支持,中国美术学院的何鸿、谢成水老师,华东师范大学艺术研究所朱浒老师友情借展了一批敦煌丝路壁画摹本、粉本和雕塑。

二、"乐道+尚艺"阅读推广模式的项目评估

"在图书馆发现敦煌"阅读推广项目自2016年10月启动,至该年12月结束,前后共持续两个月左右。下文将根据活动数据统计、读者反馈、社会影响、获奖状况等方面的情况,对"乐道+尚艺"阅读推广模式进行初步评估。

根据"走进敦煌"主题书展的展前和展后借阅数据统计,敦煌主题书展选书208本,书展前外借次数为151次,展后(展期一个月)外借次数增至260次。其中《敦煌壁画山水研究》一书展前借阅次数仅1次,展后单本借阅量增长5次。因敦煌主题图书偏于学术性,外借基数较低,此活动前后借阅数量的增幅已充分表明主题书展对促进书本阅读的积极意义[①]。敦煌艺文征集活动中学生共提交参赛摄影作品91幅,国画、书法作品21幅,诗歌散文若干篇,最终图书馆评选出一等奖2名、二等奖4名、三等奖5名,入围奖若干名。此外,两校区敦煌展览参观人数超过3000余人次,各类学术讲座入座率高达80%,影视播放厅座无虚席,读书会参与人数也创历史新高。

我们从各类活动读者留言中了解到参与者对该阅读推广模式的满意度较高。如在"丝路帐篷"知识竞赛中,不少读者留言称:"丝绸之路真的十分伟大,图书馆的活动让我们近距离了解了历史。""知识性与趣味性十足的游戏,理工科同学也适合参加"等。敦煌文化展览中观众留言称:"感谢校园图书馆,又一次能够重温敦煌带

---

① 此数据根据华东师范大学图书馆后台数据统计得出。参考:曾媛圆.以社会时政热点为主题的新型阅读服务模式探究[J].农业图书情报学刊,2017(8):186–189.

来的震撼与感动！""通古贯今,中西合并,敦煌文化,让人赞叹"。在敦煌壁画临摹活动中,参加活动的学生之前大都没有接触过国画技法,但在老师的指导下,皆创作出了出色的临摹作品。学生普遍认为,通过这次临摹体验,让自己对遥远神秘的敦煌艺术有了进一步的接触,认识到古人的艺术成就值得大家用心传承与守护。

"在图书馆发现敦煌"项目还受到校内外多家媒体的宣传报道。上海教育新闻网、中国高校校报展示平台、网易艺术、华东师范大学新闻网等多家媒体对该活动项目予以报道。该项目还先后荣获上海市民文化节阅读推广人(组织)"百个优秀阅读推广组织"称号、华东师范大学第八届文明岗、2015—2016年上海教育系统校园文明文化建设优秀项目等多项荣誉。

在"乐道+尚艺"阅读推广模式下推行的"在图书馆发现敦煌"活动,无论是读者参与度、满意度、活动规模,还是社会影响,都较之前的活动有大幅度提升。但此种主题阅读推广服务模式初试牛刀,尚有不成熟和缺陷之处:虽活动内容和形式多样,但鉴于阅读推广本身的特性,阅读碎片化不可避免[1];"丝绸之路"主题内涵外延广深,图书馆员无法系统地对丝绸之路进行知识梳理和阅读推荐,从各角度予以面面俱到地展示。另一方面,阅读推广服务本质上是一种介入式服务,图书馆员主观性极强,阅读推广执行者的个人知识储备、创新能力、价值取向极大地影响了活动呈现的效果。比如策划中馆员更倾向于"敦煌"的艺术方面,对敦煌的经济、地理等层面的研究策划稍显不足。

三、结论

在图书馆行业发展的新形势下,华东师范大学图书馆积极应对挑战,尝试"乐道+尚艺"阅读推广模式。在"在图书馆发现敦煌"主题阅读项目中,"乐道"与"尚艺"板块完美融合,将相对专业的学术型知识融入参与度高,体验度强的趣味活动之中,给参与活动的读者以知识和趣味的双重体验,寓教于乐。这种模式在实践上验证了操作的可行性,在活动评估结果上也可一窥其成效。

这种阅读推广模式还具有极高的可复制性,无论是历史、艺术,还是文学、科技等主题,都可以策划出一系列通俗化的知识展示平台。这个平台具有深度的体验功能,让读者身临其境,感悟知识的魅力。

华东师范大学图书馆策划的"发现敦煌"系列活动虽然秉承"乐道+尚艺"的阅

---

[1] 范并思.阅读推广与图书馆学:基础理论问题分析[J].中国图书馆学报,2014(5):4-13.

读推广模式,也取得了一定的效果。但应该承认的是,该模式目前仍在探索之中,在阅读活动的具体组织、策划、实施等阶段仍需通过大量的实践和理论总结,使"乐道＋尚艺"的阅读推广模式得到更广泛的认同和践行。

曾媛圆(华东师范大学图书馆)

第四章 阅读推广人研究

第一节 高校阅读推广人的能力素养及其构成
——以上海师范大学图书馆为例

阅读推广人是高校图书馆阅读推广服务的组织者和执行者,阅读推广人的能力及其对阅读推广工作的推动,直接关乎阅读活动的成效。本节结合上海师范大学图书馆阅读推广活动的一些实际案例,从基础综合能力、文献服务能力、新技术应用能力以及学科专业能力等几个方面探讨阅读推广人所应具备的能力素养,进而进一步探讨在这些能力要求下,阅读推广人及其团队的人员构成。

阅读推广需要推广人有较强的综合实力,无论是对业务还是专业能力都有比较高的要求,但高校的阅读推广又是一个需要团队合作开展的工作,因此并不是每个推广人必须具备所有的能力,而是团队成员各有所长;高校图书馆阅读推广人的构成,应该是多元、多层面的,团队成员不仅要有来自图书馆的专业推广人,还要有学校各机关部门的辅助推广人,以及来自学生社团甚至赞助单位的协助推广人,由几方构成的推广人团队合力共同来完成阅读推广工作。

一、阅读推广人的能力素养

(一)基础综合能力

首先,阅读推广人必须具有较好的组织策划能力。策划能力关涉阅读推广全局,推广人需要在活动开展前,拟定阅读推广主题,构思阅读推广项目,做好进度计划方案及经费预算,并根据策划做好相应的选址和布置准备工作[1]。其次,推广人必须有良好的沟通协调能力。阅读推广不是一项独立的活动,活动的开展需要得到学校各部门的支持,活动的组织需要图书馆部门之间的配合,活动的实施也需要学生和教师的参与。所有这些,都需要推广人具备较强的协调沟通能力,沟通好图书馆

---

[1] 郑勇,胡冰倩,惠涓澈.图书馆阅读推广人的基本要求及培养方式[J].图书馆论坛,2019(1):138–144.

各部门之间,图书馆与学生之间、与学校各职能部门之间的关系,把握好人际交往的技巧和原则,保障活动的顺利开展。另外,阅读推广人还必须具备自我成长能力。每个人本身的学识都是有限的,阅读推广人要具有较强的学习意识和学习能力。除自己的学科专业外,还要善于学习其他学科的专业知识,善于接受新技术,善于吸纳他人的经验和方法,并能创造性地运用于本校的阅读推广。同时,还要主动关注国家大政方针、关注新闻热点和事件,要有对时事和政策的敏感性。

上海师范大学图书馆每年的读者服务月,都会提前拟定相应的主题,比如2016年以青春成长为主题,2017年以诗词推广为主题,2018年以海派文化为主题。这些主题的选择,都是阅读推广人团队配合学校的教学规划,在关注国内或地方文化热点、关心国家政策的基础上构思,并在这一主题范围内,策划一系列活动,这些活动既有每年的创新项目,如2017年新策划的海派摄影比赛、朗读大赛,也有历年效果比较好的保留项目,如阅读达人秀、文化讲座等。每年的项目,都争取到学校团委、教务处、工会等的支持,许多活动的开展,是在多部门密切合作的基础上完成。所有这些活动,从策划到组织实施完成,都需要阅读推广人具备较强的综合能力,才能保障项目策划的可操作性和活动达到预期的实施效果。

(二)文献服务能力

1. 熟悉馆藏资源

图书馆拥有丰富的资源,开展阅读推广的过程,实际上就是对自有资源的宣传,并通过策划活动,让读者利用资源的过程。因此,图书馆的阅读推广人首先要对本馆资源,包括馆藏布局、藏书规模、藏书特色等都有充分的了解和认识,这样才能有针对性地策划并开展活动。

首先,要对图书馆的资源和布局有整体的把握。比如我们在每年开学季为新生打造的"探秘Library"活动。这一活动设计多种需要学生在图书馆内完成的任务,这些任务既包括寻找指定的阅览室,根据索书号找到指定图书,完成借书和还书流程,也包括熟悉寄包箱、自助复印机等的使用方法等。这就要求设计题目的阅读推广人对整个图书馆的藏书布局、资源种类、服务类型等都有整体和全局的把握,这样才能确保参加活动的同学在完成题目后,也基本上对图书馆有了一个初步认识。

其次,要对拟推广资源的馆藏情况、借阅情况进行深度了解。例如我们在做党史党建资源阅读推广时,就要求阅读推广人对该类型文献的实际需求和借阅习惯进行充分调研,并且分析馆藏图书的藏书结构和利用率。从分析中我们发现,馆藏1万余册的该类型纸质图书中,可外借量不足70%,而当年度购买的新书,借阅比例仅

15%，且借阅量呈现逐年下降趋势，而在期刊方面，馆藏数字资源覆盖全国80%以上的全年正式出版物，基本能满足读者的阅读需求。从而有针对性地增加可外借图书，补配缺藏，建立专架，并向相关部门和学院进行书目推送和图书配送，同时制定相应的活动策略，加大对数据库的宣传和培训，告诉师生哪些资源可以从数据库中获得，鼓励师生使用电子资源。

再次，要对重点和特色馆藏有较为充分的了解。图书馆的重点馆藏，通常与学校的重点学科、优势学科的设置密切相关。学校的重点学科，常常也是图书馆需要进行资源重点建设以及重点推广的学科方向。而特色馆藏，通常是图书馆藏书的历史来源以及在此后的长期积累中形成的具有一定规模数量和特色优势的馆藏，如复旦大学图书馆的线装古籍、民国书刊，上海交通大学图书馆的李政道先生特色资源、契约文书，上海中医药大学的中医药古籍以及上海师范大学的古籍特藏、民国文献等①。阅读推广人在充分了解重点特色馆藏的基础上开展阅读推广工作，不仅能在阅读推广中组织到丰富的资源，而且也能更有效地服务于学校的学科建设和教学任务，如果能对已有资源在内容上进行进一步的深入挖掘，并策划相应的活动，将更有助于推广活动品质的提升。

2. 熟练掌握业务

图书馆阅读推广的主要资源来源于图书馆（包括纸质和电子文献在内）的馆藏，而要充分宣传和利用好这些资源，就要求阅读推广人充分熟悉图书馆各项业务。阅读推广工作的内容涉及图书馆从读者服务到资源建设的各个方面，包括图书借还、资源荐购、使用培训、科技查新、馆际互借、信息导航等各项服务。

从资源建设的角度来讲，阅读推广人需要对学校的学科设置、教学安排以及读者需求有充分的了解，在购买资源时做到与学科密切匹配，最大限度满足读者的资源需求。对于购买的数字资源，阅读推广人需要对其内容和使用方法有一定的了解，便于对读者开展及时的宣传和使用培训，帮助读者学会使用数据库。除常规的数据库使用咨询活动以及不定期的培训外，上海师范大学图书馆与校工会每年举办一次的"青年教工检索大赛"，在数字资源推广方面达到了很好的效果。阅读推广人为检索大赛预编的教材，针对本馆的数字资源进行了浅显易懂的实例化讲解，比赛题目也以基本检索技能为主，不出偏题难题，主要目的是鼓励教工的参赛积极性，通

---

① 《上海市高校图书馆发展报告》编写组.2016年度上海市高校图书馆发展报告[R].上海：上海市高等学校图书情报工作委员会,2017.

过比赛对图书馆的数字资源和基本的检索方法有初步的了解,便于将来有必要时深入应用。

而对于新购纸质资源的推广,则需要资源建设部门的推广人有更加积极的作为。以上海师范大学为例,仅2017年,就先后举办书展11场。这些书展有一个共同的特点,就是紧跟时事和形势,比如,春节期间央视"中国诗词大会"引发全社会的诗词热,3月一开学就推出诗词与传统文化主题书展;诺贝尔文学奖公布后,随即举办诺贝尔文学主题书展;国家大力推进"一带一路"倡议,跟进推出"一带一路"热点图书书展;在十九大召开当日,同期举办"十九大"主题书展;另外,还适时地推出了海派文化、学术图书、畅销图书等主题书展。书展除了主题很有特色外,在形式上也有很大的创新。基本上每场主题书展,都是"你看书我借阅"的即时借阅书展。所有新书,未经加工,拆包即借,目的就是缩短借阅周期,扩大借阅量,让读者在第一时间拿到最新的图书。这种形式,取得了很好的借阅效果,比如传统文化书展、畅销书书展,图书馆组织的图书在2000册左右,外借量达到了近1000册,借阅率接近50%。这么高的借阅率,如果把书典藏到书库,是肯定达不到的。

(三)新技术应用能力

数字化技术的广泛应用,为高校图书馆开展数字化服务提供了有利条件。面对数字阅读带来的冲击,阅读方式日益多元化,高校图书馆阅读推广人要紧跟时代潮流,掌握新技术、新方法。除目前已经普遍应用于阅读推广的一些新媒体技术,如微博、微信外,图书馆阅读推广人还要在移动互联技术、物联网技术、大数据技术、云计算技术以及人工智能技术方面进行开发和应用。只有通过对新技术充分掌握和应用,阅读推广人才能摆脱主观经验,驱动阅读推广向更高效、更精准、更智慧的方向发展。

物联网技术最早的体现形式就是条码识别,目前这一技术可以将二维条码与图书馆引导结合起来,读者通过手机扫码,可将相关服务通过手机进行实现,为读者提供馆内导读指引或互动咨询,也可根据读者在图书馆内的运动路线向读者推荐附近可能感兴趣的图书。在大数据技术的应用方面,推广人可借助数据挖掘技术,对海量知识进行初步挖掘整理,全面深入掌握读者阅读行为数据,并发现其中潜在的信息,从读者角度审视和认识读者阅读行为,精准掌握读者的阅读习惯、阅读特征、阅读兴趣及阅读需求,有利于进一步将读者群体细分[1],为开展阅读推广提供决策支

---

① 李辉.技术驱动下的图书馆阅读推广方式创新[J].大学图书情报学刊,2018(3):6-10.

持,然后再根据读者的专业、个性等情况进行有针对性的推送。云计算技术的应用,则可以让读者自然选择阅读内容、安排阅读进度,过滤互联网信息,支持读者探索未知事物,激发思维①。

目前,清华大学、上海交通大学、厦门大学等图书馆都已推出自己的图书馆APP服务,而微信和微博服务作为常规的技术手段已被各个图书馆普遍应用于阅读推广,但是云计算、大数据分析等新技术,受限于推广人的接受和掌握程度,尚未在阅读推广中得到广泛应用,这就需要图书馆阅读推广人在使用和掌握新技术方面,做出更多努力。

(四)学科专业能力

对于综合性高校的大学生来说,阅读推广面非常广,既可以做提升素质的普及型读物的推广,也可以进行专业性较强的小众型读物推广。文学、美术、音乐、法律、建筑、历史、语言等有相关群体关注的学科类别,以及古籍文献、民国文献、港台文献等不同的文献类型,都可以是阅读推广的方向。但无论是不同的学科类别还是文献类型,都要求阅读推广人具有较强的学科专业能力。

比如我们在做海派文化推广时,就要对海派文化的起源、发展、传承、精神实质以及其代表人物、代表著作有比较充分的了解甚至研究,这样才能使阅读推广具有明确的目的和取得实际效果。在开展系列活动前,先期制作了一期"绘声绘色　海尚朗读——海派文学推广访谈录"的微信推送,旨在让读者对海派文学为代表的海派文化有概念性的认识和了解。推文在对海派文学的源起、精神实质进行介绍的同时,围绕代表人物和代表作品进行推介。这就要求推广人对"海派文学"这一专业领域有一定的深入了解,对文学的发展脉络有比较清晰的认识,从19世纪末期的《海上花列传》《上海繁华梦》等,到"五四"后的《春风沉醉的晚上》,20世纪30年代的《都市风景线》《紫丁香》,40年代的《亭子间嫂嫂》《倾城之恋》等代表作以及这些作品的作者郁达夫、叶灵凤、刘呐鸥、张爱玲等,都要有一定的研究,对这些作品的内容、风格、特点,甚至它们的色彩、情调、精神以及在海派文学中的地位,都要在推文中进行介绍,这样才能给读者以清晰的线索,才能引导读者了解海派文学,并吸引他们去选择阅读,并产生参与其他配套活动的冲动②。

---

① 曹畋,王黎.探究图书馆阅读推广的新技术与新趋势[J].农业图书情报学刊,2017(12):135-138.

② 段晓林.绘声绘色　海尚朗读——海派文化推广访谈录[J].上海高校图书情报工作研究,2018(1):100-103.

从文献角度进行的推广,则对推广人的专业能力提出了更高的要求。不仅要求推广人对某一类型的文献有文献学方面的相关研究,还要求推广人对文献的出版和数字化情况也有一定的研究。以民国时期敦煌学研究文献的推广为例,民国时期是敦煌学的起步阶段,当时的学者们主要是利用敦煌的资料来研究本学科的问题,并没有创办过敦煌学的专刊,"敦煌学"研究成果,散布在各种各样的书刊里。对民国时期敦煌学文献进行推广,就必须对发表敦煌学研究成果的期刊进行统计,找到发表文章最多、最集中期刊,这批期刊是包括《燕京学报》《图书季刊》《国立北平图书馆馆刊》《国学季刊》等在内的一批国学、图书馆学方面的期刊。但是由于民国文献纸质脆弱,已经不堪翻阅使用,因此,我们的推广,并不鼓励读者来使用原版书刊,所以,除了找到原版期刊外,我们还要对这些期刊的新版影印以及数据库可查询情况进行全面研究,向读者推荐新版或数字产品。

二、阅读推广人的构成

高校图书馆传统的阅读推广,通常是以图书馆的团队为主开展。但随着推广内容的增加和阅读推广专业化发展,阅读推广人不仅要有全面的综合素质、过硬的业务能力,而且在对掌握新技术的能力和学科专业能力方面的要求也越来越高,仅靠少数的阅读推广人或图书馆自己的团队,已经不能很好地推动阅读推广工作的开展。因此,高校图书馆阅读推广人的构成,应该是多元、多层面的,并不是要求一个人必须具备所有的能力,而是团队成员各有所长。高校图书馆的阅读推广不仅要有来自图书馆专业人员的努力,也要有学校各机关部门的支持,和来自学生社团甚至赞助单位的协助。

(一)图书馆专业推广人

图书馆组建专业的推广团队开展阅读推广活动,专业推广人以图书馆工作人员为主。从2018年上海市高校图工委进行的阅读推广问卷调研来看,上海市高校设有专门的阅读推广部门及专职推广人的图书馆并不多,兼职推广是大多数图书馆采用的形式。上海师范大学图书馆通过历年的阅读推广活动,形成了多部门协作的专业团队模式。该模式相较专职推广人的设置,更能群策群力,发挥团队优势。在该模式下,形成了以资源建设部、展览宣传中心、读者部门、办公室等各部室相互配合,分工协作的阅读推广形式。通常情况下,资源建设部和展览宣传中心负责活动策划以及与学校各级组织的沟通配合,读者部门负责与学生组织的联系以及活动的组织和开展。这一模式,也充分发挥了各部门的优势和团队成员的专业特长,所有部门成员都是潜在的阅读推广人,在必要的时候都可以参与到活动的策划和组织中。比如,进行教育资源的推广,可以由具有相关教育专业背景的馆员担任主要策划;资源建设部门的采购直接面对书商和数据库商,由他们来完成书展和数据库培训的安排和推进;读者部门直接面对学生,有专人负责与学生的沟通联系和活动的组织开展;展览宣传中心则在微信推送、微展览制作等新技术的应用中,发挥主要作用。

(二)馆外辅助推广人

图书馆在开展阅读推广时,虽然策划了丰富的活动,准备了丰厚的奖品,但通常情况下,仅靠自己的宣传和动员,往往得不到学生的响应,很难吸引学生参与。因此,图书馆在策划组织活动时,要有意识地主动与团委、学工部、研究生处、工会等学校的学生管理部门合作,比如与团委、工会共同发布通知,把活动上升为全校性赛事;与教务部门、研究生部合作,通过给予一定社会活动学分的方式鼓励同学参与。让这些部门的人员,成为阅读推广活动的辅助推广人。同时,还要加强与学院的合作,让学院的辅导员,也成为阅读推广活动的馆外辅助推广人。

在辅助推广人方面,上海师范大学图书馆在许多项目上都进行了尝试,也取得了非常好的效果,比如在自制展览"抗战文化展"展出时,时值9月新生开学季,我们与教务处合作办展,让展览成为新生军训教育的必修课程之一,辅导员都会带学生观展,从而也实现了展览制作的目的:"不仅仅呈现抗战时期的文化成果,更是把抗战文化所激发的爱国热情,凝聚起的民族精神,传递出来,让同学们铭记历史、勿忘国耻、以史为鉴、珍惜和平。"在每年的读者服务月期间,与团委合作共同开展"读书文化节"活动,其中一些大型项目,如"阅读达人秀""师大朗读者"等,都有团委老师和学院辅导员的积极推动。在面向教师的活动中,如教工检索大赛、教工阅读马拉松、教工阅读手拉手等活动,图书馆则与校工会合作开展,因为有来自工会的宣传和支持,阅读手拉手等活动甚至出现活动现场座无虚席,老师排队领书的场面。

(三)学生社团推广人

在以往的阅读推广活动中,图书馆的专业推广团队不乏很好的活动创意和策划方案,也进行了前期的充分预热和宣传,但一直存在学生参与热情不高,参与人数较少的情况,并且这一情况持续存在,已经成为图书馆开展阅读推广活动的瓶颈,甚至影响了专业团队开展推广活动的积极性。

为解决这一问题,我们尝试在阅读推广活动的策划及实施过程中,有意识地吸纳校学生会、读书协会、英语协会、图管会等学生社团,让他们成为各项活动的策划者和组织者,成为图书馆专业推广团队的协作推广人,从被动的参与者变成主动的组织者。如读书协会在开幕活动中,配合举行了绘本剧演出、汉服表演,参与海派主题书展巡展,以及文化讲座等筹办活动;图管会协助进行了朗读大赛、摄影大赛的宣传、动员和组织工作;学生会筹办阅读达人秀,并参与比赛现场的管理和秩序维护;英语协会参与策划并组织"陪你读完一本书"活动。这一改变,不仅得到了学生社团的积极响应,宣传效果和参与面也得到扩大,各项活动都取得很好的资源推广和阅读推广的效果。阅读达人秀比赛,全校70%以上的学院组队参赛,文化讲座150人的会场座无虚席,海派微展览通过社团成员的接力推送,点击量短期内超过2000次,而在各种书展上,同学们排队借阅图书,更是热情踊跃。

高校的阅读推广,更多的活动是直接面向学生。学生社团的组织和协作、学生参与者的引领和示范作用的确能提高学生参与的积极性,也极大地拓展了活动参与面与学生的参与深度。

(四)协作推广人

协作推广人包括阅读推广活动的赞助者和协作者,从严格意义上来说,这不能算是真正的推广人,但是他们的参与也是保障活动顺利开展的重要因素之一。比如2018年上半年,上海市图书馆学会新媒体委员会策划举办的"绘声绘色"朗读大赛,得到了博看公司的支持,该公司为每个分赛区提供比赛用朗读亭,为比赛设计统一的宣传海报,通过微信推送朗读技巧等,为大赛进行预热,博看公司作为编外推广人,确实为比赛的顺利开展以及赛事影响的扩大做了许多工作。学校通过朗读亭"绘声绘色"地推动活动开展的同时,博看公司也宣传了自己的产品。

而图书馆多次举办的书展则借力于书商的书目资源和进书渠道,书商为图书馆组织书展的同时,相应地也增加了自己的订单机会;数据库的培训,也充分利用数据库商的自有培训资源开展,出于产品宣传和推广的目的,他们也会主动要求到学校做使用培训及开展咨询活动。

通过企业的支持,学校和企业之间,相互借力,共享成效,在阅读推广中互利共赢。

三、结语

图书馆开展阅读推广,首要的目的就是推广自己的资源和服务,图书馆阅读推广人应具备什么样的能力,图书馆应构建什么样的阅读推广人队伍,才能将以推广图书馆资源和服务为目的的阅读推广工作顺利开展,在结合上海师范大学图书馆多年阅读推广实践经验的基础上,笔者给出了相应的答案。

除策划、组织、协调、学习等综合基础能力外,推广人更应强化图书馆的业务技能,比如对馆藏的熟悉,对业务的熟练掌握,对信息新技术的学习和运用以及对专业知识的更新和提高。而在阅读推广人的构成方面,应吸纳更多的相关人员,使其成为辅助推广人或协作推广人,推广人大可不必强调专职或兼职,也无所谓有无专门的阅读推广部门。因为从对推广人的能力要求看,即便设置专职人员,也最多只是协调相关部门开展工作而已,个人无法胜任所有的角色,需要团队配合和团队成员的共同努力;而从推广的运作层面来看,无论有无专门的阅读推广部门,阅读推广这一工作,都需要包括图书馆各部门、学校各部门,甚至校外其他协作机构的密切配合,绝非一个部门所能独立完成。

因此,可以说,加强阅读推广人团队的能力建设,优化阅读推广人团队的成员构建,是做好图书馆阅读推广的前提和条件。

段晓林(上海师范大学图书馆)

第二节　高校阅读推广人的角色变迁及启示

随着国家在战略层面上对"倡导全民阅读,建设书香社会"的逐年重视,高校图书馆纷纷审时度势做出响应,推出多姿多彩的校园阅读活动。然而就现状来看,一些活动仍停留在"活动组织"层及"场所提供"层,亟须顺应时势调整为依托自身规模有序的馆藏资源和日趋成熟的知识服务模式,以探寻推广阅读的新路径、新方法[①]。高校阅读推广人正是实现这一转变的主体和关键,承担着助推阅读活动步入健康轨道的实践重任,同时秉承着与时俱进完成自身角色定位的理论使命,因而必然涉及对其角色变迁轨迹的探究,以为今后的推广人角色活动乃至高校阅读推广工作提供思路。

一、高校阅读推广人理论及实践现状

通过研习在知网中以"阅读推广人"为主题和关键词检出的文献,发现以下特点:发文最早始于2013年,论文数目激增于2016年,内容较多着墨于素养构成及培育制度,主题较多偏向于公共图书馆推广人及儿童推广人等。2015年,王余光、霍瑞

---

① 吴晞.图书馆阅读推广基础理论[M].北京:朝华出版社,2015:144.

娟主编的阅读推广人系列丛书问世,在全面综述现有理论体系和实践活动的基础上,探讨诸多细节问题,为展开深入系统的理论研究和规范高效的实践活动提供教材依据。纵观已有论文和教材,鲜有关于高校阅读推广人的详细研究,更鲜有对其角色变迁方面的专门探讨。

实践方面,2012年,上海市图书馆学会成立阅读推广委员会并下设大学生阅读推广委员会,先后举办学术研讨会、工作交流、案例大赛、评优活动、案例征集等活动,推进了上海地区高校阅读推广人培育工作;2014年,中国图书馆学会启动"全民阅读推广峰会暨阅读推广人培育行动"仪式,随后举办"高校图书馆阅读推广理论与实践高级研修班""首届大学生阅读推广高峰论坛"等活动,在高校图书馆掀起一股阅读推广人培育浪潮。可见,培育活动是高校阅读推广人角色实践的主要形式,实际推广工作中较为成熟的角色实践模式和角色运行机制较少。

二、高校阅读推广人角色变迁的影响因素

所谓角色是对群体或社会中具有某一特定身份的人的行为期待,每一个角色都有它一定的功能和相关的行为规范及模式[1]。高校阅读推广人的行为规范和模式受一系列主客观因素的影响,角色行为发生变迁的路径有迹可循。依据主观能动性原理和"胜任力模型"[2]等相关研究成果,参照阅读推广活动中的关联要素,从主客观两个方面归纳影响因素。

(一)主观因素

人格和性情,即人的行为特质和性格情绪的倾向,包含自信心、同理心、责任心、忠诚心、交流力、沟通力、合作力、担当力、领导力、服务力等范畴,是推广人呱呱坠地以来潜移默化而成的相对稳定的个性化特质,可塑程度较低。

经历和偏好,是推广人在适应社会环境过程中逐渐形成的认知倾向,用以解释现象和储备经验,如工作的阅历、国际化的视野、职业生涯规划等,能够适应环境做出调整,具有一定程度的可塑性。

信息力,即对待信息的逻辑思维能力,包含信息觉察力、信息理解力、信息检索力、信息整合力、信息应用力、信息创新力等内容,是推广人在实践中慢慢积累的能力,能够通过长期系统的学习和锻炼加以提升。

---

[1] 戴维·波普诺.社会学[M].李强,译.北京:中国人民大学出版社,1999:97-98.
[2] 孙子清,黄丽霞.基于Kano理论的高校图书馆员胜任力体系构建——以哈尔滨地区高校图书馆为例[J].图书情报工作,2016(2):47-52,148.

知识构成体系,即推广人对计算机、外语、图书馆学、读者心理学等相关学科知识内容的通晓程度,能够根据需要在较短的时间内通过针对性的培训加以提升。

(二)客观因素

类聚化、稳定化的推广对象。相对于社会读者而言,高校读者的信息素养水平较为相仿,知识结构因年级、专业、研究领域的限制表现出类聚化和稳定化的趋势。

专业化、层级化的推广内容。专业性较强的高校馆藏是遴选推广内容的主要来源,此外,师范类院校和工科院校的馆藏内容侧重点不同,教室阅览室和学生阅览室的馆藏内容侧重点不同,表现出层级化的特点。

交互化、便携化的推广媒介。新技术条件下数字阅读媒介的交互化、便携化趋势深刻作用于读者的阅读习惯,其产生的多元影响给阅读推广方式方法的革旧鼎新提供可能。

花样化、热点化的推广形式。为了在"阅读大战"中赢得更多的读者,高校图书馆不断引入新花样、嵌入新热点,如源于英国伦敦某公益组织的"地铁图书"(Books on the Underground)丢书活动被演绎为多种推广形式,成为吸引大学生眼球的利器。

高频化、机制化的培育活动。随着全国各地高校推广人培育活动的高频化进展,逐渐形成了一套在课程体系、管理平台、认证模式、师资队伍等方面相对完善的推广人培育机制[①]。

三、高校阅读推广人的角色变迁

高校阅读推广人的角色变迁过程在某种意义上就是角色与校园阅读活动在现代信息条件下不断整合的过程,一系列主客观因素赋予了推广人深厚的时代烙印,使之承载越来越丰富的内蕴,呈现出多维发散型的角色模式。我们通过考察推广人培育行动及高校馆推广实践案例,从而梳理推广人向协同合作者、介入干预者、辅助者及评估者、内容挖掘者等角色变迁的轨迹。

(一)从全知全能者转向协同合作者

高校阅读推广越来越多地表现为一个主题下包含多个系列和子系列活动的集合,推广人根据自己性格、偏好特点及信息力、知识构成体系优势,在擅长的流程中担任"策划设计者""宣传代言者""考察评估者"等角色,以各尽所能的分工协作取

---

① 张章.阅读推广人培训的现状与展望——以中国图书馆学会阅读推广人培育行动为例[J].图书馆杂志,2016(8):36-41.

代全知全能。上海市图书馆学会阅读推广人培育工作实践中,采用"3＋X"课程体系模式①,即固定课程搭配灵活课程,根据学员需求特点进行分类培训,执行差异化资质认定标准,帮助学员精进专属特长,从而更好地发挥高校图书馆得天独厚的人力资源优势,走向推广人角色的协同合作之路。

(二)从中立依从者转向介入干预者

推广活动无处不蕴含着推广人的主观意志,尤其是推荐类活动,需要推广人转变传统服务中的中立立场和依从态度,形成推荐建议,介入读者阅读行为,从按章服务的中立依从者转向开展阅读指导的介入干预者。华东政法大学图书馆针对学生选择图书时的迷茫现状,进行大量的资料查阅并结合时事热点,借助馆长推荐等多种渠道形成推荐书单,以展板、宣传栏、网络媒介、汇文系统等多种途径推进书目推荐活动,把优秀的书目选择经验移植到学生的书目选择行为上。

(三)从活动渐起阶段的主导者转向辅助者;从活动渐弱阶段的淡化者转向评估者

依照生命周期理论将推广活动划分为构思策划、运行实施的渐起阶段和停滞不前、重塑再生的渐弱阶段。渐起阶段中,推广人从主导策划转向辅助读者设计活动;渐弱阶段中,推广人从无为而治转向自我整理、自我评估。在华东理工大学图书馆"读伴计划"活动的前期,馆员设计阅读主题并鼓励学生策划活动方案;活动中期,馆员淡化为辅助角色,推广的重点转移到学生自主开展的阅读陪伴和阅读分享活动;活动后期,馆员回顾总结活动经验,自制电子杂志,在整场活动中承担活动伊始筹备、活动过程记录、活动效果评估、活动成果保存等工作,从前线逐渐退居幕后。

(四)从形式革新者转向内容挖掘者

一直以来,图书馆的核心价值被业界反复讨论,讨论结果定论不一,但是无论是读者、服务还是存储,都离不开馆藏资源的内容,推广活动质量和层次的提升恰恰依赖于内容的创新。新技术、新媒介赋予活动新鲜多变的展现形式,但形式只是手段,而非活动的主角,推广人应积极致力于分析师生阅读特点,挖掘专业性和学术性较强的馆藏资源,把师生注意力从阅读的载体、媒介引向内容,推广人从推广形式革新者转向推广内容挖掘者。上海对外经贸大学图书馆"放飞心灵,共享青春"系列活动把推广主题定位为心理健康,借书友会、观影会等形式,为大学生打造一场释放心

---

① 杨飞.构建专业化的阅读推广人队伍——上海市图书馆学会阅读推广人培育工作实践[J].新世纪图书馆,2015(7):38-42.

灵、展现活力的阅读盛宴；华东政法大学结合校园政法特色，以司法案例、学术论文为切入点举办文献检索大赛，鼓励学生重视中外文数据库的检索技巧，锻炼做学问乃至从事法律职业的必备能力，均实现了基于内容的创新。

四、角色变迁的启示

(一)角色分工协作和组织文化建设相结合，引领校园阅读风尚

增强高校阅读推广人对个体角色分工的认知度，以多元化资质认定标准带动角色分工的优化重组，最大限度地发挥推广人信息素养的差异化特征对剖析师生阅读需求的积极作用，进而基于专属特长开展以具体活动为契机的分类分层阅读指导。结合分工方案构建多方立体协作模式，如校内部门合作、校校片区合作、学校与同行协会合作、学校与政府及其他阅读力量的跨行合作等，提高推广业务尤其是协作式推广业务的活动效率。

高质量的分工协作离不开健康、愉悦的工作氛围，推广人增强相互认同感、集体归属感，重视组织文化建设[①]，遇到难题时不气馁、不放弃，充当正能量的制造方，用热忱的心态帮助读者通过阅读获得书籍伴侣的安慰和力量，持续扩大阅读的传播力、感染力，营造校园推广文化氛围，引领校园阅读风尚。上海大学图书馆"书香校园，馆员先行——馆员阅读分享"活动中，馆员以一线读者身份自居，热情参与征文活动，引领了积极健康的校园阅读风尚。

(二)推广人介入式服务和读者自我管理相结合，塑造自助读者

受高校情境的影响，推广人以客观解释者和客观传播者自居与高校的教育职能相悖，推广人要以需求为目标驱动，用合乎常理的三观和知识体系对推广内容进行客观地考察、选择、凝练和整合，介入师生进行阅读指导。介入式服务的核心是推广人走出中立者的框架束缚，把主观意志融入活动，读者自我管理强调推广人淡出活动的主角，保持价值的中立性，表面上来看介入行为与图书馆的价值中立性是相悖的，但是科学规范的介入式服务能够为需要帮助的人群授业解惑，吻合"阅读推广是为了使不会阅读的学会阅读、使阅读有困难的人跨越阅读困难"的阅读推广服务目标[②]。

在推广的过程中广泛联动校内读者资源，将活动的主动权交给读者，鼓励教职

---

① 裴微微,吕淑贤,萧群.泛在信息环境下我国大学图书馆人力资源管理对策研究[J].大学图书馆学报——以北京大学图书馆为例,2016(6):28-34.

② 范并思.阅读推广与图书馆学:基础理论问题分析[J].中国图书馆学报,2014(5):4-13.

工和学生充分发挥专业优势和聪明才智,自发地进行校园阅读推广[1]。同时依托微博、微信等新媒体平台不断优化服务手段和技巧,使线上互动平台与线下面对面活动交相呼应,通过媒介及形式的创新带动师生阅读积极性和参与热情。推广人不断摸索介入式服务和读者自我管理之间的最佳制衡点,在活动中做好引领和监护工作,以四两拨千斤,借助活动自上而下的引导模式逐渐将盲目读者塑造为自助读者。

(三)辅助和评估相结合,完成高校阅读推广人在自我定位上的现代性变迁

"读者是上帝,内容是灵魂",活动中突出高校师生的主体地位,推广人发挥纽带、顾问、演示、补充的作用,充当教学副手、科研助理、百科全书等辅助型角色;重视活动内容的整理和评估,宏观上把握推广方向,微观上注重数据搜集,从基础指标、特色指标、品牌潜力等方面对推广活动进行评估,并根据活动数据和评估结果建立案例档案库,逐步向活动智囊团的评估型角色转型[2]。

循证图书馆学理论认为实践的效果反过来影响实践本身,强调重视实践活动的论据性,即事先制订的活动方案不仅要符合已有的科学理论,还要有正确的论据支撑[3]。遵循实践活动是科学论据的唯一来源的循证学理论,结合实践不断探索新的角色定位点,助推高校推广人向辅助者和评估者的复合型角色转型,使其在变迁视域下呈现出更加丰富的面向,逐渐形成可供具有行业推广价值的角色实践模式和角色运行机制,引领推广实践的现代性扩展,完成高校阅读推广人在自我定位上的现代性变迁。

(四)图书馆文化性和高校学术性相结合,构建高校阅读推广人专业化、细分化的知识体系

阅读推广源于并兴盛于公共图书馆领域,因而取经公共图书馆优秀经验、追踪社会热点成为高校推广风气,如举办影视赏析、主题画展、品读莫言等活动;严峻的就业形势和浮躁的社会风气致使大学生阅读行为中附带着较强的功利性和娱乐性特点,应付课程和追逐时尚成为参加活动的重要动因,知识结构日趋单一;以"一日两季"(世界读书日、新生季、毕业季)为契机开展阅读活动的场次和频次达到空前庞

---

[1] 许天才,杨新涯,王宁,等.图书馆阅读推广的多元化趋势研究——以首届高校图书馆阅读推广大赛为案例[J].图书情报工作,2016(2):82-86.

[2] 许天才,杨新涯,徐娟,等.高校图书馆阅读推广评价机制的研究[J].图书情报工作,2016(17):47-52.

[3] 于良芝,于斌斌.图书馆阅读推广——循证图书馆学(EBL)的典型领域[J].国家图书馆学刊,2014(6):9-16.

大的数目,相较而言,活动质量的提升程度较为失衡。这些现状均阻碍了更多有价值的学术资源的传播扩散,迫切需要高校阅读推广人变效仿为创新,摒弃重文化、轻学术的推广习惯,结合本校师生的需求现状和自身馆藏特点,聚焦专业性、学术性较强的校内资源,挖掘内容间的深层逻辑,将图书馆文化性和高校学术性相结合,既注重文化传承,又引领学术研究拓展[①]。

本科生兼有完成学业和休闲娱乐的双重需求,教师对资源的深度和精度要求程度较高,研究生的信息需求居于两者之间,推广人识别校内不同群体的需求特点,依照本校学术特色从馆藏资源中提炼高价值的知识内容,形成能够嵌入阅读、广泛普及的主题内容集合,引导学生学以致用,辅助教师教学相长,并据此不断调整、充实知识结构,向更高层次的知识向导方向发展,构建出高校阅读推广人专业化、细分化的知识体系。上海交通大学"影响交大人的书"活动将推荐图书嵌入致远学院数学系的微积分课程,基于学术资源实现深度合作。把书目推荐活动嵌入院系教学的优点是:联合教师的专业优势和馆员的信息搜集优势,辅助学生直接开始深入的学习和研究,缩减寻找资源的时间和精力[②];辅助馆藏资源建设;辅助推广人知识体系的优化重组。

五、结语

文章提出的角色变迁内容和启示有待进一步深入探究,并接受实践的检验,以期更好地指导高校阅读推广人的角色实践活动。集合高校图书馆有序的馆藏资源优势、成熟的知识服务模式、凝聚文化的导向育人力量,在符合实践规律的基础上与时俱进地更新高校阅读推广人角色理论,使角色理论在层次上不断迭代,早日脱颖而出于阅读推广理论体系,同时逐步推进角色实践水平的螺旋式上升,是高校阅读推广人理论和实践的双重使命。

魏可(上海电力学院图书馆)

---

① 王磊,吴瑾.图书馆"阅读推广人"模式的实践探索——以沈阳师范大学图书馆为例[J].图书情报工作,2017(6):6-10.

② Sun Yupeng. The University Library and Reading[J]. Cross-Cultural Communication,2014(6):213-216.

下篇　案例篇

第五章　主题文献推广

导言　结合馆藏的主题文献阅读推广

阅读推广,即推广阅读,是图书馆及社会各方面为培养阅读习惯,激发阅读兴趣,提升阅读水平,进而促进全面阅读所从事的一切工作的总称。党的十八大以来,党中央、国务院高度重视全民阅读工作的组织与实施。自十八大报告首次将"开展全民阅读活动"纳入我国社会主义文化强国建设以来,全民阅读越来越受到重视,全民阅读的内涵也进一步丰富。2014年至2018年,"倡导全民阅读""大力推动全民阅读"等内容连续5年被写入《政府工作报告》之中。"全民阅读"还作为重要条文被写进《中华人民共和国公共文化服务保障法》《中华人民共和国公共图书馆法》,并纳入《中华人民共和国国民经济和社会发展第十三个五年规划纲要》之中。

主题文献阅读推广,主要指立足地方文化特色及馆藏优势资源进行的系列阅读推广活动。本章择选9家图书馆选送的优秀案例文本。入选的9家图书馆充分发挥地方或馆藏优势,深化特色服务,从中医古籍文献、会议文献、盲文文献、红色文献、传统文化等方面着手,开展了颇具影响力的阅读推广活动。

一、主题文献阅读推广特点分析

(一) 推广主题鲜明,独特新颖

1. 立足地方特色,品味海派风尚

"海纳百川,兼容并蓄"的海派文化既有江南文化(吴越文化)的古典与雅致,又有国际大都市的现代与时尚。上海师范大学图书馆以"海尚悦读　寻梦上海"为主题的系列活动,围绕海派文化开展,充分利用新媒体的传播推广作用,推出形式多样的活动,其中包括海派朗读大赛、海派摄影比赛、海派微展览、海派悦读马拉松等。活动在图书馆一年一度的读书文化节期间举行,历年读书文化节的一些传统保留项目,也加入了"海派"元素,比如,同时策划了海派阅读达人秀、海派文化阅读交流会、海派主题书展、海派文化讲座等项目。

2. 发挥馆藏优势,深化特色服务

馆藏优势资源是指图书馆经过长时间建设积累,在某一方面形成一定规模的、结构比较完整的文献资源和实物资源优势,或可提供有别于其他图书馆的特色服务。

中国医科大学图书馆馆藏善本古籍为 88 部 716 册,绝大部分为中医古籍。其中,《圣济总录》等 5 部古籍入选《国家珍贵古籍名录》,《痘疹全书》等 48 部古籍入选《辽宁省珍贵古籍名录》。该馆选送"勤求古训,博采众方——中国医科大学古籍资源立体推广",通过古籍展览和现场体验活动,不但使读者对古籍、装订技术演变历史有了更清晰的认识,对中华古籍保护的目的有了更直观的了解,同时也展示了古籍对于当代社会生活的重大影响。

会议文献资源是上海图书馆的优势专业文献资源,1982 年即开始收集,迄今共收录会议论文集近两万册,并以"全国学术会议篇名数据库"的形式提供服务,在业内颇有口碑。上海图书馆的"馆藏会议文献的新媒体阅读推广"依托馆藏优势专业文献资源,创建"一线会情"微信公众号进行新媒体阅读推广。

3. 紧跟时代热点,弘扬红色文化

红色文化是在革命战争年代,由中国共产党人、先进分子和人民群众共同创造并极具中国特色的先进文化,蕴含着丰富的革命精神和厚重的历史文化内涵。弘扬红色文化,有利于坚持社会主义核心价值体系的实践性。沈阳航空航天大学图书馆利用图书馆资源和馆舍优势,打造红色文化素养基地。重要的是,红色文化素养基地的建立并未局限于图书馆的力量,还调动了学校及社会各方面的资源,同时充分发挥馆员和读者的创造力和执行力。

4. 重视传统文化,展现古典魅力

中华优秀传统文化是中华民族的精神命脉,是民族文化的血脉。习近平总书记指出"中华优秀传统文化已经成为中华民族的基因"。辽宁师范大学图书馆博"观"约"曲"唱书单:Music & Reading,从"阅读推广+中国传统诗乐"着眼,以古典诗词的古乐谱吟唱和流行歌曲创作为蓝本,重塑古典诗词的现代音乐形式,创作符合大众审美需求的古谱今唱优秀作品,形成"音乐好书单"和"原创发现书单",为传统文学、艺术教育注入创新活力和时代精神。

5. 关注弱势群体,推行无碍阅读

我国每位视力健全者每年平均占有约 10 种出版物,盲人平均只占 0.36 种,盲人所占有的阅览资源与数量庞大、种类繁多的普通书籍是无法相比的。湖北省图书馆"光明直播室"把书刊、网络、音频、视频多种形式的资源优势互为整合,互为利用,使其功能、价值得以全面提升成为新时代的融媒体资源。视力障碍人士来到直播室后，不仅可以阅览盲文书籍，聆听电台有声读物，还可以方便地走上直播台，将精彩的盲文书籍和自身感悟录制成音频文件与广大听众分享。这种将图书馆与直播间结合、将传统服务与现代服务结合的模式突破了局限，将传统的盲文阅览室变成了视障朋友阅读、交流的家园，为特殊群体打开了一个了解世界的新窗口。

6. 注重国际交流，融合中西文化

同济大学德文图书馆以德国文化为特色，利用图书、访谈、音像、影视、展览等媒介开展各类主题活动，创建国际文化教育第二课堂；为广大师生提供互动、交流、展示的国际文化交流平台，拓展学生国际视野，提升学生文化素养。"寓读于乐　文化育人"——"啤酒文化"主题阅读推广活动以德国文化为特色，利用图书、展览、现场活动等围绕啤酒文化主题开展活动，内容包括"啤酒文化图书展""走近德国啤酒文化图片展""啤酒之夜"现场活动、"走近德国啤酒文化线上趣味问答"等活动。

（二）推广形式多样，精彩纷呈

1. 导读

上海海洋大学"海韵导读"，采取"导读专家＋图书馆馆员＋学生社团"的师生合作活动模式，其主题选择和执行过程由三方合作完成。活动以宣传深度阅读、交流阅读体验、推荐阅读书目、实践阅读活动为宗旨，以导读者现身说法的深度阅读为案例，通过导读者和听众的深度交流，帮助提高读者的阅读自觉性，学会选择阅读的书目和阅读方式，提升阅读效率，为后续阅读找到书友或导师。

2. 唱读

辽宁师范大学图书馆将晦涩、难懂的好书和典籍流行化、通俗化、趣味化，再将其展现给读者，让每一本好书都能通过数字原创音乐、移动互联网、大众传媒及出版商数据库，以音乐的形式普及传唱，激发创作引领阅读，打消读者对经典文献阅读的畏惧心。

3. 乐读

同济大学图书馆"啤酒文化"主题阅读推广，通过丰富的活动形式，做到"寓读于乐、文化育人"，在向全校师生宣传中德文化的同时，推介德文图书馆的馆藏资源，并引导读者参与阅读、享受阅读。活动提倡阅享文化、欢悦交流、融合互动，营造和形成了国际文化交流、中西方文化融合的氛围。

4. 抄读

朔州图书馆开展的"手抄地方文献"阅读推广活动以抄促读、以读促知、以知促用，有效地使地方文献里的文字活了起来，使读者深度参与其中，更有利于阅读与理解文献本身,符合传统阅读习惯。

(三)融入新媒体推广元素

上海图书馆创建的"一线会情"微信公众号是业内首创的以新媒体为载体,多平台联动、集前台会议报道与后台会议论文检索为一体的一站式综合会议信息服务平台。该公众号于2017年8月28日正式上线以来,已收获活跃粉丝数千人,并以高打开率远超业内同类公众号的平均水平。"一线会情"突破纸媒局限,充分利用新媒体的传播影响力,打破地域性限制,拓展受众面,大幅提升了专业会议文献的阅读率和利用率。

上海海洋大学图书馆的"海韵导读"活动,根据导读者提供的相关信息、资料进行宣传内容设计、制作,在学校网站发布公告,通过图书馆微信公众号、海韵书友会微信公众号、海韵书友会QQ公众群、图书馆网站等线上形式进行宣传,同时通过图文并茂的海报、图书馆大屏幕等进行实体宣传。

同济大学图书馆的"寓读于乐　文化育人"——"啤酒文化"主题阅读推广活动,让读者在"啤酒文化线上趣味问答活动"中复习巩固在书展以及图片展中学习到的内容,加深对德国传统文化的理解。

二、主题文献阅读推广启示

(一)体现原创性和新颖性

辽宁师范大学图书馆首创"唱书",推出的"音乐好书单"是将馆员与读者共同创作的"音乐读后感"(原创歌曲、MV、音乐舞台剧)以专栏的形式推广给用户群,鼓励原创音乐人和音乐爱好者多读书、读好书,更多地基于音乐的视角解读经典文献,从而多挖掘隐藏在经典文献中的文化蜜饯和精髓,用音乐通俗、生动地展现给读者,提升图书馆服务的读者满意度。

(二)参与度高,影响广泛

作为上海市图书馆学会新媒体阅读推广委员会的委员单位,上海师范大学图书馆主导策划并推动的"海派文化"系列活动的开展,影响辐射上海地区各高校,在各校读书节活动中,得到普遍的响应和实施。另外,学生组织和社团的积极参与,有效地扩大了活动的宣传面和影响力。

朔州图书馆开展的"手抄地方文献"阅读推广活动共有384位读者踊跃参与,其中既有市知名书法家与书法爱好者,也有公务员、退休干部、中小学教师、在校学生、工人等普通市民。朔州图书馆共收到正式作品823份,其中软笔作品288份、硬笔作品535份,另有练习作品2000多份。

上海图书馆"一线会情"将零散的会议信息通过平台整合、集中发布,提升了会议资源的被发现率,从而提高资源利用率和传播率。目前,在国内"图书情报"与"人文历史"研究领域与爱好者群体中,已经具有一定口碑,获得了"近代史研究""爱知学者""图情招聘"等学术新媒体先行者的好评与宣传。

同济大学的"寓读于乐 文化育人"——"啤酒文化"主题阅读活动中,共355人次点阅微信书籍推荐、500多名中德师生报名参与"啤酒之夜"活动(由于场地限制等问题最终接待300人)、100余人参与微信趣味问答,其中19人获得图书馆送出的精美小奖品。

三、结语

从推广特色看,上述案例体现出立足地方特色、发挥馆藏优势、紧跟时代热点、重视传统文化、关注弱势群体、注重国际交流的特点,独特新颖;从阅读方式看,无论是导读、唱读,还是乐读、抄读,形式多样,精彩纷呈;从推广效果看,上述案例均具原创性和新颖性,注重融入新媒体推广元素,得到师生或相关群体的广泛参与,受到业界的持续关注与一致好评。

宋雪春(上海师范大学图书馆)

案例一 海尚悦读 寻梦上海
——海派文化阅读推广

"海纳百川,兼容并蓄"的海派文化是在中国江南传统文化(吴越文化)的基础上,融合开埠后传入的对上海影响深远的源于欧美的近现代工业文明而逐步形成的上海特有的文化现象,它既有江南文化(吴越文化)的古典与雅致,又有国际大都市的现代与时尚。海派文化推广,目的就是引领师生一起品味上海文化,感受今昔变化,提升文化涵养,浸润海派气质,培育文化自豪。

一、项目设计

以"海尚悦读 寻梦上海"为主题的系列活动,围绕"海派文化"开展,充分利用新媒体的传播推广作用,推出形式多样的活动,其中包括海派朗读大赛、海派摄影比赛、海派微展览、海派悦读马拉松等。活动在图书馆一年一度的读书文化节期间举行,历年读书文化节的一些传统的保留项目也加入了"海派"元素,比如,同时策划了海派阅读达人秀、海派文化阅读交流会、海派主题书展、海派文化讲座等项目。

海尚悦读　寻梦上海——读书文化节"海派文化"系列活动开幕式

项目主旨是通过各种活动的开展,推进海派文化的传播力和在学生中的感染力,带领包括外地学生在内的所有上海师范大学学子,品味上海文化,浸润海派气质。比如通过"海派摄影比赛"让同学们用自己的眼睛去探寻上海的今昔变迁,从而感受上海现代化发展进程,培育文化自豪感;"海派微展览"则是用微信推送的方式,推出"上海记忆""民国老报刊中的风雅与时尚""书画里的海派情节——陈志宏书画展"等海派文化图片展览,引起同学们对海派文化起源、传承和发展的兴趣,涵养民族文化情结;"海派朗读大赛"让同学们通过专业朗读设备的辅助,声情并茂地诵读经典海派作品片段,体味上海文化,传播和抒发文化情感;"海派阅读达人秀"则是通过对海派文学经典作品的重新演绎,用自己的方式理解和再现海派风味。总之,项目策划推出的系列活动,就是让"海派文化"贯穿于整个读书文化节,让海派精神无处不在。

二、主要内容

项目以传统方式结合新媒体技术,从听(讲座)、读(朗读比赛)、看(展览)、拍(照片)、演(达人秀)几个方面策划并实施活动,共包括7项活动内容。

(一)梦回旧时 图忆往昔——海派图片展览

展览以图文并茂的形式,挖掘海派资源,传播海派文化,引起读者对海派文化起源、传承和发展的兴趣,涵养民族文化情结。

活动期间,图书馆自制"上海记忆""民国老报刊中的风雅与时尚""文献的记忆——别样的海派文化史"3个大型展览,并引进"书画里的海派情节——陈志宏书画展"。展览图片体现出的浓浓的时代风格,无不给观展者以强烈的视觉冲击,伴随着展览图片和文字的层层推演,让观展者感受民国时期上海的历史痕迹和都市文化的发展变迁,也从中感悟上海城市精神的精髓和传承脉络。

"民国老报刊中的风雅与时尚"展板之一

展览以线下展板展出和线上公众号推送的形式相结合。尤其是微展览的形式较为独具一格,把展览中所体现的上海风格用大学生现在最容易接受的电子阅读方式呈现出来,让他们不仅可以碎片式浏览,也可以细品慢读,更可以下载欣赏。

(二)海尚寻踪 史迹探源——海派摄影比赛

比赛旨在引领大学生读者阅读上海近代历史,亲身体味上海古今变迁,感受上海现代化发展进程,培养读者文化自豪感。

图书馆向大学生推荐有关近代上海的图册类图书50余种,以专架集中放置。参与活动的大学生翻拍图册内照片,并根据图片线索,寻找现在上海的对应景点。拍摄内容包括且不限于上海的街巷里弄、名胜古迹、名人故居、近代建筑、人情风物、市

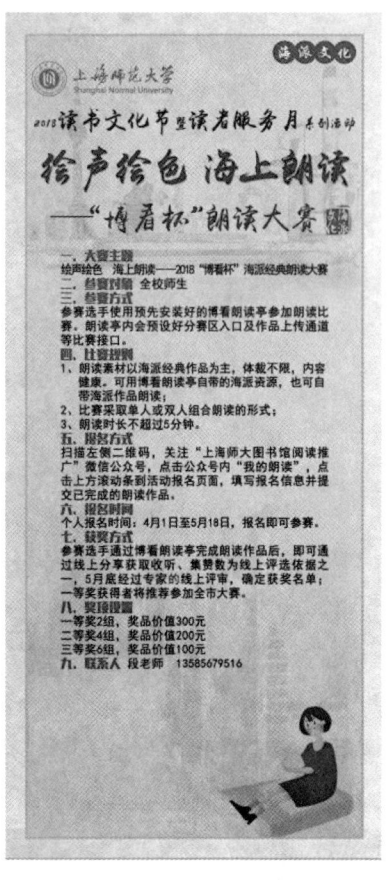

朗读大赛宣传海报

井民情。作品以微信推送的形式提交，内容主要为上海新旧景对照照片，并附上寻找景点的经过、新旧景点变迁的文字说明、感受体会等。活动让同学们走进历史、走入街巷，对现代城市进行深度寻访，对历史线索进行主动挖掘和探索，让同学们从城市的变迁中，感受到国家繁荣、民族强盛、社会发展，培养文化自豪感，并建立文化自信。

（三）绘声绘色　海上朗读——朗读大赛

海派文化是一种精神的体现，需要用心去理解，用情感去体会。朗读大赛通过项目设计，让同学们在声情并茂的朗读声中，抒发释放情感，从而体味上海文化。

比赛以朗读亭为媒介，通过朗读亭的录音设备、背景音乐播放、声效制造等功能，营造朗读氛围，并通过预设的比赛通道和入口，利用朗读亭内先期集结的海派经典作品素材资源，引导同学参与比赛。上海师范大学作为上海市朗读大赛分赛区，将朗读亭提交的参赛作品进行比评后，于下半年阅读推广月期间进行分赛区线下决赛，决出的前三名选送参加上海赛区总决赛。为鼓励大学生们的参赛热情，图书馆通过"上师大阅读推广"微信公众号，不定期在学生群中对参赛作品进行推送和宣传，同时也使海派作品通过这些琅琅读书声的线上发布，进一步得到传播。

（四）演绎经典　海味再现——阅读达人秀比赛

阅读达人秀是上海师范大学图书馆读者服务月的经典保留项目，它将枯燥沉闷的读书活动推向前台，将书本知识与才艺展示相结合，以"秀"的方式增强其表演性，诠释了读书的快乐，使书本知识转换成一种可供学生亲身体验和感悟的形式，极具观赏性。本次阅读达人秀紧紧围绕海派文化这一主题，通过挖掘海派文学经典作品里的故事情节，用情景剧、舞台剧等创新表演形式，对海派文学经典作品重新演绎，诠释和再现海派文化的精髓和内涵。

达人秀活动获得了同学们的高度认可，不仅参与度高，而且参赛节目"海派风华""金锁记""红玫瑰""罗曼蒂克消亡史"等，海味十足。参演同学表示，通过达人秀活动对海派作品进行表演，是一次对上海文化的独特体验，加深了对海派文化的理解。

阅读达人秀表演

(五)品味书香　读懂上海——海派图书巡展

虽然现在的电子书已很常见,但是"手捧书籍,品味书香"仍是大部分人所追求的。在上海高校这样一个自由的学习空间里,更需要海派书籍来滋养、丰富同学们的思想,引导思维创新。海派图书展旨在进一步激发学生们的读书兴趣,为他们提供更多的图书资源,也使大家更多地了解海派文化,营造海派文化的读书氛围,帮助同学们融入上海城市。

活动通过先期收集近年来新出版的500余种"海派书目",与图书供应商合作,根据书目组织相应图书,开展"你看书　我借阅"的海派图书巡展,在徐汇、奉贤两校区轮流展出。书展以现场新书借阅的方式,只要同学看中,就可以办理借阅手续,把新书加工周期放到图书还回以后,让同学第一时间拿到新书,压缩了借阅等待时间,简化了新书借阅流程。

现场借阅效果非常显著,往往出现同学排队借阅的场面,现场新书借阅率超过60%。在当前纸质图书借阅率逐年下降的情况下,这一活动有效地提高了图书的借阅率,也推动了海派图书资源的推广和海派文化的传播。

(六)海纳百川　闲话历史——海派文化开讲了

活动旨在进一步弘扬海派文化,营造良好的阅读氛围,吸引更多的读者关心海派文化,阅读海派书籍,通过海派名人讲座促进在校大学生阅读活动的开展。

本次活动与上海图书馆合作,先期组织了"海派艺术人文"和"上海米道"两个系列,聚合海派名家的17个讲座资源,包括"旧书鬼闪话""签名本魅力""老上海影像""老上海习俗""老上海建筑"等大学生感兴趣的选题。通过与在校大学生的交流和征询,最后选中"海派文化之浅酌漫品"和"上海制造的生命元素"两个讲座在服务月期间开讲。

"海派文化之浅酌漫品"的主讲人孙渤和刘沙从海派文化的概念带入,以互动方式让听众讲述对海派文化的理解,然后通过分享个人经历,从酒吧、建筑、语言、美食、舞蹈等方面对海派文化进行阐述,为同学们了解上海和海派文化提供了丰富的线索。而"上海制造的生命元素"的主讲人马尚龙讲述了上海的文化符号、上海的城市感受、上海成为国际大都市的历史渊源,以及海派文化中的民众性格。他认为,上海海纳百川的城市风格,在接纳每一个人的同时,也要求每一个人融入上海文化,包括语言的融入和生活方式的融入。

"上海制造的生命元素"讲座结束后,主讲人马尚龙在签名赠书

(七)品鉴海味 阅读赛跑——教工悦读马拉松

上海师范大学的教工,有很大一部分来自外地,成长环境中没有过上海文化的熏染,即便是上海本地的教师,由于平时工作繁忙,对上海文化底蕴也所知了了。活动策划的目的,就是通过教工参与活动进行深阅读,了解上海文化,感受上海氛围,

教工阅读马拉松活动现场,教工们在认真阅读

增强文化认同和融入感,同时也希望一直在辛勤耕耘的园丁们,通过参与活动,从尘封的故纸堆中、从厚厚的教案中、从繁重的科研和课业中走出来,带着轻松和休闲的心情,找到阅读的快乐。

本次海派悦读马拉松活动针对教工进行,与校工会及教工读书协会合作举办。主办方提供一种与海派文化相关的图书,参加活动的老师到比赛地点免费领取该书并现场阅读。阅读完成后写一段读后感(字数500字以上),领取答题卡答题。主办方将根据阅读时长、答题卡分数评选活动一、二、三等奖及优秀奖。

学校教工积极参与活动,报名人数远超活动计划数,在长达5、6个小时的阅读中,教工们几乎完全沉浸于书香,在细品慢鉴中感悟海派文化的独特风格和魅力。

三、实施要点

(一)高校联动,扩大影响

上海师范大学图书馆作为上海市图书馆学会新媒体阅读推广委员会的委员单位,主导策划并推动了本次"海派文化"系列活动的开展。所有活动作为新媒体阅读推广委员会推出的2018年度计划活动,影响辐射上海地区各高校,在各校4—5月读书节活动中,得到各高校的响应和实施。比如朗读大赛,有包括复旦大学、华东师范大学、华东理工大学在内的20余家高校参与,在上海各高校的学子中掀起一股海派经典名段朗读的热潮,产生了一定的规模效应。海派微展览通过微信公众号的发布,得到诸多高校图书馆的转发,并在学生中得以广泛推送。海派讲座、海派展览也预约不断。可以说,因为有众多高校的共同参与,活动的影响力较以往高校自行组织的活动有较大扩大。

(二)统一策划,打造品牌

本次海派文化推广系列活动,经过统一策划、统一宣传、统一名称,每项活动的设计都紧密围绕主题,强化可操作性,便于各馆根据具体情况点单式参与。由于参与高校数量较多,形成了一定的规模效应,打造出了一系列阅读推广品牌,如以"绘声绘色"命名的朗读大赛,以"海尚寻踪"命名的海上行走,以"品味书香"命名的图书巡展等,为将来这些活动的持续开展打下了基础。上海师范大学图书馆作为主导策划者及分赛区参与者,也得益于活动的统一宣传和实施,不仅降低了宣传和人力成本,而且学生的参与面和参与积极性也因为是上海市的统一活动而得到相应提高。

(三)相助借力,共享成效

活动的策划和实施,得到了文化公司的大力支持。比如朗读比赛,博看公司为每个分赛区提供比赛用朗读亭,学校通过朗读亭"绘声绘色"地推动活动开展的同时,博看公司也宣传了自己的产品;海派书展则借力书商的书目资源和进书渠道,书商为图书馆组织书源,相应地也增加了自己的订单机会;海派讲座则充分利用上海图书馆丰富的讲座资源,通过名人效应,推广上海图书馆自有资源。通过文化公司的支持,学校和文化公司之间和协作机构之间,相互借力,共享成效。

(四)学生参与,推动实施

读者服务月开幕式上,学生代表在发言中提到,他们一直致力于做好图书馆与在校学生之间的学生工作,希望通过社团的形式,将图书馆提供的各种教育资源传播到同学之中去。因此,在活动策划及实施过程中,我们有意识地大力吸纳学生社团的参与,校学生会、读书协会、英语协会、图管会等学生社团,都参与到各项活动中。如读书协会在开幕活动中,配合举行了绘本剧演出,参与海派主题书展巡展,以及文化讲座等筹办活动,图管会协助进行了朗读大赛、摄影大赛的宣传、动员和组织工作,学生会参与阅读达人秀,并参与比赛现场的管理和秩序维护。

学生组织和社团的参与,有效地扩大了活动的宣传面和影响力,使学生参与面更广,参与积极性也因为有学生的引领和示范作用而大大提高。"阅读达人秀"的比赛,全校70%以上的学院组队参赛,海派讲座150人的会场座无虚席,海派微展览通过社团成员的接力推送,点击量短期内超过2000次,而在海派书展上,同学的借阅热情更是踊跃。

四、成效与影响

本次海派文化系列推广活动,由于主题明确,时间集中,策划充分,最终取得了比较好的效果,正如校读书协会副会长陈旭同学在闭幕式上的发言中提到的:"通过参与读者服务月'海派文化'主题活动,不管是外地学生和上海学生,都体会到了来自各项活动的海派文化感染力,学会用我们的眼睛去寻找海派元素,用我们的声音,去朗诵海派精神,用我们的感受,去品味海派气质。一个月的活动,让我们对海派文化有了更深刻的了解,加深了对海派文化的感情,也让我们更加热爱上海这座城市,包括她的过去、现在和未来。"

蔡迎春　段晓林(上海师范大学图书馆)

专家点评

> 海派文化阅读推广活动爆发力强,显示出高超的组织力,秀、读、展、讲四路并进,形式多样,众口妙调,彼此呼应,有声有色,师生满意,效果突出。然而海派文化的宣讲不能一蹴而就,若留点耐心,不把创意一次用完,而是一年开展一个项目,分四年完成,将每个项目打造成精品,可能效果更好。活动的成果宜固化,比如将展览稿、演讲稿等出书,受益者更多,影响更大,图书馆也为学校的精神产品生产做出贡献。(王波)

案例二 馆藏会议文献的新媒体阅读推广

众所周知,学术会议是一种以促进科学发展、学术交流、课题研究等学术活动为主题的会议。及时、有效地揭示会议预告信息,对学者做好学术管理、合理安排研究进度、追踪最新进展,具有重要意义。

会议文献是重要的信息资源,具有专业性强、内容新颖、学术水平高等特点,代表了学科领域的前沿动态。会议文献资源是上海图书馆(上海科学技术情报研究所)的优势专业文献资源,1982年开始收集,迄今共收录会议论文集近两万册,并以"全国学术会议篇名数据库"的形式提供服务,在业内颇有口碑。

一、项目设计

近年来,随着信息传递的移动化,馆藏会议文献以传统媒介为载体、靠口碑相传的服务模式已远远不能满足大众对于信息获取及时性、便捷性的需求。

为了提升馆藏会议文献资源的利用率,为专业文献走向大众视野提供实践参考,上海图书馆《全国报刊索引》应时而动,创建了"一线会情"微信公众号。该公众号是业内首创的以新媒体为载体、多

"一线会情"会议文献推广内页

平台联动、集前台会议报道与后台会议论文检索为一体的一站式综合会议信息服务平台。期望"一线会情"的推出能成为图书馆传统文献服务转型的催化剂,延伸图书馆服务内容、创新服务模式,为探索公共图书馆在新形势下的新媒体服务提供案例。

二、主要内容

"一线会情"紧跟"移动互联网"时代热点,创新服务模式,立足图书情报,关注人文历史,见证上海发展,聚焦科技进步。运营小组利用数据分析工具对读者的阅读习惯与偏好进行解析,通过数据收集和行为分析对读者进行精细化归类,并以此为基础进行阅读推送,从而使阅读推广的行为更加有的放矢,成效也更加明显。

从会前到会后,"一线会情"全方位、多角度地向大众展示会议全过程,将会议文献提供与会议相关服务结合起来,以阅读推广活动促进学术交流,为读者提供专业化的知识服务,向智慧型、服务型图书馆转型。

"一线会情"于2017年8月28日正式上线,运营7个月以来,已收获活跃粉丝数千人,覆盖全国大部分省份,粉丝7日留存率100%,用户忠诚度不断提高。据2017年微信公众号官方数据显示,业内同类公众号平均打开率为4%,而"一线会情"打开率高达19.92%,远超平均水平。

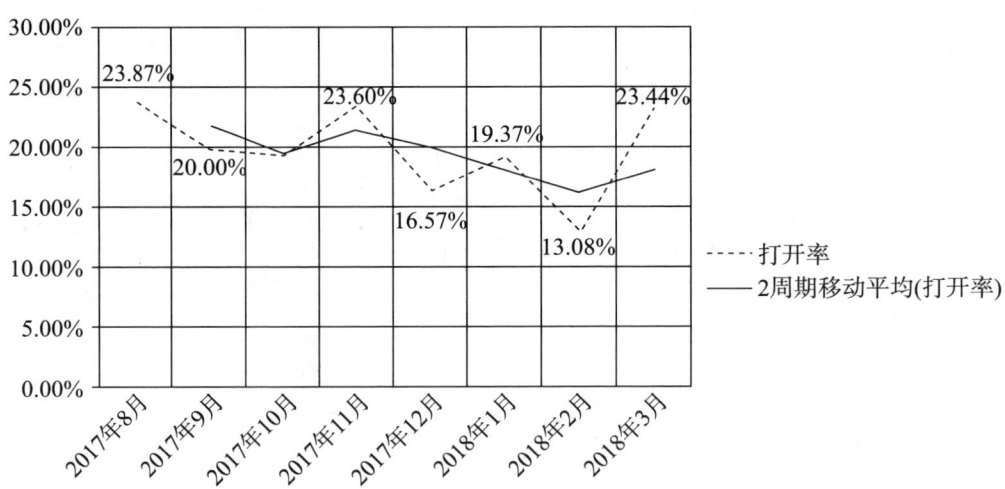

"一线会情"微信公众号运营期打开率统计图

"一线会情"作为馆藏会议文献知识服务平台,最终会成为上海图书馆新媒体服务的有效组成部分,与《全国报刊索引》微信号、馆所其他微信号互相对接,多平台联动,实现互利共赢的新媒体矩阵。

三、实施要点

（一）确立推广目标

"一线会情"是上海图书馆《全国报刊索引》创办的专业学术会议信息服务平台。该平台旨在通过会议服务,将大众的目光导向会议文献利用,提高馆藏会议文献的利用率和传播率,为馆藏文献的新媒体阅读推广提供实践经验。

（二）明确推广对象

推广初期以图情、文史领域读者为主要受众对象,然后逐步扩大到所有关心上海进步、关注国家发展的读者。

（三）确定推广方向

（1）"一线会情"计划与全国各高等院校和研究机构建立长效合作关系,打造一个影响力覆盖全国、研究方向覆盖各个学科的品牌综合性学术会议信息服务平台。在会前从高校获取会议资讯,发布会议信息;中期对重要学术会议进行跟踪报道;后期获取会议论文集。以会前到会后全方位、多角度的会议服务来提升馆藏会议文献的曝光率,并在微信端提供检索。

（2）"一线会情"作为《全国报刊索引》旗下的新媒体之一,与"全国报刊索引"微信公众号联手,实现互利共赢的新媒体矩阵。

（3）矩阵运营、黏住用户。"一线会情"成为上海图书馆新媒体服务的有效组成部分,助力微信矩阵,与上海图书馆所属各个微信公众号相互导流,增加用户黏性。

（四）定时推送足量信息

"一线会情"从周一至周五每天定时推送会议信息,为用户提供及时的、足量的会议服务。关注该服务平台,基本可详尽图情、文史专业的学术动态和会议信息。

（五）多平台联动

在运营"一线会情"微信公众号的同时,进行PC端服务平台的开发,服务平台建成后,微信平台的注册账号亦可登录服务平台,同时支持PC端、手机端查找会议、搜索论文等在线功能。

四、成效与影响

（一）创新性

1. 业内首创

"一线会情"是业内首个以专业文献阅读推广为主要内容的新媒体平台。它突破纸媒局限,充分利用新媒体的传播影响力,打破地域性限制,拓展受众面,大幅提升了专业会议文献的阅读率和利用率。

2. 定位准确

目前,专门用于学术会议发布的微信公众号很少,学术会议的微信端发布大都零散分布在各行各业的微信公众号中,没有会议信息聚合发布平台。"一线会情"将零散的会议信息通过平台整合、集中发布,提升了会议资源的被发现率,从而提高资源利用率和传播率。

3. 全线会议追踪,打造完整信息平台

(1) 会前:发布会议预告,包括会议召开通知、邀请函、征稿启事、新闻等。

(2) 会中:发布会议召开期间的会议报道,对大型的、极具影响力的会议进行移动端在线直播,使未参会者亦可及时获取最新动态。

(3) 会后:报道新闻与收集论文集,从移动端转向PC端,将相关信息纳入会议资源库,为需要者提供服务。

从会前到会后,"一线会情"全方位、多角度地向学界展示会议全过程,为读者提供及时、准确的信息,打造一个集发布会议预告、会议安排、会议报道、会议视频于一体的综合性学术会议信息服务平台。

4. 推广形式新颖。"一线会情"依托新媒体平台,探索开发各种实用功能,利用便捷的菜单、直观的时间轴等检索手段实现快速有效的定位,形式简洁,核心功能突出,进一步提升用户体验。

5. 全天候在线客服。除了工作日8小时的在线客户服务,"一线会情"还通过后台消息、留言、值班微信等方式,为用户提供8小时之外的会议信息咨询服务。客服人员有问必答,尽己所能为用户提供会议咨询,得到了用户的认可与好评。

(二) 可行性

上海图书馆作为图情联合体,在会议信息采集方面有行业优势和实践经验,具备经验丰富的阅读推广团队和微信公众号运维专业人才。

上海图书馆作为综合性研究型公共图书馆、行业情报中心,已同各大高校及研究机构建立起交流机制,初步打造了会议信息采集体系。在会议信息的元数据制作加工方面,具备一定的理论基础和实践经验;在移动端建设、运维方面,设有专业技术支持团队,提供相关技术支撑和保障。

上海图书馆的专业团队一直致力于馆所著名品牌《全国报刊索引》的建设和推广,从《全国报刊索引》传统会议资源服务团队转型而来,精于开发与运营,具有丰富的专业工作实践经验。

以上这些都为创建"一线会情"提供了基础。

(三)效果影响

1. 获得业内认可

"一线会情"将零散的会议信息通过平台整合、集中发布,提升了会议资源的被发现率,从而提高资源利用率和传播率。目前,在国内图书情报与人文历史研究领域与爱好者群体中,已经具有一定口碑,获得了"近代史研究""爱知学者""图情招聘"等学术新媒体先行者的好评与宣传。

2. 读者群体初步建立,学术交流社区持续建设

"一线会情"已初步聚集起一批以高校师生、研究机构学者为主体的会议文献读者群体,涵盖国内大部分省份和地区。本平台以学术交流带动专业会议文献的阅读推广,以专业会议文献的阅读推广活动促进学术交流。在会议文献阅读传播实践中,拉近大众与学术前沿的距离,促进图书馆向智慧型、服务型图书馆转型。

其他新媒体对"一线会情"的肯定

在高校开展会议文献阅读推广活动

3. 读者阅读习惯初步养成

"一线会情"于每日晨间 7:30 定时推送会议信息,日阅读高峰固定在早 7:30—9:30 之间,且有四成读者直接通过公众号内搜索,获取会议文献及其他信息。这说明"一线会情"运营半年以来,每日定时推送已让读者养成了通过公众号阅读会议文献和会议信息的习惯,推动了馆藏会议文献的阅读与分享。

陆健(上海图书馆)

☞ 专家点评

> "一线会情"的创意独辟蹊径,填补了行业内此类微信公众号的空白,受到广泛欢迎。今后在原文采撷、转发会议信息的同时,如能增加生动活泼的标题或按语,吸收"图情招聘"公众号的文风,或许更有吸引力,更受欢迎。另外,可发动粉丝赠送会议的指南、日程、通讯录、身份卡、座牌、照片等会务资料,加以整理,留下档案、保存历史,将来开设图书馆界会议博物馆,功劳更大。此项目贵在坚持,时间越久,越有价值。(王波)

案例三 勤求古训,博采众方
—— 中国医科大学古籍资源立体推广

古籍作为传统文化的重要载体,是中华文明的历史见证,是中华民族的精神根脉。中医古籍以图文形式记录中医药数千年积累下来的丰富理论知识与临床经验,具有重要的学术、文物与艺术价值,同时为现代中医药的理论发展和实践探索提供了持续不断的动力与源泉。中国医科大学图书馆馆藏古籍 778 部 7040 册,其中善本古籍为 88 部 716 册,绝大部分为中医古籍。其中,《圣济总录》等 5 部古籍入选《国家珍贵古籍名录》,《痘疹全书》等 48 部古籍入选《辽宁省珍贵古籍名录》。对古籍的保护不是将其束之高阁,而是使之得到充分利用,发挥其价值。

一、项目设计

习近平总书记在中共中央政治局第十二次集体学习时指出,要努力展示中华文化独特魅力,系统梳理传统文化资源,让收藏在禁宫里的文物、陈列在广阔大地上的遗产、书写在古籍里的文字都活起来。本项目秉承着品读经典、传承文化的初衷,改变古籍"重藏轻用"的传统观念,带领读者多元立体化欣赏经典之美,使"书写在古籍里的文字活起来"。

二、主要内容

(一)穿时空、读经典、传文化——珍贵古籍一日展

选取兼具版本价值、学术价值、艺术价值的特色古籍于3个展台进行展出,由古籍专业人士身着汉服讲解古籍相关知识并揭示本馆特色古籍资源,提高读者对古籍资源的关注度。

2017年5月15—26日,中国医科大学图书馆3本特色古籍:镇馆之宝《仲景全书》、药学巨著《本草纲目》、上古奇书《山海经》于3个展台进行为期2周的古籍首展。本次活动选取的3本古籍是本馆较具代表性的特色古籍,其中赵开美校刊《仲景全书》世存仅六部:中国中医科学院图书馆一部、上海中医药大学图书馆一部、上海图书馆一部、台北"故宫博物院"图书馆一部、中国医科大学图书馆一部、日本国立公文书馆内阁文库一部。国内有专家对其中三个版本进行比对鉴定,认为本馆藏本最优,推测其可能为赵开美第2次修订稿。本馆馆藏《本草纲目》为明崇祯十三年六有堂钱蔚起刻本,全书共190多万字,载有药物1892种,收集医方11 096个,绘制精美插图1160幅,分为16部、60类。2017年随着电视剧《三生三世十里桃花》的热播,广大读者对电视剧中人物原型产生了兴趣,为满足同学们的好奇之心,此次展览特展出上古奇书《山海经》。《三生三世十里桃花》中诸多极有特色的人物原型,都能在中国古典著作《山海经》等典籍中找到记载。

每周一、三、五中午由古籍研究学者对3本展出古籍进行现场讲解,每次讲解针对一本古籍的背景、作者、主要内容等方面深入开展。讲解期间古籍专业人士身着汉服对本次讲解的古籍进行展示,并于展台周围摆放若干本古籍仿本,读者在聆听古籍知识的同时,可以翻阅仿本了解古代传统装订篆刻文化,让读者身临其境般与千年文化零距离接触。讲解之余,同学们可以根据自己的关注点提出相应问题,讲解老师一一解答,在满足同学们好奇心的同时,使传统文化得到了有效传承,并对馆藏资源起到宣传推广的作用。

| 图书馆阅读推广案例赏析

古籍展活动

(二)【每日一荐】中华典籍小故事

在珍贵古籍展出期间,中国医科大学图书馆微信公众平台推送【每日一荐】中华典籍小故事,使传统文化在新媒体时代得到传承与发扬。

中国图书馆学会号召全国各图书馆发挥自身优势,在开展古籍保护的基础上"讲好中华典籍故事"。中国医科大学图书馆结合本馆古籍资源推广项目,精心选取与展出古籍相关的中华典籍小故事于微信公众平台推送,有效地利用了新媒体技术使传统文化得到传承与发扬。

在《仲景全书》展出期间,图书馆微信公众平台推送了两则"医圣"张仲景的故事,推广古籍文化的同时鼓励同学们向祖先学习,树立高尚的医德;在《本草纲目》展出期间,微信公众平台推送了两则"药王"李时珍在编撰《本草纲目》过程中心理素质和内在修养的故事,旨在鼓励同学们学习李时珍身上的人文精神,树立高尚的职业道德;在《山海经》展出期间,微信公众平台推送了出自《山海经》的影视剧片段故事节选,燃起同学们探寻古书奥秘的兴趣。

公众号中华小故事

(三)带一本古籍回家乡——线装书装订体验

古籍专业人士现场演示线装书制作流程:裁纸、刷版、折页、齐栏、压平、订捻、裁切、打眼、上皮、缝线,读者通过线装书现场装订体验,感受修复书籍的辛苦与烦琐,提高对古籍的保护意识。

包背装是我国装订技术史上第一次将零散页张集中起来,用订线方式穿联成册的装订方法。它的出现不仅表明我国的装订技术进入了一个新的阶段,还将文化的传播与传承带入更为广阔的一片天地。

古籍装订老师为同学们现场讲解古籍装帧历史,详细介绍古籍的源流和种类、古籍装帧形式的变迁、古籍结构与版式、线装书装订流程等,让同学们对古籍有深入的了解,并产生自己装订一本线装书的热情。参与的同学们展现出严肃认真的态度,在亲身体验了传统手工艺技术的同时,又了解到古代装帧篆刻等相关文化。讲解老师分步骤耐心细致地纠正同学们的技法,解答同学们的疑惑,力求让每一位同学都能够完成一本自己满意的、独具特色的毕业纪念册。同时,在活动现场还拍摄了以"爱护古籍 传承文化"为主题的宣传片,发布到图书馆微信公众平台,使活动的意义得到升华。

线装书活动

三、实施要点

(一)突出馆藏特色,融入流行元素

本次活动在策划阶段,除了要在经典典藏中选出代表作,还要突出医学院校馆藏特色,同时融入当代读者关注的流行元素,是一次充分体现特色传统馆藏的古籍推广活动。

(二)运用新媒体新技术,结合"微"元素

在"互联网+"时代,新媒体、新技术的涌现,大大提高了图书馆阅读推广的效率,扩大了阅读推广在学生中的影响力。本次活动在宣传推广时,以图书馆微信公众平台为基础,同时借助微信学生群、QQ群,将活动内容以及对经典古籍的诠释展现在同学们面前,加强了读者与馆员之间的互动与交流。【每日一荐】中华典籍小故事,利用大学生热衷数字阅读的特点,在微信公众平台推送短小精悍的趣味故事,既对活动起到了宣传作用,又提升了同学们参与活动的热情。

(三)丰富活动形式,注重读者体验

体验类活动能够增强活动的趣味性,吸引读者参与,改变了传统阅读推广活动因为形式比较固定而受到冷落的状况。传统的学习是运用视觉与听觉获得对知识的感觉经验,本次活动还运用了触觉体验,同学们通过亲手制作、亲身感受,加强对知识的认知与理解,感受传统文化的魅力。

(四)加强团队协作,明确责任分工

图书馆在阅读推广活动中积极与学生处、研究生院、学生社团等单位合作,活动效果得到明显的升华。通过各部门的分工协作,可以扩大阅读推广范围,扩大阅读推广的影响力,使活动获得更广泛的宣传效果。

(五)评价活动效果,建立长效机制

本次活动是本馆首次以古籍为主题开展的阅读推广活动。活动在宣传阶段就受到师生的广泛关注,线装书装订体验更将活动推向了高潮。活动名额一经微信公众平台发放瞬间"秒杀"完毕,同学们参与后都觉得意犹未尽,希望图书馆能够多举办此类活动。为了促进古籍文化传承的可持续发展,图书馆需要积极探索建立阅读推广长效机制的手段与方法。

四、成效与影响

通过古籍展览和现场体验活动,不但使读者对古籍、装订技术演变历史有了更清晰的认识,对中华古籍保护的目的有了更直观的了解,同时也展示了古籍对于当代社会生活的重大影响。

中华古籍作为中华文明的历史标志,对中华传统文化的传承起到了至关重要的作用。古籍经典阅读推广是一项长期而复杂的系统工程,本项目从实践出发,采取多种形式全方位、立体化地开展古籍经典阅读推广,培养读者对古籍的阅读兴趣,激发师生研究古籍的热情,提高读者自觉保护古籍的意识,逐渐形成了解古籍、阅读古籍、保护古籍的良好氛围。

徐爽(中国医科大学图书馆)

☞ 专家点评

> 动脑动手相结合,线上线下齐动员,立体推广古籍资源,对同学们有吸引力,看来效果不错。尤其是结合热门电视剧《三生三世十里桃花》讲解《山海经》,教同学们动手制作线装书,更是点燃了读者的兴趣。《三生三世十里桃花》还牵涉很多道教知识,如能将古籍扩大到经典的道教读物可能更能满足读者的求知欲。与《山海经》有关的故事片段节选可在文中展示一例,以激发同行兴趣,可写成文章,向社会扩大宣传。(王波)

案例四 "手抄地方文献"阅读推广活动

全民阅读是立足中国文化、提高中华民族素质与竞争力的一项重要举措。党的十八大以来,党中央、国务院高度重视全民阅读工作的组织与实施。党的十九大报告中指出:"坚持在发展中保障和改善民生。增进民生福祉是发展的根本目的。必须多谋民生之利、多解民生之忧。"可以说,民生工作是对物质生活与精神生活的双重保障——欲求民众幸福安康,不仅要安广厦、实仓廪,更需铸造文化民生,使百姓之心充实而丰盈,精神饱满而恒久。全民阅读,就是文化民生的重大举措之一。

2014年至2018年,"倡导全民阅读""大力推动全民阅读"等内容连续5年被写入李克强总理的《政府工作报告》之中。2018年,《政府工作报告》提出了"倡导全民阅读,建设学习型社会"的目标。"全民阅读"还作为重要条文被写进了《中华人民共和国公共文化服务保障法》《中华人民共和国公共图书馆法》,并被纳入《中华人民共和国国民经济和社会发展第十三个五年规划纲要》之中。党中央对全民阅读的顶层设计以及国务院推动力度的进一步加大,为图书馆界开展阅读推广活动、营造阅读氛围奠定了坚实的基础,指明了发展的方向。

一、项目设计

地方文献作为"一方之全史",不仅为地方决策机关提供决策依据、为地方经济建设提供有效数据、为地方史志工作提供基础资料,也为研究地方历史、弘扬地方文化、进行乡土教育提供了丰富素材,是图书馆馆藏文献中的独特资源。为了充分发挥地方文献的社会功能,使其内在的价值得到应有的体现,图书馆既要重视其"藏",也要重视其"用",积极搭建地方文献阅读推广的平台,更好地引导读者阅读好、利用好地方文献。如何吸引广大读者了解与关注地方文献,需要图书馆加强相应的阅读推广工作,这是图书馆义不容辞的职责。

二、主要内容

"手抄地方文献"阅读推广活动以让更多的读者发现、挖掘、利用地方文献这座文化"富矿",并有效推动地方文献阅读推广工作的深入开展为宗旨。在活动的实施过程中,我们特别着力于以下几个方面的内容:

(1)注重人的需求、可接近性、开放性、资源融合,以体现"第三代图书馆"所倡导的理念。

（2）"以抄促读、以读促知、以知促用"，有效地使地方文献里的文字活起来。

（3）引导读者深度参与其中，这样更有利于阅读与理解文献本身，更符合传统的阅读习惯。

（4）通过活动培养读者热爱家乡的情感，在树立地方文化自信中发挥积极的推动作用。

（5）活动以书法艺术的有形形式予以呈现，既弘扬中华优秀传统文化，也使得图书馆更具有文化魅力与文化厚重感。

（6）延展活动时间，使之可在任意较长时间段组织实施，从而形成规模效应。

（7）注重提炼总结，广泛开展地方文献阅读推广的有效范式。

（8）通过对作品的评奖、展览、悬挂、结集印刷，以延伸活动链条，实现效益最大化。

三、实施要点

（一）活动方式

（1）读者自愿选择本馆馆藏地方文献中的相关内容进行手工誊抄；

（2）软、硬笔抄写均可，所用笔墨纸砚由本馆提供；

（3）所抄内容的题材与体裁不限，但每次抄写的内容应相对完整、独立，硬笔作品字数应不少于300字（诗歌除外）；

（4）鼓励、支持读者在活动期间每天到馆抄写；

（5）因评奖、展览、悬挂、结集印刷所需，所有誊抄作品均应留存于本馆。

（二）评奖依据与奖项设置

活动结束后，本馆将对誊抄作品从其思想性、艺术性以及读者的持续时间等方面进行评奖，共设一等奖、二等奖、三等奖与优秀奖四类奖项，将为获奖读者颁发荣誉证书与纪念品以资鼓励。

（三）作品使用说明

（1）组织专题展览对获奖作品进行展出；

（2）对获奖作品进行结集印刷；

（3）对获奖软笔作品进行装裱、悬挂；

（4）参与活动的读者应认同本馆对誊抄作品拥有所有权、使用权与网络传播权。

四、成效与影响

（一）得到读者广泛参与

"手抄地方文献"阅读推广活动作为朔州市图书馆的一项原创策划，已于2016年7月5日—8月24日，2017年7月25日—8月23日连续举办了两届。经统计，共有384位读者踊跃参与，其中既有市知名书法家与书法爱好者，也有公务员、退休干部、中小学教师、在校学生、工人等。共收到正式作品823份，其中软笔作品288份、硬笔作品535份，另有练习作品2000多份。此外，举办作品撷英展展出优秀作品近400幅，同时对82位优秀读者进行了表彰、奖励。

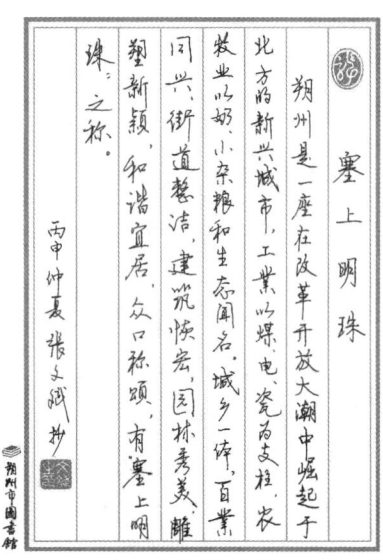

硬笔作品选

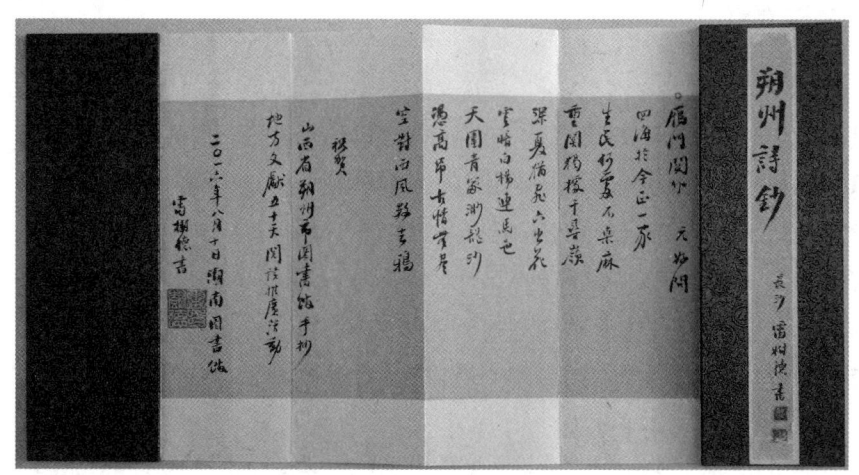

软笔作品选《朔州诗钞》（局部）

（二）备受业界好评

本馆"以抄促读、以读促知、以知促用"的模式有效推动地方文献阅读推广工作的深入开展，受到了来访专家、学者一致关注与好评。"这项活动很有创意，极具推广价值。""活动很有创意，与央视的《朗读者》有异曲同工之妙！"

（三）成为同行工作范本

河南师范大学图书馆、安徽省图书馆、辽宁省图书馆、山西省图书馆、鄂尔多斯市东胜区图书馆的同人多次咨询情况、索要方案,使得"手抄地方文献"阅读推广模式得到相应的宣传、推广与应用。其中,河南师范大学图书馆参照本馆的方案于2016年与2017年举办了两届"手抄新乡地方文献"阅读推广活动,效果亦很好。

通过举办本项活动,既积极推动了地方文献的阅读,也有效宣传了朔州地方文化。不少读者表示,以前对朔州历史文化知之甚少,即使有时候看了也没有深刻的印象,通过参与活动对相关内容有了更广、更深、更清晰的认识。

张志弘(山西省朔州市图书馆)

专家点评

> 从文中介绍和对全国同类活动的了解,"手抄地方文献"为该馆首创,为这个令人耳目一新的创意点赞。此活动的绝妙之处是在展示地方文献之外,读者所写又成为新的地方文献、新的馆藏,收到本上加息的奇效。建议在自选地方文献抄写活动持续几年之后,图书馆有所引导,如可以考虑每年举办一个主题抄写,如今年是地方知名家训抄写,明年是地方先贤读书诗抄写,后年是地方书法家名作临摹等,便于在抄写后办主题展览。提供的纸张材质、尺幅可以更多些,比如提供复古水印图案宣纸、大尺幅宣纸,便于吸引地方知名书法家参加活动,对普通群众发挥带动作用。慢慢地,可以将活动扩展成地方书法大赛,起到选拔书法人才的作用。图书馆提供的书写材质也可以扩大到木器、竹编、陶器、瓷器、扇子等,从而把图书馆变成地方文创产品研发中心。(王波)

案例五 无障阅读 共享光明
——湖北省图书馆光明直播室

联合国教科文组织在1949年指出:"每个人都有平等享受公共图书馆服务的权利。对于残疾用户,公共图书馆必须向其提供特殊服务和资料。"习近平致信中国残疾人福利基金会说:"残疾人是一个特殊困难的群体,需要格外关心、格外关注。让广大残疾人安居乐业、衣食无忧,过上幸福美好的生活,是我们党全心全意为人民服务宗旨的重要体现,是我国社会主义制度的必然要求。"据世界卫生组织估算,我国盲人数量约为661万人,占全世界盲人总数的18%,是盲人数量最多的国家。每年还新增45万人,平均每分钟新增一例,低视力人数也高达1342万人。我国每位视力健全者每年平均占有约10种出版物,盲人平均只占0.36种,盲人所占有的阅览资源与数量庞大、种类繁多的普通书籍是无法相比的。湖北省图书馆的"光明直播室"是无障碍阅读推广活动的一个深化服务,所有活动环节在图书馆盲人阅览室里面进行,通过直播室现代化设施进行录播或直播,传播给广大受众的一种阅读推广形式。这样直播室不但为残疾朋友生产丰富实用的文化产品,还通过节目和活动发掘残疾人文化人才,帮扶他们利用直播室资源就业或创业。

一、项目设计

湖北省图书馆有约800万馆藏,其中盲文读物有2000余册,是全省藏盲文图书最为丰富的机构;湖北资讯广播"爱心有约"是全省唯一专为盲人设立的电台栏目,开播至今已28年,有着丰富的盲人服务经验;湖北省残联是中国残联的地方组织,代表着残疾人的利益,为残疾人提供帮助和服务。三者目标统一、资源互补,在共同努力下,"光明直播室"便诞生了。光明直播室将电台直播室搬进图书馆,将专业图书馆和直播间合二为一。这种直播间方式,在全国尚属首例。光明直播室在设计的过程中,始终坚持"为残疾人所建,为残疾人所用,为残疾人所有"的原则。为最大限度地满足残疾人多样化的文化需求,直播室大胆采用无间隔融合设计,所有活动环节均在直播室进行,通过直播室现代化设施进行录播或直播,传播给广大受众,形成节目和活动的一站式融合。节目共分三期进行建设:

一期主要通过电台和图书馆资源为视力残疾人士提供文化服务。残疾朋友,尤其是视力障碍人士来到直播室后,不仅可以阅览盲文书籍,聆听电台有声读物,还可以方便地走上直播台,将精彩的盲文书籍和自身感悟录制成音频文件与广大听众分享。二期为各类残疾人提供文化服务并搭建互联网平台。为更好地鼓舞残疾人朋友,更方便地交流创业、就业经验,光明直播室在湖北广播电视台资讯广播"爱心有约"残疾人专题节目中开设"自强人生"专栏。专栏邀请残疾人自强模范、社会各界模范带头人畅谈自强故事,传授创业本领、交流创新方法,旨在帮助残疾人树立信心,使其从精神上自立自强;帮助残疾人获取信息和技能,从创业、就业中获得经济上的自立自强;通过社会各界与残疾人的交流,为他们自立自强创造好的环境。三期将在有条件的地方建设更多的光明直播室,形成一个覆盖全省的为残疾人提供文化服务的新型平台。

光明直播室

二、主要内容

(一)书香同行:"同一颗爱心 同一本书"

光明直播室开展了"同一颗爱心 同一本书"残疾人读书活动,让残疾儿童和健全儿童同读一本励志书籍、同录一个节目、同写一篇读后感、同一个舞台演出,所有活动环节在直播室进行,通过直播室现代化设施进行录播或直播,传播给广大受众,形成节目和活动的一站式融合。在此次活动中,我们邀请宜都市全国优秀共青团

"同一颗爱心 同一本书"活动

员、省自强模范李玉洁与来自全省的多位残疾人优秀代表在活动中畅谈读书心得。李玉洁以"阅读让人生更美好"为题,与大家分享自己的读书经历。"是书籍拯救了我,读书给了我活下去的勇气",读书让李玉洁在困境中成长起来。她说:"余生,我只会做一件事,在书香的陪伴下,尽己所能,回报社会,让更多人感受到生命的力量,活出自己的精彩!"活动现场,李玉洁和多位残疾人作家,将自己创作的文学作品赠给参会的残疾人朋友,以实际行动鼓励更多的朋友们参与到读书活动中来。

（二）残疾人主持培训

为丰富残疾人的精神生活,带动他们的参与能力,光明直播室举办了针对残疾人的主持培训。该培训从2016年7月持续至11月,共举办了两期,包括集中培训、分散培训以及成果展示等三个部分。优秀学员会获得结业证书,还被邀请成为湖北资讯广播"爱心有约"栏目的嘉宾主持。来自武汉市粮道街社区的学员张惠清说:"在残疾人群体中开展这样的活动,可以

"爱心有约"栏目现场

丰富我们的精神生活,也能让我们认识更多志同道合的朋友。"

（三）盲人影院

盲人的眼睛看不见,所以声音便是他们获取外界信息的重要方式。我们每期选取一些励志、有爱的影片给盲人听。电影中的大部分声音他们都可以听到,但是对于一些声音没有办法传达的内容,我们组织经过培训的人员为盲人朋友解说,以便他们更好地理解影片。

除了线上的活动,我们在线下也有相应的活动。如每年我们都将部分盲人请到环艺现场,有专人来为他们"讲电影"。

（四）国学知识竞赛

为对残疾人普及国学知识,发扬传统儒家文化,光明直播室举办了国学知识竞赛。竞赛采用现场问答的方式,决出优胜者。经录制,该竞赛的实况音频也在电台向大众播出。

（五）向党的生日献礼

为庆祝中国共产党建党96周年,光明直播室在湖北省图书馆举办"向党的生日

献礼"文艺会演,邀请了肢残人士参加。他们或朗读自创的诗歌作品,或展示手工、书画作品。

三、实施要点

(一)扩大盲人阅读范围

馆藏的传统盲文书籍毕竟是少数,盲人读者的选择性十分有限。为了让盲人读者能和健全人一样读到更多的书籍,湖北省图书馆盲文阅览室引进专业的设备,只要扫一扫,就能把普通印刷物上的内容转化为有声读物,盲人戴上耳机就可以听到书籍内容。如此,对于盲人读者来说,盲文书籍和普通文献将不再有泾渭之分。

(二)为盲人读者提供交流平台

与人分享,是这个世界上最幸福的事之一。与人分享一本好书,更是能给人带来幸福感和满足感。与普通人相比,盲人的生活圈子相对狭窄,能和视力健全者分享一本书更是不能常有之事。在光明直播室,如果盲人朋友想要将自己读到的好文章或好书分享给大家,可以通过无障碍设施进入没有任何区隔的直播间进行节目录制,以音频形式传播给大众。这种形式打破了空间的障碍,更是打破了交流的障碍。

(三)让更多的社会人士参与盲人生活

相对于健全人来说,残疾人是这个社会上的弱势群体,他们需要社会关注,更是需要融入社会中去。湖北省图书馆有数以万计的读者,若加强宣传,这些读者也将或成为光明直播室的一员,成为为盲人读书的志愿者。这样既能提高普通社会人士对盲人生活的参与度,也能令盲人读者体会到融入感。

四、成效与影响

公共图书馆、媒体与残联三方合作,这在国内尚属第一例,也是本项目最大的亮点。二者资源相互补充,强强联合,则能更好地服务于残疾人。

纸质出版物与有声读物的结合。盲文书籍需要盲人用手去触摸,而与电台的结合,则完美地做到了将纸质书与声音相结合,使盲人阅读更加方便。

对图书馆纸质资源的补充与延展。将图书馆的优质资源变成声音文件,这种尝试是对纸质资源很好的补充与延展。

吸引更多社会人士加入到助残活动中来。图书馆众多的读者便是潜在的助残志愿者,在活动中,不仅能够使盲人感受到关注与温暖,对志愿者自身也是一种锻炼。

对于健全人士来说,阅读和交流都是生活中再平常不过的事,而对于残障人士来说,这两件事都有不同程度的困难。光明直播室提供的就是这样一个空间,这里既是盲人读者的图书馆,也是他们的直播台。在这里,他们既可以获得丰富多元的文化知识,又可以及时与社会大众分享感悟,交流情感,感受到来自社会的关注与关怀,增强社会融入感和满足感。让他们有机会在同一个空间、同一时刻做到对自己"知识输入",对社会大众"心得输出"。

谢春枝(湖北省图书馆)

☞ **专家点评**

> 光明直播室由公共图书馆、媒体与残联三方合作,在国内属第一例,其首创精神、人道主义精神令人钦敬。直播室以盲人为主角,服务盲人,也向全社会讲盲人的励志故事,散发强大的正能量。直播的内容丰富多彩,既有知识性的、疏导性的,还有表演性的,感动人心,社会效益显著。建议节目在演播室制作之外,适当走入盲人的日常生活,多出外景,既发挥庄重大气的优势,又增加一些亲切感、贴近感,变得更加生动活泼。在坚持发挥自建直播平台作用的同时,应与时俱进,在流行的网络直播平台上也开通账号,并机直播,以便于分享,扩大节目的影响力。
> (王波)

案例六　创建红色文化素养基地　引领校园阅读推广

高校图书馆作为学校办学的支柱之一,肩负着培养社会主义建设合格人才的重要使命,同时也是校园文化建设的重要组成部分。它既有文化导向和文化宣传作用,又有文化行为和素质培养教育的作用,是全校师生文化交流、文献传递、资源共享的中心。随着由上至下对"全民阅读"的重视程度越来越高,阅读推广工作也逐渐成为高校图书馆重要的日常工作之一。通过走访调研发现,红色文化的传承是各高校图书馆在文化建设和素质培养中较为薄弱的环节。近三年来,沈阳航空航天大学图书馆践行"两学一做"助力"全民阅读",逐步创建并完善红色文化素养基地,开展形式多样的主题活动,引领校园红色文化阅读推广。

一、活动设计

学校利用图书馆特有优势打造红色文化素养基地,一方面实现了将创新、协调、绿色、开放、共享的发展理念贯彻到辽宁省"十三五"教育事业改革发展中,全面落实"立德树人"的根本任务。另一方面将学校红色文化素养教育常态化、固定化、统一化,解决了全民阅读中红色文化建设与推广版块建设薄弱的问题。图书馆成立红色文化素养基地后,更是为读者提供了红色文化与信息素养培训的教育基地。

二、主要内容

(一)建立红色教育报告厅

利用图书馆资源和馆舍优势,将国内报告厅打造成校园先锋培养基地的红色教育报告厅。初高级党校可利用此报告厅进行党校课程的统一培训,不定期开展红色文化教育专题讲座,同时开展观看红色教育影片等学习活动。另外,观影或培训后,党员和积极分子也可以利用图书馆的红色文献资源,以增强党员学习的实效性。

党员教育培训示范基地

(二)聘请红色文化阅读推广人

阅读推广是图书馆的重要工作,由校组织部、宣传部向图书馆推荐优秀党务工作者、思政课专职教师,作为红色文化阅读推广人,阅读推广人定期开展党风廉政建设、"两学一做"等方面的主题讲座,利用国内报告厅开展党课培训。同时图书馆为党员和读者推荐红色专题书目和学习材料,对党员和读者阅读学习起到引导性作用。

(三)校园读书节中的红色教育活动

国务院总理李克强在十二届全国人大五次会议上的《政府工作报告》,提出要"大力推动全民阅读",图书馆党支部有义务认真贯彻执行这一倡仪。在"校园读书节"中,图书馆党支部号召全体党员积极参与"校园读书节"活动,期间图书馆支部还会组织相关的红色阅读推广活动和读者活动。

"校园读书节"活动表

活动名称	活动内容	活动时间	活动地点
开讲啦!	聘请红色阅读推广人开展主题讲座	不定期开展	国内报告厅
专题图书推送	专题资源展示"七一"推出红色专题	不定期开展	2楼专题展示区
文化长廊	红色文化素养教育展板	不定期开展	图书馆2、3楼共享大厅
读者协会	微党课	每月一期	图书馆微信公众号推送
阅读人生	采访校优秀党员真人朗读访谈活动	不定期开展	图书馆602
文明离校,谏言沈航	支部设立母校寄语留言板	6月	1楼共享大厅
重走伟人路	支部带队参观学习沈阳周恩来少年读书旧址纪念馆	10月	周恩来关东模范小学

(四)红色资源主题推介

利用图书馆读者流量大的优势,每年"七一"或"十一"期间,在图书馆二楼资源专题展示区域内开展红色资源主题推介活动。为党员和读者推荐红色专题书目和学习材料,对党员和读者阅读学习起引导性作用。

(五)建立"书香沈航——党员先锋服务区"

进一步贯彻落实沈阳航空航天大学(以下简称"沈航")"两学一做"14号文件精神,在志愿服务活动中争做"合格党员",使得"弘扬志愿服务精神、做合格共产党员"成为一个具有广泛影响和校园动员力的活动。建立"书香沈航——党员先锋服务区",为校图书馆改革工作贡献党员的力量。在志愿服务岗位上,锻炼培育入党积极分子,使积极分子能全心全意为他人服务,纯正入党动机,经过集中教育实践、骨干教育培养、先锋教育成长、旗帜教育引领,建设成体系的培养锻炼党员和积极分子的综合先锋服务区。给前来图书馆学习和阅读的同学送去更加细致周到的阅读服务,更重要的是为沈航"书香校园"增添"党员先锋服务,为党旗增光添彩"的靓丽风景。目前活动已经启动,有7个院系,约300位入党积极分子参与到活动中。

(六)定期举办大型红色主题宣传活动

利用图书馆的优势,定期在图书馆三楼和四楼中厅进行红色文化展示宣传活动。展示内容包括中国及中国共产党基本概况和发展历程、沈航基本情况和发展历程;大学生应知的安全、法律和礼仪常识等。2016年成功建立了"学党章党规、学系列讲话,做合格党员"——沈航"两学一做"学习教育平台。

(七)建立红色教育网络平台

多渠道、多形式进行红色文化宣传,注重图书馆网站中党建工作和"两学一做"主题专栏的建设和推介。利用微信、QQ 群等各类网络平台,及时向党员、读者推送红色文化学习内容和经典案例,加强在线学习交流,满足不同群体的学习需求。

(八)红色文化视觉立体阅读

组织党员和广大读者参加图书馆支部组织的活动,如参观沈阳城市规划展示馆、周恩来少年读书旧址、雷锋纪念馆等红色文化教育基地,选定视觉立体阅读的主题,让党员带队,读者参与,在阅读中感受红色文化,在现场感受历史的沉淀,拉近党员与读者之间的距离。

三、实施要点

(1)红色文化阅读推广人,对党员和读者的红色阅读起到引领性作用;

(2)红色文化传承志愿者,丰富读者第二课堂的内容并传承红色文化;

(3)红色文化主题展,弘扬主旋律、宣传正能量;

(4)依托地域资源,传承红色文化,组织读者参与,现场感受辽沈地区文化的传承和历史的沉淀;

(5)发挥自身优势,加强党员教育,立足于空间建设、资源推介、先锋服务区三个方面,建设"校级党员教育培训示范基地":①在空间建设方面,建立红色文化展示区、红色书库、红色报告厅、党员活动示范区;②物理与虚拟相结合,进行线上和线下的资源推送;③在先锋服务区的建设方面,校入党积极分子参与图书馆的各项阅读推广和读者活动。

四、成效与影响

(一)红色文化阅读推广人

本馆聘请的红色文化阅读推广人是由校党委推荐的优秀党务工作者、思政课专职教师,由他们开展内容丰富、形式多样的专题讲座,打破传统的授课模式,针对时政热点问题,采用讲授与互动相结合的方式。一方面充分运用微电台、微榜样、微分享等新媒体形式,另一方面注重现场读者参与,把原本比较生涩深奥的理论课程变得生动易懂。由他们向读者推荐红色专题书目和学习材料,对党员和读者的红色阅读起到引领性作用。

红色文化阅读推广人

(二)红色文化传承志愿者

目前图书馆每年有大型主题展览、专题学习教育、校内外参观等活动百余场,为了给更多读者提供专业的讲解指导和实践锻炼的平台,同时也为缓解馆员从事接待讲解的压力,本馆招募了一批志愿者。通过在学生中进行招募(院系推荐、教工推荐、学生自荐三种形式)、经过(笔试、面试)选拔、通过党员教育培训示范基地(校内、校外)培训、经现场(试讲、现场问答)考核通过后,根据学生综合表现,将志愿者划分为3个梯队(讲解、引导、综合服务)。图书馆本着"请进来、走出去"的原则对志愿者进行培养,"请进来"的主题展和活动由志愿者进行讲解和参与活动。"走出去",为志愿者提供课外实践的机会,组织志愿者利用课余时间为爱国主义教育基地和公共文化馆提供志愿服务,学生们不仅在这项工作中受到了红色文化的教育,而且丰富了他们的知识,培养了他们的能力,也成为图书馆与校外单位沟通的桥梁和纽带,通过他们的精彩讲解,丰富读者第二课堂,传承红色文化。目前本馆志愿者团队已有学生123人,随着新老学生的交替,我们的队伍也在一代一代的传承,不断地优化壮大。

红色文化阅读传承者

(三)红色文化主题展

为了紧扣实事热点、紧跟时代步伐、弘扬主旋律、宣传正能量,也为了能够使读者更形象直观地了解红色文化,本馆多次举办红色文化主题展,组织全校师生参观学习,并由专人负责讲解接待工作。例如,2016年,为践行"两学一做",建立了"两学一做"学习教育平台,举办"重温党章演进历史 深刻领会党章内涵"展览,制作展板40块,当时市委教科工委常务副书记蔡效军也前来参观图书馆的"两学一做"学习教育平台;图书馆还组织党员到毛丰美同志的家乡,学习"干"字精神,还制作"毛丰美先进事迹"展板12块。2017年,为迎接建党96周年举办"复兴之路"主题图片展,制作展板50块;为迎接十九大胜利召开,举办"撸起袖子加油干"主题展,制作展板20块;为纪念抗战胜利72周年,举办"红色记忆"主题展,制作展板30块。近两年来,累计展出红色文化主题展板300块,累计讲解时长600多个小时,接待有组织的参观读者5000余人。

红色文化主题展

(四)依托地域资源,传承红色文化

图书馆大胆走出去,依托本地资源,两年来先后与中国工业博物馆、辽宁省图书馆、辽宁省博物馆、沈阳市城市规划馆、沈飞航空博览园、九·一八纪念馆、大帅府、沈阳故宫等多家单位联系,现已组织近400多名党员和读者走出去参加红色视觉立体阅读活动,让读者现场感受辽沈地区文化的传承和历史的沉淀。为了让更多的读者感受到具有地域特征的红色文化,本馆还将有特色的、优秀的文化资源引进校园,以丰富校园红色阅读推广内容及形式,使读者在阅读中感受红色文化,传承红色文化。

(五)发挥自身优势,加强党员教育

图书馆为了丰富红色文化素养基地的内容资源,结合党建工作,重点服务党员读者及积极分子,立足于空间建设、资源推介、先锋服务区三个方面,图书馆又建立了校级党员教育培训示范基地。在空间建设方面,图书馆投入20万元党建经费,先后建立了红色书库(将有关党建、思政的图书和资料集中存放)、红色报告厅(定期举办红色主题剧目、电影、讲座、党员党课培训等)、红色内容展示区(楼梯、环廊红色文化)、党员活动示范区(开展"三会一课"等主题党日活动)。在资源推介方面,物理与虚拟相结合,进行线上和线下的资源推送,满足不同群体对学习红色文化资源的需求。在先锋服务区的建设方面,2016年9月,"书香沈航"党员先锋服务区挂牌成立,以锻炼培育入党积极分子为宗旨,组织引导积极分子参与红色文化素养基地的活动,如举办了"图书馆——遇见文明的自己""焕树文明阅读新风"笔记清理、"三生笔记真知汇 十里漂流墨香传"等红色文化主题活动,目前已有800多名入党积极分子参与。

总之,红色文化素养基地的建立不仅仅局限于图书馆的力量,还依托了学校、社会各方面的资源,同时充分发挥馆员和读者的创造力、执行力。

通过两年来图书馆在红色文化阅读推广方面的不断努力,馆藏A(马列毛)大类、C(社会科学)大类、D(政治)大类的相关红色文化的书籍,2016年较2015年增长56%,尤其是D大类的图书超过了1倍还多,2017年较2016年增长72%,这些红色文献为红色文化素养基地的建设起了重要的保障作用。

该案例获得"全国高校图书馆阅读推广案例大赛"优秀奖,获辽宁省阅读推广案例大赛三等奖,案例"创建红色文化素养基地 引领校园阅读推广"受邀在"第二届全国大学生阅读推广高峰论坛"上分享,反响热烈。在十九大的精神引领下,沈航图书馆人将不忘初心,继续前行! 传承红色文化,助力全民阅读。

许琳(沈阳航空航天大学图书馆)

专家点评

向航空航天事业的接班人开展红色文化教育非常必要,活动内容丰富,充分发挥了图书馆在校园文化建设和人才培养过程中的作用。对活动的介绍略微偏重展览、平台、培训、讲座等,对书的筛选、如何吸引阅读红色经典的介绍比较简略,以后可以加大这方面的比重,以彰显图书馆的主要功能。党的十九大报告将文化分为传统文化、革命文化、先进文化,以后可以将对红色文化的推广扩大到革命文化,基于"伟大也要有人懂"的理念,以生动活泼的形式推广革命领袖的经典著作及其生平伟业。(王波)

案例七 海韵导读

阅读推广是图书馆的重要工作之一。为进一步建设书香校园,营造积极主动的阅读氛围,提升同学们的阅读素养,图书馆创办了"海韵导读"品牌活动。

一、活动设计

"海韵导读"活动定位在深度阅读的指导和推广上。活动以宣传深度阅读、交流阅读体验、推荐阅读书目、实践阅读活动为宗旨,以导读者现身说法的深度阅读为案例,通过导读者和听众的深度交流,帮助提高读者的阅读自觉性,学会选择阅读的书目和阅读方式,提升阅读效率,并为后续阅读找到书友或者导师。

"海韵导读"每学期确定一个主题(内容丰富的主题可以持续使用),围绕该主题开展3—4期导读活动。每期导读活动由导读者进行50—60分钟的心得分享,随后进行30—40分钟的互动交流。"海韵导读"活动以小型分享会形式进行,人员控制在20—30人之间,需要预约留位,让听众和导读者能充分进行沟通交流和互动。

为保证活动效果,"海韵导读"遵循以下模式:

(一)师生共同参与

"海韵导读"由师生共同打造。图书馆和海韵书友会作为活动的策划者,需要在活动的选题、导读者的选择、活动时间、活动的组织和宣传等方面进行广泛的调研,听取导读者的建议,并积极与学校相关部门、其他学生社团保持联系,争取支持。

（二）保证充分的深度交流

"海韵导读"的目标是小范围的深度交流，不同于图书馆的其他大型阅读推广活动，它是阅读推广工作的细化、深化，是从书目到内容、从大众到小众、从经典普及到个性定制的深度阅读推广。活动为保证听众对导读的兴趣，通过听众自愿报名的方式预定席位，并有人数上限。导读的场地以图书馆的教师阅览室为首选，其环形的座位、幽静的环境，非常适合面对面交流。

（三）有反馈和后续

"海韵导读"除了不定期推出导读活动，还把导读活动作为一种建立阅读反馈、书友交流的契机。每期的听众都受邀加入一个阅读群，在群里继续阅读的话题，收取阅读讯息。海韵书友会则根据导读主题选择合适的内容进行另外的集体讨论或者征集其他导读内容。

二、活动内容

（一）确定主题

"海韵导读"每学期确定一个主题，围绕该主题开展3—4期导读活动。活动主题由图书馆馆员、导读专家、海韵书友会通过调研共同确定，由海韵书友会线上收集意见、线下面对面交流讨论等形式产生。

（二）邀请导读者

主题确定后，根据主题寻找、邀请相关老师作为导读者，他们可以根据自己的特长细化分享的内容，确定导读活动的时间、地点。

（三）导读活动宣传

根据导读者提供的相关信息、资料进行宣传内容设计、制作，在学校网站发布公告，通过图书馆微信公众号、海韵书友会微信公众号、海韵书友会QQ群、图书馆网站等线上形式进行宣传，同时通过图文并茂的海报、图书馆大屏幕等进行实体宣传。

图书馆微信公众号宣传

（四）导读活动现场

在活动现场，老师进行50—60分钟的分享，讲解他的读书心得，读书感悟，带领大家一起交流思考。随后进行30—40分钟的提问互动，同学们积极思考，互动交流。"海韵导读"活动以小型分享会形式进行，人员控制在20—30人，让学生与老师能充分进行沟通、交流、互动，加深对老师分享内容的理解和消化。

"海韵导读"活动现场照片

（五）活动后续

导读活动结束后及时撰写此次活动新闻稿，并通过学校网站、图书馆网站、微信公众号等形式推送。针对整个活动过程做好相关文字记录、照片资料存档保存，并在图书馆网站开辟"海韵导读"专栏，将每期导读新闻报道上传，供师生查阅。每期听众受邀加入阅读群，保持持续的阅读交流和阅读信息传递。

三、实施要点

（一）活动主题的选取要慎重，既结合学校发展方向又贴合读者需求

在以往的活动实践中我们发现，活动主题选取不能随意性太强，需要慎重考虑，并具有连续性。如果太随意，会造成参与人很多，但不能起到引导其深度阅读的目的，又或者参与人寥寥，同样达不到引导更多读者参与阅读活动中来的目的。

"海韵导读"活动在主题的选取中充分听取读者的意见，同时专家、馆员共同讨论，寻找三方共同关心的主题，在实践过程中才能充分发挥"海韵导读"活动影响力。

（二）活动的前期准备工作一定要充分

任何活动，前期准备工作一定要充分，包括邀请导读嘉宾，提供嘉宾相关资料，制作活动宣传内容，以及对活动进行宣传。"海韵导读"活动除了通过图书馆平台、海韵书友会平台宣传外，还广泛结合校园内其他有影响力的平台，扩大"海韵导读"活动的校园影响力。

（三）活动后期的延续与总结要重视

活动结束后，不能戛然而止，而需要有一定的延续性，才能发挥活动的效果。每次"海韵导读"活动结束后，除及时完成相关的新闻报道、图书馆网站"海韵导读"专

栏的数据更新、活动内容整理存档外,图书馆还要与学校团委联合,鼓励参与"海韵导读"活动的学生撰写活动参与心得体会,由图书馆审核通过后递交校团委,作为该读者校读书活动项目之一。每期听众受邀加入阅读群,保持持续的阅读交流和阅读信息传递。

四、成效与影响

"海韵导读"活动开展以来,不仅赢得学生读者的喜爱,也吸引了一些教师读者。师生读者一起参与进来,进行深度分享与交流,共同在阅读交流中体会读书之趣,分享成长之乐。

"海韵导读"活动在上海海洋大学的校园里已具有独特的阅读影响力,很多听众成为活动的忠实参与者,并积极参与海韵书友会、全校征文等其他阅读活动。该活动与其他阅读活动一起提升了整个校园中的阅读氛围,为创建书香校园贡献力量。

"海韵导读"活动深受学校其他部门的关注和支持。图书馆与校团委合作,参与"海韵导读"的学生通过活动本身及撰写活动心得,由图书馆审核通过后,可以获得校团委主持的读书项目的学分认可。

徐谦(上海海洋大学图书馆)

👉 专家点评

> 案例比较详细地介绍了活动的总体设计和过程,但是对活动的主角——历次活动选读了哪些书、邀请了哪些解读者,应该列表展示,便于感兴趣者选读和了解,也可以进一步推广阅读。活动结束应该固化成果,最好是一事一书,正规出版的或内部交流的书,以扩大效果和影响。未达到出书价值的话,就一事一档,便于保存历史、总结经验。(王波)

案例八 "寓读于乐 文化育人"
——"啤酒文化"主题阅读推广活动

现代信息技术的飞速发展改变了人们的阅读习惯,越来越多的大学生喜欢轻松愉快、寓教于乐的阅读方式。为了适应读者阅读需求和方式的变化,图书馆所进行的各类阅读推广、文化交流的方式也越来越生动和多样化。同济大学作为国家对德交流的窗口,多年来积极推进对德人文交流。学校下设中德学部、中德学院、中德工程学院、职业技术教育学院、德语系等多个对德机构,还有两个国家级研究中心"同济大学德国研究中心""同济大学中德人文交流研究中心"。同济大学每学年大约有近4000名中国学生学习德语,同时还有近千名德国学生在此学习交流。

同济大学德文图书馆于2016年1月21日落成,作为同济大学对德文化交流活动和展示的平台之一,德文图书馆一直致力于推进中德人文交流,拓展多元文化交流,除传统的图书借阅服务外,以德国文化为特色,利用图书、访谈、音像、影视、展览等媒介开展各类主题活动,创建国际文化教育第二课堂;为广大师生提供互动、交流、展示的国际文化交流平台,拓展学生国际视野,提升学生文化素养。

一、活动设计

德文图书馆以德国文化特色开展国际文化活动,在每年9月德国啤酒节之际,推出"啤酒文化"主题阅读推广活动,通过丰富的活动形式,做到"寓读于乐、文化育人",在向全校师生宣传中德文化的同时,推介德文图书馆的馆藏资源,并引导读者参与阅读、享受阅读。我们提倡阅享文化、欢悦交流、融合互动,营造和形成了国际文化交流、中西方文化融合的氛围。

目前,同济大学啤酒文化活动已逐步形成一种国际文化氛围,每年10月,学校校友会、中德机构、德文图书馆等会联合进行德国啤酒节相关活动,影响广泛。

二、主要内容

德国啤酒节是一个世界知名的德国文化民俗节日,每年9月中旬于德国慕尼黑市举行,持续约两周时间,是慕尼黑一年中最盛大的活动。2016年是德国啤酒《纯净法》出台500周年,为了让同学们更好地感受这项德国传统文化,促进中德人文交流,2016年9—10月德文图书馆联合中德学部共同举办了"啤酒文化"主题阅读推广活动,活动内容包括:"啤酒文化图书展""走

啤酒文化图片展

近德国啤酒文化图片展""啤酒之夜"现场活动、"走近德国啤酒文化线上趣味问答"等活动。

啤酒之夜

"啤酒文化图书展"与"走近德国啤酒文化图片展"持续时间较长,总共历时一个多月,以图书和展览的形式向读者展示德文图书馆有关于啤酒文化的馆藏资源,引导读者更顺利地阅读与德国文化相关的书籍。与之相对应,"啤酒之夜"活动则通过更生动、娱乐化的方式原汁原味地展示了这项民族传统文化,活动展示巴伐利亚民族服装,使学生品尝到德国香肠及德国啤酒。最后,在"啤酒文化线上趣味问答活动"中复习巩固在书展以及图片展中学习到的内容,加深对这项德国传统文化的理解。

通过以上一系列的活动,突出"寓读于乐、文化育人"的理念,让广大读者了解"啤酒文化"知识,用阅读、体验、交流等方式全面了解啤酒文化,促进中德文化交流。

"啤酒文化图书展"海报

三、实施要点

"啤酒文化"主题阅读推广活动的主要实施要点和步骤如下图所示,主要经过了整体策划宣传、活动运行模式、活动实施及总结等四个阶段。

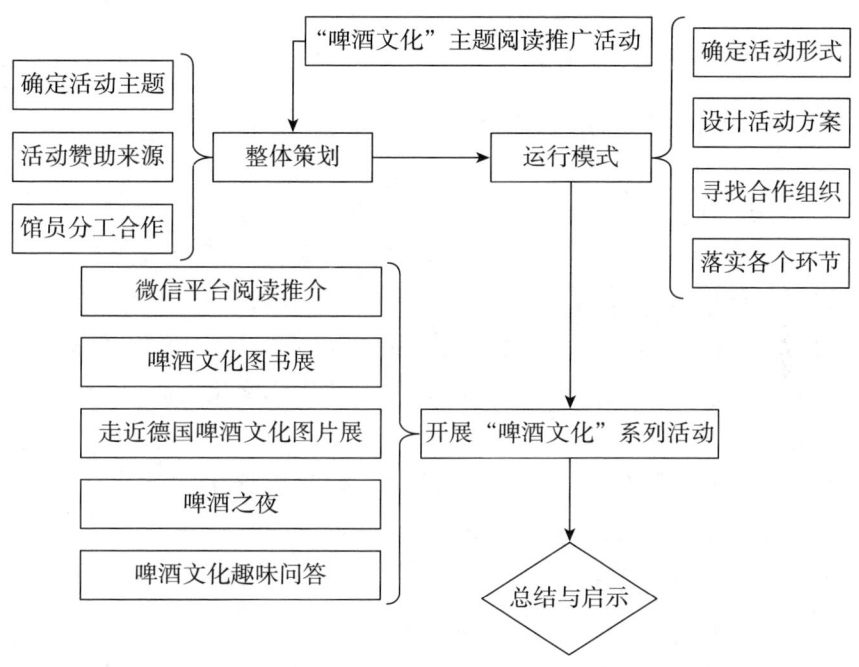

"啤酒文化"主题阅读推广活动实施步骤图

(一)确定活动主题

在活动前1个月进行活动策划主题讨论,9月恰逢德国啤酒节开幕,新生刚进校不久,参与活动的积极性较高,决定于这个时间点开展新形式的文化与阅读推广活动。挖掘德文图书馆馆藏,找到与啤酒文化、啤酒酿造相关的馆藏书籍。为了更好地促进中德文化交流,拓展学生国际视野,将活动主题定为"啤酒文化"主题阅读系列活动。

(二)确定活动形式

"啤酒文化"主题阅读系列活动由线上线下的多种活动组成。线上通过德文图书馆微信平台陆续推送与德国啤酒文化相关的图书、文化以及德国慕尼黑啤酒节活动信息,并通过微信平台让读者参与"啤酒文化趣味问答"有奖竞赛活动,线下活动包括"啤酒文化图书展""走近德国啤酒文化图片展"以及在图书馆前广场举行的"啤酒之夜"现场大型活动。

（三）寻找合作组织

图书馆和中德学部、中德校园等校内对德机构开展合作,保证场地、资金以及人员上的支持。在啤酒之夜活动中,还邀请学生舞蹈社团、音乐系德国外教等进行主题表演,增加活动的趣味性,以求吸引更多师生参与其中。同时与中德之窗、德语社等学生社团进行合作宣传,确保更多相关专业和对德国文化有兴趣的同学参与活动,以期达到活动预计效果。

（四）活动分工

图书馆工作人员分工合作:为书展以及啤酒文化图片展览寻找相关文字资料、撰写阅读推广文案;为不同活动设计相应主题宣传海报,编写活动宣传文案;通过图书馆和各个合作组织的微信平台多方推送,完成线上报名后整理名单,联系通知。按阅读推广工作内容分工,包括:负责微平台宣传和文案1人,负责啤酒文化知识搜集和问答出题2人,负责海报和展板设计1人,负责啤酒文化夜活动5人。

（五）线上、线下活动开展

（1）微平台阅读推荐:围绕啤酒文化内容,对馆藏资源进行挑选,进行翻译、整理工作后,发布至微信平台进行阅读推荐。

（2）啤酒文化图书展:在德文图书馆一楼阅览室对所有与啤酒文化相关的图书进行为期一个月的展出。

（3）走近德国啤酒文化图片展:收集与德国啤酒文化相关的趣味图片以及文字内容,进行翻译、整理、分类以及排版工作,最后将展板在人流密集的图书馆展览区进行展出。

（4）啤酒之夜:在巴伐利亚经典啤酒节音乐的伴奏下,品尝德国啤酒、香肠、火腿、扭结饼等啤酒节传统美食,体验属于同济人自己的啤酒节。

（5）啤酒文化趣味问答:结合啤酒文化图书展及图片展进行有奖问答活动,共两期。

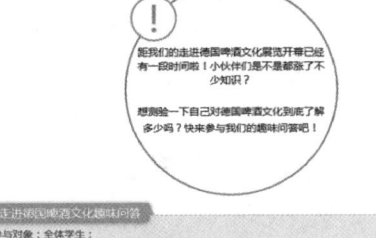

啤酒文化趣味问答

四、成效与影响

在"啤酒文化"主题阅读活动中,共 355 人次点阅微信书籍推荐、500 多名中德师生报名参与"啤酒之夜"活动(由于场地限制等问题最终接待 300 人)、100 余人参与微信趣味问答,其中 19 人获得图书馆送出的精美小奖品。举办啤酒文化图书展及图片展后,10 月,德文图书馆进馆人次也达到建馆以来新高,并有许多同学对啤酒类图书进行借阅,"啤酒文化"系列活动反响热烈。围绕德国啤酒文化,采取寓读于乐的方式,举办一系列的主题活动,促进了中德人文交流,达到了文化育人的实施目标。

华之颖　史艳芬　朱梦皎(同济大学图书馆)

☞ **专家点评**

> 结合校史、校情设计活动,活动具有独特性。因为具体的活动不可照搬,为向同行传授经验,应该适当对活动的诀窍进行提炼,总结出结合独特校情设计阅读推广活动的经验和原则,便于其他图书馆举一反三。另外,为突出阅读推广,应该详细介绍文献推荐环节的事宜,比如选择了哪些图书,选择的原则、方法、结果是什么?等等。(王波)

案例九　博"观"约"曲"唱书单:Music & Reading

为贯彻落实党的十九大精神和习近平新时代中国特色社会主义思想,全面落实高校立德树人的根本任务,体现文化育人的社会职能,通过鼓励和引导大学生积极探索有效的阅读指导方法,帮助其建立良好的阅读习惯,促进阅读能力提升,充分践行社会主义核心价值观,在全社会大力弘扬向善向上的正能量,营造书香校园良好氛围,辽宁师范大学图书馆在 2017 年推出了"阅读推广+"系列读书活动,将音乐与读书进行有效结合,探索出了一条"阅读推广+音乐"的立体书单之路。

一、项目设计

我国自古就有诗词吟唱的传统,《诗经》《楚辞》、汉乐府、唐诗、宋词、元曲都是配乐的唱词。在党的十九大提出"坚持中国特色社会主义文化发展道路,激发全民族文化创新创造活力,建设社会主义文化强国"的时代契机下,从"阅读推广+中国传统诗乐"着眼,以古典诗词的古乐谱吟唱和流行歌曲创作为蓝本,重塑古典诗词的现代音乐形式,创作符合大众审美需求的古谱今唱优秀作品,形成"音乐好书单"和"原创发现书单",为传统文学、艺术教育注入创新活力和时代精神。

（一）用阅读推动原创,以原创促进阅读

培养创作者的阅读热情、阅读深度和阅读持续性,鼓励音乐创作者将自己的阅读经验和人生体会有效地传递给更多的读者,使"音乐阅读推广人"形成品牌特色,长久持续地推广下去。

（二）阅读不只靠眼睛,眼耳鼻舌身意行

提升图书馆的服务质量、受欢迎程度以及拓展服务阵地,创新阅读形式,使阅读真正活跃起来,读者通过听音乐就能知道很多书、了解很多知识,在地铁站、在商场、在校园里,任何场所,只要插入耳机就可以开始"阅读"（听歌）,将经典文化借由流行媒介嵌入、填充进碎片化阅读和移动浏览习惯中。

（三）大众传媒做推广,博"观"约"曲"唱书单

将晦涩、难懂的好书和典籍流行化、通俗化、趣味化展现给读者,让每一本好书都能通过数字原创音乐、移动互联网、大众传媒及出版商数据库,以音乐的形式普及传唱,激发创作引领阅读,打消读者对经典文献阅读的畏惧心,喜欢一首歌就会喜欢一种创作,喜欢一种风格就会敬仰一个阅读推广者,设立"音乐阅读推广人"品牌特色,与偶像一起听歌,与崇拜者共读一本书,提升图书馆品牌意识和公信力,提升用户素养。

二、主要内容

音乐好书单是将馆员与读者共同创作的"音乐读后感"（原创歌曲、MV、音乐舞台剧）以专栏的形式推广给用户群,鼓励原创音乐人和音乐爱好者多读书、读好书,更多地基于音乐的视角解读经典文献,从而多挖掘隐藏在经典文献中的文化蜜饯和精髓,用音乐通俗、生动地展现给读者,提升图书馆服务的满意度。

（一）声情并"貌"玩原创　打造音乐好书单

通过MV和音乐微电影等形式吸引读者关注图书馆的创新服务,从歌词文学和用典考据中获得知识,并通过追溯法走进个体用户感兴趣的文献和文化领域。

演唱者演唱写给全国图书馆界的原创歌曲——《图书馆人》

广义的音乐好书单分为三部分:音乐点读机、音乐好书单以及音乐读后感。音乐点读机,又被粉丝们称为"歌词考据学",是通过视听流行歌曲来索引它的文学出身或文化起源。音乐好书单则是利用了好音乐与名著名篇之间的关联,推荐大家阅读好书。音乐读后感,是用阅读促进原创,原创推动阅读。看完一本好书,把感受写成一首诗,拍成一部MV,甚至演成一个微电影。

(二)以诗入歌溯礼乐　挖掘经典"咏"流传

诗乐一体,以诗入乐,具有鲜明的音乐色彩。乐府诗、唐诗、宋词、元曲也都是配乐唱词。诗歌的平仄、押韵等格律要求与配曲节奏、旋律等相互作用,相得益彰,成就了古典诗词的文辞美、格律美、意境美和音乐美。因而如果不从音乐的角度来解读,就失去了品赏诗词的一个天然维度和对其整体面貌和艺术美感的赏析。因此,"音乐发现书单"就是利用现代作曲技术,给古诗词重新插上音乐的翅膀,以流行歌曲的方式探索诗词教育和普及方式的创新、重识古诗词美育价值,既是对古诗词的继承和弘扬,更是对古诗词本来面目创造性的全面复位,是一件非常有文化价值的事情,对于中华优秀传统文化创新性发展和创造性转化具有积极的推动作用,值得高度关注和大力支持。

(三)古典诗词做美育　阅读推广才美丽

古典诗词是中华优秀传统文化最集中的代表。发现书单也是集中在古诗词领域,创作的修辞、造境、技法也多围绕古诗词创作方法展开,结合新诗和流行歌词创作方法综合而成。

习近平总书记指出,在5000多年文明发展进程中,中华民族创造了博大精深的灿烂文化,要使中华民族最基本的文化基因与当代文化相适应、与现代社会相

建设书香校园开幕式,唱出读者自己的书单

协调,以人民喜闻乐见、具有广泛参与性的方式推广开来。从美育入手,从全民阅读出发,恢复古典诗词的音乐性,让诗词学习的校园氛围活泼起来,让诗乐一体的优良传统延续下去,是当代文化人的历史责任,更是高校阅读推广的现实担当。在落实文化育人、实践育人的战略中,紧紧抓住了"诗骚文化"这一中华传统,将这部分文献通过"经典创作人"打造成一个个动听悦耳的"书单音乐""书香MV",从而唤起读者关注特定时期的文化现象和文化内涵,并通过通俗文化的方式感受和体味古诗词的创作方法和审美意趣。

三、实施要点

(一)一语双关"博"才好

"博"有"大"之意,蕴含此种推广必是包含"阅读活动、服务体系、保障制度、各方合力,尤其是多元化的艺术形式"的大阅读推广。"博"亦有"广、通"之意,蕴含了阅读推广人博学多闻、博古通今之意。"博"还包含"众多、丰富"的意思,取此种"阅读推广"活动形式和文化含义丰富,参与人数众多。从宣传手段来讲,"博"即指通过广泛而深入的阅读,借由微博、微信等现代社交媒体,将创作出的"音乐读后感"(原创歌曲)传递给读者,使读者回归文本阅读。

(二)声光效果"观"其妙

不论是传统书单还是音乐书单,都是以看示人。通过推广也传递出推广人对书的内容予以世界观和人生观的倾向与表达。"观"还包含"示人、给人看"之意,寓意

将创制的"音乐书单"通过精心打造,推己及人的过程与初衷。当然其中之"妙"在于"音乐阅读推广人"通过自己的深阅读,创作并精良制作出音乐录影带呈现给显性读者,并通过品牌传播感染和挖掘隐性读者和潜在读者,共同欣赏音乐和阅读带来的美感和启示。

馆员唱青春,阅读我同路

(三)如"约"而至共书香

通过"音乐书单"不断挖掘与复制阅读推广人的过程,当然推广要讲求化繁为简,一部卷帙浩繁的典籍,应该借由通俗的推广方式让人们在最短的时间内了解其梗概并尝到有兴趣的点和作者的核心思想,这一切都需要推广的智慧与有效的手段和方法。因此在案例中"约"直抒胸臆地表达出通过向图书馆推广人、音乐阅读推广人及读者约写音乐读后感(原创歌曲),使读者爱上图书馆、爱上这样的阅读推广方式。

(四)"曲"短情长化经典

在这里"曲"一语双关,既有"取"之意,又有创作歌曲的功效,我们重视积累,倡导广泛阅读和深度阅读,只是借由歌曲创作这一营销方式,吸引读者以个性化和趣味化方式提高读者互动和参与度,将经典阅读通俗化、生活化和时尚化。

（五）推陈出新"唱书单"

相比传统的纸质书单，"音乐书单"更注重吸引力和流传度，用一句歌词诠释一种文化现象，用几个旋律唱出书中内涵，这样的书单是立体的、生动的、声情并"貌"的，充满无限感染力，将中国传统文化诗、舞、乐、吟诵等文化标识有机融入现代生活中，是音乐与阅读的高度融合，唤起东西方文明互通与对话。

四、成效与影响

（一）以赛促推　体系先行

2017年初，本馆成立了阅读推广部。从"思路创新、方法创新、举措创新"三大原则出发，"快速、深入、全面、有效"地构建了"全民阅读推广+"服务体系，通过全年化、常态化、制度化、体系化、工程化、项目化推进，结合电子期刊、出版商数据库、网络和数字图书馆、信息素养等全资源推广，形成了具有辽宁师范大学人文特色和资源优势的创新品牌。阅读推广

"留学生阅读推广人"弹唱俱佳配合拍摄大赛"阅读推广+"时代宣传片

部创造性地提出了"阅读推广+"理论，并付诸实践，获得了多项省级、国家级奖项，斩获了包括上海市图书馆学会2018年全国优秀案例大赛一等奖、第二届全国高校阅读推广案例大赛二等奖在内的多项大奖。

（二）思路创新　艺术表现

在2017年春季读书活动中，举办了"阅读涵养人生，原创行知天下"主题读书活动开幕式，开幕式以"原创"为主打，以"诗、舞、乐"三种"立体书单"为表现形式，为全校师生奉上了一场饱含个体阅读体验和原创共鸣的文艺盛宴，引导读者把阅读体验与生活情趣巧妙结合，提升全校师生和大连市的媒体人、文化人、各界阅读推广人的参与感与互动感，震撼十足。用高校图书馆人的才、学、思来感染、打动读者，用"文化书单晚会"的形式彰显了阅读推广活动的趣味性、有效性，形成了"唱书单、荐好书"这一新阅读体验创新推广模式。

（三）成效显著　作品迭出

习近平多次倡导，激活中华优秀传统文化生命力，据此，本馆在"阅读涵养人生，原创行知天下"推广理念的牵引下，用"唱书单"的舞台艺术形式，在2017年春季读书活动开幕式上为全校师生奉上了一场饱含自己阅读体会和原创作品的文艺会演，

引导读者把阅读与生活志趣、乐趣巧妙结合起来，并在大连各大电视台和纸媒竞相报道，已经推广出去的"音乐读后感"受到了由大连市委宣传部、大连市委网信办主办的"全城发现大海红"活动、大连市学习办为本馆授予了"全民悦读高校阅读会基地（大连）"的牌匾、展演活动荣登《大连晚报》《新商报》《地铁时报》等多家平面媒体。由馆长推广人、馆员推广人、学生推广人和校友推广人共同制作完成的原创歌曲

全城寻找"大海红"，馆员化身最美阅读推广人"着汉服、唱盛唐"

《图书馆人》《盛世风流》《珣玗琪》等"音乐好书单"在"第二届全国高校图书馆阅读推广案例大赛"和"新一代知识出版与服务创新"研讨会上做了精彩展示，深受好评。

刘海涛　杨春宇　徐凯　孙丽　李梦幻（辽宁师范大学图书馆）

☞ 专家点评

> 这个项目很有趣，相当吸引人，屡次获奖说明其创意已得到极大肯定。但是这个案例的介绍有一点不足，就是从头至尾没有举一个实例来说明如何进行"歌词考据"，唱书单的内容是什么，《图书馆人》《盛世风流》《珣玗琪》等代表作的歌词是什么。对从来没有参加过该活动的读者来说，读这个案例介绍，有些不明所以。音乐固然不易书面表达，但歌词可以不吝列举一二。（王波）

第六章 阅读比赛

导言 阅读比赛的设计与策划

新时代背景下,全民阅读持续受到政府重视,《中国图书馆学会章程》明确将"推动全民阅读,促进知识的创新与传播,为提高国民科学文化素质,建设学习型社会发挥作用"作为重要任务。高校图书馆是开展全民阅读工作的重要阵地,开展大学生阅读推广,策划满足新时代大学生读者日益增长的文化需求的阅读活动,吸引大学生走进图书馆,使其增强阅读意识,培养其阅读习惯,朝着阅读服务体系的科学化、规范化方向发展。

目前,大学生阅读现状并不乐观,高校图书馆开展阅读推广也存在创新难、活动主题吸引力度不够、活动的持续性与深度挖掘不够、活动推广媒介关注度不够等问题。面对这些情况,高校图书馆必须责无旁贷地承担起阅读推广这一重任,策划一些长期有效的活动机制满足读者阅读需求,激发潜在读者的阅读兴趣,并据时代的发展,不断创新,开展持续性、系统性的精彩纷呈、创意十足的阅读推广活动,不拘泥于传统的活动形式,只有这样才能吸引读者积极参与阅读活动,扩大图书馆阅读推广的影响力,使阅读推广活动得以向纵深发展。本章收录的8个阅读推广比赛案例,分别在特定的阅读规则之中,参赛者通过智力、技术、技能等方面进行综合性竞争,最终依照规则评定出胜负或者排名,这样的阅读比赛既具有观赏性,又通过阅读竞赛促进了大学生阅读,推荐了馆藏,达到阅读推广的目的。

一、阅读比赛特点分析

近年来,8所高校图书馆承担起了本校阅读推广的重任,他们绞尽脑汁,以缜密思维设计了符合自身学校特点的阅读比赛活动。其提交的阅读比赛案例有以下特点:

(一)以调研为基础,关注读者需求

阅读比赛能否成功举办?读者是否关注图书馆的阅读比赛?读者喜欢什么方式的阅读活动?各馆在开展阅读比赛前后都不约而同地对读者进行调研。云南大学图书馆老师和学生共同设计的"微书评调查问卷"向各学院发放1500份,占学校学生总数的5%[①],收回1350份,回收率达90%。从发放情况和回收情况看,该问卷样本量具有广泛性和代表性,事实也证明,通过对回收问卷的统计分析,也更加了解学生对阅读推广的需求和建议。其他学校也都通过类似的调研活动来策划阅读比赛或总结阅读推广中的经验。

以充分的调研为基础的阅读比赛,是建立在对图书馆内外部环境充分理解、评价、分析基础之上的,这样的阅读比赛才更有针对性,有本有源。

(二)比赛重创新,执行操作简便

8所高校馆的阅读比赛充满创意。内蒙古大学的"园涵桃李风尤美,腹有诗书气自华——桃李湖畔·原创诗词大赛"、南京艺术学院图书馆等的"书偶创意设计作品大赛"、淮海工学院的"方寸指尖·淮图书情——书签设计大赛"三项都要求在已掌握的知识上再创新、再设计;空军预警学院图书馆的"奔跑吧,战友!"信息检索知识竞赛形式上借鉴了某综艺节目,但将信息检索寓于这种形式中也是一种创新;上海师范大学的"阅读达人秀——经典名著我来演绎"和云南大学由微书评改编的舞台剧、话剧和相声是阅读活动的深度延伸,在形式和内容上都是一种创新。

8所高校的阅读比赛规则详细明确,比赛流程规范、公开、透明,一般都分为初赛和决赛两个环节,每个环节时间节点清晰,评判标准精准,评审专家专业,并且给予参赛者充分准备的时间,可见组织者无论在哪个环节都做了精心准备,花了大量心思。

这些充满创意、便于执行的阅读比赛激发了学生阅读的愿望和热情,提升了学生的阅读兴趣,同时也让阅读走进校园。

(三)激发读书热情,重视团队建设

三江学院的"'巅峰之作'——读书挑战团体赛"要求各学院自建一支参赛代表队,每队5人,每支队伍选取一名参赛选手进行答题,其余选手自动组成智囊团。主持人朗读题目内容并提出作答要求,答题者需根据要求及时作答,答对者继续答题,答错者淘汰出局,答题席则由本队智囊团中剩余人员填补。常规赛中每队前四位答题队员均有一次向智囊团求助权,每队最后一位队员无智囊团,但拥有

---

① 学校有全日制在校本科学生16 730人,硕士研究生10 907人,博士研究生1024人。数据来源:云南大学官网。

一次免答权。

"奔跑吧,战友!"信息检索知识竞赛具体内容为:活动3人(男2人、女1人)为一队,4队为一组,共12队群雄逐鹿。每队需要协作完成多项任务,每完成一项任务才能获得下一项任务的线索,在比赛过程中凡被撕下名牌的队员将随时退出比赛,完成任务最快的4支队伍获得决赛资格,最终通过"穿胖胖服撕名牌"的方式决出比赛冠亚季军。比赛队员不仅需要强健的体魄,还需要有丰富的信息检索的经验与技巧,更需要团队的协同合作。

上海师范大学的"阅读达人秀——经典名著我来演绎"和云南大学由微书评改编的舞台剧、话剧、相声在角色分配、彩排、初赛、决赛等环节都需要参赛同学的默契协作才能最终完成一段经典的演绎。

以团体为单位进行比赛,不仅是代表自己,还代表自己所在的院系,个人行为的成败会直接影响集体的荣誉。团队作战让气氛更为浓烈,且设置初赛和决赛两个环节,可以丰富比赛内容,使学生在阅读交流过程中与队友深入探讨,增强阅读氛围,激发读书热情。

(四)比赛形式多,围绕馆藏开展

阅读是从纸本或者电子载体上的文字、符号、公式、图表等中获取信息的过程。阅读比赛则是活动参与者根据不同的目的通过阅读及对所读材料的理解进行知识回答和再创造。各高校图书馆都针对本校、本馆的情况,开展了形式多样的阅读比赛。

1. 立足书本,再造新知识、新艺术

内蒙古大学的"园涵桃李风尤美,腹有诗书气自华——桃李湖畔·原创诗词大赛"通过参赛选手对汉字、诗词等知识的储备和运用,通过原创诗词,彰显内蒙古大学师生的文学底蕴和近体诗、古体诗原创才华,增强学生传承传统文化的使命感,同时揭示了内蒙古大学图书馆丰富的古典文学馆藏资源。

南京艺术学院图书馆等的"书偶创意设计作品大赛"旨在立足书本、面向书外,以阅读为核心,以创意为灵魂,鼓励参赛的大学生充分发挥想象力,基于阅读进行艺术再创作,选取与书相关、与阅读有关的人物或动植物形象,或者具有浓郁书香的情境或场景,通过多种形式的艺术表现,让书里书外的阅读形象活起来,赋予其独特的表现形式,感染更多的读者,让阅读更加有趣味性,营造"多读书、读好书、好读书"的书香环境。

淮海工学院的"方寸指尖·淮图书情——书签设计大赛"活动是读书活动的延

伸活动,以"书签"这一读书小工具为载体,让师生们展现自己的巧思创意,让读书变成一件有趣的事情,让精致小巧的书签成为书与心灵之间联结的纽带。书签的设计和制作是一门艺术,它将文化和艺术两个领域巧妙地连接在一起,开展书签相关活动已成为众多高校推广阅读、提升阅读兴趣的有效手段。

2. 立足阅读,展示知识储备

上海师范大学的"阅读达人秀——经典名著我来演绎"对参赛同学的文化底蕴、诗词功底和综合素质都是一种极大的考验,同时也展示了同学们关于"阅读"这样一件事的创意、活力以及背后所付出的努力。"阅读达人秀"诠释了读书的快乐,参赛者用声音、表情、肢体、音乐表达了他们的阅读感悟,将枯燥沉闷的读书活动推向前台,将书本知识与才艺展示相结合,"秀"的方式极具观赏性,有效地激发大学生参与读书活动的积极性和进一步阅读的兴趣。

三江学院的"'巅峰之作'——读书挑战团体赛"目的在于使学生读者能够真正静下心来阅读一些经典,多读书,读好书。比赛开始前两个月公布需要阅读的图书书目。初赛和决赛所有赛题都出自推荐书目内的一段文字或与图书相关的作者信息。因此赛前每一位队员充分阅读和仔细阅读是团队比赛胜出的关键。

盐城工业职业技术学院的"书名比赛·等你来战"富有知识性、趣味性和互动性。比赛分为初赛和决赛两个环节。初赛现场,同学们奋笔疾书,展现出了强大的文学功底;决赛现场,唇枪舌剑,将各自快速的反应能力和丰富的知识储备展现得淋漓尽致。

3. 立足检索,纸电推广两不误

空军预警学院图书馆的"奔跑吧,战友!"信息检索知识竞赛是一项寓教于乐的阅读推广活动。它根据军校学员的个性特点精心设计,融知识性、悬念性、趣味性、竞赛性于一体。参与者需要协作完成多项任务,其中包括纸质图书、期刊检索,电子资源检索,数据库使用等,层层过关,每完成一项任务才能获得下一项任务的线索。通过活动,检验了参赛选手的纸质及电子资源的查找能力,军事训练网和互联网电子资源的检索水平,以及对最新数据库的认知程度等,考察了参赛团队制定策略、协同配合完成任务的综合能力,测试了学员军事素养与体魄体能的日常养成。要求参赛者不仅需要有丰富的信息检索的经验与技巧,还需要有强健的体魄和协作精神,是一场体力和智力的巅峰对决。

4. 立足经典,立体推广,成果显著

云南大学的"'见微知著'——书香云大,阅享生活"系列阅读推广比赛活动,形式多样,内涵丰富,既有偏趣味竞赛化的"寻书达人""阅读新星评比""书海问道知识竞赛""二次元漫画展",又有读思结合的爱读者、以人为书分享会以及读写结合的"'见微知著'微书评大赛""家书微书评大赛"等。这些阅读比赛具有持续性、系统性,而且不拘泥于传统的活动形式,精彩纷呈,创意十足,吸引了众多学生社团及个人积极参与,扩大了图书馆阅读推广的影响力,使阅读推广活动得以向纵深发展。

阅读比赛案例一览表

题目	单位	主要负责人	职务	部门	活动类别
"见微知著"——书香云大,阅享生活	云南大学	杜宇芳		读者服务部	系列活动
最是书香能致远——2017江苏大学生书偶创意设计作品大赛	南京艺术学院	陈亮	馆长		艺术设计
"巅峰之作"——"奔跑吧,战友!"信息检索知识竞赛	空军预警学院	马晓婧		信息服务部	信息检索
"巅峰之作"——读书挑战团体赛	三江学院	盛晟		读者服务部	知识竞赛
方寸指尖·淮图书情——书签设计大赛	淮海工学院	艾华	馆长		艺术设计
"阅读达人秀"——经典名著我来演绎	上海师范大学	蔡迎春	副馆长		阅读表演
书名比赛·等你来战	盐城工业职业技术学院	陈亚兰		读者服务部	知识竞赛
园涵桃李风尤美,腹有诗书气自华——桃李湖畔·原创诗词大赛	内蒙古大学	云洁		系统管理开发部	诗词创作

二、阅读比赛案例启示

(一)创新是阅读比赛持续开展的动力和源泉

阅读比赛无论在内容还是形式上的创新,都非常吸引读者参与。创新是图书馆阅读比赛能否持续开展的动力和源泉。

内蒙古大学的"园涵桃李风尤美,腹有诗书气自华——桃李湖畔·原创诗词大赛"的核心创新点在于要求作品的原创性,同时要求参赛者将原创作品进行视频录制,以视频格式进行投稿,进而使诗词作品以动静结合的形式鲜活呈现,加深了大赛的吸引力。其理念、推广模式和活动形式均有创新。就理念创新而言,该馆以多元的视角、开放的平台、借助"互联网+"技术等实现对传统文化的传承与发扬。大赛以传承中华传统文化作为活动目的,倡导大学生诵读经典,研习传统文化精髓,进而创作诗词作品,将目标的传统性、专注性与手段的现代性、形式的多样性、平台的开放性完美结合。就推广模式创新而言,大赛通过图书馆专题网页、微信公众平台进行宣传推广,还充分运用腾讯视频等平台扩大影响力,可操作性、可持续性强。就活动形式创新而言,大赛的举办,除了线上作品展示、投票等传统形式,还开展线下作者访问、读者线下交流互动、微信群——师生虚拟学习实践社团"梅兰诗社"线上互动交流、专家点评等活动,结合经典节目展示(古诗词诵读,古筝、马头琴表演,书法写作等),促进活动形式多元化。

云南大学先后举办过两年微书评活动。2016年,第一届微书评活动每周推送4部经典名著引导同学阅读,除了中外经典名著外,其余推荐书目在专家推荐、网络评分、学生自荐等基础上选取。微书评大赛的作品征集历时3个月,共有156人提交微书评398篇,后又将征集到的微书评改编为舞台剧、话剧、相声。2017年春季,图书馆继续推出第二届微书评大赛,以"手写家书"与"馆藏家书"相结合,并从"征集微书评"拓展为经典家书分享会、有声家书、为爱发声、家书为媒、将爱进行到底等读书或读书分享活动。

(二)建立阅读比赛机制是阅读推广顺利进行的保障

阅读比赛机制包括阅读推广管理机制、阅读推广人的培养和宣传渠道。

阅读推广已成为图书馆的一项新型服务,它与图书借阅、信息服务等成为读者服务的主流方式之一。然而,它与以往的图书馆服务有着截然不同的特点,对图书馆领导和馆员都提出了全新的要求,在经费、人力、空间、设备方面都要有统筹规划、合理安排。阅读推广专门人才培养使阅读推广人能不断接受新思想、新点子,并在工作中能持续创新,不断发展。增加阅读推广宣传渠道方面,除了传统的海报、宣传板等,利用图书馆官方微信公众号进行宣传和推广,可以为阅读推广活动搭建新的宣传平台,扩大阅读推广活动受众群体,增加时效性,方便快捷。

(三)建立阅读比赛的评价体系,及时总结阅读推广经验

本章的8个阅读比赛案例,都没有提出详细的评价体系。收集阅读比赛的数据进行分析,从而构建科学、可行的评价体系是阅读比赛科学、公平、合理的保证,及时

总结阅读比赛成败经验,特别是那些不足,有利于避免重蹈覆辙,有利于节约成本,有利于吸引更多的读者参与阅读比赛。因此建议各馆制订简明科学、可比、可操作、可量化的阅读比赛评价体系。

三、结语

阅读推广是图书馆面对环境变化带来的挑战而选择的一种新型服务方式,图书馆举办的阅读推广活动丰富了校园文化建设。通过阅读比赛,图书馆的阅读推广一下子活了起来,各种类型的阅读比赛大大提高了图书馆的关注度和影响力,使其与院系的合作增强,与师生的联系更紧密,服务教学、科研及学生的针对性更强。同时吸引学生走进图书馆,引导学生阅读,调动他们的阅读兴趣,让阅读成为享受。同学们把自己所读进行理解、积淀和内化,可再造新知识。

综上所述,内容健康向上、富有思想性,形式活泼、主题突出、艺术性强,学院重视、组织有序、参与面广,整体效果好的阅读比赛是非常值得持续举办和借鉴的阅读推广活动。

穆卫国(上海师范大学图书馆)

案例一 "见微知著"
——"书香云大,阅享生活"系列活动

一、项目设计

阅读推广是图书馆面对环境变化带来的挑战而选择的一种新型服务方式,其核心在于"关注读者需求,注重读者参与"。阅读推广活动一方面需要以长期有效的活动机制满足读者需求,激发潜在读者的阅读兴趣;另一方面也需要适应时代的发展,不断创新。云南大学图书馆在分析借鉴其他图书馆经验的基础上,力图在创新性、持续性和深度挖掘方面有所突破,在2016—2017两年间持续推出了以"阅经典,悦经典"为主题,形式多样、内涵丰富的"书香云大,阅享生活"系列活动。有趣味性较强的"寻书达人""阅读新星评比""书海问道知识竞赛""二次元漫画展",有读思结合的读书分享会,还有读写结合的"'见微知著'微书评大赛""家书微书评大赛"等。

二、主要内容

（一）微书评活动概况

图书馆先后举办过两年微书评活动，旨在通过荐书与读书、读写结合等方式推荐馆藏，引导阅读。

2016年，第一届微书评活动每周推送四部经典名著引导同学阅读，除了中外经典名著外，其余推荐书目在专家推荐、网络评分、学生自荐等基础上选取。微书评大赛的作品征集历时3个月，每周推送1期，每期4部经典作品，共推送9期36部涵盖社会科学、自然科学等学科的作品。采取线上线下相结合的推送方式，如图书馆主页、微信公众号、校园网、海报、讲座等，参赛者通过网络提交微书评征文。微书评活动得到了广大同学的积极配合，活动反

微书评大赛微信海报

响热烈。在两个月时间内推送的作品线上阅读人次达13 769次，线下约有2万余人。活动共有156人提交微书评398篇，其中本科生104人，研究生52人，一名同学投稿书评多达31篇，该同学被评为"阅读达人"（详见下表）。

2016年微书评活动最终统计表

统计项目	统计结果	备注
提交书评总数	398篇	同一作者可提交多篇书评
点赞鲜花总数	20 793个	每一篇书评被送鲜花的数量。同一用户对一篇书评只可送一次鲜花
书评回复总数	1803篇	
发表书评用户数	156人	参与书评人数
参与送花用户数	5403人	
参与书评回复用户数	925人	

2017年春季，图书馆继续推出了第二届微书评大赛，以"手写家书"与"馆藏家书"相结合，有的放矢地确定了推广主题及推荐的阅读书目范围，为该项活动的后期

开展和延伸打下了基础。

图书馆的微书评活动充分利用新媒体与受众具有互动性的特点开展线上阅读推广活动,在一定程度上对同学们起到了引领和指导的作用。

(二)微书评系列活动

1.改编微书评,用舞台剧、话剧、相声演绎经典

改编微书评成舞台剧、话剧、相声,这是微书评活动的延伸,同学们通过表演的方式再次与经典作品亲密接触。例如话剧《生活就是围城》即是由三部经典文学作品《简·爱》《活着》和《围城》的优秀微书评相结合而改编的。此外,还根据微书评改编了两部舞台剧《采薇》和《姑苏辞》,由云南大学艺术团演出。这种以话剧和舞台剧形式来诠释经典的方式,激发了学生阅读经典的愿望和热情,提升了学生的阅读兴趣,同时也让经典阅读走进校园。除

改编微书评,用舞台剧、话剧、相声演绎经典

此之外,改编的话剧和相声,还成为云南大学出访孟加拉国时的交流演出项目。

2.发放微书评调查问卷,关注读者需求,重视读者参与

微书评大赛在实践过程中,前期征集推荐书目,中期征文,后期的话剧、舞台剧演出,都离不开读者的积极参与。所谓的"参与式的阅读推广活动"不仅仅是重视学生在活动实施过程中的参与,更要"授权"给学生,让其参与活动的前期策划与后期总结。第一届微书评大赛落幕之际,图书馆老师与学生合作设计了有关本次阅读推广活动的调查问卷,在各个学院共发放1500份,收回1350份,回收率达90%。通过对问卷调查的统计分析,我们更加了解了学生对阅读推广的需求和建议。

3. "家书"主题系列活动

(1)推荐经典馆藏,征集手写家书

在推荐馆藏经典家书的基础上,举办手写家书征文活动。这些有温度和热度的手写家书,言辞优雅、情感真挚,在审稿后由于评委老师很难割舍,最后决定将这些家书编辑整理成册,作为珍贵纪念品送给每一位参与的同学,为家书征文活动画上一个圆满的句号。

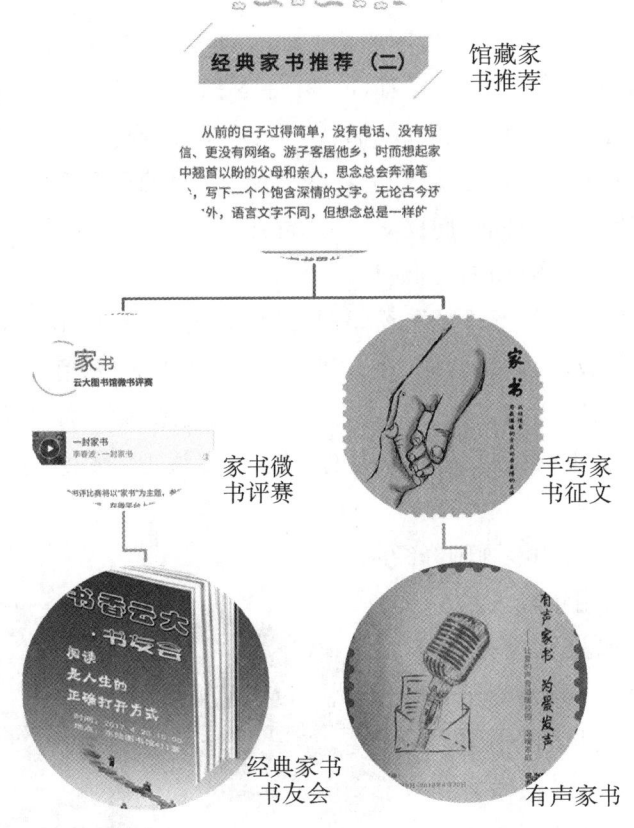

"家书"主题系列活动

(2)举办经典家书分享会

微书评推荐书目以及手写家书征文活动后,组建了"阅经典"读者群,举办了数次"阅经典"线上线下互动结合的读者分享会。

图书馆利用家书作为切入点,深入挖掘家书的内涵和魅力,配合家书微书评及手写家书活动的展开,以"换个方式爱你:经典家书导读"之名举办了多场"书香云大,阅享生活"主题分享会,与同学们一起品读和分享了《诫子书》和《与妻书》等经典家书,与会同学各抒己见,说出自己的理解与经历的同时,图书馆老师也和大家分享了自己的故事和感悟,师生在融洽的气氛中阅经典、享生活。

(3)"有声家书:为爱发声"

在前述家书系列活动的基础上,2018年1月"手写家书"活动的升级版——"有声家书:为爱发声"朗读大赛拉开帷幕,截至3月上旬已收到参赛作品200多份。"家书"主题系列活动得以延续和继续深入开展。

(4)"家书"为媒,将爱进行到底!

自2017年开始以"家书"为主题的微书评活动,到2018年1月有声家书大赛,每一个学期我们都用不同的形式来诠释同一个主题"家书"。如果说前面的家书系列活动都是同学们对亲人、朋友的倾诉,那么,"儿行千里母担忧",在家的父母对儿女又会有一封怎样的家书呢?因此,继有声家书之后,我们还在2018年暑期推出"家书连着我和家"的活动,让同学们提交父母给自己的家书,载体不限,手写家书、有声家书均可,通过"家书"将爱进行到底!

微书评活动以多样的形式精彩纷呈、持续深入地开展,从第一届的传统微书评活动一步步到改编成话剧、舞台剧、相声等,再到真人出演,从静态的阅读形式到以艺术形式呈现微书评,满足了同学们的参与感与成就感;第二届微书评活动更是从阅读、手写到有声家书,再到父母对家书的反馈,可以说把"家书"这一主题通过各种活动做了完美的诠释。

4.二次元漫画展,用漫画阐释经典

二次元漫画展用年轻人最喜爱的漫画形式来展示经典,用手中的画笔,画出经典给予人的所思、所想、所感。图书馆开展二次元漫画大赛,在做好引领读者读好书的同时,还要进行深度挖掘,让读者真正做到"读而未晓则思,思而未晓则读",自己发现读书之美。通过前期大量的筹备工作,二次元漫画作品终于在2016年"世界读书日"当天展出。本次活动

二次元漫画展

共收到纸质作品93幅,电子版作品71幅。

该活动是对同学们拓展能力的展示,只有把自己所读经典进行理解、积淀和内化,才能将文字具象,用另一种方式把眼中的经典诠释出来。提交作品的参赛选手既要读经典,又要以漫画的形式画经典,内容上对参赛选手有一定的限制,但还是得到了师生们的积极参与,尤其是艺术与设计学院的同学提交了大量作品。所提交的每一幅作品都保证原创,优秀作品作为馆藏永久保存并作为校园文化的一部分长期展示。

云南大学图书馆于2016—2017年间基于深入开展"书香云大,阅享生活"阅读推广的活动实践,在传统活动项目的基础上深入挖掘馆藏,认真寻求同学们的兴趣点,以同学们为主体,开展更深层次、更深入的阅读体验,真正做到了阅、悦结合,把阅读推广向纵深发展。

三、实施要点

(一)建立阅读推广管理机制

阅读推广已成为图书馆的一项新型服务,它与图书借阅、信息服务等成为读者服务的主流方式之一。然而,它与以往的图书馆服务有着截然不同的特点,对图书馆领导和馆员都提出了全新的要求,在经费、人力、空间、设备都要有统筹规划,合理安排。

(二)培养阅读推广专门人才

云南大学图书馆阅读推广活动由馆领导全程参与、指导。本馆的阅读推广工作起步晚(从2016年开始),还处于一个摸索、学习、实践的过程,因而阅读推广专业人才的培养工作正在进行中。馆里不定期地派阅读推广人到省外参观学习,目的在于使阅读推广人能不断接受新思想、新点子,并在工作中能持续创新,不断发展。

(三)增加阅读推广宣传渠道

图书馆的阅读推广活动是面向全校师生开展的,云南大学全校在校学生2万多人,图书馆官方微信公众号的开通,为阅读推广活动搭建了一个非常广泛的宣传平台,不仅弥补了传统宣传手段的不足,还能扩大阅读推广活动受众群体,增加时效性,方便快捷。

(四)开展持续、系统、广泛的阅读推广

云南大学图书馆每个学期都开展一系列形式多样的线上线下相结合的阅读推

广活动,旨在通过阅读推广活动起到因推广而阅读,因阅读而爱上图书馆的作用。活动开展中,我们从读者的角度思考问题,重视与读者的交流,强调活动的参与性、互动性和分享性。

例如,本馆举办的微书评与传统书评相比而言,既继承了传统书评的描述功能、解释功能、评价功能,又具备了传统书评没有的特征:篇幅短小,语言精练,图文并茂,甚至可以嵌入超链接、视频等,作品提交即时性强,不受时空限制、阅读方便、传播快捷等。这些特征使得微书评活动受众广泛,更能与读者产生思想的碰撞,促进阅读分享。

(五)创新思路,开展深度阅读推广

图书馆的读者流失已经成为新常态。要吸引读者走进图书馆,阅读推广需要有创新意识,对于学科前沿、图书馆的新理念、新空间也要有所研究、实践,阅读推广活动才能向纵深发展,也才能有持续性和生命力。图书馆开展的阅读推广活动在保留原有优秀项目的基础上,每学期保证一至两个创新活动,目的就是既让我们的阅读推广与时俱进,又能不断增加活动的活力,吸引同学们广泛地参与到活动中来。例如,图书馆在2016—2017年阅读推广活动期间,连续开展了两届"书香云大,见微知著"微书评活动,每一届都着力于点与面相结合,由点带面发散开来,引领同学们阅读经典,享受阅读。

四、成效与影响

"阅经典、悦经典"是我们开展阅读推广活动的宗旨,不仅要引导学生阅读经典,而且还要调动学生产生对经典的阅读兴趣,享受阅读,利用系列活动的影响力,拉近读者与经典的距离,让经典走进生活,为阅读创造更多的可能。

阅读推广的持续性开展,宣传了图书馆,让更多读者走进图书馆,爱上阅读,对大学生阅读习惯的培养起到了引导作用。通过阅读推广,入馆阅览人数和借阅人数成倍增加,同时活动也丰富了校园文化建设。

杜宇芳　张琼珠　张贝　刘晨帆(云南大学图书馆)

👉 专家点评

> 以"经典作品"阅读为内容,以"微书评"为主线,形成系列化的阅读推广活动,即始于"书评",拓展于表演剧目、"家书"征文、漫画演绎等。该案例的亮点是:一条主线上形成了系列活动,并使"经典阅读"这一活动的主题始终占据主导,同时以多样性来提升这一阅读活动的吸引力。从数据来看,这项活动的确取得了很好的效益。(李超平)

案例二 书偶创意设计作品大赛

一、项目设计

2014年以来,李克强总理在《政府工作报告》中连续三年提出"倡导全民阅读",2017年的《政府工作报告》则提出"大力推动全民阅读",由"倡导"到"大力推动",这充分说明了国家对全民阅读工作的高度重视。江苏省自2014年率先实现全民阅读立法,2015年制定《江苏省书香城市建设指标体系(试行)》,2016年率先成立省级全民阅读促进会,也充分体现了江苏省对全民阅读的重视。为了进一步激发大学生的读书热情,激励大学生的创新创意精神,我们面向江苏省在校大学生(包含专科生、本科生、硕士生、博士生)举办"最是书香能致远——2017江苏大学生书偶创意设计作品大赛"。

本次大赛立足书本、面向书外,以阅读为核心,以创意为灵魂,鼓励参赛的大学生充分发挥想象,基于阅读进行艺术再创作。选取与书有关、与阅读有关的人物或动植物形象,或者具有浓郁书香的情境或场景,通过多种形式的艺术表现,让书里书外的阅读形象活起来,赋予其独特的表现形式,感染更多的读者,让阅读更加富有趣味性,进一步调动大学生阅读的积极性,营造"多读书、读好书、好读书"的书香环境。

本次大赛由江苏省高等学校图书情报工作委员会、江苏省图书馆学会阅读推广委员会主办,南京艺术学院图书馆、南京艺术学院设计学院承办,并得到江苏省有关高校的大力支持。

二、主要内容

（一）动员与作品征集

大赛的参赛作品可以有多种表现形式，需符合本届大赛的主题和范围，并保证作品的原创性（如发生侵权纠纷，责任由参赛作者自负）。主要有以下几类：

（1）平面类：绘画类（油画、国画、水彩、版画、漆画、装饰画、漫画、连环画等）作品，海报、书签等作品，材料、题材、手法不限。

（2）立体类：雕塑、玩偶、手作工艺品、纪念品、衍生品等文创产品。

（3）多媒体类：图形设计、动画、视频（交互方式不限）。

参赛作品均需提交电子版文件。要求为：A3 幅面，不低于 300DPI，存储格式为 JPEG，文件大小不超过 10MB，提交设计图和设计说明。其他要求如下：

（1）平面类的绘画类作品，立体类的雕塑、手作工艺品需提交实物照片的电子文件。

（2）平面类的海报、书签作品，立体类的纪念品、衍生品等文创产品，多媒体类的图形设计作品提交设计图和设计说明或实物照片的电子文件。

（3）多媒体类的动画、视频作品在 5 分钟之内，需转 MP4 格式，每件作品应附有表现人物及场景的静态截图 4—5 幅，并注明作品信息和创作说明，刻成光碟。

参赛作品可以通过高校图书馆集体提交（每校不超过 20 个），也可由参赛作者自行提交。于 2017 年 8 月 15 日前将参赛作品及"参赛登记表"电子版发送到邮箱 jssods@126.com，多媒体类作品光碟连同纸质参赛登记表邮寄至：南京艺术学院图书馆综合服务部，邮编：210013，联系电话：025-83498715，联系人：连朝曦老师。

书偶大赛参赛登记表

作者	作品名称	电话	邮箱	院校	专业	书偶原型出处

"最是书香能致远——2017江苏大学生书偶创意设计作品大赛"还设置了金、银、铜奖和优秀奖,对优秀作品进行表彰,同时设置了10个组织奖。本次大赛特邀专家、学者组成评审委员会,对所有作品进行匿名评选,确保评奖工作的公平与公正。最终奖项由评审委员会评定,允许部分奖项空缺。评审结果于9月10日前公布。所有参赛作品均不退还。参赛作品的版权属原作者。主办方享有与本次大赛有关的出版发行等使用权、发布权。

(二)初评环节

"最是书香能致远——2017江苏大学生书偶创意设计作品大赛"得到了江苏省图书馆学会和江苏省高等学校图书情报工作委员会及省内兄弟高校的大力支持,自5月动员与发布,到9月初结果揭晓,历时4个多月,共收到来自省内南京邮电大学、南京工业大学工业与艺术设计学院、南京工业职业技术学院、江苏商贸职业学院、江苏海事职业技术学院、淮海工学院、淮阴师范学院、常熟理工学院、南京大学金陵学院、南京信息工程大学、南京航空航天大学金城学院、扬州大学广陵学院、扬州大学、江苏师范大学、盐城工学院、江苏财经职业技术学院、东南大学、东南大学成贤学院、无锡工艺职业技术学院、南京艺术学院、江苏师范大学智慧教育学院、江苏科技大学、南京工业大学等23所高校的179件作品。

这些作品有油画、国画、水彩、漆画、装饰画、漫画、连环画等多种画种,雕塑、玩偶、手工艺品、纪念品、衍生品等文创产品,图形设计、动画、视频等。为了保证大赛的专业性,组织者按照赛事的设置,将作品分为平面类、立体类和多媒体类,所有作品以图片加作品说明的形式进行整理,隐去参赛选手的个人信息,只编排作品序号,初评阶段由设计学院专家进行匿名评审,对符合参赛要求的设计水平高的作品,按照本次奖项设置总数的2倍筛选进入终评的作品。设计学院吴映月副教授等三位初评专家对179件参赛作品进行初审和遴选,最终筛选出60份参赛作品进入终评。

(三)终评环节

9月7日下午的终评环节,南京艺术学院党委常委、副院长谢建明,江苏省政协常委、南京大学信息管理学院教授徐雁,江苏省图书馆学会常务副理事长、南京图书馆副馆长全勤,江苏省高校图工委副秘书长、南京大学图书馆副馆长罗钧,江苏省图书馆学会秘书长李浩,南京邮电大学图书馆馆长钱军,南京艺术学院人文学院院长沈义贞,南京艺术学院设计学院党总支书记吴海卓,南京艺术学院设计学院文创与时尚专业主任吴映月,南京艺术学院设计学院王帆等作为评审专家参加了终评评审。

设计学院吴映月副教授作为三位初评专家的代表对本次大赛的参赛情况以及

初审的遴选标准进行了介绍,并逐个向评审专家展示了通过初审的60份参赛作品。各终评评审专家从思想性、主体性、原创性、创意性和艺术性5个方面为60件作品综合打分,具体标准如下:

(1)思想性:内容健康、充实且积极向上,具有丰富的文化内涵;

(2)主题性:紧扣书偶主题,玩偶形象生动,具有观赏性;

(3)原创性:设计说明清楚明白,明确表达设计意图,设计水平高;

(4)创意性:设计合理,思路清晰,构思新颖,富有创意;

(5)艺术性:元素搭配合理,线条、色彩表现力强,艺术效果好,美感突出。

最后根据专家的打分结果汇总统计,对各类作品按分值从高到低进行排序,并经过集中评议,确定各奖项获奖名单,最终评选出8件作品获金、银、铜奖,20件作品获优秀奖,为保障大赛的评奖质量,多媒体类金奖空缺。根据作品提交数量和水平确定了活动组织奖单位。

获奖作品:

获奖类别	作者	作品名称	院校
平面类金奖	刘梦莉	"猫女郎"书偶形象设计	南京工业职业技术学院
平面类银奖	黄雷	more than book	南京邮电大学
平面类铜奖	刘晶俏	狂想曲、大禹	东南大学
立体类金奖	顾轩	间谍	南京艺术学院
立体类银奖	殷广旭	寻识小书童	无锡工艺职业技术学院
立体类铜奖	朱雨清	"智慧树"、"学富五车的小蜗牛"	南京工业职业技术学院
多媒体类金奖		空缺	
多媒体类银奖	梁福荣	寻觅	南京艺术学院
多媒体类铜奖	康洛菲等	与鱼语	常熟理工学院
优秀奖		20名	

书偶大赛获奖名单

三、实施要点

"最是书香能致远——2017江苏大学生书偶创意设计作品大赛"能够顺利开展主要得益于以下几方面:

首先,此次大赛是一场艺术与阅读相结合的大赛。书偶形象是人物或动植物与书元素紧密结合的玩偶形象,可以夸张,可以变形,可以写真;可以活泼,可以深沉,可以端庄;可以甜美,可以浪漫,可以温馨。在这些作品中,阅读是重要的内核,艺术作为其形象再现,每一件书偶都是艺术美与阅读美的结合,都在传递读书的美好,阅读的正能量。

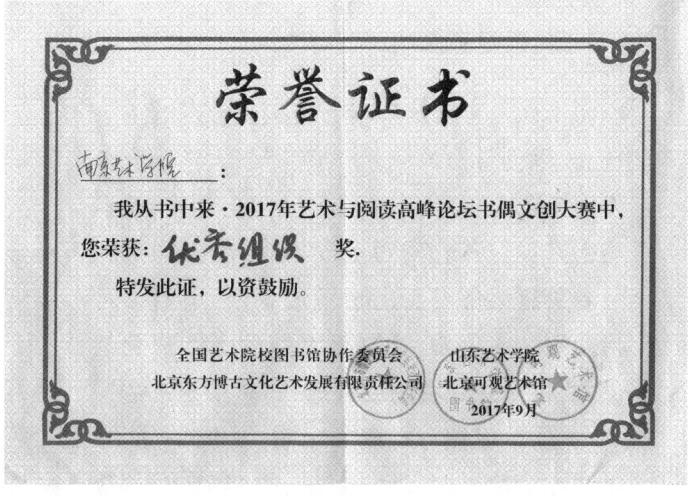

书偶大赛组织奖荣誉证书

其次,本次大赛得到了江苏省图书馆学会和江苏省高等学校图书情报工作委员会及省内兄弟高校的大力支持,承办方南京艺术学院图书馆、南京艺术学院设计学院也精心策划和组织,严格把握时间节点,保证了每一个环节的完美衔接。

再次,本次大赛邀请设计方面的专家把关,保证了作品的艺术性、专业性、原创性,阅读界评审专家参与终评,保证了作品的思想性、主题性,最终的获奖作品实至名归。

最后,参赛作品细分,分为平面类(绘画类)、立体类、多媒体类等,保证了作品的丰富性。

书偶大赛平面类金奖

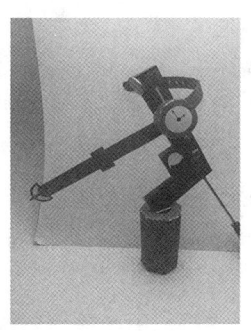

书偶大赛立体类金奖

四、效果和影响

本次大赛立足书本、面向书外,以阅读为核心,以创意为灵魂,鼓励参赛的大学生充分发挥想象力,基于阅读进行艺术再创作,选取与书有关、与阅读有关的人物或动植物形象,或者具有浓郁书香的情境或场景,通过多种形式的艺术表现,让书里书外的阅读形象活起来,赋予其独特的表现形式,感染更多的读者,让阅读更加富有趣味性,进一步调动大学生阅读的积极性,营造"多读书、读好书、好读书"的书香环境。江苏省首届大学生书偶创意设计作品大赛顺利开展,获得了良好的反响,此次活动得到省内23家高校在校大学生的积极支持,学生递交的作品中富有浓郁的青春气息。通过此次活动进一步激发大学生的读书热情,激励大学生的创新创意精神。南京艺术学院图书馆逸品阅读协会会刊《一品阅读》通过专题预约、作品评析、赛事回顾、获奖作品展示等4个栏目详细记录了此次活动,为今后举办书偶创意设计作品大赛提供借鉴。

《一品阅读》书偶大赛专辑

陈亮(南京艺术学院图书馆)

☞ 专家点评

> "书偶"的设计活动属于阅读的一种延伸活动,看起来与阅读没有直接关联,但是"书偶"设计活动的举办与宣传,其实是一个对读书的宣传与倡导过程,因为参与者在设计书偶的过程中,必须以书本和阅读为设计元素,"书偶"的设计与评选过程,无不在彰显阅读的乐趣与美好。(李超平)

案例三 "奔跑吧,战友!"信息检索知识竞赛

军校图书馆作为宣传先进军营文化的前沿阵地,近年来越来越重视阅读推广工

作,并将其纳入图书馆主要工作之一,既顺应变革之中图书馆服务社会的潮流,又将阅读推广有机地融入军校的整体战略发展,从而有力地推动了全民阅读,与此同时也对军校图书馆的阅读推广活动提出了更高的要求。在2016—2018年连续三年的读书月活动中,空军预警学院图书馆通过寓教于乐的方式,为学员读者专门打造了个性化的"奔跑吧,战友!"信息检索知识竞赛。

一、活动设计

"奔跑吧,战友!"信息检索知识竞赛借鉴了时下当红电视综艺节目"奔跑吧,兄弟!"的灵感,将信息检索知识答题与撕名牌活动相融合,充分利用场馆优势及馆内资源楼层分布,精心设计竞赛试题,层层过关。此过程中,馆员分裁判及保障两类人员,确保比赛的公平、公正、安全。比赛时,3人为一队,4队为一组,共12队群雄逐鹿。活动前期通过学院主页、图书馆网站、微信公众号宣传,读者线上、线下报名。此项活动成为每年读书月的压轴活动,深受读者喜爱。在比赛活动完成后,每年都应学员强烈要求,还增加了馆员队与学员队PK环节,加强了读者与馆员之间的交流。该项比赛不仅需要参赛人员有强健的体魄,还需要有丰富的信息检索经验与技巧,更需要团队的协同合作。这是一个让身体和大脑尽情燃烧的赛场,参赛人员用自己的睿智和敏捷告诉大家,这是新时期军校学员的SHOW TIME!此项活动已作为读书月品牌活动定期举行。

二、比赛内容

(一)比赛场地

比赛于图书馆2—5楼举办。

(二)赛前准备

(1)开赛前半个月,学院主页、图书馆网站及"雪莲微图"公众微信号发布报名通知,校园内张贴活动海报。读者线上、线下报名、宣传双管齐下,加大宣传力度。

(2)开赛前一周,公布参赛队伍名单,订购比赛服装及奖品。邀请知网公司培训讲师对参赛学员进行赛前培训,图书馆学科馆员负责制定比赛题库。

(3)开赛前一天,馆内召开各部门协调会,各场所部门主任确定相关比赛场所的设备完好,测试题目放置位置准确,安全员岗位职责明确。

2016年活动海报　　　　　2017年活动海报　　　　　2018年活动海报

（三）比赛内容

比赛内容包括图书馆网站的数字资源检索,纸质期刊查找,图书RFID自助借还,互联网电子资源等。每组参赛选手在指定时间集合,在二楼通过抽签随机获得1道线索题,按指示完成信息检索任务后便可获得下一道题目的线索。每支参赛队必须协作完成图书馆各楼层设置的任务,层层过关,所有任务完成最快的一支队伍获得决赛资格,最终通过撕名牌决出比赛冠、亚、季军。

2017年读书月"奔跑吧,战友!"信息检索知识竞赛活动

（四）竞赛规则

1. 淘汰方式

比赛共分3组,每组4支队伍,共12支队伍参加角逐。比赛过程中答题与撕名牌同时进行,比赛时间为45分钟。被撕掉名牌的队员立即淘汰,并不得以任何方式帮助或扰乱比赛的正常进行,同一队中的3名队员名牌都被撕掉,则该队终止比赛。

2. 获胜方式

每组中以最快速度完成所有答题任务并回到二楼,保证至少一名队员名牌未被撕掉,则该队伍获得本组冠军,每组的冠军队可进入最终的决赛。如该组中4支队伍均没有在规定时间内完成任务或所有人都被撕掉名牌,则没有获胜队。

3. 决赛方式

完成任务最快的四支队伍获得决赛资格,最终通过"穿胖胖服撕名牌"的方式决出比赛冠亚季军。小组冠军队推荐一名队员进行最终穿胖胖服进行撕名牌对决。

（五）活动注意事项

（1）当天请勿携带手机、钱包、眼镜、相机等贵重物品,以防比赛过程中丢失或损坏。请每队携带一张能进行正常借阅的校园卡。

（2）安全第一,友谊第二,成绩第三,每层楼有安全员进行安全监察,一旦出现过激行为,请配合穿着黑衣的安全员进行调解和疏散,听到哨声则停止撕拉。不听劝告的严重违规者将立即终止其比赛资格。

（3）请保存好每一楼层的任务卡,作为核对成绩的凭证。

（六）赛题范例

1. 二楼军训网检索

利用军训网图书馆期刊数据库,检索查出该篇文章的出处,参赛者下一条任务提示就在与之对应的三楼的纸质期刊里。

例:《基于Alpha稳定分布杂波模型的雷达目标检测方法》

答案:郑作虎,电子与信息学报,2014(12)。

2. 五楼互联网检索

参赛者利用五楼互联网检索完成以下任务,答案交由工作人员确认后,抽取下一轮任务卡。

例:利用CNKI期刊数据库的期刊导航的专辑导航功能浏览查找出武器工业类的核心期刊共有(13)种。

二楼军训网检索　　　　　　　　　　　　三楼期刊检索

3. 四楼检索借阅图书

参赛者到四楼检索找到该本图书,到自助借书机上完成借阅操作。再到二楼完成自助归还,将任务卡和校园卡交由工作人员确认,结束答题任务。

4. 决赛——"穿胖胖服撕名牌"

完成任务最快的四支队伍获得决赛资格,最终通过"穿胖胖服撕名牌"的方式决出比赛冠、亚、季军。小组冠军队推荐一名队员进行最终穿胖胖服进行撕名牌对决。

四楼图书检索并快速回到二楼借还

穿胖胖服撕名牌决赛

三、实施要点

(一)结合军校特色,打造专属品牌活动

军校图书馆阅读推广活动既要贴近军校学员的阅读需求,又要符合时代主旋律。应该把阅读推广活动目标同军校校园文化建设紧密结合,通过主题鲜明的阅读推广活动来打造具有院校特色的文化品牌,强化读者对校园文化的感知。该项活动根据军校学员的个性特点精心设计,检验了参赛选手的纸质及电子资源的查找能力、军事训练网和互联网电子资源的检索水平、对最新数据库的认知程度等,考察了参赛团队制定策略、协同配合完成任务的综合能力,测试了学员军事素养与体魄体能的日常养成。该项活动已经连续三年在读书月活动中作为压轴活动推出。

(二)提高认知能力,培养学员综合信息素养

"奔跑吧,战友!"信息检索知识竞赛是一项寓教于乐的阅读推广活动,融知识性、悬念性、趣味性、竞赛性于一体,是一场体力和智力的巅峰对决。要求参赛者不仅需要有丰富的信息检索的经验与技巧,还需要有强健的体魄和协作精神。该项活动充分发挥了图书馆信息资源使用效益,彰显信息服务的魅力,提高读者对图书馆及其资源的认知度,培养学生信息检索及利用等多方面的综合信息素养,营造了良好的校园文化氛围。

(三)注重内容创新,塑造立体化的活动体验

军校大学生信息来源广泛且快,传统的阅读推广活动形式很难再吸引他们。要

想保证阅读推广有好的效果，就必须在活动形式及内容上多下功夫，不断创新。传统的信息知识竞赛采用参赛竞答，形式相对呆板，没有上机实践环节。与学员的交流中我们了解到，"奔跑吧，兄弟!"在学员中受众面广，是一档"网红"电视节目。由此带来的启发，就是将信息检索竞赛的内容与电视节目形式相结合，打造一款适合于军校学员参加的信息检索知识竞赛。该项活动在2016年读书月一经推出，立刻受到广大学员关注，报名踊跃。

（四）不断探索合作方式，力求全方位保障精彩活动

在活动过程中，图书馆不断探索合作方式，广泛征求意见与建议。活动中与教务处、教保处、宣传处、院报编辑部及多个学员社团合作，与数据商公司合作开展活动冠名赞助，让馆外人士参与进来，扩大了参与群和受益面。"奔跑吧，战友!"除第一届外，2017、2018连续两届均与知网湖北公司开展合作。知网湖北公司为参赛选手进行赛前培训，提供技术支持及奖品，为活动的开展提供了有力的保障。另外，在连续三届活动中，学院院报编辑部、记者团的小记者前期设计制作海报，活动到场全程跟拍，采访及后续报道，全方位立体展现读书月活动的每一个精彩瞬间。

四、活动成效及影响

阅读推广是军校图书馆传统服务的延伸与拓展，是展示和检验图书馆服务水平的重要载体和平台。"奔跑吧，战友!"深受学员欢迎，在全军院校图书馆尚属首创，学院主页、《空军报》、"雪莲微图""预警空天"等媒体都对此进行了报道，获得了图书馆服务水平、读者信息素养提升的双赢效果。

庞红　马晓婧（空军预警学院图书馆）

☞ 专家点评

> 吸纳当红电视节目的娱乐元素和形式而设计信息检索知识竞赛活动，整个活动动静结合，巧妙地把信息检索的挑战性和活动的娱乐性结合起来，很有创意。活动的组织也十分精心，特别值得一提的是，专门有赛前培训这个环节，巧妙地把用户教育融于竞赛活动之中，这个环节无疑是这个活动策划中的精彩之笔。（李超平）

案例四 "巅峰之作"
——读书挑战团体赛

经典著作是民族文化和知识的结晶,犹如"精神母乳",能够滋养心灵。生命有限,熟读经典可直探人性本源,汲取人生智慧。作为文化的深厚积淀,经典,不是喧腾一时即烟消云散的爆竹,也不是人为炒作过后就无声无息的闹剧,它是世界各民族悠久历史的文化基因,是直透人心底对于生命的悲悯与关怀。一个拒绝阅读经典的民族是一个浅薄的民族。一个从没阅读过经典的人,也很难说他具有深刻的思想。为繁荣校园文化,营造浓厚的校园人文氛围,促进大学生综合素质的提高,围绕"经典 精读 经世"主题,我们策划开展了"读书挑战团体赛"这一有意义的比赛活动。

"巅峰之作"比赛现场

一、项目设计

(1)活动主题:阅读经典,以书会友,团队合作。

(2)活动目的:使学生读者能够真正静下心来阅读一些经典,多读书,读好书。

(3)赛前阅读:推出此次活动需阅读的 10 本书的书目,在比赛开始前两个月进行宣传推广,给予参赛者充分的时间阅读。10 本书均出自各大媒介排行榜,因为从权威平台中选出的图书能更影响学生。

(4)比赛赛题:所有赛题都出自推荐图书内的一段文字或与图书相关的作者信息。目的是让学生更深入仔细地阅读。

(5)互动环节:比赛现场设置了与观众互动的环节,目的是让未能参赛的学生观众也积极加入比赛中,使阅读活动影响范围不仅仅局限于要参赛的选手中,而是推广到每位学生。

二、主要内容

参赛选手需提前精读读书节期间推荐的 10 本经典图书,赛场所有题目均摘自这些书中的一段文字或与图书相关的书名、作者等信息。

各学院自建一支参赛代表队,每队 5 人,其中 1 名队员在答题席答题,其余队员组成智囊团。

本次比赛包含常规赛与抢答赛两个部分。

(一)常规赛规则

(1)由主持人读题并提出作答要求,每题答题时间 20 秒。答对者留在赛场继续比赛,答错者淘汰出局离开,答题席则由本队智囊团中剩余人员填补。填补次序以赛前各组在比赛组织筹备组确认的答题次序为准,不得改变。

(2)每队前四位答题队员均有一次向智囊团求助的机会,如需求助,请在主持人读完题目 5 秒内举手示意智囊团,该题答案由智囊团给出,如答案错误,答题席队员被淘汰;答案正确,答题席队员继续答题。每队最后一位队员无求助权,但有一次免答权。最后一位队员答题错误则该院系代表队被淘汰出局。

(3)题库中包含不同的题包,其难度分为三个等级,代表队可自行选择,选中的题包为本轮赛事使用的题包。

各院系准备就绪,背景大屏幕为题包

（4）如有问题场上无人答对，可给观众答题机会。我们也为观众准备了很多精美奖品，一旦观众答题正确就现场发放礼品。

（二）抢答赛规则

（1）常规赛剩余6支代表队进行限时抢答赛，答对加两分，答错不得分。

（2）答题队员可在本题展现的任何时间抢答，题意展示完毕后，有10秒抢答时间。若场上无人答对，则给场下观众回答机会。

（3）最终根据分数统计决出本次大赛的冠、亚、季军。

赛题所有答案须在答题板上书写，答题字迹须工整、清晰，错字、漏字或字迹辨认不清均判为答题错误。

题板设计考验了选手动笔能力

各参赛队必须无条件遵守比赛规则，服从竞赛结果。各队如对比赛结果产生异议，则在赛后书面提出。

三、实施要点

（1）广泛宣传：活动策划一经落实，需尽快联系各院系开始大规模宣传。活动负责小组可联系广告公司设计大幅海报及横幅，与读书会的学生一起张贴或悬挂在校园各处。在微信公众号以及学校官网、微博等媒介平台，发出活动推送。通知各个院系的教师和学生代表，组织参赛队伍并且进行报名。同时读书会的学生在各大社团扩散活动消息，鼓励其他社团学生参与。

（2）甄选图书：选书是此次活动最重要的环节。此次推荐的10本书均出自各大权威媒介排行榜，例如人民网、新华网等。为兼顾不同学生的阅读爱好，选出的图书涵盖各个类别，不仅有哲学、传记，还有小说、历史等，从各方面培养学生的阅读兴趣。

（3）资源保障：推荐的10本纸质图书陈列在图书馆一楼设置的推荐专架上，供学生借阅。不止如此，我们还推出超星移动图书馆电子图书资源，保证资源供给，方便更多学生随时阅读经典。

（4）题目设计：活动负责小组组织出题200余道，作为本次比赛的题包。赛题都围绕书中人物情节设置或摘取书中经典语录。所有的赛题均出自10本推荐图书。

（5）环节设计：本次比赛分为常规赛和抢答赛，并且设计了观众参与的环节。观众在现场亦有机会答题,并且赢得奖品。此环节能让每位学生都能参与其中,阅读经典。

常规赛以题板形式呈现,不仅考验答题选手独立思考的能力,还考验了书写能力。现在网络已经覆盖了大部分生活,同学们用笔次数越来越少,题板形式就是提醒同学们,要注重书写能力的保持与提升,不能让"提笔忘字"成了常态。

抢答赛既考验队员的水平和反应速度,也体现了团队队员之间的配合和信任。观众也可参与此环节进行作答,烘托比赛氛围。

(6)奖励规则:比赛设团体一等奖一个、二等奖两个、三等奖三个。团体奖金分别为:1000、500、300元,并颁发奖状。现场还有礼品发放给答题观众。奖金及奖品形式有助于鼓励学生积极参与活动。

参赛选手认真答题

紧张的答题环节

四、成效与影响

三江学院的读书挑战团体赛已经顺利举办了两届,获得了非常好的成效。活动反响热烈,学生积极参与,具有一定的可持续发展性。活动需要各个学院积极配合,组织宣传,让更多的学生知道这个活动并且参与其中。读书比赛活动有助于切实提高学生的活力、创造力和自我发展能力,提高学生对图书馆资源的利用能力;培养并展示大学生的综合素质,充实校园的文化底蕴,丰富学生的校园文化生活,让校园生活更加多姿多彩。此外,读书比赛活动创造的浓郁读书氛围,有助于引导学生独立思考问题,培养良好的阅读习惯。大学生作为即将踏上工作岗位的生力军,在大学期间养成的读书习惯将对其日后人生产生非常重要的影响。开展这样的活动对于建设良好的学风、营造校园书香氛围、培养广大学子的阅读习惯、加强读书学习的交流有着积极作用。阅读推广活动有助于去引导大家回归书籍,返璞归真,在喧嚣之中仍能保持一颗不变的初心,在未来的道路上,越走越远。

冠军队伍留影

高沨　杭茂燕　陆思霖　盛晟(三江学院图书馆)

专家点评

> 以推广经典作品为目的的挑战团体竞赛活动,活动全程参与的前提是参与者完成规定作品的精读,不失为一个颇有趣味的阅读推广活动。虽然活动创意借鉴了目前电视上的类似竞赛节目,但这种"拿来主义"本身也是丰富阅读推广的一种手段。该活动的过程设计对于青年学生有较大的吸引力,仅此一点,也足以说明这一活动的成功所在。(李超平)

案例五　方寸指尖·淮图书情
——书签设计大赛

作为社会信息汇集共享的中心,毋庸置疑,高校图书馆担负起了引领社会文化走向,引导核心价值观念的责任。在物质日益丰富的当今社会,物质仍不能完全取代心灵的呵护,人格精神的光芒需要从文化中汲取。区别于任何典藏性质和信息分

| 图书馆阅读推广案例赏析

享性质机构的图书馆,引领着一种更加具有社会意义的文化导向,这是人类共同创造的精神财富,是人们共同享有的道德认同,是全人类社会文明的结晶。我们依托图书馆的空间资源、人力资源、文献资源及设备资源优势,策划开展了"方寸指尖·淮图书情——书签设计大赛"项目。

淮海工学院"书签设计大赛"海报

一、项目设计

一张小小的书签,静静地躺在书页当中,很难想象,在这方寸之间,有多少故事和回忆在缓缓流淌。书签有很多种形式,可能是一片晒干了的叶子,可能是一张旧车票,也可能是一根简单的线条……书签与书籍相辅相成,随着书籍形态的演变而演变,随着社会的发展,近现代书签呈现出更为多样的形态和艺术表现力。书签的设计和制作是一门艺术,它将文化和艺术两个领域巧妙地连接在一起,举办书签设计活动,已成为众多高校推广阅读、提升读者阅读兴趣的有效手段。

"方寸指尖·淮图书情——书签设计大赛"项目是淮海工学院在江苏海洋大学创建元年推出的阅读推广活动,秉承着将学风建设融入活动的理念,以激发学生读书热情、营造浓郁校园读书氛围为目的,面向淮海工学院全院师生进行书签设计征稿,并择优评奖。本次活动为广大同学提供了一个展示自我创意的文化平台,激发同学们的创造力与动手能力,丰富同学们的业余生活,提高同学们的文化素养。本次活动由淮海工学院图书馆、淮海工学院团委和北京世纪超星公司联合主办。

二、主要内容

2018年是江苏海洋大学创建年,将学风建设融入活动,让同学们认识到读书的重要性,启发学生用书签定位与记录自己学习与阅读的进度,增强校园读书氛围。

"方寸指尖·淮图书情——书签设计大赛"活动是学校读书活动的衍伸,以"书签"这一读书小工具为载体,让师生们展现自己的巧思创意,让精致小巧的书签成为书与心灵之间联结的纽带,让读书变成一件有趣的事情。

活动分为三个主要阶段。

(一)第一阶段:作品征集

主办方面向淮海工学院的全体师生征集书签设计作品,参与者将自己的书签设计作品电子版投稿到指定邮箱。

投稿要求:

(1)投稿作品尺寸、文件格式不限。

(2)投稿作品中须包含:图书馆移动图书馆APP二维码、图书馆雅读微信公众平台二维码。投稿作品中未包含上述元素的视为无效作品。

(3)比赛恕不退稿,请参赛者自行保存底稿。

(4)作品必须为原创,并保证应征作品未曾以任何形式发表或使用过,如发现抄袭一律取消参评资格。

（5）获奖作品的著作权归主办方所有，主办方有权对参赛作品进行修改与使用，不再支付稿酬。获奖作品的设计者不能擅自将获奖作品交给其他单位或个人使用，没有获奖的作品可自行处理。

（6）请投电子稿，投稿作品请以附件形式发送至：yadusq@126.com，邮件主题注明"淮海工学院图书馆书签设计大赛"。稿件中请务必注明作者真实姓名、学院、班级、学号以及通信方式（邮箱+电话）。

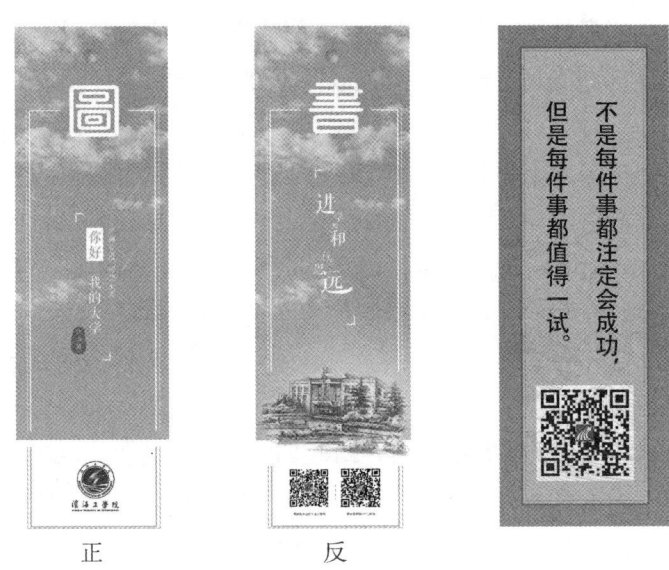

书签设计大赛部分投稿作品

（二）第二阶段：作品评选

主办方将组织相关领域的专家学者，组建专业的评选委员会，秉承公平公正的原则，对所有来稿进行评审，评选出一等奖一名、二等奖三名、三等奖五名，评审结果同时在图书馆雅读微信公众平台和图书馆官网公示。

（三）第三阶段：颁奖

举行"方寸指尖·淮图书情——书签设计大赛"颁奖仪式，现场为获奖者颁发证书及奖品，并对获奖作品进行展示和点评，将线上活动接入线下，进一步扩大活动的影响力。

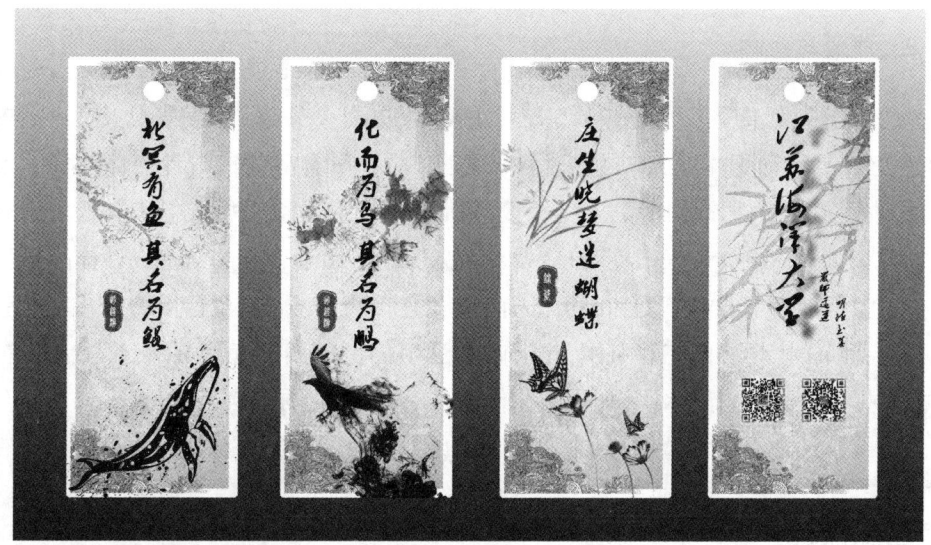

书签设计大赛部分获奖作品

三、实施要点

本次活动的实施要点分为前期准备、作品评选、颁奖三个环节。

前期准备包括物料准备和宣传准备两方面。物料准备主要是线上平台的维护与建立,要保证征稿邮箱的通畅性,保证咨询通道的有效性。宣传准备是一项重要的工作,图书馆利用图书馆官方微信公众平台进行线上宣传,并在教学楼、宿舍楼、图书馆等地的宣传栏张贴宣传海报,做好线下宣传。

淮海工学院图书馆官方微信图标

在作品评选方面,严格地选择专业性强的学校艺术学院评选人员,组建评选委员会,以公平公正的态度和科学合理的方法,对所有参赛作品进行评审。在评审过程中,要强调作品的艺术性和思想性,以切合本次活动"书签蕴育校园书情"的主题。

在颁奖仪式现场,首先要设计好仪式流程,合理安排各个环节,颁奖、点评、作品展示等环节穿插进行,以保证活动的丰富性与新鲜感,防止陷入冗长而单调的程序化流程。颁奖仪式需要准备的展示物料也应该提前制作并调试好,以保证过程的流畅性。此外,人员安排上要合理分工,工作人员各司其职,保障颁奖仪式的顺利进行。

四、成效与影响

"方寸指尖·淮图书情——书签设计大赛"举办得十分成功,赢得了全校范围内的关注和好评。活动所体现出来的艺术性和思想性,让所有活动参与者交口称赞。本次活动共收到了上百件投稿作品,一个个设计精巧的书签,饱含着师生们满满的书情。一张书签就是一个故事,一张书签就是一段读书的人生,纷至沓来的书签设计作品呈现在眼前,给大家带来了美的享受和心灵的升华。学校领导表示,希望这样的好活动能够不断涌现,不断丰富学校的书香氛围,让老师和学生们更加喜爱读书,在阅读中认识自己的内心,提升自己的思想水平,加强文化修养,成为更加优秀的自己。

艾华(淮海工学院图书馆)

☞ **专家点评**

> 书签是读书人的手边小工具,也是寄托读书人审美情趣的艺术品。通过书签设计以及对身边参与者作品的鉴赏,不知不觉把读书的美好融于心田,这是该项活动对于阅读推广的意义所在。(李超平)

案例六 "阅读达人秀"
——经典名著我来演绎

高校图书馆进行阅读推广目的在于通过营造一种积极向上的阅读氛围,发挥图书馆的导读功能,向读者推荐馆藏中有价值、有意义的资源,从而让学生在阅读中获益,并通过阅读汲取知识养分,逐渐成长。上海师范大学图书馆近年来非常重视阅读推广,每年在上半年的"4·23"读者服务月和下半年的阅读推广月举办系列活动,分别持续1个月左右,其中阅读推广相关项目众多。"阅读达人秀"——经典我来演绎历来都是重头戏,一般安排在读者服务月闭幕式暨颁奖典礼上举行。

一、项目设计

自2013年起,每一年读者服务月都会紧跟社会热点,设有一个明确主题。读者服务月系列活动主要有摄影比赛、朗读大赛、演讲比赛、征文比赛、阅读达人秀等,这些活动紧扣主题、集中呈现,有较大的吸引力和影响力,学生的参与积极性明显高于单一的小型活动。自"阅读达人秀"被纳入图书馆读者服务月以来,该活动成为以后每年读者服务月中阅读推广的重头戏之一。每学年第二学期开学,图书馆便与校团委共同策划并宣传"阅读达人秀",该活动由初赛和决赛两个阶段组成。初赛阶段各学院组织学生依据主题认真研读经典著作或诗词并申报表演的节目,经海选和初赛后,一般有10个左右的节目进入最后的决赛。参加决赛的同学们,用声音、表情、肢体、音乐等表达他们的阅读感悟,把自己的"读""记""悟""行"用极具观赏性的"秀"表达出来,使书本知识与才艺展示完美结合。最终经评委打分,决出一、二、三等奖若干名。

二、主要内容

每年的"阅读达人秀"由上海师范大学团委、上海师范大学图书馆联合主办,紧密围绕读者服务月主题开展,历来主题有"我阅读,我快乐"(2013)、"悦读·青春·成长"(2014)、"思考·表达·奋斗"(2015)、"悦读青春·筑梦师大"(2016)、"悦读,与诗词同行"(2017)、"海尚悦读 寻梦上海"(2018)。同学们围绕主题阅读、改编,并演绎经典,使"阅读达人秀"活动浸润浓烈的文化气质。下面以2017年"阅读达人秀"为例,详细介绍该项目。

活动主题:悦读,与诗词同行(与每年读者服务月主题一致)

活动时间:5月24日13:00—15:30(具体日期每年不固定,一般在闭幕式前)

活动地点:奉贤校区图书馆九楼报告厅

作品要求:

(1)内容形式:挖掘古代诗人、词人的故事以及古代文化典故、成语典故等,用情景剧、舞台剧等创新表演形式将所读诗词背后的故事、诗词本身的意境以及诗人、词人和

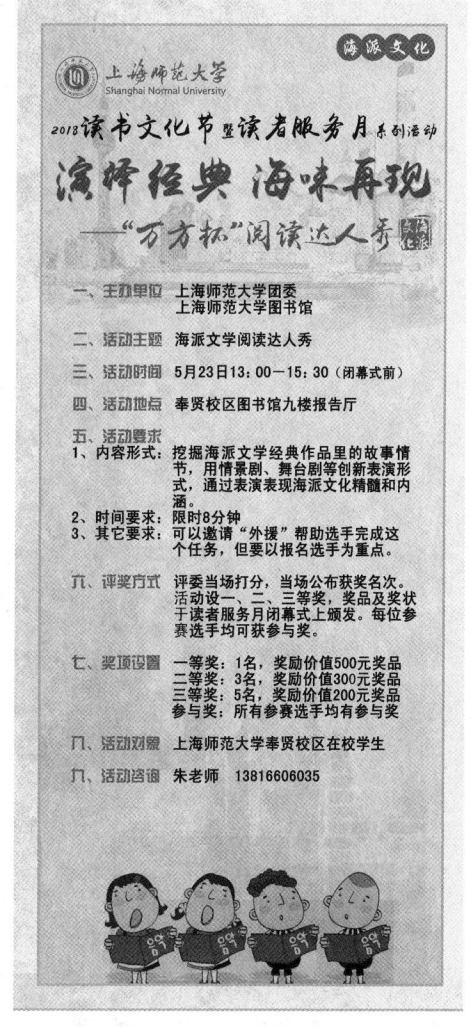

2018年阅读达人秀海报

经典故事以及文化、成语典故等表现出来(根据每年读者服务月主题会做相应改变)。

(2)时间要求:不超过8分钟

(3)其他要求:可以邀请"外援"帮助选手完成这个任务,但要以报名选手为重点。

评奖方式:评委现场打分,现场公布获奖团队。活动设一、二、三等奖,奖品及奖状于读者服务月闭幕式暨颁奖典礼上颁发。每位参赛选手均可获参与奖。

奖项设置:一等奖1名,奖励价值500元奖品;二等奖2名,奖励价值300元奖品;三等奖5名,奖励价值200元奖品;所有参赛选手均有参与奖。

活动对象:上海师范大学在校学生

由于活动烦琐并需要一定的准备时间,因此团委和图书馆各安排了一名老师负责活动咨询。

"阅读达人秀"以"阅名家经典、寻文化基因、品读书之美"为宗旨,通过对经典著作、诗词等知识和内容的表演,既让大学生从经典中汲取智慧和营养,涵养大学生心灵,也向大学生推荐了馆藏,达到阅读推广的目的。自举办该活动以来,《寻找伊人》《凤求凰》《红豆词》《孔雀东南飞》《正气歌》《渔夫与金鱼》《荆轲刺秦王》《傲慢与偏见》《绿野仙踪》《唐吉诃德》等同学们改编和包装的阅读达人秀节目陆续登上了读者服务月的决赛舞台。

2017年"阅读达人秀"《孔雀东南飞》演出照

三、实施要点

(一)活动策划花心思,重调研

本馆于每年寒假,甚至更早即开始策划"阅读达人秀"等读者服务月活动,在活动主题的选择上紧跟社会热点,并积极对读者开展调研,对读者阅读行为、阅读意愿、阅读喜好等进行调研分析,针对大学生的特点来进行策划,在活动形式上主动迎合他们的喜好,在内容上则推荐精品和经典馆藏。

(二)活动实施分工细,重合作

"阅读达人秀"是校团委和图书馆合办的,根据活动需求,两部门分工协作。图书馆主要做前期的调研和活动策划工作,团委主要负责征集初赛节目、遴选决赛节目、招募活动志愿者等工作。活动宣传、决赛场地的选择及工作人员安排、摄影摄像、新闻报道等双方共同协调解决。除此外,还注重和学生组织合作,图书馆读书协会、图管会等学生组织都积极参与其中。

2017年阅读达人秀颁奖典礼

(三)活动宣传渠道多,重范围

活动对象是两校区全部学生,图书馆和校团委在赛前分别利用各自的宣传渠道进行充分宣传和预热,如通过海报、图书馆官网、微博、微信等进行及时广泛的宣传和报道,确保更多的学生看到活动相关信息,让每一届同学都对参加这一项活动有所期待,并最终报名参与活动。

(四)活动目标明确,重馆藏推荐

"阅读达人秀"是图书馆和校团委合作的一个项目,形式上是同学们演绎经典,实际上借助达人秀演绎的形式营造一种积极向上的阅读氛围,向读者推荐馆藏中有价值、有意义的资源,从而让学生在阅读中获益,并通过阅读汲取知识养分,逐渐成长。

四、成效与影响

（一）营造阅读氛围，发挥图书馆导读功能

"阅读达人秀"通过同学们的才艺表演，再现经典名著片段、再现诗词意境，每年都成为同学们热捧和最想参与的项目。各个学院会通过自己的内部选拔，选送最优秀的节目参加决赛，现场气氛非常热烈，在学生中反响也比较好。这一活动对推动中国古代经典、世界名著等的阅读确实起到了非常实际的效果。同学们要再现某些场景，就要认真阅读原著，领会原著精神，这样就有意识地引导同学从当前过分依赖手机和平板的碎片浅阅读中脱离出来，去进行深度阅读和理解式阅读。

（二）丰富校园生活，推荐图书馆服务与资源

"阅读达人秀"引导学生遨游书海，丰富了学生们的校园文化生活。图书馆也通过这样的活动，加强与大学生的互动交流，了解读者需求，增强服务能力，促进大学生充分利用馆藏资源，推荐了图书馆的各项服务与资源，传播了"深度阅读"和"终生阅读"的阅读理念。这也是上海师范大学图书馆能坚持这么多年举办该活动的原因。

（三）激发阅读兴趣，展示大学生的创新能力

"阅读达人秀"寓教于乐，极具观赏性，通过"秀"的方式展示了大学生的才华与活力，并有效地激发大学生参与读书活动的积极性和进一步阅读的兴趣，对学生的文化底蕴、诗词功底和综合素质都是一种极大的考验，同时也展示了大学生关于"阅读"这样一件事的创意以及背后所付出的努力，锻炼了大学生的创新能力，这是大学生每年都有新创作的作品递交和展现的原因。

（四）受益学生广泛，活动可复制性强

每次初赛，各二级学院大量同学参与"达人秀活动"——或参与剧本创作，或上台表演，对表演专业的同学提供了一个实习的舞台，对更多参与活动的非表演学院同学更是一次挑战。每次决赛上演十多个精品节目，除演员外，都还有近200人到现场观看、加油、助威。

活动周期虽长，但活动形式容易复制，从以往经验看，活动深受同学们欢迎，因此，其他高校一旦复制即意味着该校又一阅读推广活动的成功。

综上所述，"阅读达人秀"内容健康向上、富有思想性；形式活泼、主题突出、艺术性强；学院重视、组织有序、参与面广。整体效果好，是一项非常值得持续举办的阅读推广活动。

蔡迎春　段晓林　穆卫国（上海师范大学图书馆）

☞ **专家点评**

"阅读达人秀"活动的巧妙之处在于,不离"阅读"这一主线,在"秀"的内容和形式上可以无限延展,为该活动的持续举办打造了一个很好的形式。同时,其影响力也具有很大的延展空间,比如花大力气宣传这一活动,使其吸引更多的观众领略阅读的魅力,那么,这一活动对阅读推广的作用将是巨大的。(李超平)

案例七 书名比赛·等你来战

书是人类进步的阶梯,书是知识的源泉。生活里没有书籍,就像晴天没有阳光;智慧里没有书籍,就好像鸟儿没有翅膀。盐城工业职业技术学院图书馆非常重视学生的读书活动,并于2017年至2018年持续开展"书名比赛·等你来战"的阅读推广活动。该活动目的在于弘扬优秀的读书传统,营造浓郁的读书氛围,丰富在校大学生的文化生活,提升大学生人文素养,促进校园文化建设。

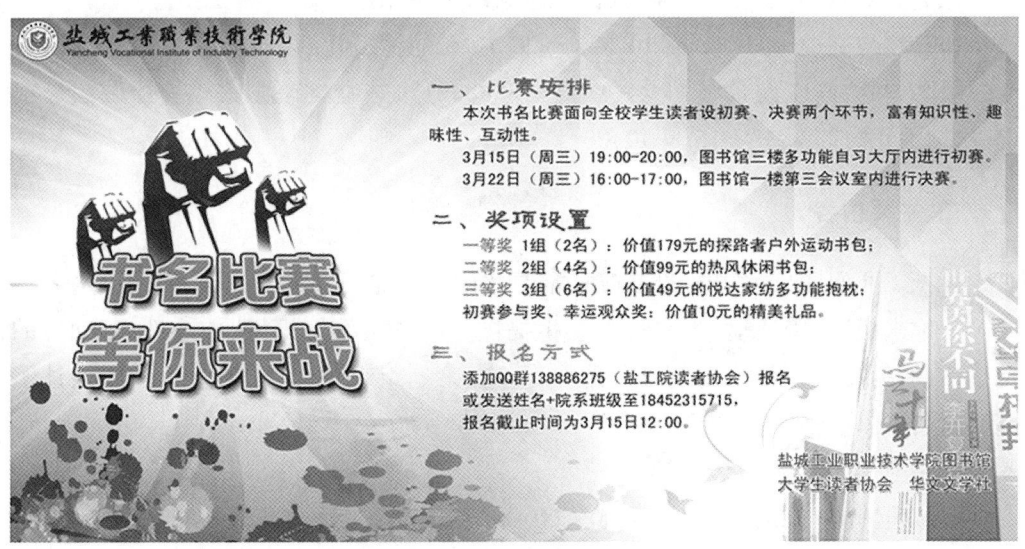

"书名比赛·等你来战"海报

"书名比赛·等你来战"系列活动可以让大学生知晓更多的经典著作,促使他们阅读好书,在丰富知识储备的同时,开阔视野、陶冶情操,为今后的发展打下坚实的基础。

一、项目设计

活动目的:3月为"图书馆服务宣传月",为充分宣传图书馆资源,发挥图书馆教育职能,推进书香校园建设,让更多的学生走进图书馆、受益于图书馆,养成多读书、读好书的良好习惯,图书馆读者工作部、大学生读者协会联合学校文学社团及各二级学院于3月15—22日举办"书名比赛·等你来战"系列活动。

活动组织:"书名比赛·等你来战"系列活动由盐城工业职业技术学院图书馆主办,盐城工业职业技术学院大学生读者协会、校文学社团、各二级学院等单位和部门承办。

活动形式及内容:本次书名比赛面向全校学生读者设初赛、决赛两个环节,富有知识性、趣味性、互动性。

奖项设置:活动设一、二、三等奖和初赛参与奖、幸运观众奖,奖项及奖品详细设置如下:

一等奖1组(2名):价值179元的探路者户外书包;

二等奖2组(4名):价值99元的热风休闲书包;

三等奖3组(6名):价值49元的悦达家纺多功能抱枕;

初赛参与奖、幸运观众奖(10名):价值10元的精美礼品。

报名方式:盐工院读者协会QQ群(138886275)或盐工院图书馆公众微信号报名,报名截止时间为3月15日12:00。

二、主要内容

盐城工业职业技术学院图书馆将常态化的阅读推广进行创新,原创了"书名比赛·等你来战"品牌活动,为在校大学生提供了一场富有知识性、趣味性、互动性的阅读活动,为特色书香校园建设添砖加瓦。在策划组织过程中,为学生读者设计了高质量、精细化、多样性的活动内容。

(一)初赛环节(笔试形式)

2017年初赛于3月15日19:00—20:00在图书馆三楼多功能自习大厅内进行,参赛人员主要是通过微信、QQ等渠道报名的学生;2018年初赛于3月16日举行,参赛人员以建筑工程学院的学生为主。初赛环节采取笔试形式,其中设置根据提示填写书名、根据书籍封面猜写书名、根据经典语录写出出处、写出被改编为影视作品的畅销书籍名等题型,得分排名前12者以抽签方式分成6组确定决赛名单。从初赛到决赛,参赛人员有一周的准备时间。

(二)决赛环节

3月22日16:00—17:00于图书馆三楼第二会议室内进行决赛。决赛部分2人组团进行现场PK,主要环节有"'谁来比画、谁来猜'猜书名""看图猜书名""根据国内外作者猜著作""书库寻宝"四个环节,通过抢答竞猜、默契考验等方式评选出一等奖1组、二等奖2组、3等奖3组。

除此之外,还设置观众互动环节,主要有抢答现场选手答不出或答错的题目和关注"盐工院图书馆"微信公众号在线抽取奖品等内容。

2017年决赛现场

2018年决赛现场

三、实施要点

活动从策划、组织到实施都为本馆原创,具有一定的创新性。为确保"书名比赛·等你来战"活动有条不紊地进行并且达到预期效果,专门成立项目小组,分工负责各个环节的策划、组织、实施工作。活动由王笑蕾、陈亚兰策划,陈熙纯、孙璐组织,具体落实由陈熙纯、陈亚兰、王笑蕾三人负责,主要针对活动时间、活动地点、活动时长、初赛和决赛人员名单等进行落实和协调。

除此之外,制作醒目吸睛的活动海报,各类活动信息发布准确及时,并利用QQ、微信等新媒体宣传推广,积极组织学生参加等均为活动实施的要点。参赛者通过QQ群、微信报名,报名方式快速便捷。

四、成效与影响

盐城工业职业技术学院图书馆联合学校社团和各二级学院连续举办了两届"书名比赛·等你来战"的品牌阅读推广活动,取得了以下成效与影响:

活动蓬勃开展,学生参与积极。该项活动自愿报名人数逐年增加,初赛人数由50人增加至120人,学生参与热情高,影响范围广,逐渐成为覆盖全校范围的阅读推广品牌活动。

活动方式创新,图书借阅率明显提升。这种富有知识性、趣味性、互动性的活动形式,激发了学生在猜书名的同时对相关图书的极大兴趣,特别是书库寻宝环节,鼓励学生充分利用图书馆的电子设备查找索书号挖掘图书馆中蕴藏的宝贵资源。一楼文学书库图书借阅量在活动开展后呈现明显增加的趋势,该活动已成为好书推荐的一个有效途径,为本校图书馆阅读推广增添亮点。

全新互动体验,新媒体平台备受关注。本次活动通过微信公众号进行初赛报名,现场互动的形式之一是关注"盐工院图书馆"微信公众号,这些方式使本馆公众号的使用人数大幅增加。除此之外,新媒体的互动方式也给参与人员全新的阅读体验。

活动具有易操作性和可复制性。任何一个图书馆都可以举办类似的活动,并可取得不错的效果。另外,从该项活动延伸出来的"诗词竞猜"活动也在盐城工业职业技术学院举办了两届,同样具有不错的成效,积极影响着学生读者的阅读行为。

该活动相比于传统的阅读推广活动,影响范围更广,影响时间更长,图书借阅量及学生阅读兴趣都有快速提升,在学校掀起一股股的读书浪潮。

活动可充分调动本馆现有的新媒体资源,给读者全新的体验。

活动具有一定的连续性和可持续性。以前,该活动仅仅在每年读者服务宣传月开展,从2018年起该项活动推广为每个月具有一定主题的书名比赛,活动贯穿全年。

陈亚兰　王笑蕾(盐城工业职业技术学院图书馆)

专家点评

> 活动的设计很巧妙,围绕"书名"可以变换的竞赛形式具有非常大的延展性,这足以保证这一活动在形式上的丰富性和趣味性。而"书名"传播是传播阅读信息的最直接也最容易被记住的方式,所以,这一活动对于阅读推广的作用值得肯定。(李超平)

案例八 园涵桃李风尤美,腹有诗书气自华
——桃李湖畔·原创诗词大赛

诗词作为中华优秀传统文化的重要组成部分,具有独特的东方美感,能够唤起当代大学生对情操、志向、理想等各种美好的想象,丰富大学生的精神世界,使其从中汲取奋斗的力量,并帮助他们担当起新时代赋予的重任。

内蒙古大学图书馆为弘扬中华传统诗词文化,引领当代诗词创作潮流,丰富大学生校园文化生活,挖掘和发现校园诗人,增加校园文化生活的创造性,特推出"园涵桃李风尤美·腹有诗书气自华——桃李湖畔·原创诗词大赛"经典阅读推广活动,对增强校园文化底蕴、坚定师生文化自信做了有益探索。

桃李湖畔·原创诗词大赛海报

一、活动设计

(一)活动定位

"园涵桃李风尤美,腹有诗书气自华——桃李湖畔·原创诗词大赛"是内蒙古大学"桃李湖畔·书香内大"文化育人品牌的重要组成部分。2017年,央视文化情感类节目《朗读者》引起了观众的巨大共鸣,内蒙古大学图书馆在学习其精神内涵的基础上,设计了符合高校文化育人实践的独创性活动。本活动围绕实现中华民族伟大复兴的中国梦,培育和践行社会主义核心价值观,高等学校全面落实立德树人根本任务,构建书香校园,青年学子激扬青春、开拓人生、奉献社会等内容,考察参赛选手对汉字、诗词等国学知识的储备和运用,通过原创诗词,使参赛选手体会言为心声的真实、寄情于词的豁达,以此彰显内蒙古大学师生的文学底蕴和近体诗、古体诗的原创才华,既增强学生传承传统文化的使命感,同时又揭示了内蒙古大学图书馆丰富的古典文学馆藏资源。

该活动通过线下创作、线上录制、投票、线下诵读、颁奖的交叉互动渠道开展,形式新颖,主题鲜明,内容丰富,凸显了传承优秀传统文化的特征,读者参与度高、创新性强、推广效果显著,具有示范性和可复制性,便于在业内推广。

(二)创新点

本次阅读推广活动的核心创新点在于要求作品的原创性,同时要求参赛者将原创作品进行视频录制,进而使诗词作品以动静结合的形式鲜活呈现,加深了大赛的吸引力,国内同行中未见相关案例。

1. 理念创新

以多元的视角、开放的平台、新兴信息技术等方式实现对传统文化的传承与发扬。"桃李湖畔·原创诗词大赛"以传承中华传统文化为活动目的,倡导大学生诵读经典,研习传统文化精髓,进而创作诗词作品。将目标的传统性、专注性与手段的现代性、形式的多样性、平台的开放性完美结合。

2. 推广模式创新

"桃李湖畔·原创诗词大赛"通过图书馆专题网页、微信公众平台进行宣传推广,还充分运用腾讯视频等平台扩大影响力,可操作性、可持续性强。

3. 活动形式创新

"桃李湖畔·原创诗词大赛"的举办,除了线上作品展示、投票等传统形式,还开展线下作者访问、读者交流互动、专家点评等形式,结合经典节目展示(古诗词诵读、古筝、马头琴表演、书法写作等),促进活动形式多元化。

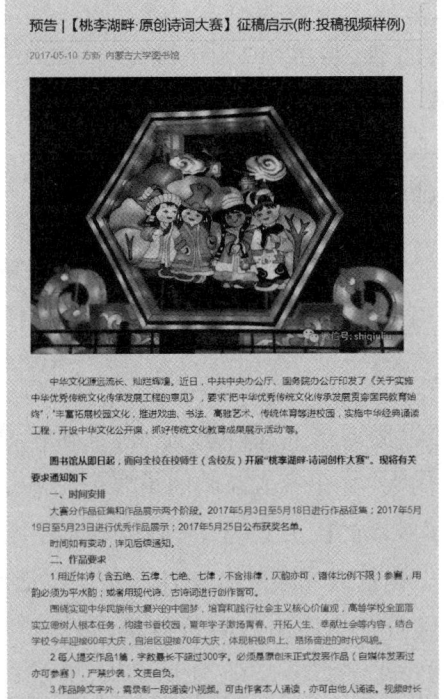

桃李湖畔原创诗词大赛参赛视频样例-1 拍摄:王曦 制作:朝鲁

桃李湖畔原创诗词大赛参赛视频样例-2

桃李湖畔原创诗词大赛参赛视频样例-3

"桃李湖畔·原创诗词大赛"预告内容(作品要求及视频样例)

二、主要内容

2017年5月,内蒙古大学图书馆携手内蒙古大学图书馆读者协会开始酝酿"桃李湖畔·原创诗词大赛"初步方案,随后图书馆与文学与新闻传播学院、读者协会、图书馆梅兰诗社等通力合作,出台了"园涵桃李风尤美,腹有诗书气自华——桃李湖畔·原创诗词大赛"活动策划方案,正式进行赛制策划、作品评选、宣传筹备等各项准备工作。下文对整个活动流程和开展过程以时间为序分别进行详细叙述。

(一)预热宣传

2017年5月3日,大赛预热系列推文在内蒙古大学图书馆两大微信公众号和"桃李湖畔·书香内大"官方网站同步推出,此系列推文说明了大赛的赛制及作品提交的具体要求。

大赛分为作品征集和作品展示两个阶段。提交原创作品用近体诗(含五绝、五律、七绝、七律,不含排律,仄韵亦可,诸体比例不限)参赛,用韵必须为平水韵,或者用古体诗词进行创作。同时,除文字外,还需录制一段诵读小视频。可由作者本人诵读,亦可由他人诵读。视频时长不超过3分钟,可根据需要配乐。大赛组委会还邀请了内蒙古艺术学院播音主持专业的三位同学参与制作参赛视频样例,使大赛更加专业、规范化。同时,推文中对报名方式及奖项设置也进行了具体说明,内容清晰明了,极大地吸引了广大诗词爱好者的注意。

(二)作品展示及投票

2017年5月3—16日为参赛作品征集阶段,图书馆将经过专家团队(由文学与新闻传播学院副院长刘志忠博士和校外专家、校内青年博士组成)严格评审后的原创诗词诵读视频上传至腾讯视频平台,连同文字作品一同展示在图书馆两大微信公众平台中,其中包括4位教师、13位学生的原创作品。

2017年5月22日,"园涵桃李风尤美,腹有诗书气自华——桃李湖畔·原创诗词大赛"正式开通线上100小时投票环节,邀请校内外读者参与投票,关注及投票情况异常火热,微信投票阶段共有9634个微信号参与投票。

(三)颁奖典礼

综合线上投票情况及专家评审结果,"园涵桃李风尤美,腹有诗书气自华——桃李湖畔·原创诗词大赛"颁奖典礼于2017年6月15日在图书馆(南校区)隆重举行。该颁奖典礼由图书馆与读者协会共同策划,形式新颖、内容充实,可复制性强,具有很大的推广价值。

在奖项设置上,除金、银、铜奖之外,还结合传统文化特色,设"诗仙奖""浪漫奖"等,加重了大赛的文学色彩。奖品具有原创性,为由艺术学院学生以墨宝形式呈现的参赛者提交的作品。另外,获奖者还会收到评审专家为其作品量身打造的点评语,页面附有评审组组长及图书馆馆长的亲笔签名,极具纪念意义。

颁奖典礼节目丰富,围绕弘扬传统文化主题,融合马头琴、古筝、书法、名篇诵读等中华传统文化元素的一系列节目,将颁奖典礼一次次推向高潮。

总之,"桃李湖畔·原创诗词大赛"阅读推广活动从设计理念、组织实施,到集中评审、颁奖活动无不融合中华优秀传统文化元素,将本次活动的影响最大化体现出来。

三、实施要点

(一)群策群力,活动主体多元化

在本次活动中,内蒙古大学图书馆充分发挥自身的指导和协助作用,调动活动参与者的热情。以馆长和阅读推广积极分子组成的阅读推广团队、学生馆员及来自图书馆读者协会的读者开阔思维,不断学习借鉴和创新,通过整合院系、社团等各种优势资源,实现资源共享。

其中,图书馆读者协会作为主要策划团队,在充分调查了广大学生读者的意愿之后,结合内蒙古自治区成立70周年、内蒙古大学60年华诞的契机,确定了活动的主题,制作了详细的策划方案,同时对照方案制作任务分解表和进度计划图,使各活动策划方各司其职,相互协作,完成各项预定的活动内容。本次活动面向全校诗词爱好者,既有来自各学院的本科生、研究生,也不乏国防生的积极参与,校内教师、图书馆员及行政人员也纷纷投稿。活动邀请内蒙古大学艺术学院播音与主持专业的学生为本次大赛录制样例视频,邀请内蒙古大学文学与新闻传播学院教授、《内蒙古大学艺术学院学报》编辑部原主任、图书馆汉语言文学专业副研究馆员等担任原创诗词大赛评审,邀请内蒙古大学党委宣传部、内蒙古大学新闻与传播学院、中国人民解放军驻内蒙古大学后备军官选拔培训工作办公室等多个部门的领导作为嘉宾出席颁奖典礼,真正形成了主客体广泛共同参与、多主体能动参与、协同合作的阅读推广机制。

(二)切合主题,活动内容充实化

2017年,正值内蒙古自治区成立70周年、内蒙古大学创办60周年,内蒙古大学图书馆把握时间契机,在借鉴央视热门节目《朗读者》的基础上,创立了"桃李湖畔·原创诗词大赛"活动,激发了广大师生读者的参与热情。活动要求围绕实现中华民族伟大复兴的中国梦,培育和践行社会主义核心价值观,高等学校全面落实立德树人的根本任务,构建书香校园,青年学子激扬青春、开拓人生、奉献社会等内容为主题,用近体诗或古体诗词进行个人创作,同时录制诵读小视频,用盛大的视觉和听觉盛宴将个人原创诗词中蕴含的丰富情感展现给读者,使活动更具吸引力。

为充分体现本次活动的主题——弘扬传统文化,颁奖现场的各个细节也体现了传统文化元素,如颁发的奖品是由参赛作者挥毫撰写,既是参赛学生的才艺展示,又凝结了内蒙古大学学子的爱校情怀;穿插在大赛前后的经典诵读、马头琴表演、古筝独奏等节目,使"园涵桃李风尤美,腹有诗书气自华——桃李湖畔·原创诗词大赛"动静结合、各具特色、丰富多彩,打造了一幅典雅隽永的画卷,吸引了大批读者的参与,调动了整个内蒙古大学师生以及校外广大社会人士对传统文化的热爱。大赛中推出的17首诗词均为参赛者的原创作品,展示了内蒙古大学深厚的古典文学底蕴,表现出内蒙古大学师生对于中国传统文化的传承和热爱。

(三)宣传造势,活动推广品牌化

不同于以往的简单海报张贴,"园涵桃李风尤美,腹有诗书气自华——桃李湖畔·原创诗词大赛"预告和展示推文从5月3日开始,连续20多天在内蒙古大学图书馆两大官方微信公众号上推出,受到了同学们极大的欢迎。本次大赛同时利用微信平台进行投票,这种最简便、读者最易参与的方式,让校内外关注此次活动的人数激增,转发量也不断增加。参赛选手投票排名情况公开透明,且推文中附有参赛选手的视频链接,便于读者们随时回顾欣赏。2017年内蒙古大学图书馆共发布相关微信推文29篇,累计点击量20 558次;腾讯视频发布24条,其中"桃李湖畔·原创诗词大赛"颁奖典礼视频点击量超过77 000次。通过线下线上的立体化报道,不仅增强了本次活动的可见度,也为内蒙古大学图书馆打造"桃李湖畔·书香内大"文化育人品牌项目增添了力量。

四、成效与影响

"桃李湖畔·原创诗词大赛"活动共评选出17部优秀作品(教师组4部,学生组13部),现已全部收录至内蒙古大学校庆60年纪念文集《珠光湖韵第三集》,其中金奖得主李壮同学的《中国梦 内大情》被评为"内蒙古自治区大学生网络文化作品"一等奖。活动中通过制作视频参赛这一方式,保证了活动形式的趣味性、参与性,同时提升了参赛者的体验感,腾讯视频平台共计发布视频24条,累计点击量89 483次。

| 图书馆阅读推广案例赏析

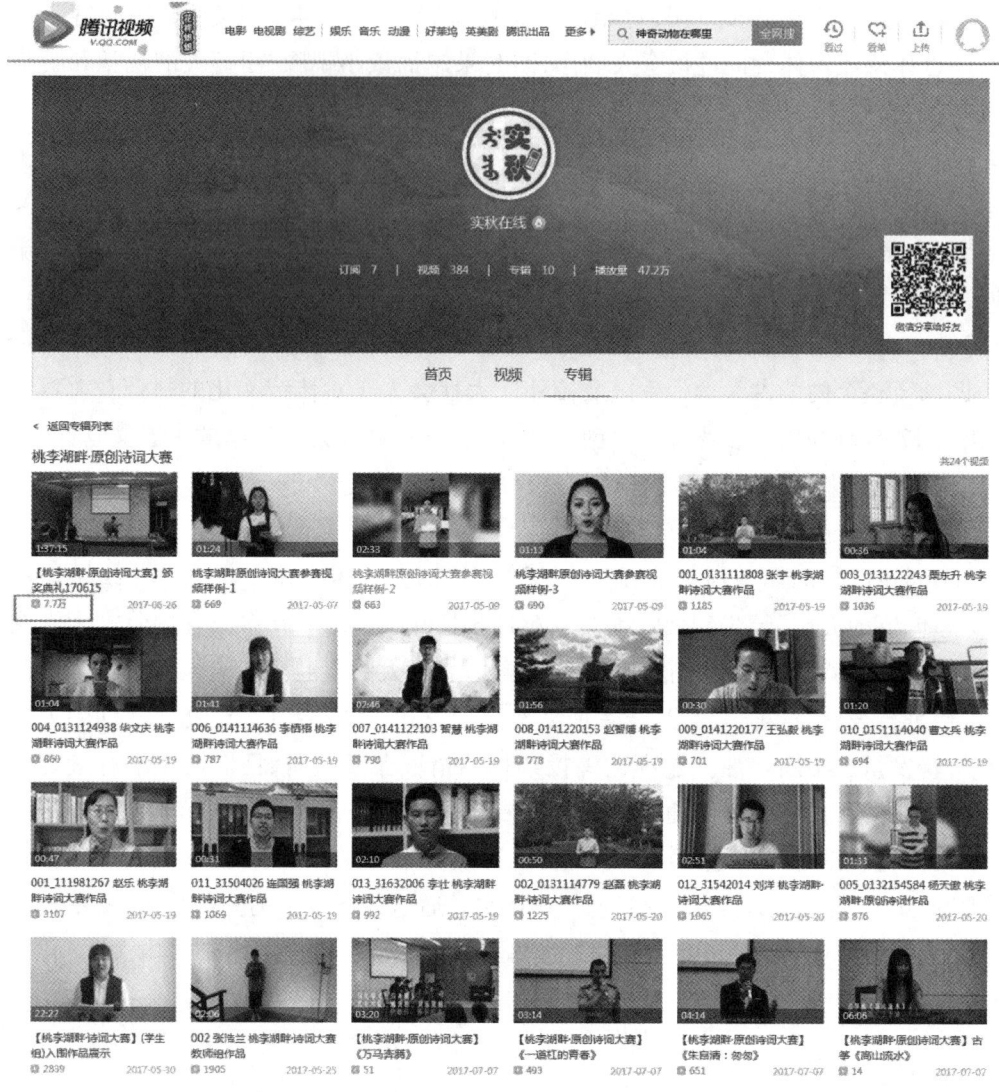

"桃李湖畔·原创诗词大赛"视频专辑

注：视频网址:http://v.qq.com/vplus/d31da930e2187aab6327cef9581e0400/foldervideos/vzn0011015irf6j.

活动一经举办就受到了新华网、中国教育在线（教育部主管）、东方网（上海市委宣传部主管）、内蒙古热线（内蒙古党委宣传部主管）、内蒙古自治区教育厅、中华诗词网校等多家媒体的关注及报道。

图书馆通过举办与传统文化相关的活动，有力地传播了传统文化的魅力和价值，同时也发挥了思想政治教育阵地的先进作用，《"园涵桃李风尤美，腹有诗书气自华"——桃李湖畔·原创诗词大赛》案例也作为2017年内蒙古大学思想政治工作典型案例被收入内蒙古大学党委宣传部《奋进之笔》一书。此次活动将自身定位为一项"内大人自己的传统文化盛宴",以感受诗词原创、历史溯源、诗词诵读为活动定位向全校师生倡导弘扬传统文化,热爱汉字、诗词,以及热爱中国文化的价值观。本次活动在校园内掀起一阵传统文化浪潮,提升了全校师生对传统文化的兴趣和热情,是内蒙古大学对外展现传统文化实力的重要窗口。

云洁　阿斯雅　白淑霞　刘实(内蒙古大学图书馆)

专家点评

> 诗歌原创大赛本身算不上太好的创意,因为要求诗歌的原创会限制这个活动的参与面。但这个活动效果是比较好的,尤其是充分利用现代通信设备,使参与者可以很方便地录制视频参赛,而线上投票方式又大大提升了这一活动的参与面。(李超平)

第七章 特色阅读活动

导言 阅读推广活动如何彰显特色

2005年,中国图书馆学会将倡导全民阅读写入《中国图书馆学会章程》;从2006年开始,新闻出版署、中宣部、文化部等多家部委连续多年联合发出《关于开展全民阅读活动的倡议书》;2009年,中国图书馆学会正式成立"阅读推广委员会";2012年,"开展全民阅读"被写入十八大《政府工作报告》之中;"全面阅读"在2014—2018年连续五年被写入《政府工作报告》,2018年实施的《中华人民共和国公共图书馆法》的条款中明确指出公共图书馆要"推广全民阅读"。在一系列文件法规的推动下,图书馆的阅读推广工作持续火热,各类阅读推广活动层出不穷。经过近年来的发展,各图书馆依据各自的资源优势、读者特点和地域特征,已经逐渐形成自己的阅读推广品牌,发展了各种具有各自图书馆特色的阅读推广活动。

本章精选了来自上海财经大学图书馆、鞍山师范学院图书馆、上海健康医学院图书馆、上海市闵行区图书馆、黄河科技学院图书馆、上海商学院图书馆和南京中医药大学图书馆的7个特色阅读推广案例。这些案例形式多样、创意独特,基于本馆特色馆藏、与常规工作相结合、新媒体阅读推广、与学生社团紧密合作、关注传统经典、紧跟时下热潮等,可以说是八仙过海各显神通。这些特色的推广活动对其他图书馆阅读推广的开展有一定启示作用。

一、案例分析

这些阅读推广活动可按照其活动类型与形式分为以下几个类别。

(一)基于馆藏优势和资源优势开展的阅读推广活动

图书馆阅读推广,是指图书馆通过精心创意、策划,将读者的注意力从海量馆藏引导到小范围的有吸引力的馆藏,以提高馆藏的流通量和利用率的活动[①]。可见,图

---

① 王波.阅读推广、图书馆阅读推广的定义——兼论如何认识和学习图书馆时尚阅读推广案例[J].图书馆论坛,2015(10):1-7.

书馆开展阅读推广的目的和出发点就是提高馆藏的利用率,因此,围绕馆藏开展阅读推广活动是图书馆最基础的类型之一。上海财经大学图书馆的"'博雅之旅'系列立体阅读体验"以图书馆馆藏资源推广为中心,设计、开展各项活动。其中的传统手工艺术体验活动不局限于传统书展,而是将艺术作品、教师授课与学生现场创作相结合,真正实现了立体阅读;服饰文化体验活动立足于馆藏,将散见于图书馆的服饰文化文献进行挖掘、甄选、组织,以新的视角展示推荐给师生,让他们亲身体验服饰文化之美;节日文化体验活动,以2016年1月21日的春节文化主题书展为开端,探索中华传统节日文化主题文献挖掘、整理、展示及相关诗词、手工作品等系列体验活动;2016年3月6—16日,举办"三八"妇女节主题书展,关注节日文化;在绘画艺术体验活动方面,开展"橡皮笔油画"作品展和主题讲座,推广绘画艺术馆藏文献。这些活动充分发挥了图书馆员自身的专业优势,是基于传统馆藏又超越馆藏的阅读推广活动。

鞍山师范学院图书馆的"'爱阅·表情'之'寻亲启事''认亲会''与亲说'——常规性阅读推广活动的突破创新",立足于该校图书馆的资源与读者特性,由图书馆多个部门联合组织策划实施,由"寻亲启事""认亲会""与亲说"等环节组成了系列阅读交流活动"爱阅·表情"。虽然是最常见最普通的交流式阅读推广活动,但"爱阅·表情"以"寻亲"为切入点,引发学生的关注,其不走寻常路的创意和设计,使之与一般的阅读推广活动与众不同。在阅读内容的选择上以馆藏经典与名著为出发点,通过多个活动的连贯配合达到阅读推广的目的。

上海健康医学院图书馆的"'悦读润道'系列之'悦享读'栏目"主要由"月悦读"和"月享读"两部分组成,"月悦读"除了每个月月初常规推荐新书外,还创建了节日荐书,以中国传统节日和阳历纪念日为契机,推荐相关经典图书,普及中国传统文化教育。读者在看了图书馆推荐的这些书后,将他们的读书感悟、书评等再集中展示,组成了"悦享读"的内容。两个活动从馆藏新书出发,紧密配合,有效提高了馆藏利用率。

(二)基于中华传统文化开展的阅读推广活动

中华传统文化最能体现中华民族的精神,也是我们中华经典中最核心的部分,具有鲜明的民族特色,形式多样,内容广泛且历史悠久,近年来在阅读推广中颇受青睐。

"电梯间的诗词大会"是黄河科技学院图书馆独创的阅读推广活动,以中国传统经典诗词为抓手,图书馆每周在其电梯间发布两道诗词题目,读者按要求将答案发送至图书馆微信后台参与活动,旨在通过对诗词的赏析,分享诗词之美、感受诗词之趣,潜移默化地实现诗词对学生的影响,达到推广经典传统文化的效果。

此外,上海财经大学图书馆的"'博雅之旅'系列立体阅读体验"所开展的剪纸、旗袍服饰文化、京剧脸谱创作等都是借助中华传统文化开展的阅读推广活动,上海市闵行区图书馆"敏读会,我们共同的敏读光阴"开展的敏读昆曲季,则是利用昆曲这一中华传统文化艺术中的珍宝开展阅读推广。

(三)基于新媒体开展阅读推广

移动终端和智能手机的普及改变着人们的阅读方式和阅读习惯,近年来的全国国民阅读调查报告显示,移动 APP 阅读、微信阅读、有声阅读等阅读方式比率日益增长,图书馆可利用新媒体开展阅读推广服务以适应全民阅读方式的改变,引导读者正确利用新媒体阅读。同时,新媒体在图书馆开展阅读推广服务时也是一个强有力的宣传手段和途径。本章所收录的特色案例,无一例外的都是对新媒体的不同应用。

上海财经大学图书馆、鞍山师范学院图书馆、上海市闵行区图书馆、南京中医药大学图书馆等在开展活动时都利用微信这一新媒体平台进行了宣传推广;上海健康医学院图书馆的"'悦读润道'系列之'悦享读'栏目"就是利用新媒体进行阅读推广活动的实践;黄河科技学院图书馆的"电梯间的诗词大会",读者参与时需要利用微信将答案发送至图书馆的微信平台;南京中医药大学图书馆的"文化反哺——我和爸妈共读一本书"则主要利用了"超星学习通平台",这是超星公司开发的一款手机APP,凡是注册用户均可以使用,像其他新媒体平台一样可以互加好友加群、写读书笔记等,也是一种新媒体应用。

(四)基于图书馆常规工作开展新的阅读推广

阅读推广已是图书馆的常规工作,或者与常规工作相结合服务。在常规工作中做出特色是最不容易的,但是各个图书馆却出奇制胜。

鞍山师范学院图书馆的"'爱阅·表情'之'寻亲启事''认亲会''与亲说'——常规性阅读推广活动的突破创新"以"寻亲"为切入点,引发学生的关注,"认亲会"使阅读活动达到高潮,"与亲说"使阅读活动进一步升华。突破了常规性交流式阅读推广活动主题单调、形式呆板的模式,极大地激发了读者的兴趣。

敏读会是上海市闵行区图书馆的读书会,每年的年末就将下一年的主题基本排定。除了常规的主题阅读讨论及嘉宾点评外,敏读会每年还开展特别活动,如敏读出行季、敏读情人季、敏读戏剧季、敏读观影季和敏读昆曲季等,此外,还开创了以朗读为主要形式的敏读书声活动。其精彩的活动创意颇受读者和业内同行的好评。

(五)基于阅读推广人的阅读推广活动

阅读推广人是指具备一定资质,能够开展阅读指导、提升读者阅读兴趣和阅读能力的专职或业余人员(中国图书馆学会2014年全民阅读推广峰会暨"阅读推广人"培育行动所给定义)。阅读推广人的核心工作就是推广阅读,对阅读推广有积极的引导作用。上海商学院的"'友书·共读'——多方合作共建社区文化"让高校大学生志愿者作为阅读推广人走进社区,发挥他们的创新精神,设计出有趣、有效的阅读推广活动,推动全民阅读的发展。

二、经验总结

通过对这些特色阅读推广案例的梳理和仔细剖析,发现他们有共同点,可作为其成功的经验供其他图书馆学习参考。

(一)有特色的创意、活动形式和内容新颖是阅读推广成功的基本条件

阅读推广的关键在于创意,好的创意就等于成功了一半。像鞍山师范学院图书馆的案例一样,正是因为图书馆阅读推广工作人员不同寻常的创意,打破常规性阅读推广主题单调、形式呆板的模式,把一个本来是最常见、最普通的交流式阅读推广活动,变成了一个吸引人的特色阅读推广活动。南京中医药大学则组织"文化反哺——我和爸妈共读一本书"的活动,并将参与者的范围扩大到在校师生的父母、祖辈、中学老师、亲朋好友等,这对于平时只关注师生的大学生阅读来说,是一个新的切入点,对学生来说很有新意,因此该活动也很成功。

(二)多部门联动,构建合作机制,发挥合力作用

阅读推广在高校不是图书馆某一部门或者一个图书馆的事情,需要图书馆内部的紧密配合,也需要馆外其他部门的配合。图书馆的资源优势可以与其他部门的组织、协调、推广能力互相配合,构建一个有机的合作机制,形成合力,发挥各部门的作用和影响力以达到阅读推广的最优效果。如多家图书馆的案例中都提到和学校团委、宣传部等部门合作,借助学校馆微平台,推广宣传活动内容;上海商学院的"友书·共读"项目则是联合了高校图书馆、公共图书馆、街道社区、社会公益组织等相关校内外爱心人士和文化机构共同开展阅读推广。

(三)善于利用新媒体

微博、微信等新媒体平台的图片、语音、文字、视频等功能能迅速拉近图书馆与读者的距离,其互动性和实时性适于图书馆的阅读推广工作。通过新媒体进行宣传是图书馆利用新媒体开展阅读推广的基本方式之一,此外,以新媒体为工具开展阅

读推广也有图书馆在尝试。本章案例的实践告诉我们,新媒体尤其是微信的应用是阅读推广工作的利器。

三、结语

阅读推广已是图书馆非常重要的一项工作,各图书馆都非常重视,每年也都推出了很多活动,但是并不是每个馆的每次活动都很成功。只有具有创新性的阅读推广活动,才能像本章案例那样做成特色的阅读推广,吸引读者的积极参与和互动,从而取得良好的阅读效果,提升馆藏利用率。

刘晓霞(《上海高校图书情报工作研究》编辑部)

案例一 "博雅之旅"系列立体阅读体验

大学图书馆是校园文化建设的有机组成部分和重要基地,它以静态的馆藏和动态的服务参与、支持和服务于校园文化,在校园文化建设方面具有不可或缺的地位和独特的优势,有义务也有能力承担起在大学校园文化建设中的重要角色和重任。根据图书馆的文化使命及其在校园文化中的角色定位,我们依托图书馆的文献资源、人力资源、空间资源及设备资源优势,策划开展了"博雅之旅"系列立体阅读体验项目。

一、项目设计

本项目是一种新型的、立体化的阅读体验形式,是基于校园文化视角的一个图书馆服务延伸与创新的突破口,以通识文化教育推广活动为纲,采用多元化的展示形式,探索融入真人图书馆模式,按照剪纸艺术、服饰文化、节日文化、戏曲文化等主题分系列进行。每一主题的活动包括书目推荐、主题书展、主题展览、主题讲座、现场互动实践体验、主题沙龙、作品欣赏等。目前主要开展的系列活动包括:传统手工艺术、服饰文化、节日文化、戏曲文化和绘画艺术体验。

二、主要内容

目前我们已经成功启动了五个主题:

(一)传统手工艺术体验活动

第一站,2015 年 12 月 9 日开展剪纸艺术体验系列活动,包括徐功亮个人剪纸作品展、剪纸艺术讲座与辅导、主题书展等环节。其中,由图书馆和法学会联合举办的徐功亮个人剪纸作品展,为期两周,精选了 60 余幅作品,内容涉及传统、现代、漫画、彩色剪纸、立体剪纸等多个元素,为广大师生提供一次难得的中华传统文化体验盛宴。同时,不是局限于传

"博雅之旅"剪纸艺术体验

统的书展,而是将艺术作品欣赏、教师授课与学生现场创作相结合,真正实现了立体阅读的模式。而举办的现场教授课程为参与者提供了一个良好的互动平台,可以一边欣赏艺术作品,一边聆听讲解与技巧,更是可以自己动手,参与创作。这种新型的体验模式受到了师生的广泛好评,同学们纷纷留言表示对"博雅之旅"下一站旅程的期待。

(二)服饰文化体验活动

第二站,立足馆藏,将散见于图书馆的服饰文化文献进行挖掘、甄选、组织,以新的视角展示推荐给师生的同时,让读者亲身体验服饰文化之美。2015 年 12 月 28 日中午,图书馆和上海财经大学旗袍文化协会合作,在图书馆七楼举行财大旗袍文化协会成立大会,邀请中外文化交流协会的"天平俪锦"旗袍队和旗袍姐妹队,以及上海市妇联的"巾帼福太太"旗袍队为师生们现场展示传统服饰之美,将书展中的服饰栩栩如生地展现在师生面前,推动读者对于服务文化阅读的兴趣。

(三)节日文化体验活动

第三站,2016 年 1 月 21 日开始,以春节文化主题书展为开端,探索中华传统节日文化主题文献挖掘、整理、展示及相关诗词、手工作品等的系列体验活动。2016 年 3 月 6—16 日,举办"三八"妇女节主题书展,结合传统文化,关爱人性,关注节日文化。

(四)戏曲艺术体验活动

第四站,2016 年 10 月 31 日始,由上海财经大学图书馆联合上海财经大学人文学院、杨浦区学习型社会建设与终身教育促进委员会办公室举办京剧脸谱作品展,

在上海财经大学图书馆七楼学习共享空间,我们将戏曲文化书展、京剧脸谱作品展融为一体,为读者提供一场戏曲的视觉体验。

2016年11月4日,上海财经大学图书馆有幸邀请到参展作品的作者,"京剧脸谱"的传承人李嘉华老师,亲临现场给大家分享对于京剧和京剧脸谱制作的心得体会,并现场教授师生创作京剧脸谱,参与者亲手实践京剧脸谱绘制,体验戏剧艺术的博大精深。

（五）绘画艺术体验活动

第五站,推广绘画艺术馆藏文献和立体阅读体验。2016年12月9日,上海财经大学图书邀请橡皮笔及橡皮笔绘画艺术创始人——东华大学韦康教授来做关于"橡皮笔油画"的主题讲座,此讲座的开展增加了师生对油画知识的了解,韦老师为大家现场作画,指导师生进行绘画创作实践体验。

2017年4月20日始,开展师生油画现场作品展。4月25日,举办韦康老师"橡皮笔油画"收藏仪式,以及学生作品返还仪式,韦老师现场为学生点评作品,为师生带来了又一次文化体验。

"博雅之旅"绘画创作实践

三、实施要点

（一）紧扣图书馆馆藏和资源优势

活动以图书馆馆藏资源推广为中心,设计、开展各项活动。充分发挥图书馆员自身的专业优势,是基于传统馆藏又超越馆藏的阅读推广活动。

（二）以提升用户通识教育素养为纲

和学校学生第二课堂结合,融入学校的通识教育体系,以提升读者的通识素养为主线,发挥图书馆的教育职能。

(三)扩展素质教育对象覆盖面

"博雅之旅"阅读推广活动可以面对学生、可以面对教师及员工,可以走入社区,可以进行校际图书馆交流。在文化素养教育的同时,可以以主题搭建读者之间的互动交流平台。

(四)塑造立体化、多元化的活动体验

该项目聚焦于从文献中析出文化知识,从现实作品、人物中亲身体验文化的博大精深。以真人图书馆的形式,分主题、分系列逐步推进、深化阅读体验。

"博雅之旅"传统文化系列活动宣传背景板

(五)注重活动的深化

2016年上半年,针对已经成功启动了的三个主题,继续开展并深化、细化各个系列的活动。如,继续引进其他艺术家的剪纸作品展、艺术家的剪纸作品讲座与互动、成立剪纸艺术小组,服饰文化讲座、沙龙、观影会,传统节日诗词鉴赏、楹联鉴赏、灯谜展示等。借助宣传单页、图书馆网站、微信等多种媒体及时展示活动信息及资源。

(六)保障资源的整理及活动档案建设

注意资料的积累及活动的二次传播或多次传播效应,使活动成为众多图书馆和广大读者共享的知识资源。多样化的活动产品以及在活动进行中产生的各类入场券、邀请函、宣传海报、书签、签名本、照片、知识产权协议书、新闻稿等,并注意印刷文本和电子档案的保存。引入媒资管理系统,将活动产生的书目、图片、音频、视频、文件等,整理归档,建立专题数据库,支持、服务师生。

(七)构建广泛的合作机制

对内,主创团队由支部牵头,组织图书馆党员、民主党派、工会、妇女小组、青年小组、离退休小组等,群策群力,积极探索新常态下支部的特色党建及组织生活新方式。对外,与校内外单位开展广泛的合作。

四、成效与影响

"博雅之旅"系列立体阅读体验活动推进了大学生素质拓展,完善了教育质量保障,提高了学校办学水平,提升了人才培养质量。

已开展的系列活动,不仅包括传统的书展,更是将艺术作品欣赏、教师授课与学生现场创作相结合,真正实现了立体阅读的模式。让参与者可以一边欣赏艺术作品,一边聆听讲解与技巧,更是可以自己动手,参与创作。在老师的指导下活动参与者边画、边学、边听老师讲解相关的故事,从不了解文化艺术到对其产生兴趣,受益匪浅。大家一致认为,参加了这个活动之后,自己不仅仅能感受到艺术之美,对进一步了解理论知识和历史还产生了浓厚的兴趣。

戴洪霞(上海财经大学图书馆)

☞专家点评

> 活动丰富多彩,有手工、服饰、脸谱,必然吸引人。不过,虽然把"紧扣馆藏"作为实施要点的第一条,但是从案例的介绍文字看,只见活动不见馆藏。今后在宣传阅读推广活动时,宜把涉及的馆藏以较大篇幅推介,否则有喧宾夺主之感。活动尤其值得学习的是高度重视档案建设,把活动涉及的资料悉数收集珍藏,这往往是多数图书馆在开展相关活动时容易忽略的。(王波)

案例二 "爱阅·表情"之"寻亲启事""认亲会""与亲说"
——常规性阅读推广活动的突破创新

一、项目设计

开展"全民阅读"是建设学习型社会和提升国家软实力的一项重要举措。大学生是国家与民族的希望和未来,旨在提升大学生阅读素养的大学生阅读推广工作意义尤为重大。在全民阅读的背景下,各大学图书馆举办的阅读推广活动精彩纷呈,这些活动,不仅有利于提升大学生的思想道德素质、信息素质和科学文化素质,促进大学生的文化自信,也有利于实现大学图书馆自身的创新服务和增值服务。

相对于其他高校,鞍山师范学院投入信息资源建设的资金相对匮乏,图书馆信息资源体系相对陈旧,对大学生吸引力不足,大学生参与阅读活动的积极性不高。

依据自身的资源特点和读者特点,激发大学生的阅读与交流欲望,优化大学生阅读体验,提升大学生的阅读能力,培养大学生的阅读素养,是我们开展本项活动的出发点。本次活动得到了图书馆领导的大力支持,由图书馆采访部、电子技术部、参考咨询部多个部门联合组织,挑选了具有较强的组织策划、数字技术、文字写作能力的人员参与。

二、主要内容

本案例为系列读书阅读交流活动,主要由"寻亲启事""认亲会""与亲说"等环节组成。

(一)寻亲启事

2017年3月初,图书馆以张贴海报的形式向全校师生,发布"寻亲启事"。海报以淡淡的远山、绰约的柳叶、翩翩飞舞的燕子为背景,表现出新春三月到处弥漫着回归和重逢的气息,以此呼应"寻亲启事"中图书馆开学伊始寻找离散读者、深情呼唤亲人(读者)回归图书馆这一主题。意境淡雅而韵味深长。

(二)认亲会

2017年4月11日,在图书馆微信公众号、校园广播站、学生会微信公众号、各系公告板、宿舍公告板发布"认亲会"广告,宣布"认亲会"召开的时间、地点、内容。

2017年4月23日,"认亲会"隆重召开,近百名大学生参加"认亲会"活动。从来稿中精选出23篇稿件,稿件作者在"认亲会"上以"亲人代表"的身

"爱阅·表情"之寻亲启事海报

份参与交流。"认亲会"的最后一个环节,是让参加交流会的全体听众以无记名投票的方式,在23位发言人中选出一名"最动情亲人"。

(三)"与亲说"持续进行

"认亲会"选出的"最动情亲人"——教育科学与技术学院的张芷硕,在图书馆老师的协助下,于2017年5月23日成功地组织并主持了第1期"与亲说——渴望生活"。

2017年6月23日,第1期"与亲说"选出的"最动情亲人"——商学院的王思媛同样成功地主持了第2期"与亲说——我看《我们仨》"。

"认亲记"微信通知

"与亲说——我看《我们仨》"活动现场

三、实施要点

"爱阅·表情"属于最常见的阅读+交流式常规性群体阅读推广项目,也是最省钱、最省力、最低门槛、参与度最广的一种阅读推广活动,非常适合那些资金、信息资源、人才资源、外部资源都缺乏的图书馆来做。但它有明显的短板,就在于它单调、重复、没有新意,容易让参与者感觉心理疲劳,不容易激发兴奋点。我们力争从这种最常见的阅读推广项目中寻找突破点,从常规中突破,从寻常中创新。

(一)实施要点一:"爱阅·表情"重在"激情"

"爱阅·表情"活动始终围绕"情"这个中心点,"情"也是这个系列阅读交流活动的主线,活动通过"寻亲启事""认亲会""与亲说"等一系列富于关联性、创新性的群体阅读活动,以饱满的情感为支撑点,激发起大学生"我要读"的阅读欲望,形成了强烈的阅读激励,并保证在系列活动的持续进行中,大学生阅读的激情之火能够始终保持旺盛燃烧。

大学生处于群体生活中,易于受到环境影响。我们把"爱阅·表情"定位为群体阅读活动,努力营造足以支撑起置身其中的大学生"读下去"的群体阅读的热烈情绪和热烈环境,让大学生处于爱阅读的人群中,处于竞相阅读的环境中,让他们相互影响,互相激励,共同阅读,共同学习,坚持读下去,在他律作用下,强化阅读意愿,养成爱阅读的习惯。

(二)实施要点二:"爱阅·表情"重在"表情"

大数据时代对大学生的信息阅读素养提出了更高的要求:不仅要爱阅读,会阅读,而且要善分享。鞍山师范学院毕业生是本地区最重要的师资资源,善于分享不仅是对他们的时代要求,也是职业对他们的要求。基于此,"爱阅·表情"活动积极搭建大学生阅读交流的平台,培养大学生勇于交流的习惯,提升大学生善于交流的能力。"爱阅·表情"营造出的亲切、平和、贴心的交流环境,把大学生置于书情和人情相交融的氛围中,仿佛与家人分享美食一样,不知不觉中,大学生读者遇见了更多蕴真爱之书,品味出书中深藏的挚爱之情,尽情抒发阅读后的喟叹之感。"爱阅·表情"让热爱阅读之人找到更多的共读者、共鸣者——他懂你的欢笑,也和你一起眼含泪花,他不是你血脉相连的家人,却和你心意相通,是你灵魂的亲人。"爱阅·表情"润物无声地深化了大学生的阅读体验,提升了大学生的阅读能力,进而达到知书、知人、知世界、爱书、爱人、爱世界的境界。"爱阅·表情"系列读书活动为读者提供了一个各抒己见、畅所欲言平台的同时也提供了获取知识和新观念的互动平台,在阅读分享中,个体间的观点讨论与想法互动,使参与者获得更丰富、更高层次的信息或感悟。

(三)实施要点三:"爱阅·表情"重在精雕细琢

"爱阅·表情"在活动的内容、读者培养、形式、宣传、细节等诸多方面加以精深挖掘、精雕细刻。

"爱阅·表情"系列读书活动倡导经典与名著的阅读,引领着大学生的阅读方向,也引导着大学生的深层次阅读。活动中,那些思想性、艺术性精湛的作品尤其是中外名家名作深受欢迎,比如《红楼梦》《三国演义》《老人与海》《简·爱》《活着》《白鹿原》等的阅读量名列前茅。"爱阅·表情"系列读书活动也把阅读素质的培养与专业能力的发展结合起来。比如,培养文学院阅读团队对文学作品的深度挖掘及语言文字的功力;培养社会发展学院团队对社会热点问题的特殊关注;培养教育生命和技术发展学院团队对心理问题的敏感度与解决能力;培养理工科同学对科技新技术的关注与探究……在这样多层次有方向的培养中,阅读骨干团队节节成长而又成就各异。一千个读者就有一千个哈姆雷特,能呈现一千个哈姆雷特的阅读就格外有个性、有深度,这样的阅读交流就更加有新意、有创意,令人大开眼界。如第一届"与亲说"的组织者张芷硕是教育生命与技术学院的学生,她主持的"渴望生活",选取凡·高、贝多芬等艺术家为阅读对象,侧重心理描绘与分析。商学院的王思媛主持的第二届"与亲说——我看《我们仨》",侧重社会环境对人际关系的影响及家庭对人自身发展等进行交流。团队培养、专业化素养培养带动了团队整体提高与阅读领袖的出现与成长,促进了大学生创新思维与能力培养。

"爱阅·表情"形式新颖,虽然是常见的阅读推广活动,但"爱阅·表情"之开端"寻亲启事",以"寻亲"为切入点,引发大学生关注。"爱阅·表情"之高潮"认亲会",以书为"识(音 zhì)",聚合阅读者如失散亲人般相见、相诉、相认。"爱阅·表情"之继续的"与亲说",是亲人间的如约欢聚,归属感强。"爱阅·表情"持续进行、逐渐深化而无重复感。"寻亲""认亲"为活动奠定了牢固的感情基础和人员基础;"与亲说"多次进行,上一次参与者选取的"最动情亲人"成为下一届组织者,负责主题发布、广告宣传、活动策划、会场主持等,不同的面孔发挥出各自的特长。光影、音响、服饰等多种工具以及观影、朗读、舞台剧、PPT等不同形式的运用,令每一次"与亲说"都让人耳目一新。

四、成效与影响

"爱阅·表情"系列读书活动突破常规性阅读推广主题单调、形式呆板的模式,把阅读和交流结合起来,把精深阅读和灵魂交流结合起来,改变浅阅读、快餐式阅读的方式,化单一的主题呈现为立体化主题,化表层阅读为深刻的思索。

"爱阅·表情"锻炼了大学生各种能力。在共同阅读中,个体的爱阅之情相吸引、相碰撞、相启迪,既激励又竞争,不仅鼓舞了参与者的热情,拓宽了阅读视野、深化了阅读体验、增强了阅读能力,而且,其逻辑思维能力、组织能力、创新能力尤其是语言表达能力都得到了锻炼。

"爱阅·表情"因其形式新颖、针对性强,极大地激发了读者的兴趣,参与人数空前;其浓厚的阅读氛围、连贯而灵活的开展方式,令大学生感受到了阅读的快乐,产生了爱阅读、想要深层次阅读及分享阅读的愿望,也大幅提高了图书的借阅率和学生的到馆率。参与者的阅读能力明显提升,引领大学生群体爱读书、读好书、会读书、能分享的成果显著。

高小序　贾凤旭　杨艳军　路红　王烨暄(鞍山师范学院图书馆)

☞ **专家点评**

> 这项活动实际上是以认亲的方式组织读书会,以写稿作为"投名状",然后选出佳作的作者来发言,大家共同讨论,很有创意。此案例简单、巧妙,希望每年稍微扩大规模,比如同时或定期举办多组,使更多的经典能够得到讨论和传播。坚持多年,活动本身也会变成经典。(王波)

案例三　"悦读润道"系列之"悦享读"栏目

为贯彻落实党的"全民阅读"方针,积极响应建设"书香中国"的要求,形成多读书,读好书的校园风气,上海健康医学院图书馆立足于本校医学专业特色,利用微信公众平台,创新服务方式与方法,积极开展阅读推广服务,举办了由本校黄钢校长亲自题名的"悦读润道"系列活动。为打造"悦读润道"阅读文化品牌,本馆以微信公众号为平台,推出"悦享读"栏目。

一、项目设计

"悦读润道"的意义为:"让读书成为生活的必需和乐趣,即悦读;潜移默化地升华我们对人生的感悟、对世界的认知,即润道。"本馆希望以此品牌为核心,运用具有文化特征的手段和方式,不断延伸阅读推广服务,希望同学们能够借此培养良好的读书习惯,通过阅读增长知识,通过知识来明确对事物的认识,加深对世界的认知,从而把握自己的命运。

"悦享读"来源于"悦读润道",同时音译"阅读越想读",旨在引导和传播阅读文化。"悦享读"项目是本馆基于微信公众平台,以线上推广为主,线下宣传为辅的阅读推广活动,致力于通过微信的碎片化阅读激发学生的阅读兴趣,再利用线下的海报宣传和实体展览延长学生阅读的时效性,从而引导学生养成良好阅读习惯,从线上的碎片化阅读逐步过渡到线下的整体性、方向性阅读。

"悦享读"下设"月悦读"及"月享读"两个阅读推广专栏,初衷是为了将阅读推广活动融入日常工作中,以定期推送的形式,督促读者养成阅读的习惯,同时通过指导性的推荐帮助读者摆脱盲从,选择良好的阅读范围,激发求知欲。活动设计针对学生与教师两大阅读群体,分析两者阅读习惯和兴趣的差异,深入调查不同群体所侧重的阅读需求,力求推广内容多样化,提高各类读者群体的参与度。

二、主要内容

(一)"月悦读"专栏

在创建初期,此栏目以"凡尘百态、唯有书香"为主题,以本馆的新书推荐为主体内容,定于每月月初通过本馆的微信公众平台进行推送,每期甄选10册新书。除了图书的基本信息之外,

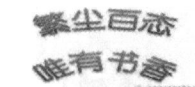

"月悦读"专栏推送图样

还附以馆藏信息、内容简介和少量的书籍点评。此专栏能够帮助读者大致了解书刊信息,选择适合自己的图书进行阅读,图书馆的专业性指导可以帮助读者避免漫无目的、低质量的无效阅读。"月悦读"所推荐新书涉及各种分类,品种多样,思想积极,内涵深刻,可以激发读者浓厚的阅读兴趣。

在收到良好的反馈之后,本馆通过延伸"月悦读"专栏的阅读推广功能,将文化服务融入其中,创建了节日荐书栏目。以中国传统的农历节日为契机,如农历春节、元宵节、端午节、中秋节等,推荐相关的经典图书,在引导阅读的同时进行文化渲染,普及中国传统文化,丰富读者的人文素养。国家制定的阳历纪念日也是引导阅读的契机,如建军节、建党节、国庆节、教师节等,通过推荐相关图书,在引导阅读的同时还对读者进行了爱国主义教育等内涵教育。

(二)"月享读"专栏

"月享读"栏目是本馆创建的一个以读者为中心的阅读平台,旨在构建读者分

享、交流和展示文采的专属平台,以读者的征文、书评和感悟为主体内容,定于每月月中通过本馆的微信公众平台推送。推送内容完全来自读者自身,图书馆仅负责排版排期,文章主要来源于读书感悟、阅读评论、阅读活动感想和助理馆员经验交流等方面。每期都包括图书详情概述、经典内容赏析等介绍,将其编辑成 H5 动态版分享到微信公众号中,并开放留言板,让更多的读者参与交流。

"月享读"专栏推送图样　　　　"月享读"专栏教师节推荐　　　　"月享读"专栏妇女节推荐

三、实施要点

（一）内容新颖

"月悦读"专栏不局限于新书推荐,还创新设立了"月悦读"的节日篇。每逢节日或纪念日,本馆推荐 10 种左右与节日相关的图书,从不同的角度引导读者深入了解每个节日的内涵,扩大知识面,从而引申阅读。比如国际妇女节,本馆就推荐了《面纱》《慢船去中国》《我只想和你说说话》等,如教师节,推送了《爱的教育》《先生》等,旨在在特殊日期选择贴合节日主题、主题鲜明和内容新颖的好书与读者分享,引导阅读之余进行文化服务。在推送形式上,本馆也采用了静态与动态版面交叉展现的方式,避免阅读的枯燥性。

（二）合作共建

馆办也会联合其他部门完成"月悦读"专栏的线下工作。每期"月悦读"所推荐的图书都会被采编部或流通部的同事挑选出来,集中展示于馆内新书推荐区域,方便学生们馆内阅览与外借。线上线下相互配合,共同助力阅读推广。

除了馆里内部的合作之外,图书馆还与校宣传部通力合作,在校报上为"月享读"专栏设置了专门版面,让线上的虚拟过渡到线下的实体分享,这样既拓展了本馆阅读推广的形式,也拓宽了读者范围。

(三)加强互动性

"月悦读"是站在图书馆馆员的视角推荐图书,采取馆员到读者的指导式阅读推广,"月享读"是将推荐、分享的权力交到每一位读者的手中,形成"读者—馆员—读者"之间的互动式阅读推广。这样可以极大地调动每一位读者的阅读积极性,形成"阅读、分享、悦读"的模式,让每一位读者主动参与到图书馆的文化建设中,培养读者的主人翁意识与自主阅读能力。

(四)让读者做主

为了使推荐的图书更能贴近读者需求,本馆以勤工俭学的学生助理为试点,在每批新书上架之前,号召学生助理挑选心仪的图书,快速阅读之后分享读书心得,并撰写推荐理由,再由图书馆微信公众号推送给全校读者。让学生尝试从馆员的角度出发,结合自身的专业特色,考虑周围同学的性格特点和生活方式,挑选和推荐图书,帮助图书馆在阅读引导上更贴近学生需求,提高阅读推广的专业性和方向性。

四、成效与影响

本馆推出的"月悦读"与"月享读"两个专栏在内容上各有特色,在阅读推广活动中相辅相成。活动以新书推荐为主导,将图书馆常规业务组合起来,有效地提高馆藏资源的使用率,优化书籍采购资源配置,丰富馆员与读者之间的沟通互动,提高图书馆宣传服务水平。同时将推荐书籍与阅读推广、选采等工作结合起来,使之成为一个相互推进的整体。

阅读推广活动开展的价值和意义离不开读者的评价。读者感知的递升意味着阅读推广价值实现的递升,是阅读推广活动价值实现程度的衡量标准。自 2017 年 4 月栏目上线以来,本馆共推出"月悦读"24 期,"月享读"12 期,累计推广好书 296 册,点击阅读量达到 5000 余次。微信公众号的读者知晓度从最初的几人、几十人增长到如今的 1766 人次,读者参与度也稳步上升,所推荐的新书在同阶段书籍借阅量统计中都占据前段位置,证明读者对所推荐图书有较高的满意度与认可度。接下来本馆将根据读者对阅读推广活动的反馈数据做出行之有效的战略部署,设计更具有针对性和实效性的阅读推广活动。本馆希望通过形式多样的活动,不断创新服务手段,将新媒体阅读和浅阅读作为其延伸与补充,探索图书馆在新媒体环境下如何更好地发挥自己的作用。

彭骏　柳丽花　刘晶　冯菲　成伟明(上海健康医学院图书馆)

☞ 专家点评

> 月月坚持,常抓不懈,整合全校力量,线上线下结合,使阅读推广走向常规,久久为功,这是阅读推广的一个发展方向。但从同行对比的角度看,活动的独特性不是很明显,如何使活动更有亮点,更有独家识别性,"润道"的作用更明显,是值得下一步探索的。(王波)

案例四　敏读会,我们共同的敏读光阴

敏读会,是上海市闵行区图书馆创办的公益读书会,其命名来源于"闵图"的谐音,同时又蕴含着"读书当敏求"的深意。顾名思义,敏读会的宗旨是面向全社会进行深度阅读推广和阅读品味引导。开设敏读会,既是对时下"浅阅读"风气的纠正,也是为了搭建文化普及、与同好交流的良好平台。而且,图书馆具有社会教育职能,其中包括阅读指导的责任。闵行区图书馆开展读书会活动正是履行其阅读指导职责的体现。

一、项目设计

敏读会的宗旨是"深度、经典、品味、有益"。深度,是为了纠正"浅阅读"的阅读风气。我们不是提倡艰深晦涩,而是提倡对于一部作品的深度解读。经典,主要体现在阅读书目的选择上。为何要阅读经典?卡尔维诺给出过自己的答案:"经典作品对读过并喜爱它们的人构成一种宝贵的经验;但是对那些保留这个机会,等到享受它们的最佳状态才临时来阅读它们的人,它们也仍然是一种丰富的经验。它们要么自己以遗忘的方式给我们的想象力打下印记,要么乔装成个人或集体的无意识隐藏在深层记忆中。"比起那些耳熟能详的轻松易懂的作品,我们更偏重于推介那些听

起来如雷贯耳但鲜有人读过的书。品味，是与"经典"相对照的策略。经典读物是"品味"的佐证，在经典读物的选择上，我们的观点是"没有读过的旧书都是新书"。而对于新书，我们的使命在于发现，发现那些可能成为经典的书目。有益，在于我们通过阅读，拓展知识面，超越日常生活的平庸，改变对世界的认知。

2012年2月18日敏读会正式启动，由著名作家叶辛担任名誉顾问，由敏读会策划人阿兹猫担任第一场主题读书会的主讲人，活动内容是"槛内槛外读木心"。此后，敏读会以每月2—3次为活动频率，以名家、读者、馆员为主讲人资源，以本馆网站、博客、微博、微信为推广平台，面向大众进行阅读引导和推广。

二、主要内容

（一）常规模式

每年年末排定下一年敏读会的全年主题，与主讲人确定大致的开展时间，并制作宣传册，分发给读者。活动的常规形式是针对某一本书进行阅读、朗诵和讨论，由主持人和特邀嘉宾进行点评，读者参与互动。

敏读会"灵魂的深"陀思妥耶夫斯基译作见面会，
主讲人：娄自良（翻译家）、顾文豪（书评人）

敏读会《繁花》现场，主讲人：金宇澄（作家）

（二）特别季

1. 敏读出行季

敏读会曾组织过两次出行活动：第一次是在2014年初，我们组织了30位读者一起前往松江钟书阁，交流分享那些曾带给我们独特体验的美丽书店。2017年5月，敏读会开展了一次走近大学校园的活动。这次活动由上海理工大学美谈社、扬州大学与敏读会共同合作举办，主题为"李叔同：一轮圆月耀天心"，邀请了扬州大学文学院副教授黄诚老师作为主讲人,活动地点定在沪江美术馆。尽管路途偏远,天公又不作美,但是此次活动仍然吸引了30多位读者参与。

2. 敏读情人季

2015年情人节,作家孔明珠在敏读会上分享了自己的新书创作和美食人生,还亲自烹饪两道美食:玉子烧和水果甜羹。活动气氛异常活跃,读者参与度几乎高达100%。2017年情人节,孔明珠再次现身,和读者一起漂流图书。当时,凡报名参加此次讲座的读者,都会获得一颗西兰花(寓意健康快乐)。小小的创意,为活动增添了不少亮色。

首期"敏读遇见——一轮圆月耀天心",活动主讲人:黄诚(扬州大学文学院副教授)

3. 敏读戏剧季

玛朵艺术季·莎士比亚经典剧本朗读会是敏读会从2015年起每年常规安排的活动,活动以莎士比亚戏剧本为主题,采取"半读半演"的互动交流形式,邀请读者一起来参与。如果读者对哪个角色有兴趣,可以报名参演,通过扮演过程感受这个角色的内涵。若读者对这个角色有其他想法,也可以重新塑造这个角色。总之,读而优则演,是我们重点打造的"阅读新模式"。到目前为止,一共举办过5期朗读会,分别是《麦克白》《亨利五世》《哈姆雷特》《李尔王》《奥赛罗》,每次的角色扮演都让读者兴奋不已。

敏读会"孔娘子厨房"活动现场,主讲人:孔明珠(作家)

此外,我们还曾举办过《茶花女》古典文学赏析和《欲望号街车》戏剧赏析,主讲人分别是上海话剧艺术中心国家一级导演雷国华和上海戏剧学院教授孙惠柱。他们为读者普及了"如何用戏剧表演形式表达文学作品的意境",展现"文学"与"戏剧"之间既独立又融合的独特风景。

4. 敏读观影季

2015年暑期，敏读会举办了观影会《安妮日记》和《辛德勒名单》，邀请到了书评人陈嫣婧与影评人本来老六，两位主讲人主要从文本入手，对电影的战争主题进行解读。

2018年5月，我们荣幸地邀请到了著名配音刘广宁老师。刘广宁在讲述自己和译制片的艺术缘时，也播放了自己曾经参与配音的经典作品：《尼罗河上的惨案》《大篷车》和《生死恋》。与之前的戏剧舞台表演解读、文本解读不同，刘广宁老师为我们展示了如何用声音去表现人物的性格、脾气、情感和灵魂，这对读者来说，是一次全新的解读模式。

5. 敏读昆曲季

提到昆曲，人们常常会用"曲高和寡""阳春白雪"来形容，但昆曲其实来源于民间。比起曾经的万人空巷，家喻户晓，昆曲如今作为"小众姿态""高雅艺术"，被放至各种高端博物馆，这究竟是幸还是不幸？那句"原来姹紫嫣红开遍，似这般都付与断井颓垣"似乎也描绘了昆曲如今"高冷"的尴尬境地。好在现在越来越多的人开始关注昆曲，活跃于各个社区的昆曲社也赋予这门古老艺术新的生命力。

从2015年起，每年6月，敏读会都会设置昆曲专场，作为非遗之月的主打活动。2018年6月的"非遗之月——昆曲专场"，我们邀请了两位昆曲大家：俞永杰老师和岳美缇老师。俞永杰注重的是不同版本《西厢记》的讲解，而岳美缇老师则是以讲述自己的昆曲人生为主，并辅以现场演绎。虽然都是以昆曲为主题，但表现形式并不相同，因为我们希望热爱昆曲的读者能从不同大家身上，发现不同亮点，从而构建起属于自己的昆曲小世界。

（三）敏读书声

2017年6月23日，敏读会开始主办以朗读为主要形式的敏读书声活动。敏读书声与敏读会不同，敏读会主打"深度"，而敏读书声主打"温度"，温度辅以深度，成为敏读系列的正确打开方式。

每季一个主题，每月一期，精选纪实类的温暖亲情、人生经历、生活感悟等具有正能量的美文，

敏读书声：有一种爱情叫平如美棠，嘉宾：饶平如（书作者）、谌娜（闵行区电视台主播）

邀请知名电台播音员、电视台主持人、配音演员现场朗诵,以声音呈现文字之美和情感之美。作家饶平如、沈嘉禄、赵波、戴小华等都曾是敏读书声的座上宾,为读者们带去了温馨与感动。

三、实施要点

(一)馆员主讲,别具风采

敏读会以名家、读者、馆员为主讲人资源。除了最常见的专家学者外,敏读会每年都会安排图书馆馆员和读者嘉宾共同主讲。名家的学术性和专业性有一定说服力,但图书馆员和读者嘉宾"亲民、接地气"的分享,也能深入人心。

(二)书目选择,丰富多样

敏读会在书目的选择上不局限于文学类,还有经济、哲学、艺术、科普、法律等,丰富多样的书目,是为了帮助读者拓宽眼界,触摸更宽广的领域。我们曾经邀请到法国汉学家潘鸣啸讲述他对上山下乡的研究。曾有读者问:"为何让法国汉学家来讲这个主题?"我们的想法是,让读者倾听来自世界的声音。就像"大数据"这个话题,可能也有读者觉得"不够文艺",但我们也是希望读者能关注到这个与我们生活密切相关的热点技术。除了"风花雪月",我们也要"理性客观"。做阅读推广需要符合读者的喜好和期待,但不能仅凭"喜好"和"期待"来看待阅读这件事。我们希望读者在投入阅读的同时,也能够不放弃向更远世界去探索的能力。

(三)各种形式,穿插交互

一个活动一年都是以同一种形式开展,时间久了,读者也会略感疲惫。所以,在全年安排上,不仅要考虑主题的选取和书籍的选择,还需要考虑展现形式。例如,对于莎士比亚这样的伟大作家,一次活动不可能完全说到位。于是我们采用了经典剧本朗读会和对《天地一莎翁——莎士比亚的戏剧世界》的专著解读,都是在从不同角度展示莎士比亚。每逢暑假,我们还会安排亲子场,与小朋友一起互动交流。

敏读会亲子场:《西游记》,主讲人:朵咪(读者)

(四)合作对象,多元广泛

在主讲人的选择上,敏读会在学科馆员、特邀专家之外,融汇业界同行、热心读者、民间读书会等社会力量。经过一段时间的运营,我们发现依靠学科馆员与社会资源,不但不会减少敏读会的号召力,更为敏读会的主持人资源开拓了一条新路。在社会资源中,与民间读书会朋歌的负责人"法先生"、民间读书会崖山学社的负责人"日暮途远",以公益、爱好、资源共享为原则,形成了良好的合作关系,还以图书馆的公益社会教育职能为依托,得到不少读者的鼎力支持,邀请他们担任主讲人,如来自市委党校的一路向东、博学多才的吴奇、来自上海理工大学的胖哥、喜欢心理学读物的苹果熊、来自位育中学的筱雁老师等。

四、敏读会的成效

到目前为止,敏读会共开展各类活动144次,参与人数6552人,其中包含敏读书声9次,参与人数313人次。学科馆员主讲有27次,参与人数为932;名家主场86次,参与人数为4513;社会力量主讲31次,参与人数为1107。2015年7月,敏读会"走过60期"纪念册正式发放。2017年1月,敏读会100期纪念图书《敏读光阴》正式出版发行。

在领导的支持和各位同行、读者的关心与帮助下,敏读会曾获得"出版界图书馆界全民阅读年会(2013)"阅读案例一等奖,并得到在全民阅读年会上现场演示的机会。同年,"敏读会"项目入选2013年中国图书馆年会期间的"服务创新,转型发展——上海地区图书馆服务创新成果展"。2014年,入选"悦读青春"上海青少年深阅读计划;2015年,敏读会被评为上海市公共文化建设创新项目,同年,入选"青少年深阅读计划十佳示范性读书会"。2016年,荣获上海市民文化节"百个优秀阅读推广组织"称号。

敏读会100期纪念书籍《敏读光阴》

从2012年到2018年,敏读会已经走过六个年头。一路走来,收获满满,读过很多书,遇到很多人,听过很多道理,也见证了很多美丽的瞬间。在此,我们感谢所有默默关注过、帮助过、参与过敏读会的朋友们,谢谢你们曾经来过。在接下来的日子里,期待我们继续一同前行。

敏读会赴上海钟书阁举办活动《书店风景》阅读会,馆员与读者在钟书阁前合影

孙莺　成雨竹(上海市闵行区图书馆)

☞ **专家点评**

> 敏读会的活动,无论是宗旨——"深度、经典、品味、有益",还是分主题、主讲人、主持人的选择,都散发出高雅、有品位的气息。活动形式虽然比较单一,但呈现出理性、客观、深刻、沉静、小巧、小资的特点,和高校图书馆举办的大多数以人气、热闹为追求的活动有很大反差。公共图书馆和高校图书馆应该互相学习、取长补短。该活动善于固化成果,适时出版100期纪念书籍《敏读光阴》,这一点也是不少高校图书馆不太重视的。(王波)

案例五 "电梯间的诗词大会"案例

一、活动设计

(1)活动名称:电梯间的诗词大会

(2)活动主题:传承经典文化、绽放诗词魅力

(3)活动目的:推广阅读、传承经典文化、绽放诗词魅力、提升校园文化建设

(4)活动对象:全校师生

(5)活动地点:图书馆电梯间

(6)主办单位:图书馆

(7)活动时间:2017年3—12月(后面顺延)

(8)奖品设置

①金属书签、手机支架、钥匙链、LED充电台灯、马克笔、笔袋、笔筒等(任选其一);

②参与且回答正确的均可获得阅读积分。

(9)活动宣传

网站、微信、微博推广;

大厅内设宣传展架2张(展示活动规则、奖品等)。

(10)活动筹备

①问题形式:诗词接龙、古诗词文化问答

②题库准备(暂拟定50道题目,见附录)

③物资:扇面2个,题目卡20张、礼品若干(每周发放)

电梯间诗词大会第一季题板

二、主要内容

部分题目和答案表

序号	题目	答案
1	"日暮汉宫传蜡烛"下一句是什么?	轻烟散入五侯家
2	"咬定青山不放松,立根原在破岩中。千磨万击还坚劲,任尔东西南北风。"描写的是哪种植物?	竹子
3	"合昏尚知时,鸳鸯不独宿。但见新人笑,那闻旧人哭。"中的"合昏"指的是?	合欢花
4	"物是人非事事休,欲语泪先流"出自哪位词人哪首词?	李清照《武陵春·春晚》

续表

序号	题目	答案
5	"何须浅碧深红色,自是花中第一流"中的花指的是?	桂花
6	"罗浮山下四时春"的下一句是什么?	卢橘杨梅次第新
7	"日啖荔枝三百颗"的下一句是什么?	不辞长作岭南人
8	罗隐的《蜂》"不论平地与山尖"的下一句是什么?	无限风光尽被占
9	"采得百花成蜜后"的下一句是什么?	为谁辛苦为谁甜?
10	李欣《古从军行》"闻道玉门犹被遮"的下一句是什么?	应将性命逐轻车
11	杜甫《赠花卿》"锦城丝管日纷纷"的下一句是什么?	半入江风半入云
12	"此曲只应天上有"的下一句是什么?	人间能得几回闻
13	王安石《春夜》"金炉香尽漏声残"的下一句是什么?	剪剪轻风阵阵寒
14	"春色恼人眠不得"的下一句是什么?	月移花影上栏杆
15	"相见争如不见"的下一句是什么?	有情何似无情
16	"可怜荒垄穷泉骨,曾有惊天动地文"形容的是哪位诗人?	李白
17	"东风不与周郎便,铜雀春深锁二乔"这里的东风指的是什么?	火烧赤壁
18	以下哪句是写到"祖国母亲花"? A 灿灿萱草花,罗生北堂下 B 满地芦花和我老,旧家燕子傍谁飞 C 待到重阳日,还来就菊花	A
19	《秋浦歌十七首》其十四"炉火照天地"的下一句是什么?	红星乱紫烟
20	杜牧《山行》"远上寒山石径斜"下句是什么?	白云生处有人家
21	苏轼"明月几时有"正确下句是什么?	把酒问青天
22	"洛阳城东桃李花"的下一句是什么?	飞来飞去落谁家
23	"洛阳女儿惜颜色"的下一句是什么?	坐见落花长叹息
24	郑思肖《寒菊》"花开不并百花丛"的下一句是什么?	独立疏篱趣无穷
25	"宁可枝头抱香死"的下一句是什么?	何曾吹落北风中
26	李白的《将进酒》中"会须一饮"多少杯呢?	三百杯
27	"北方有佳人,绝世而独立"中的佳人和李延年是什么关系?	兄妹关系
28	刘禹锡《秋词》"自古逢秋悲寂寥"的下一句是什么?	我言秋日胜春朝
29	"晴空一鹤排云上"的下一句是什么?	便引诗情到碧霄
30	李白《行路难·其一》"金樽清酒斗十千"的下一句是什么?	玉盘珍馐直万钱
31	"停杯投箸不能食"的下一句是什么?	拔剑四顾心茫然

续表

序号	题目	答案
32	"欲渡黄河冰塞川"的下一句是什么？	将登太行雪满山
33	"闲来垂钓碧溪上"的下一句是什么？	忽复乘舟梦日边
34	王维《竹里馆》"独坐幽篁里"的下一句是什么？	弹琴复长啸
35	"深林人不知"请接下一句	明月来相照
36	李白感慨哪一个历史事件而作《越中览古》 A 草船借箭　　B 武王伐纣　　C 卧薪尝胆	C
37	陆游《落梅》"雪虐风号愈凛然"的下一句是什么？	花中气节最高坚
38	"过时自合飘零去"的下一句是什么？	耻向东君更乞怜
39	"水何澹澹"的下一句是什么？	山岛竦峙
40	王维人称"诗佛"，他的字是？	摩诘
41	"树木丛生"的下一句是什么？	百草丰茂
42	"秋风萧瑟"的下一句是什么？	洪波涌起
43	曹雪芹《满纸荒唐言》"满纸荒唐言"的下一句是什么？	一把辛酸泪
44	"都云作者痴"的下一句是什么？	谁解其中味
45	"醉翁"最早指的是下面哪位诗人？ A 苏轼　　B 杜甫　　C 欧阳修	C
46	元稹《闻乐天左降江州司马》中提到被贬谪的朋友是？ A 李白　　B 杜甫　　C 白居易	C
47	"朝辞白帝彩云间"的下一句是什么？	千里江陵一日还
48	"两岸猿声啼不住"的下一句什么？	轻舟已过万重山
49	岑参《白雪歌送武判官归京》"北风卷地白草折"的下一句是什么？	胡天八月即飞雪
50	"忽如一夜春风来"下一句是什么？	千树万树梨花开

三、实施要点

（一）活动形式

（1）每周一至周四将两道诗词题目分别公布到图书馆电梯内。

（2）参与者按照要求格式编辑两道题的答案发送至图书馆微信后台（济源校区直接将答案投放到图书馆前台）。

（3）按照微信平台系统提交时间排序，回答正确的前10名同学即可获得奖品。

(4)周五公布答案及获奖名单。

(5)凡参与者均可获得"阅读积分",高积分更有机会赢取"百名读者之星"荣誉及现金大奖!

(二)参与方式

编辑"【电梯间的诗词大会】+①答案+②答案+姓名+电话"发送至图书馆微信平台。

(三)宣传方式

(1)通过微信平台宣传;

(2)通过海报展架宣传;

(3)通过图书馆主页宣传;

(4)通过学校主页宣传。

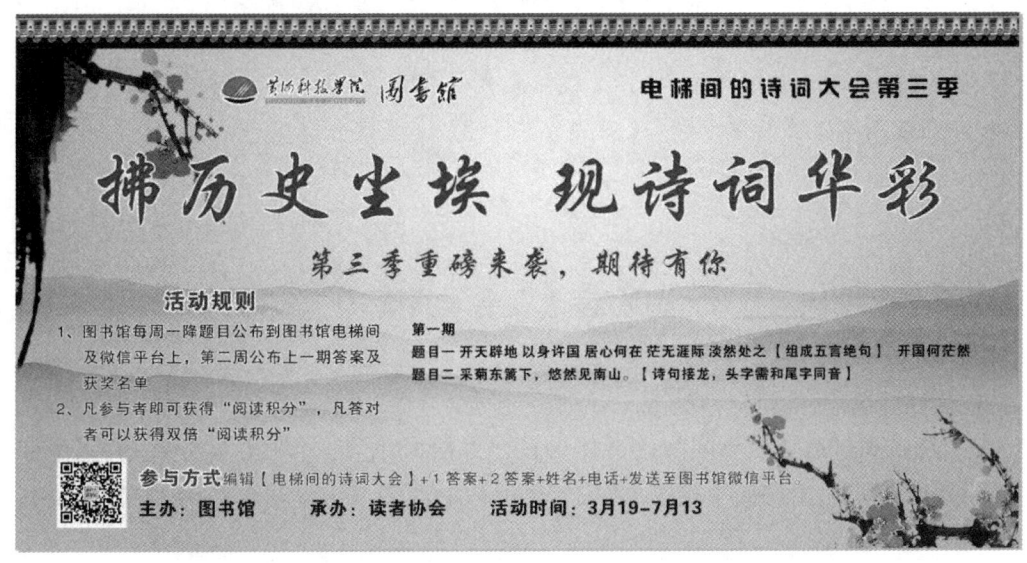

第三季"电梯间的诗词大会"海报

四、成效与影响

(1)"电梯间的诗词大会"自2017年3月实施以来,受到广大师生的喜爱,截止到2018年4月初,举办56期,共计3029名师生参加。

(2)每期的活动都通过学校、图书馆的网络平台向全校师生进行推广,力求通过对诗词知识的赏析,带动师生重温那些曾经学过的古诗词,分享诗词之美,感受诗词之趣,从古人的智慧和情怀中汲取营养,涵养心灵。

(3)挑选的所有诗词题目涵盖豪放、婉约、田园、边塞、咏物、咏怀、咏史等各个类别,聚焦忠孝、仁义、爱国等中华优秀传统文化主题,透过诗词之美传承和弘扬社会主义核心价值观。

(4)"电梯间的诗词大会"透过诗词的语言之美、音韵之美、意境之美,潜移默化地实现了文化对人的影响,有效地推广了经典阅读和传承了中国传统文化。2017年先后得到《图书馆报》、郑州电视台《人生书单》、搜狐网的报道和介绍。

李愈华(黄河科技学院图书馆)

☞ 专家点评

> 利用电梯间出题、微信抢答,很有创意,简便易行。今后可以扩大到校内的教室、理发店、银行、餐桌等需要等待、凝视的场所,谜面也可以扩大范围,从诗词扩展到各科知识、时文用典等,将其变成信息素养教育、信息素养竞赛的利器。此案例值得在各高校图书馆推广。(王波)

案例六 "友书·共读"
——多方合作共建社区文化

为创建和打造针对不同阅读群体的读书品牌和活动,开展丰富多彩、形式多样的阅读推广活动,上海商学院图书馆、上海市徐汇区图书馆等联合推出了"友书·共读"阅读推广活动。

一、项目设计

"友书·共读"项目联合高校图书馆、公共图书馆、街道社区、社会公益组织等相关校内外爱心人士和文化机构共同打造"校社"文化服务。通过特定形式的阅读协会、阅读活动、公益讲座、阅读推广活动、阅读培训、展览展示、相伴共读等服务,引领和辅导"校社馆"互动开展阅读相关活动,汇聚更多资源,通过多方合作,争取人、财、物等资源互补,让更多推广人或推广团体参与阅读推广事业。主要内容包括:"一封家书"亲子活动、"我们都是小诗人"活动、"都绘演"活动、品味书香活动、我是小画家活动、诗歌城堡活动。

二、主要内容

（一）"一封家书"亲子活动

"一封家书"亲子活动，以朗读自己写的信的形式，为淹没在日常生活中的父母与子女提供了一面可以照见自己和彼此的镜子。通过彼此的互换角色从而站在对方的角度上思考问题，子女更加深刻地体会到家长的艰辛与不易，使他们懂得珍惜那份爱，父母也可从中体会到多花些时间与子女沟通多了解，了解彼此的感受或许比一味地给予更重要。

（二）"我们都是小诗人"活动

活动地点均为社区居委活动室，事先准备好诗歌本。小朋友分成六组，扮演小诗人，先进行小组接力朗诵，然后是个人有奖朗诵、有奖抢答，最后是有奖"我爱阅读"造句等活动。孩子们通过朗诵诗歌，感受诗歌之美，阅读之美。

（三）我们"都绘演"活动

开场小游戏活跃现场："贴鼻子"：小孩蒙上眼睛背对指定物，开始游戏时，小孩转过身，在老年人的指挥下将

"友书·共读"："我们都是小诗人"

鼻子贴到动物的准确位。我们"都绘演"环节：先是以家庭为小组进行抓阄，抽选要阅读的绘本，分配道具，进行表演，以家庭为小组单位，为表演进行评分，再加上官方评委评分后决出优秀的家庭，颁发奖品。

（四）品味书香活动

活动开始通过玩击鼓传花进行热身，上海老爸爸表演了一段"上海说唱"，老阿姨唱起了"没有共产党就没有新中国"，志愿者朗诵的唐诗朗诵字正腔圆，获得热烈掌声。

现场还进行报刊交流，如《人物周刊》《新闻战线》《名人传记》《瞭望》等，都是老人们比较喜欢看的杂志，活动形式比较灵活，眼力好的老人们自己看，眼力不好的老人由学生帮忙读，活动获老年人称赞。

"友书·共读":"都绘演"活动　　　　　　　　　"友书·共读":品味书香

（五）我是小画家活动

活动分为两个步骤,第一个环节是给孩子们特定的图书供他们挑选阅读,图书的种类最好以绘本、少儿读物等容易理解的刊物为主。给孩子们半个小时的时间阅读。

第二个环节让孩子们将故事中的主要情节画在纸上,画好后可以将孩子们两两一组,互相讲述刚才所阅读的故事内容（依据所画的图画）。

（六）游戏活动

用游戏激发小朋友们的思考,带动他们去体会故事中的人物的特点,学会模仿与想象,增强团队合作意识。角色游戏是幼儿通过想象,创造性地模仿现实生活的活动,它为孩子提供了模仿、再现人与人关系的机会,为他们形成良好的社会交往能力打下基础。

在角色游戏中,孩子们通过对现实生活的模仿,再现社会中的人际交往,练习着社会交往的技能,不知不觉中就提升了人际智能。

三、实施要点

（一）高校志愿者招募与培训,培养大学生阅读推广人

阅读推广做得好不好,关键在于阅读推广人的培养。高校大学生志愿者是年轻有活力的一个群体,高校学生进入社区图书馆,也为社区注入新活力。受学校、社会各方面因素影响,目前高校学生呈现出如下两个特点。一是社会责任感增强,乐于参与一些志愿活动,为社会做贡献。二是富有创新精神,乐于尝试新事物。这两个特点都对目前社会的阅读推广工作大有裨益。因此,"友书·共读"项目为高校大学生提供一个阅读服务平台,将他们引入社区,发挥他们的创新精神,设计出有趣、有

效的阅读推广活动,为社区注入新活力,推动社区阅读文化的建设。

(二)联合公共图书馆,辐射社区文化活动

公共图书馆本身就有服务周边社区居民的责任和义务,近年来随着全民阅读的普遍开展,公共图书馆也在不断更新思路,除了吸引读者到本馆借阅查询资料,还主动推送各种阅读相关服务。"友书·共读"项目中,徐汇区图书馆负责联系其所在辖区内几个"五室一厅"居委会,借助于高校志愿者和社会公益机构对社区进行文化输出服务。公共图书馆利用自身地理环境优势,联系所在辖区居委会,帮助大学生志愿者与社区建立联系,提供一定活动指导,助推项目顺利实施。

(三)社区负责人,组织社区居民参与具体活动

社区是一个地域性的生活共同体,重要的是要有共同的"文化认同",而达到文化认同的基础便是社区意识。社区负责人起到关键作用,要打破社区内"鸡犬之声相闻,老死不相往来"的状态,首当其冲的则需要加深了解,相互沟通,增进交往。社区通过举办主题演讲比赛、家庭文艺演唱会、中老年健身操展演、读书会、书画作品展等多种文体活动和展览,以此为联系、沟通纽带,吸引广大居民群众踊跃参与。由了解到认识,沟通心理,传达信息,以达到人与人之间心灵的默契和理解。社区通过多种途径的沟通和协调,共同营造了一种和谐、亲善、温馨的氛围,融洽了人际关系,逐步增强了全体居民对社区的文化认同感和家园归属感,由此促进了社区文化的健康发展。

(四)阅读推广人及阅读指导团队

阅读推广人及团队通过"一对多"的组织形式,在学校、社区、机关、网络空间里凝聚成一个个探索真理、互相激励的阅读型团体。越来越多的阅读型团队的出现,是一座城市求学问道风气的直接体现,它不仅赋予一座城市以活力,而且赋予一座城市以文明沉稳的性格和超越肤浅表象的深度和高度。阅读推广人的职责是推广阅读,帮助他人尤其是青少年培养阅读兴趣,获得阅读能力、思辨能力和批判能力。关注市民的阅读兴趣培养和阅读能力建设,推动他人从爱读走向会读,从而影响身边的人从爱读到会读,推进全民阅读工作顺利开展。

四、成效与影响

(一)增加社区居民阅读兴趣,培养良好阅读习惯

"友书·共读"项目充分调动多方机构和人员,包括高校师生志愿者、公共图书馆人员、公益机构人员、社区居委会工作人员及社会组织人员(秦汉胡同、浦东科技等),为社区内居民服务。项目建成七个服务小组,针对徐汇区七个社区进行点对点

试点阅读服务,推广全民阅读理念,共建书香社会。截至 2017 年底,已与徐汇区图书馆、多阅公益、社区合作开展了 5 类培训 20 场具体活动。社区阅读推广服务形式多种多样,服务内容丰富多彩,服务效果得到多方认可,具体服务可跟踪、可复制、可持续、可推广,对社区居民阅读兴趣的提升有很大帮助。

(二)培养高校大学生阅读推广人

通过项目实施,培养锻炼一批高校大学生青年阅读推广志愿者,他们以热爱公益的心和积极的阅读热情加入志愿服务队伍,不怕路途远、不怕服务难,认真做好每一次服务准备。他们用实际行动约束着自己,用高尚的品格影响着身边人,用专业的精神服务每一个参与者。

(三)扩大公共图书馆服务范围及深度

在我国,公共图书馆及社区图书馆数量及人员都严重不足,无法做到深入为社区居民定点持续服务。引入"友书·共读"项目,把高校志愿者及社会资源引入项目,通过多方合作,有助于解决数量和人员不足的问题,扩大公共图书馆的服务范围及服务广度、深度。

金伟丽(上海商学院图书馆)

专家点评

> 此活动的特点是高校图书馆和公共图书馆合作,关注老幼读者,比较少见,是有开创性的。但给人的感觉是公共图书馆的色彩更浓,如何体现高校图书馆的特色,值得思考。比如活动的对象可关注一下离退休教工、教职工子女,把优质教师引到公共图书馆开讲座等,取长补短,发挥两类图书馆的优势。(王波)

案例七　文化反哺
——我和爸妈共读一本书

高校图书馆的服务对象一向以在校师生为主,但在"全民阅读"的氛围熏陶下,越来越多的高校图书馆不断提升服务质量,将服务领域拓展到更广的范围。近年来,馆员在与读者的交流与接触中,敏感地发现大学生已逐渐成为家庭的主体力量,他们的价值观、生活态度、知识体系和社会行为模式非常显著地影响着他们的家庭成员。传统的由父及子的社会教化或文化传承模式正在受到强烈的冲击。受此启发,我馆自2016年起,举办了一系列以"文化反哺"为主题的活动,期望通过图书馆正能量活动,不仅使大学生读者培养正确的价值观与人生观,还能润物细无声地影响到他们身边更多的人群。这拓展了高校图书馆的教育活动空间,更赋予了教育新的含义。

一、项目设计

南京中医药大学图书馆将馆藏资源推广与阅读推广工作巧妙联系在一起。利用超星学习通平台,组织"文化反哺——我和爸妈共读一本书"的活动,扩大参与者的范围,在校师生的父母、祖辈、中学老师、亲朋好友均可参加。南中医图书馆自2015年起就围绕这个主题,组织在校大学生做各类回馈社会的文化反哺活动:2015年,组织武术协会的学生进小区,给居民教授五禽戏、八段锦等健身运动,图书馆也向小区的读书角、文化亭捐赠相关学习的书籍与随书光盘。2016年,图书馆开展了"百字念恩书"的征文活动,选出100篇优秀文字作品打印在精美的卡片上,在感恩节前用快递的方式邮寄到被感恩者的手中。

2017年4月,图书馆举办的第八届读书节活动将"文化反哺——我和爸妈共读一本书"列为重点阅读推广项目。除了组织大批学生的参与,也非常好地吸引了他们的父母长辈、中学师长的参与,最大限度地将阅读理念推广给了广大社会群众。活动主要有:书单推荐、讲座和沙龙、读书小组等。

二、主要内容

(一)书单推荐

馆员调研百余名学生父母的日常生活习惯与兴趣喜好,邀请资深馆员与校内专家共同讨论,进行有针对性的书单推荐。书单通过图书馆微信公众号宣传。

(二)讲座和沙龙

开展电子资源操作培训,举办多次中大型的讲座与小型沙龙活动,其中小型读书沙

"文化反哺":讲座

龙举行 3 次、资源推广讲座 2 次。读书沙龙与学校各个阅读社团合作,为热爱阅读的学生提供结识的机会和良好的交流讨论空间。

(三)读书小组

邀请在校师生与其父母或祖辈亲朋组成二人读书小组共同参与活动。参与选手利用手机在超星学习通平台上报名参加,以 21 天读书打卡的形式,每日上传自己的阅读笔记或心得体会。为了增加活动的趣味性,打卡也有多种形式,不再拘泥于阅读笔记这些文字材料,鼓励选手用视频、音频、照片,甚至是直播形式向大家展示自己的阅读情况。同时馆员每日在平台接受、解答读者各类咨询。

众多选手报名之后,坚持每日读书打卡,或拍下读书照片、书写阅读感悟、录制朗读音频、拍摄阅读讨论的视频。比赛平台向每一个参与者开放,参与者发布的打卡内容,任何人都可以实时查阅。整个比赛公平公正,参与者互相监督、互相鼓励,可以给他人点赞也可以发表不同意见。比赛过程中,为了方便手机操作不太熟练的家长,图书馆馆员长期在线,回答选手的各种提问。通过这样的沟通交流,馆员与读者之间建立了很好的关联。而学生家长通过这样的形式,也更了解图书馆的服务工作,更加融入孩子的大学生活,了解他们的喜怒哀乐和思想动态。活动结束后,图书馆依据大家的打卡情况评选出最佳阅读小组,除了奖品外还颁发了由图书馆馆员设计的小勋章,还邀请最佳家长阅读者来图书馆做读书交流活动,让他们传授教育心得。

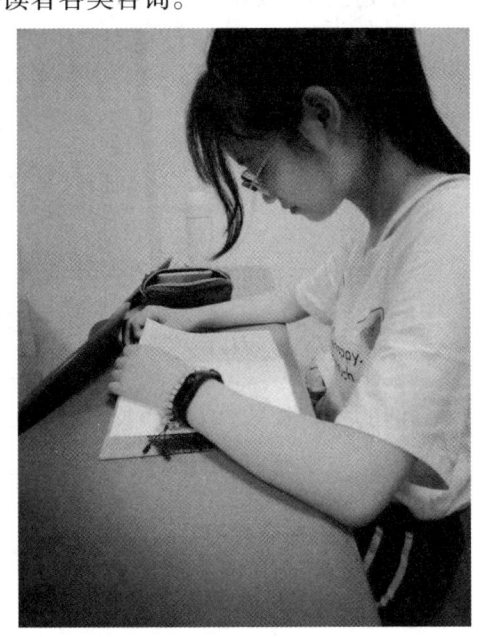

"文化反哺":女儿在阅读

三、实施要点

(一)寻找到新的资源推广方式

高校图书馆拥有大量纸质与电子资源,如何把这些资源推广给更多的读者一直是高校图书馆的重要工作,如何让读者自觉自愿自动地利用馆藏资源一直是馆员不断摸索、不断努力的工作方向。一般来说,电子资源推广多为讲座、网站公告、发放传单宣传册等形式,受到场地、时间的影响,宣传效果往往不尽如人意。此次通过活动与资源推广相结合的方式,很好地让读者在活动中了解资源,又在利用资源的过程中参与了活动。这样的方式得到了广大读者的认同。"文化反哺"活动,超星学习通的下载量多达500余人次,这是平时常规推广类型达不到的效果。而且超星学习通平台还整合了南中医移动图书馆的模块,读者关联自己的账号密码后,可以很方便快捷地获得检索书目、续借书籍、查询所借图书等服务,不受时间、地点的局限,这对于推广馆藏线下线上资源都是一个很好的尝试。通过这类让读者乐于参与,容易产生情感共鸣的活动,馆藏资源在全校被有效地推广。

(二)在阅读推广过程中促进了亲情沟通

南京中医药大学图书馆每年在策划阅读推广活动的前期都会考察周边幼儿园、社区需求,力求将高校图书馆资源最大化地推送给全社会。此次活动以学校中医药的学科特色为基础,除了图书馆馆员,还邀请数位中医学、中药学教授做顾问指导,为参与的家长们专业解答书籍中有关中医药知识的问题。在"全民阅读"氛围很好的烘托下,国民的素质在不断提升,更多人加入了这支爱阅读、爱思考的队伍。大学生作为社会中坚力量,在提升自我价值的同时,也带动影响了身边的亲人朋友。此次鼓励大学生们与父母共读一本书的文化反哺活动,学医的学生教会父母养生知识,学药的学生带父母辨别药材真假,父母能更多地参与到孩子的学习生活中来。这次活动摆脱了距离的局限,让被手机、距离、叛逆期带来的疏离的亲子关系更加亲密。

"文化反哺":妈妈在阅读

四、成效与影响

"文化反哺——我与父母共读一本书"活动期间,超星学习通下载量560人次,共有71人参与活动,发起话题336个。但是在活动结束后,依然有读者在坚持读书打卡,现在已经有728个话题。尤其是学生读者带动的人群最有成效,有不爱看书的妈妈、老龄的爷爷奶奶、只爱逛街的闺蜜、热爱针灸的爸爸。

南京中医药大学图书馆长期坚持阅读推广活动,在服务好校园读者之外,也在不断探索新的推广模式,力图将馆藏资源推广给更多的人群。通过这类资源推广与阅读推广相结合的模式,从而达到高校图书馆利用活动宣传读书理念,鼓励培养读书习惯;将馆藏电子资源推广给更多人群;宣扬中华民族传统美德,孝敬父母、尊师敬长,心怀感恩地生活的多重效果。2017年,在江苏省高等学校图书情报工作委员会与江苏省图书馆学会组织的首届江苏省图书馆数据管理与服务创新专题大赛中,"文化反哺——我陪爸妈读本书"活动获得了一等奖的好成绩。

邵怡(南京中医药大学图书馆)

☞专家点评

这项活动具备独创性,值得推广到各高校图书馆。不足是对典型家庭的发现和总结不够。不同家庭同读一本书,效果肯定是截然不同的,比如高知家庭,同读会变成一场学术讨论;商业家庭,同读可能是一场理财论证;寒门家庭,同读可能是致富探讨,也可能是感人故事。母子同读,可能柔情似水,父子同读,可能理性励志。如果活动能对家庭的类型有所掌握,挖掘一些典型进行报道,可能效果更好,甚至会引发全社会的推行和思考。(王波)

第八章 亲子阅读推广

导言 面对少年儿童的阅读推广

1995年联合国教科文组织确定4月23日为"世界图书与版权日"(世界读书日),自此,阅读推广日益受到全社会的重视。2013年,图书馆年会将"书香中国——阅读引领未来"作为年会主题,将"阅读推广"推到图书馆界的风口浪尖,成为图书馆人努力的方向之一。2018年初,《中华人民共和国公共图书馆法》实施,阅读推广图书馆服务的核心工作之一,已被写入法律。现在,随着国家对阅读推广的重视,各地图书馆阅读推广工作开展得如火如荼,经典图书推荐、名家讲坛、知识竞赛、亲子阅读、VR虚拟数字体验……内容丰富、形式多样的阅读推广活动,为读者带来了丰富的阅读体验。面对少年儿童的阅读推广活动是一种针对细分目标人群的阅读推广活动,多个公共图书馆及高校相关院系根据少年儿童独特的兴趣爱好及阅读特点,进行了有益的尝试,并取得了较好的推广效果。

一、面对少年儿童的阅读推广实践

阅读是少年儿童获取信息和知识最重要的途径,是开发智力、积累知识、塑造个人品格的必要条件,对于建设一个国家的精神文明非常重要,对一个国家的未来发展具有重大意义。少年儿童时期是培养阅读爱好的关键时期,浓厚的阅读兴趣、良好的阅读习惯、优秀的阅读能力都需要长期的培养。图书馆在引导少年儿童阅读方面有着不可推卸的责任,为此,很多公共图书馆都开展了有效的实践,如上海市嘉定区图书馆的"小创客学堂"和"文教结合"项目、闵行区虹桥镇图书馆的"五彩亲子悦读会"活动、宝山区图书馆的"娃哈哈故事会"和"陈伯吹儿童文学创作讲习堂"活动、闵行区图书馆的"闵图妈妈小屋"亲子阅读活动、上海师范大学教育学院的"大带小"儿童阅读推广实践项目,都得到了广泛的认可。

嘉定区图书馆在2016年立足公共文化空间的阵地优势,完成了以推广科普阅读为基础,以普及科技创新文化为目标的青少年创新空间建设工作。为了吸引更多孩子走进青少年创新空间,嘉定区图书馆秉承着均等化、专业化、特色化的工作理念,与多家社会机构和组织建立了稳定的合作关系,通过邀请专业讲师,配备专门活动器材,创设"小创客学堂"项目,为热爱科学、喜欢动手的少年儿童提供学习科普知识、培养动手能力、锻炼创新思维的平台。

除此之外,为深入推动嘉定区文化与教育事业的紧密结合、相互促进、共同发展,促进嘉定区广大未成年人普遍、均等地享受到更加丰富的阅读资源,嘉定区图书馆依托"文教结合"项目,坚持"创新思路,打破围墙,资源共享,合作共赢"的思路,探索出一条通过学校的组织体系,让每年2万多名不同年级的孩子走进图书馆、了解图书馆并使用图书馆的少儿阅读推广之路。"文教结合"项目通过向小读者集中播放阅读推广趣味宣传片、阅读指导数字讲座,介绍馆舍设施,推荐优秀读物,开设图书馆应用线上测试等一系列活动,为未成年人提供公益、均等、便利的阅读推广服务。

虹桥镇图书馆自2014年起打造金虹桥亲子乐读园品牌,于2017年整合多方资源,不断深入拓展金虹桥亲子乐读园活动内涵,打造了五彩亲子悦读会活动,以五种颜色为主题,吸引了更多的亲子家庭走入阅读的世界,通过阅读让孩子养成阅读的兴趣和习惯,并开发少儿丰富的想象力、创造力,让多元学习成为孩子快乐的源泉、在书香氛围中成长。通过阅读让孩子养成阅读的兴趣和习惯,将阅读变成孩子生活中必不可少一部分,让阅读成为孩子的一种快乐、一种享受,以此来培养孩子爱阅读、会阅读。

宝山区图书馆多年来一直致力于亲子阅读推广,2014年开始,宝山区图书馆与上海阅读越精彩公益组织合作,开始了"娃哈哈故事会"活动,为学前儿童带来了亲子绘本阅读活动。这些绘本通过丰富的故事情节、幻想和夸张来塑造形象、反映生活,对儿童进行思想教育。所选绘本适应儿童的接受能力,同时穿插一些游戏设计等,充分调动儿童阅读的积极性,达到阅读推广的目的。

另外,宝山区图书馆以"陈伯吹国际儿童文学奖"为契机,依托陈伯吹儿童文学基金专业会创立"陈伯吹儿童文学创作讲习堂",借力各类社会资源,搭建儿童文学创作培训的平台,共建儿童文学创作基地。同时实现发掘和培育更多的儿童文学创作者和儿童文学阅读的推广者,促进儿童文学阅读推广,推动儿童文学持续发展。

闵行区图书馆倾心打造的"闵图妈妈小屋",牵手一群爱孩子、懂孩子、了解绘本、有亲子导读实践经验的志愿者作为"故事妈妈",其中包括本馆青年馆员、公益组织、学校老师等,以亲子互动阅读为开展方式,引领少儿体验深阅读。"闵图妈妈小屋"为孩子们营造良好的阅读环境,培养青少年自主阅读意识,帮助其树立积极向上的社会价值观。

上海师范大学教育学院 2011 年开始实施"大带小"项目,主要以大学生实践为途径,深入家庭、学校和社区,用先进的教育理念和科学的教学方法带领孩子们体验绘本阅读。2011 年又衍生出"立体式绘本阅读",主要以绘本为载体进行互动式分享阅读。儿童在阅读过程中自由表达阅读感悟,彼此交流生活经验,并通过表演、绘画、写作、游戏、搭积木等多种形式对阅读进行拓展。

二、少儿阅读推广案例的启示

(一)创意新颖,备受关注

创意新颖的活动任何时候都会吸引广泛的注意力,公共或高校图书馆在开展少年儿童阅读推广活动时,可以适当借鉴时下流行的阅读推广形式,以便吸引更多人的关注。上海师范大学"大带小"项目提出立体式绘本阅读的理念,让儿童积极分享自己的阅读感受,并通过拓展活动加深对绘本的理解,此举有助于培养儿童的阅读兴趣,促进儿童认知发展。

虹桥镇图书馆的"五彩亲子悦读会"活动以五种颜色代表五种主题,开展了一系列相关活动,三年来累计吸引近 5000 人次参加,极大地吸引了越来越多的少年儿童走进图书馆,同时也提升了图书馆的人气,助推了"书香上海"建设。

(二)活动连续持久,影响广泛

活动品牌既要保证活动的连续性、传承性,又要保证活动的影响力,便于活动后续的开展,活动在开展的过程中要不断更新和调整。上海师范大学教育学院的"大带小"儿童阅读推广实践项目,从 2011 年底开始,从徐汇区起步,后来惠及浦东新区、虹口区、奉贤区、闵行区等各区的学校。每周在近 10 所小学开展,每年服务人数 3 万人,八年来,总计服务人数 24 万人。

嘉定区图书馆"小创客学堂"自 2016 年正式开课,迄今已举办 60 余场,参与人次近 5000 人,成为嘉定区图书馆科普活动的创新品牌;"文教结合"项目,2016 年以来,已向幼儿园、小学二年级、初中一年级的 136 所学校 4.3 万余人次学生,开展"图书馆之旅""图书馆阅读课""爱上图书馆"三项课程共计 477 场活动。

"五彩亲子悦读会"自 2014 年至 2017 年三年来,开展绘本故事沙龙、创意手工制作等各类少儿活动近 100 场,累计参与近 5000 人次。

宝山区图书馆的"娃哈哈故事会",自 2014 年起,每月一期,每期有不同的主题,阅读推广惠及数千人。

"闵图妈妈小屋"于 2017 年全年共开展各类活动 48 次,参与人数 2996 人,招募志愿者58人,社会公益团队8个,每场活动出席率几乎达到100%。

(三)载体多样,效果显著

多样化的推广载体是阅读推广的有效助推力,有助于达到预期的宣传和推广效果。"儿童文学创作讲习堂"通过现场教学、网络直播、线下互动等方式,实现互联网+教育新模式,扩大了授课范围和参与度。

"闵图妈妈小屋"利用楼宇电子屏、大厅海报、少儿室宣传栏、闵图官方网站、闵图微博、微信等同步宣传,确保读者能在第一时间获取活动信息。活动结束后,由参与馆员撰写活动报道,配合活动图片,发布到闵图动态和微信公众号,让更多没能参与的读者深入了解活动内容。

三、小结

对于图书馆界而言,少年儿童阅读推广任重而道远。面对少年儿童的阅读推广是一项需要继续普及,创意迭出并且持之以恒开展下去的工作。随着整个图书馆界对少年儿童阅读推广的重视,少年儿童阅读推广的形式和内容将更加丰富,在这个过程中,各个图书馆间需要加强交流,取长补短,共同学习,一起进步,最终实现"书香社会"的建设。

许晶晶(上海师范大学图书馆)

案例一 播撒科学的种子
——上海市嘉定区图书馆"小创客学堂"

在建设智慧城市,鼓励"万众创新,大众创业"的大环境中,青少年的科学教育对一个国家的未来意义重大。每一个热爱科学的孩子都是一颗未来科学的种子,然而要想让这颗种子生根发芽,并不那么容易。近年来,越来越多的公共图书馆开始成为市民汲取科学知识、开展科普阅读、培育科技创新意识的文化基地。2016年,上海市嘉定区图书馆立足公共文化空间的阵地优势,完成了以推广科普阅读为基础,以普及科创文化为目标的青少年创新空间建设工作。

一、项目设计

为了吸引更多孩子走进青少年创新空间,嘉定区图书馆秉承着均等化、专业化、特色化的工作理念,与多家社会机构和组织建立了稳定的合作关系,通过邀请专业讲师,配备专门活动器材,创设"小创客学堂"项目,为热爱科学、喜欢动手的少年儿童提供学习科普知识、培养动手能力、锻炼创新思维的平台。主要内容有:乐高构建、科学素养启蒙课程、电子构建。

二、主要内容

(一)乐高构建

"小创客学堂"之乐高构建由嘉定区图书馆与糖豆乐高合作开展,针对低年龄段小读者,设置大颗粒与小颗粒积木的课程,其内容丰富多样。讲师以优秀绘本故事入手,引出活动主题,引导少儿仔细观察物品的形态、结构等,培养其观察以及表述能力;动手环节,讲师鼓励小读者发散思维,通过自己的想象与创意制作完成一件件独一无二的乐高积木作品。讲师也会利用构建过程中的意外情况,培养其耐心与团队合

"小创客学堂":乐高构建

作力;展示环节,少儿将自己的作品命名后分享给现场所有人,增强少儿对于绘本和动手能力的多重体验感,培育自信。

(二)科学素养启蒙课程

"小创客学堂"之儿童科学素养启蒙课程由嘉定区图书馆与少年儿童出版社,依托《十万个为什么》系列期刊,针对5—7岁儿童打造的一套具备科学性与认知性的整体课程体系。通过整合自然科学和社会科学中不同主题内容,培育儿童的认知力、理解力、观察力、推断力,以及交流分享的表达力。"蛙蛙的父母"专场,聚焦生活在南美洲的箭毒蛙的育雏过程,带领孩子了解"身负剧毒"背后的"父母仁心",体会生命的不易;"大爆发"专场,向孩子们普及了危险又神秘的火山形成、发展、喷发对地形地貌的改造等知识,感悟自然的壮丽;"多多的食物"专场,通过"为宠物狗买食物"的场景设置,将地图的使用方法教授给了孩子们,提高了孩子们的空间感知能力。每一堂课程,讲师结合期刊中精美的图片、视频,让孩子们学会思考。

"小创客学堂":科学素养启蒙课程

（三）构建与电子

"小创客学堂"之构建与电子，面向10岁以上的青少年，邀请寓乐湾的专业老师，带领青少年在观察中思考，在思考中实践，在实践中萌发对科技的兴趣。"破译神秘代码"专场，小朋友都变身为"寻宝人"，通过故事情节创造性发挥，仿照天安门广场或者自己设计制作一个广场模型，完成一次升旗仪式；"机床加工"主题中，青少年变身为"小小机床工"，在专业老师的带领下选取材料、设计样式、操作机床，用自己能干的小手将书本中的事物实打实地做出来。青少年通过阅读与动手结合的体验，增强观察及动手能力，培养孩子们对于机械科技的兴趣。通过电子任务卡，学习电报机的由来、莫尔斯电码的使用以及如何发送和翻译电报，最终找到了"神秘代码"所指引的"宝藏"；"红旗飘飘"专场，通过"拼一拼电子套装"部件，让小朋友们自己制作一个电子升旗杆，并结合小颗粒教具自由组合。

"小创客学堂":构建课堂

三、实施要点

（一）分级培育,对标精准

青少年科学素养的培育是一个长期的过程。不同年龄的孩子，对于科学的敏感度是不同的。意大利幼儿教育学家蒙台梭利通过研究指出,幼儿对文化学习的兴趣,萌芽于3岁,而到了6—9岁,则出现想探究事物的强烈需求,此后随着年龄增长,逐级提升。"小创客学堂"正式基于这样的理念,根据青少年的年龄划分,进行科学素养的精准化分级培育。针对3—5岁的儿童,通过乐高构建,打开幼儿的科学思维;6—9岁的孩子,就像一块肥沃的土地,准备接受大量"理性种子"的播种。这一年龄段的课程以观察、辨别、推理能力培养为主,注重提升孩子勇于尝试、独立思考的能力。而小学高年级及以上的青少年,则以培养动手能力,塑造理论与实践结合的科学教育。同时,活动结束后,根据课程的主题,推荐相关阅读资源,将阅读与科普紧密融合,渗透分级阅读理念,使青少年的科学教育更具有针对性。

(二)整合资源,优势互补

青少年的科普教育,必须具有科学的严谨性以及儿童教育的趣味性。图书馆作为非专业科普教育机构,缺乏教育资源和经验。而许多拥有丰富的师资资源与实践经验的社会力量,则缺少活动开展的场地、受众,以及宣传的渠道。为此,嘉定区图书馆将"小创客学堂"作为尝试,邀请少年儿童出版社、寓乐湾教育、糖豆乐高,以《十万个为什么》、寓乐湾特色机床课程、乐高机器人建模等青少年热衷的内容为特色,搭建图书馆与社会力量合作的平台。其中,深受少儿好评的"小创客学堂"儿童科学素养启蒙课程,结合了少年儿童出版社旗下中国科学教育品牌《十万个为什么》与美国国家地理学习公司这两个优秀的科学教育资源。活动开展至今,经常出现一票难求的情况,成为青少年课外科普教育优秀品牌。

(三)评估调整,增强黏性

要长期维持品牌活动的热度,必须完善评估反馈机制,不断调整活动内容和形式。"小创客学堂"自2016年正式开课至今,60余场课程中,嘉图的工作人员以及合作方评估人员通过摄像、摄影进行课程记录。课程结束后,保留参与课程的家长及青少年的意见单,结合网络订票以及订票评价,定期出具课程评估结果,针对参与读者提出的意见和建议,及时与合作方沟通,商讨改进方法。嘉定区图书馆通过在现有服务项目如"嘉图讲座""品乐下午茶""周末故事会"中加入科普元素等方式,将对青少年的科普教育活动常态化、系列化,针对青少年在假期中时间充裕等特点,重点开展一些连续性、参与性强的科普活动;平时则考虑到青少年到馆的时间较短等特点,开展一些单次的、简明的科普活动,为青少年提供全天候的科普活动,实现了科普教育与现有阅读服务项目的有机融合,增强了青少年的参与黏性,为广大青少年搭建起来一座阅读与科学之间的桥梁,取得了良好的社会反响。

四、成效与影响

嘉定区图书馆"小创客学堂"迄今已举办60余场,参与人次近5000人,成为嘉定区图书馆科普活动的创新品牌。活动带领青少年边玩边学,从天文地理,到自然科学,再到身边的科学小常识,由点及面,逐步激发青少年探索科学奥秘的兴趣。"小创客学堂"的前身"动手玩科学"青少年系列科普活动荣获2016年中国图书馆学会未成年人服务论坛案例二等奖。公共图书馆变身成为一座趣味科普基地,取得了良好的社会反响。活动多次得到上海电视台、上海教育电视台、嘉定电视台的报道。

兴趣是最好的老师,启发是最好的教育,"小创客学堂"是一片肥沃的科普土壤。期待每一颗科学的种子都能生根、发芽、开花、结果!

章燕云(上海市嘉定区图书馆)

☞ 专家点评

> 嘉定区图书馆的"小创客学堂"项目是以学习科学知识、增强科学素养、培养动手实践能力为主题的图书馆阅读活动推广项目。这个项目的构想与实施有以下可圈可点之处,一是科学这一鲜明的主题导向;二是从认知到知识到实践,对于不同年龄层的受众,策划了清晰有效的活动课程进阶路线;三是与社会资源的有效合作,从而推进了这一项目在师资、支持资源上的有效供给。建议今后这个项目可以做更好的宣传,在项目板块的名称上做进一步的改善。(赵亮)

案例二 五彩亲子悦读会

3—12岁是少儿语言能力发展的关键时期,也是培养少儿阅读能力的关键期,养成良好的阅读习惯将对孩子的一生起决定性作用。图书馆开展少儿阅读推广工作责无旁贷,自2014年起,上海市闵行区虹桥镇图书馆打造金虹桥亲子乐读园品牌活动,于2017年整合多方资源,不断深入拓展金虹桥亲子乐读园活动内涵,吸引了更多的亲子家庭走入阅读的世界,通过阅读让孩子养成阅读的兴趣和习惯,并开发少儿丰富的想象力、创造力,让多元学习成为孩子快乐的源泉、在书香氛围中成长。

一、项目设计

亲子阅读是一项父母与孩子一起阅读的活动,这项活动不是单方面的,是父母和孩子共同参与的,亲子阅读是要授之以渔,而不是授之以鱼,通过阅读让孩子养成阅读的兴趣和习惯,通过将近一年12期五彩亲子悦读会的活动,将阅读变成孩子生活中必不可少一部分,让阅读成为孩子的一种快乐、一种享受,以此来培养孩子爱阅读、会阅读、乐阅读的习惯。五彩亲子悦读会活动包括:红色生命教育、绿色自然环保、橙色爱与分享、蓝色创意想象、紫色励志成长等。

二、主要内容

(一)红色生命教育

在图书馆举办生命教育专题活动,利用各个宣传渠道、橱窗板报、社区电视、社区活动等广泛宣传"生命教育",努力营造良好的宣传氛围,使大家认识生命的起源和意义,理解生命的珍贵,热情地参与到生命教育活动中来。

五彩亲子悦读会:讲座

组织开展一次全社区的心理健康教育活动。针对小学生普遍存在的心理健康问题,以及不同学龄段学生的心理特点,举办一次心理健康教育讲座,教会孩子们正确认识自己、自我调节心理的方法,使其身心处在健康、明朗的阳光状态下。

以社区家庭为单位组织开展实践活动,提高耐挫能力。培养孩子的竞争能力,克服"输不起"的心理障碍。家长可为学生创设受挫情境,在"吃苦活动"中自讨苦吃。让孩子在家中体验、尝试,开展"今天我当家""怎样解决生活难题"等活动,以提高孩子的生存能力、自理能力。

推荐相应的阅读绘本,《一片叶子落下来》《祝你生日快乐》《约瑟夫有件旧外套》《1只小猪和100只狼》《三个强盗》《花婆婆》《凯琪的包裹》《妈妈的红沙发》《小恩的秘密花园》,让孩子们从中真正认识生命的可贵。

4月和5月分别组织一次集中的五彩亲子悦读会活动,两次活动各选取一本绘本,通过朗读聆听、声音扮演、角色扮演、分享感受等环节体验生命的可贵。

(二)绿色自然环保

(1)在社区宣传环保,增强社区居民环保意识。

(2)在社区进行使用无磷洗涤用品,少用一次性餐具和塑料袋,废旧电池回收,垃圾分类放置,拒绝食用野生动物等主题宣传。

(3)在社区通过阅读相关绘本,比如:《哗哗流淌的水》《熊熊燃烧的火》《阳光是什么颜色》《雨从哪里来》《池塘观察日记》《地球上发生的故事》《追、逃、找、躲》等,学习环保知识。

(三)橙色爱与分享

邀请相关心理学老师讲授父母与孩子之间沟通技巧。亲子之间的互动小游戏,增进孩子的专注力及亲子之间的互动。由父母倾听孩子说话,父母不能在中途插嘴发表意见,在倾听中了解孩子的想法,学会与孩子共处,并让孩子感受如何与人沟通。家长闭上眼睛,在老师的引导下由孩子轻轻为家长按摩,在彼此的触碰中,感受爱的关怀与流动。

(四)蓝色创意想象

举办集智力和娱乐于一体的户外真人象棋比赛活动。象棋在中国有着悠久的历史,属于二人对抗性游戏的一种,由于用具简单,趣味性强,成为流行极为广泛的棋艺活动。其中32人身穿各式长袍,扮成"车""马""炮"等,在棋盘内拼斗厮杀;两名对弈者各穿红、黑长袍,代表红、黑两方指挥作战;此外还有两人扮作黑白无常,负责将被"吃掉"的"棋子"拖离战场。将中国象棋的玩法、特点形象地"秀"出来,有利于激发同学们的活动激情。同时也是深入学习科学发展观、提升孩子综合素质的有效体现。

(五)紫色励志成长

暑期亲子英语活动是五彩亲子悦读会活动中的一个重要组成部分,和谐、温馨的氛围是孩子健康活泼成长的必要条件。为此,创设合适的环境、空间、时间和活动内容,让孩子、家长、社区亲子活动指导老师在活动中互动起来,有利增进情感,加强相互之间的沟通、交流,统一教育理念。活动内容包括英语歌曲演唱及表演《字母操》,多组英语小故事,亲子游戏等。

五彩亲子悦读会:亲子阅读

 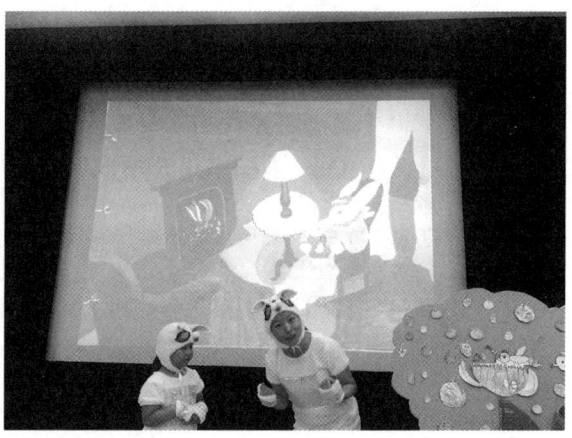

五彩亲子悦读会：唱英语歌曲　　　　　　　　　　五彩亲子悦读会：表演故事

三、实施要点

（一）关注少儿教育，丰富活动形式，有效拓展活动辐射面

为进一步推进少儿教育，培养少儿阅读的兴趣，图书馆以五色为基调，以绘本阅读为主要内容，推出了虹彩绘本故事沙龙，辅以音乐、表演、游戏等多种形式，开展了五彩亲子悦读会、绘本故事比赛等活动，在元宵节、端午节举办传统节日特别活动，共有200组家庭倾情参与。2017年，分别以拼音班、暑期英语角、数学思维、儿童剧、木偶戏、皮影戏表演为主题，针对4—8岁少儿的特点，通过游戏、讲座、互动等形式，以点带面开展活动，受益人群共约3600人。

（二）引入多方力量，深化活动内涵，大力推广少儿亲子阅读

为了更好地开展金虹桥亲子乐读园活动，一是要与幼儿园和学校合作，壮大志愿者教师队伍。在2014、2015年连续两年吸引本镇的幼儿园、小学9位教师参与绘本故事沙龙、少儿拼音识字角、丫丫绘本班等活动的教学，建立起了以幼儿园和学校教师为主体的亲子阅读活动志愿者教师队伍；二是2015年引入"越读越精彩"公益组织开展绘本故事阅读、亲子戏剧沙龙等活动；三是借助社会组织力量，深化乐读园内涵。联合心理咨询师资，丰富亲子活动的形式，拓宽少儿兴趣的潜能，探索服务的多样性，开展虹彩绘本故事沙龙、少儿拼音识字角、暑期英语角活动、亲子家庭绘本故事比赛等，致力于为广大的亲子家庭提供优质的服务。

（三）加大培育力度，提升活动品质，壮大亲子活动志愿者团队力量

为了进一步形成多方资源汇集的优势，提升活动的品质，从多渠道吸引志愿者

积极加入亲子阅读活动中来。一是鼓励广大家长和孩子积极参与到故事妈妈、故事宝宝的志愿者队伍中来。二是吸引了10余组白领亲子家庭,积极参与到图书整理、秩序维护等图书馆志愿者的队伍中来。三是吸引了有特长的读者加入亲子乐读园教师的队伍中来,为图书馆开展内容更加丰富的亲子阅读活动提供智力支持。

四、成效与影响

通过虹桥镇图书馆及金虹桥公众微信公众号、金虹桥报刊、上海学习网、上海市中心图书馆网站等多渠道的宣传、发动,活动收到了很好的效果。三年来,开展绘本故事沙龙、创意手工制作等各类少儿近100场,累计参与者近5000人次。通过参与以阅读导读为主要内容的各种活动,越来越多的家长和少儿走进了图书馆,喜欢上了读书,享受到了读书给他们的生活带来的乐趣,同时,也有效地提升了图书馆的人气,可谓一举两得。另外,活动采取多方参与的方式开展,使得资源得到了很好的整合,优势得到了很大的互补,形成了齐抓共管推进阅读推广活动的新模式,努力营造全民爱读书、读好书、善读书的浓厚氛围,助推"书香上海"建设。

万漪(上海市闵行区虹桥镇图书馆)

☞ 专家点评

> 作为一个街镇图书馆,上海市闵行区虹桥镇图书馆把以"五彩亲子悦读会"为主题的阅读推广活动做得如此有声有色是非常值得赞赏与令人敬佩的。"五彩亲子悦读会"在主题的多元、活动形式的丰富多彩、社会资源的协作与孩子们的互动,以及强调亲子悦读活动形式所带来的家庭参与等方面都是值得大家来学习的。只是在品牌建设与推广方面稍有些用力过猛,如将生命教育称为红色,爱与分享称为橙色都不见得有说服力。是否根据地区特色总称其为"彩虹桥"这样的名称会更好?(赵亮)

案例三 陈伯吹儿童文学创作讲习堂
——公共图书馆自主品牌活动

公共图书馆全民阅读推广工作已深入民心,多样化的读者活动更是呈现新颖化、系统化及规范化发展态势。上海市宝山区图书馆以"陈伯吹国际儿童文学奖"为契机,充分发挥其所带来的文化辐射效应,全力打造独具城市特色的文化品牌"陈伯吹儿童文学创作讲习堂",旨在弘扬陈伯吹先生"为小孩子写大文学"的思想,着眼于儿童文学创作者的培养,这也是图书馆在公共文化课程化实施方面的新探索。

一、项目设计

(1)依托陈伯吹儿童文学基金专业会创立"陈伯吹儿童文学创作讲习堂"。借力各类社会资源,搭建儿童文学创作的平台,共建儿童文学创作基地。

(2)面向全国招募有志于儿童文学创作的专业和非专业人士成立培训班,学制一年,聘请儿童文学创作名家、编辑为讲师,对学员进行系统性授课、提炼性辅导,激发儿童文学爱好者的创作热情和能力。

(3)实现发掘和培育更多的儿童文学创作者和儿童文学阅读的推广者,促进儿童文学阅读推广,推动儿童文学持续发展。

二、主要内容

(一)多方合作、公开招募

由陈伯吹儿童文学基金专业委员会、上海市作家协会儿童文学委员会、少年儿童出版社、宝山区文广局、宝山区教育局共同合作,成立"讲习堂"工作指导委员会,宝山区图书馆、《少年文艺》编辑部具体承担,负责策划组织实施开展"讲习堂"的各项工作,并经过共同讨论确定培训体系,包括:培训理念、招募要求、课程学制、教学目标、教材选择、讲师安排以及教学设计和评估体系等。通过各类平台宣传,向全国公开招募儿童文学创作爱好者,接受为期一年的系统化、专业化、多元化的儿童文学创作培训。

(二)整体设计、确定教材

开班前,由儿童文学专家及讲师确定主讲教材,包括历届陈伯吹国际儿童文学奖获奖作品集、任大霖著《儿童小说创作论》、刘绪源著《儿童文学的三大母题》及必读教材如《少年文艺六十周年典藏》《少年文艺典藏书房——全国

讲习堂基础教材

儿童文学短篇小说获奖作品》等,以及每一次培训前由每位主讲老师推荐鉴赏书目,既有必读性理论内容,也有选读性推荐书目,满足学员们多方位的学习、阅读与鉴赏需求。

(三)三维一体、全面培训

"讲习堂"主要采用"知识—能力—应用"三维一体化的教学模式,通过"案例学习—阅读鉴赏—作品创作"三段式学习,使"讲习堂"学员在掌握儿童文学基本原理、了解中外儿童文学发展概况基础上,全面掌握儿童文学各主要体裁的文体特点,深切领会儿童文学创作的一般规律及常见文体的创作要求,由此逐渐养成鉴赏、创作、评论儿童文学的能力。

课程内容主要包括两个板块:第一版块是关于儿童文学基本文体知识和基础理论的学习。每月定期邀请儿童文学教授及著名作家为学员进行常规培训,如:浙江师范大学儿童文化研究院教授方卫平,中国作家协会会员、文学博士李学斌,儿童文学作家秦文君、周晴等。诸多名师和专家关于儿童文学创作针对性地讲习,让学员们从理论学习到实践创作。第二板块是指导学员进行各类儿童文学作品的阅读、分析和写作。由在儿童文学领域拥有多年出版及编辑经验的指导老师进行一对几的带教指导,点对点、面对面对学员进行儿童文学创作指导。

2018年讲习堂短训班

讲习堂日常培训课

(四)专家评选、集结成册

为吸引和鼓励更多的儿童文学爱好者,"讲习堂"工作指导委员会特制定奖励机制,每期评选优秀学员进行表彰,同时,将学员创作的优秀作品集结成册,并推荐至本市儿童文学核心刊物上发表及各类儿童文学奖评选平台。

三、实施要点

(一)扩大招募范围,打造文化品牌

"讲习堂"学员的招募范围在立足本区的基础上,扩大至全市乃至面向全国。委托全市各区语委办系统和公共图书馆系统,以及利用各类媒体进行宣传推广,包括委托"上海教育""上海宝山""文化宝山"等市、区级微信号及公共图书馆行业内各单位微信号发布招募信息,同时在宝山区政府网站、宝山区图书馆网站和《少年文艺》等刊物上宣传推介等,吸引了众多儿童文学爱好者前来报名。通过扩大招募推广的宣传面,进一步提高了"讲习堂"影响力、辐射力和吸引力。

(二)多载体多形式,拓宽培训模式

丰富培训的载体与模式,通过现场教学、网络直播、线下互动等方式,实现互联网+教育新模式,扩大授课范围和参与度,增强培训成效。

"讲习堂"所有讲课资料均以速记稿及视频资料的形式留存,今后将在此基础上进一步开发儿童文学创作教材,同时搭建网上学习平台,将线下培训拓展至线上,使学员不再囿于地理远近,将优质资源共享给更多儿童文学爱好者。

(三)建立多渠道、多层次教育培训体系

开发"基于学员、为了学员、让学员充分参与"的培训课程,以满足不同学员的学习与提升需求。

(1)根据学员出席率、参与度及创作能力,设立淘汰制和优秀选拔制。

(2)保障学员质量,制定分级目标,除新招募的学员按照正常计划开展培训外,继续保留每一期表现优秀的学员名额,开展小班制强化训练。

(3)通过制定短期、中期目标,更好地实现"讲习堂"的价值。包括:

1)常规培训:4—12月每月一次,利用周末进行集中培训,如有特别活动视实际情况增加。每次培训时间由原来的1—2小时,延长至3—4小时,利用课后时间,进行互动交流。

2)集中培训:利用暑假,对学员进行短期3—5天外出集中式脱产培训,包括课程安排、师生交流、自我推介、参观学习等,实现高效率、高规格的培训效果。

3)个人创作:每季度要求每位学员提交1—2篇原创作品。在下一季度第一次课程后进行交流点评,通过压力式激励,不断挖掘学员创作潜力。

4)作品点评:由指导老师对每个学员的作品进行编辑点评。

5)交流研讨:不定期开展研讨交流,掌握更多课程培训的信息与反馈,也为"讲习堂"的今后发展出谋划策。

6）成果展现：每期作品汇集成册，优秀作品选送更高平台，使"讲习堂"及学员能得到儿童文学创作界的认可，并努力实现培养"陈伯吹国际儿童文学奖"新人创作奖的终极目标。

（四）加强品牌宣传推广，打造文化品牌

（1）利用现有的陈伯吹纪念馆网站，建立"讲习堂"栏目，定期发布培训信息、作品介绍和活动推广等。

讲习堂学员作品集

（2）加强各类媒体的宣传推广，如上海发布、宝山发布、宝山政府网站、各区图书馆微信公众号、其他市级媒体，以及《少年文艺》等刊物宣传推介等。

（3）通过更多适时的宣传营销，参加各类服务案例的推介，增强馆内外各类宣传，深入推进、不断提高"讲习堂"的知名度。

（4）加强国内外儿童文学界的交流学习，积极开展各类平台的研讨活动。

四、成效与影响

（一）实际成效

经过三年时间，宝山区图书馆通过积极探索课程化设计，见证了"讲习堂"学员的成长和进步，取得了初步成效。诸多名师和儿童文学专家关于儿童文学创作针对性的讲习以及季度作业点评、交流研讨，让学员们从理论学习到实践创作，受益匪浅。学员们从未曾真正接触儿童文学到系统学习儿童文学创作理论与方法，有了实实在在的变化，并尝试儿童文学创作道路上的初探之笔，积极踊跃投稿，也有了一定成果，已有6位学员的优秀作品分别在《少年文艺》《小青蛙报》等刊物上发表，及获得了多届"笔尖上的童心"——陈伯吹儿童文学创作大赛的各个奖项，更有2篇作品获得

《少年文艺》发表作品

讲习堂获得中国图书馆学会第一届公共图书馆创新创意征集推广活动"最佳青年创新奖"

"周庄杯"全国儿童文学短篇小说大赛优秀奖。此外,学员们也以阅读推广志愿者的身份投身于各类阅读推广活动,其中有4人参与微信公众号的运营,并发表了若干课程相关的推文。

与此同时,"讲习堂"在2016年8月获得了由上海市文化广播影视管理局审核评定的"上海市群众文化项目资助专项资金"扶持,确保了"讲习堂"的活动资金,使各项工作得以更加规范与更好地开展。

2018年,"讲习堂"案例获得中国图书馆学会第一届公共图书馆创新创意征集推广活动"最佳青年创新奖"。

"周庄杯"全国儿童文学短篇小说大赛颁奖

(二)社会效益

"讲习堂"项目由少年儿童出版社及宝山区图书馆提供经费保障、课程的组织实施,儿童文学名家和资深儿童文学编辑提供智力支持,学员们群策群力、共同参与课程设计与交流学习,旨在培养儿童文学创作爱好者及阅读推广者,号召更多的人共同关注儿童文学事业的发展,充分体现了"图书馆+"的社会服务效能,符合现代公共图书馆"倡导终身学习,促进知识代谢,激发想象力和创造力"的服务理念与愿景。

1. 平台营造,繁荣儿童文学创作

"讲习堂"通过系统化儿童文学课程,使学员逐渐养成鉴赏、创作、评论儿童文学的能力,为学员搭建起一个学习专业儿童文学理论的教育平台、走近儿童文学作家和知名儿童文学阅读推广人的交流平台、推荐至优秀少儿杂志及公众号发表并结集出版的创作平台。在"陈伯吹国际儿童文学奖"所带来的文化辐射效应下,"讲习堂"整合各方资源,营造集挖掘、培训与展示于一体的全方位儿童文学平台,让更多儿童文学爱好者有机会投身于专业儿童文学创作领域,为繁荣儿童文学创作贡献力量。

2. 文教融合,推动品牌服务创新

图书馆通过文教融合的形式,吸纳社会机构合作,搭建整合社会资源开放平台,形成"图书馆+"的社会服务模式,使得图书馆服务品牌更具特色,以形成无可替代的软实力。首期"讲习堂"招募之初,宝山区图书馆积极联合区教育局,在教育系统中宣传推广,招募了首批"讲习堂"学员,为之后的生源招募奠定了一定基础。学习儿童文学理论知识对于来自教育工作第一线的学员亦是一次教育理念上提升的绝佳机会,在今后教学过程中可以学以致用,把儿童文学阅读推广带入课堂。

在与教育系统深入合作的基础上,为进一步促进陈伯吹儿童文学的品牌发展,在陈伯吹儿童文学基金专业委员会的支持下,2017年3月1日,宝山区图书馆与少年儿童出版社共同签订战略合作协议书,由少年儿童出版社为"讲习堂"量身定制课程安排及师资资源等,探索跨行业间协同发展的新型合作模式,实现儿童文学发展与儿童教育的"双赢"。

3. 转型培育,拓展图书馆服务功能

对于图书馆服务品牌的创建者和承担者来说,通过"讲习堂"的运营管理,不断总结经验教训,为品牌发展积极探索新思路新方法的过程,有利于促进本馆馆员自身素养的提高,加强理论知识和学术方面的研修,同时在各类活动的组织与操作中得到综合能力的培养、锻炼,从而培养出优秀的服务品牌管理团队。

就"讲习堂"而言,是宝山区图书馆在公共图书馆服务转型中的一次重要创新与尝试,从长远来看,建立"讲习堂"是在传统阅读推广领域外另辟蹊径,由图书馆主动承担起培养创作人才的责任,进而更好履行公共图书馆的教育职能。

杨秋琳(上海市宝山区图书馆)

> **专家点评**
>
> 宝山区图书馆与陈伯吹儿童文学基金会的合作,创立"陈伯吹儿童文学创作讲习堂",是鉴于在"陈伯吹国际儿童文学奖"运营中所形成的资源优势。宝山区图书馆向我们展示了如何利用公共图书馆这一有利的无形资产,贡献自己的资源,以及如何利用本地特色,如何与社会资源合作,在品牌建立与推广,在推动整个社会的阅读推广工作中做出自己的贡献。(赵亮)

案例四 文教结合,让孩子与阅读握握手

保障青少年平等享受阅读服务的权利是公共图书馆的重要职责。为深入推动嘉定区文化与教育事业的紧密结合、相互促进、共同发展,促进嘉定区广大未成年人普遍、均等地享受到更加丰富的阅读资源,嘉定区图书馆依托"文教结合"项目,坚持"创新思路,打破围墙,资源共享,合作共赢"的思路,探索出一条通过学校的组织体系,让每年2万多名不同年级的孩子走进图书馆、了解图书馆并使用图书馆的少儿阅读推广服务。在合作的过程中,挖掘学校自身的阅读推广优势,输出公共图书馆的服务资源,让学校图书馆和校园成为更多孩子共享阅读服务的基地。

一、项目设计

"文教结合"项目通过向小读者集中播放阅读推广趣味宣传片、阅读指导数字讲座,介绍馆舍设施,推荐优秀读物,开设图书馆应用线上测试等一系列活动,为未成年人提供公益、均等、便利的阅读推广服务。2016年以来,已向幼儿园、小学二年级、初中一年级的136所学校4.3万余人次学生,开展"图书馆之旅""图书馆阅读课""爱上图书馆"三项课程共计477场活动。

二、主要内容

(一)图书馆之旅

面对幼儿园学龄前儿童开展"图书馆之旅"。专门拍摄了《图书馆之旅》动画片,通过"嘉嘉"和"图图"向孩子们介绍图书馆的地理位置、设施功能、借阅手续等图书馆使用知识,并引导他们在图书馆内安静阅读,培养小读者文明阅读的好习惯。

（二）图书馆阅读课

面对小学二年级的孩子开设"图书馆阅读课"。邀请儿童文学作家殷健灵开展"阅读与成长"讲座，通过关于《活了一万次的猫》和《爱德华的奇妙之旅》的讲解，让很多孩子开始喜欢向老师和家长滔滔不绝地谈起自己的读后感，在孩子们幼小的心灵播下阅读的种子。

"文教结合"：学前儿童阅读体验

"文教结合"：小学生阅读体验

（三）爱上图书馆

面对初中一年级的学生开展"爱上图书馆"。设计了图书馆应用培训课，由专业馆员从"一张图看懂索书号"讲起，告诉学生图书馆的资源分类、数字资源以及信息检索的方法等，培养学生利用图书馆的资料和数据的能力。

三、实施要点

（一）分级阅读因地制宜，建立阅读推广资源

公共图书馆丰富的阅读文献资源、专业的导读人员、舒适的阅读环境等，在培养未成年人阅读习惯和阅读能力等方面具有无可比拟的优势。为了向特定用户，尤其是未成年人开展公共图书馆阅读推广服务，就要根据分级阅读概念，通过独特的宣传方式吸引他们主动了解图书馆。因此，嘉定区图书馆对标创建国家公共文化服务体系示范区，

"文教结合"：馆员讲解

以公共数字文化的均等化、多样化和远程化建设为切入点,因地制宜,优化资源组合,主动建设彰显区域特色的公共图书馆阅读推广宣传资源数据库,并为不同年龄段的孩子分别提供有针对性的阅读推广服务内容。这不仅提高了公共图书馆资源的使用效能,拓大了公共图书馆阅读推广的影响力,还让公共图书馆成为向未成年人开展持续性阅读推广活动的重要平台。

(二)健全组织领导体制,制定运行管理制度

由副馆长担任召集人,图书馆各部门共同参加的嘉定区图书馆文教结合工作协调小组,定期召开工作会议,研究推进文教结合工作各项具体任务;设立协调小组分管组长,分别负责协调落实不同课程项目的日常工作;在工作协调小组的指导下,图书馆各部门馆员按统一部署安排具体实施。同时,形成以年度任务计划及课程项目计划为指导、以具体实施方案及标准化流程抓落实的工作推进制度;将计划实施情况、带队讲解能力、阅读推广建设成果及实效等列入年度考核指标,对项目参与成员实行系统考核制度;根据日常工作开展的实际情况,及时组织召开阅读推广培训班,做好工作动员,明确工作办法,稳步提升公共图书馆未成年人阅读推广服务能力。

(三)建立经费管理机制,健全经费监督机制

首先,年度任务计划中使用财政性专项资金的项目应既有利于教育事业发展,又有利于推动公共数字文化建设,项目的直接受益群体主要为本区各级各类未成年人,项目的实施主体和经费预算的执行主体是嘉定区图书馆。其次,比照以往文教结合工作模式,结合新增项目的具体情况,合理安排相应的经费。最后,完善文教结合项目经费相关管理制度,进一步规范经费使用,加强专项评审和绩效评估,厉行节约、反对浪费,切实提高经费使用效益。

四、成效与影响

"文教结合"阅读推广服务,关注现代未成年人阅读的内在需求,将各类文化共享资源有机整合与加载呈现,加强供需对接,开展一站式、多样性、线上与线下相结合的阅读推广服务,为培养未成年人了解公共图书馆、掌握获取公共图书馆阅读资源的多种技巧、培育良好的阅读习惯搭建了有效平台。

(一)"文教结合"丰富了未成年人阅读推广活动形式

传统的未成年人阅读推广活动主要以音乐、影视、亲子等形式的阵地读书活动为主。而"文教结合"以一种创新的服务形式,通过整合丰富的公共文化资源,打造

一个让未成年人更加喜闻乐见的精神文化平台,打通了公共图书馆与学校、公共图书馆内与公共图书馆外、校内与校外之间无形的"围墙",引导未成年人获取公共图书馆信息、参与阅读推广活动、获得阅读服务权利,不断提高公共文化服务体系的建设能力和服务能力,使文化服务向广覆盖、均等化、高效能转变,为嘉定区未成年人阅读推广事业的发展持续注入新的活力。

(二)"文教结合"拓展了公共图书馆数字阅读影响力

嘉定区图书馆挖掘地方特色,整合区域特色文化资源,在"文教结合"项目中向孩子们集中播放嘉定区传统文化系列短片《元日》《端午节》《红豆》等,为市民进一步了解嘉定文化搭建了特色平台;与此同时,乘图书馆应用培训课之"热",打爱上数字图书馆之

"文教结合":观看影视

"铁",向六年级学生开设的"图书馆应用线上测试",让青少年于参观馆舍、接受培训之后,在家中巩固获取图书馆数字资源的技巧,进一步拓展了图书馆数字资源的影响力。

(三)"文教结合"提供了公共文化服务共建共享新渠道

"文教结合"将学校和公共图书馆互联互通,实现了文教资源的共建共享,让学生们学习到了更多课本以外的阅读知识,探索了公共图书馆等文化部门与教育界的深度融合。学校的组织和引导提升了公共图书馆的知晓率,使图书馆增添了许多新读者,其中参加过"图书馆之旅"的一家幼儿园184个小朋友中,有55个事后来图书馆办了少儿读者证。新的阅读推广服务渠道深化了公共图书馆的均等化服务理念,让更多孩子甚至是他们的父母主动走进设施完备、服务完善的公共文化空间,学会获取公共图书

"文教结合":阅读体验

馆阅读资源,享受阅读的快乐。

作家殷健灵在讲座中说:"文学的最终目的是表现人生——这其实是所有教育的意义。"寻找人生的意义,对任何年龄的人来说,都是终其一生的需要。唯有师长和文学能够成为孩子的领航员,师长给孩子的是人生经验,文学则是表现人生经验的故事。为此,我们需要了解文字里的那些故事,拥有思考的能力,而这些,阅读可以帮我们做到。这也可以概括"文教结合"的意义,让公共图书馆给孩子提供书籍,构建空间,让他们爱上阅读,拥有自己的诗意世界。

黄莺(上海市嘉定区图书馆)

☞专家点评

> 嘉定区图书馆的文教结合项目是和教育机构合作,让学生们走进图书馆、爱上图书馆进而爱上阅读的很好的阅读推广活动。和嘉定区图书馆的"小创客学堂"项目一样,文教结合项目采用了分级分层针对不同读者对象设计了不同的活动项目,这样能起到更有针对性的实际效果。但与"小创客学堂"项目相比,该活动更多的是利用参观图书馆,讲座,阅读以及观看视频节目等传统的图书馆活动项目,在项目的总体创新与品牌建设方面与"小创客学堂"项目相比稍有欠缺。(赵亮)

案例五 "大带小"儿童阅读推广实践

2006年中宣部、新闻出版总署等11个部门联合发出《关于开展全民阅读活动的倡议书》,提倡"提高全民阅读率"。但通过调查问卷、家长访谈等形式发现,在小学中普遍存在缺乏阅读时间、阅读兴趣不高等现状,而家长和教师无从下手,不知道如何改变这种现状。基于此,我们以承担社会义务为己任,以大学生实践为途径,深入家庭、学校和社区,用先进的教育理念和科学的教学方法带领孩子们体验绘本阅读,并且对大批教师、家长和社区志愿者进行阅读培训,尝试建立学校—家庭—社区三位一体的关怀模式,开展"大带小"儿童阅读推广团队阅读实践活动。

一、项目设计

2010年至2011年,团队借鉴国外先进教育经验,结合儿童阅读相关领域研究成果,以绘本为载体提出互动式分享阅读,同时进一步深化互动式分享阅读的内涵,提出"立体式绘本阅读"。为了更好地传播团队的阅读理念,团队招募上海师范大学学生,对其进行专门培训,包括阅读理念、阅读技巧等方面的培训。如请人类表演学博士为"大带小"团队开设"绘本剧表演工作坊";上海师范大学播音与主持专业老师王一帆为"大带小"团队做"声情并茂讲故事"系列培训等。考核合格的志愿者才能真正走进学校实践带读。

"大带小"儿童阅读推广团队阅读实践活动,主要采用立体式绘本阅读,选择有童趣的、符合儿童认知水平的读物,一个"大人"或者"大学生"带领五到六名5—10岁的小朋友共读一本书,双方就书中的内容开展互动式讨论,共同分享阅读所得,儿童可以在阅读过程中自由表达阅读感悟,彼此交流生活经验,并可通过表演、绘画、写作、游戏、搭积木等多种形式对阅读进行拓展活动。包括学校绘本阅读活动、教师及家长阅读培训、绘本阅读活动督导等。

"大带小":室内绘本阅读

"大带小":户外绘本阅读

二、主要内容

(一)学校绘本阅读活动

团队定期深入上海各区县学校及其社区,开展阅读活动,在阅读过程中让儿童自由表达阅读感受,彼此交流生活经验,给孩子带来美好的阅读时光,培养孩子养成良好的阅读习惯。

绘本阅读活动中,大学生和小朋友一起阅读一本充满童趣的、符合儿童认知水平的读物。营造轻松自由的阅读氛围,让孩子自由分享内心感受、交流生活经验,鼓励儿童用口述、写作、绘画、表演、搭积木等形式表达读后感。

(二)教师及家长阅读培训

八年来,团队受邀为多地小学教师、学生家长开展多场儿童阅读与教育讲座,主题包含如何打造儿童阅读环境、如何选择儿童读物、如何开展阅读讨论、阅读案例分析、朗读技巧等。

"大带小":绘本阅读交流

(三)绘本阅读活动督导

团队资深志愿者定期为接受阅读理念、开设绘本阅读课程的教师提供督导服务,帮助教师的实践操作顺利进行;定期为参加讲座的家长提供答疑服务,及时解决他们在亲子阅读中的困惑。

三、实施要点

(一)项目的创新性

在结合国内外先进教育理念,充分了解儿童心理发展特点的基础上,团队提出立体式绘本阅读的理念,让儿童积极分享自己的阅读感受,并通过拓展活动加深对绘本的理解,此举有助于培养儿童的阅读兴趣,促进儿童认知发展。团队成员来自心理学、小学教育、学前教育等各个专业,他们热爱儿童,了解儿童,并且具有良好的儿童心理学基础。团队背后还有一支心理系、表演系、美术系的专业教师队伍,为阅读活动提供技术支持。

(二)项目可推广性

目前团队的足迹遍布闵行区、奉贤区、虹口区、浦东新区、徐汇区等区县小学。每年服务儿童、家长和教师 3 万余人次。2012 年到 2014 年在虹口区开展随班就读儿童阅读关爱项目,参与项目的儿童收获了丰富的阅读体验,并在语言表达、情绪管理等能力上发生可喜变化。同时虹口区特教指导中心借鉴项目经验,在全区推广绘本阅读。2013年团队受汇丰银行资助开展"汇丰故事妈妈"关爱农民工子女项目,社会反响热烈。2016年到2017年在上海福山外国语小学开展儿童阅读关怀项目,得到全校师生的一致认可,从最初的绘本社团活动推广至全校性活动;并在福山外国语小学的其他校区,大力推广绘本阅读。

经过近八年的实践与累积,团队整理优秀带读案例,总结带读经验,编写出版了第一本《让孩子快乐阅读》,上海人民出版社2012年12月出版。第二本书《绘本是最好的教材——儿童心理学家讲绘本》,北京大学出版社2015年3月出版,受到各界欢迎。作为专业的儿童阅读教育书籍,两本书提供了具体可操作的阅读方法,指导家长、教师按照书中模式开展阅读实践活动,培养孩子的阅读兴趣,体验阅读的乐趣。

(三)项目可持续性

整个项目的活动流程,第一,由心理学和语言学方面的专家甄选出符合儿童认知水平的阅读材料;第二,邀请专业讲师对大学生志愿者进行带读培训;第三,由接受过专业培训的志愿者到服务学校进行带读活动,总结带读经验和技巧,并整理成日志和带读手册;第四,团队资深志愿者为教师、家长以及社区者愿者开展有针对性的阅读培训。团队积极打造学校—家庭—社区的三位一体的阅读关怀网络。

四、成效与影响

"大带小"阅读推广团队秉持着投身教育事业的热忱,多年来不断砥砺向前,如今已植根基层,形成了一定的社会影响力。2011年8月,应上海新闻出版局的邀请,在上海书展上举办了题目为"宝贝,我们来聊聊这本书吧"的推广活动。11月,应上海市民政局的邀请,参加上海市公益慈善伙伴日的高峰论坛和展示活动,引发社会各界热议与好评。2011年"为'小候鸟'点亮心灯——上海师范大学志愿者关爱流动儿童主题实践项目",在全国高校校园文化建设中获优秀成果奖。2012年12月,"大带小"阅读关爱项目荣获优秀项目奖。2014年3月,获得"上海市高校创新性志愿者服务育人项目"。2015年4月,团队被授予"上海市青年五四奖章集体"称号。2017年2月,团队荣获2016年上海市民文化节阅读推广人(组织)评选"百个优秀阅读推广组织"称号。

从2011年底开始,徐汇区、浦东新区、虹口区、奉贤区、闵行区陆续有公办小学慕名而来。现在,"大带小"团队每周都有固定的带读志愿者前往全区近10所小学,和孩子们分享一本优秀的儿童文学作品,在阅读的过程中和孩子一起分享生活体验,并将带读日志上传至团队博客(搜狐博客地址:http://dadaixiao.blog.sohu.com)。

团队平均每年服务人数3万人,八年来,总计服务人数24万人。

徐梦雅(上海师范大学教育学院)钱海燕(上海逸夫职业技术学院)

崔卓缘(上海少年儿童图书馆)吴念阳(上海师范大学教育学院)

☞ **专家点评**

> 以上海师范大学教育学院为主的"大带小"项目可以说是名副其实,因为它不仅把大学的教学资源与小学校的阅读推广活动结合起来,促进了小学绘本阅读活动的推进,也促进了小学教师乃至学生家长们阅读辅导能力的提升。但同时,这个项目也给大学的教师们提供了一个科研与教学的平台,拓展了大学生志愿者学习与实践的舞台。可以说这个项目不单是大带小,也是一个小促大的项目,是一个大学的科研、教学与社会公益活动互利共赢的优秀典范。(赵亮)

案例六　娃哈哈故事会

一、项目设计

宝山区图书馆的"娃哈哈故事会"是为3—6岁小朋友开设的亲子绘本阅读活动,每月一期。起初由馆员承担绘本讲演、游戏设计等。2014年,在一直参加图书馆活动的志愿者推荐下,图书馆与上海阅读越精彩公益组织开始合作。这种合作模式的开展,一方面是公共图书馆为民间阅读组织的成长与发展提供良好的平台和资源支持,发挥民间阅读组织的光亮,另一方面也通过其优势弥补了图书馆专业人力资源的不足的劣势,使读者活动更具创意。

二、主要内容

自2014年起,宝山区图书馆与阅读越精彩组织合作,多年来,固定的时间、专业的志愿者团队、丰富的内容、好听的故事、活跃的气氛、不同的主题,吸引了大批忠实的小读者。娃哈哈故事会针对3—6岁的孩子,每月一期,每期参与人数60人,主题结合过大年、二十四节气、圣诞节等每月不同的节日特色,如"喜气洋洋过大年""元宵花灯"等主题,挑选适合3—6岁年龄段小朋友的经典绘本,图文并茂,并结合手工、情景剧等形式,让孩子们在玩乐中掌握新知识、养成好习惯。

（一）定期活动

开场前志愿者妈妈介绍该公益性组织的目的和意义，小志愿者介绍故事绘本，志愿者妈妈和小志愿者一起参与故事讲演。

（二）主题活动

在圣诞节到来之际，我们围绕着圣诞节这一主题，开展圣诞特别活动："Crazy Christmas——疯狂圣诞夜"，通过听有趣绘本故事、看精彩才艺展示、参与互动游戏、分享礼物等环节，让小朋友度过一个丰富多彩的节日。

"娃哈哈故事会"：亲子手工

讲《飘着幽灵的小房子》绘本时，志愿者妈妈和小志愿者在讲故事的过程中，把孩子们带入万圣节的活动中，期间还引来了现场听故事的小朋友也穿着自己巫师服参与到故事中，顿时使节日气氛更加浓烈。《万圣节的南瓜》绘本跟小朋友们的互动，把小朋友的情绪推向了高潮，孩子们争先恐后地积极参与回答问题，不时地还有小朋友会提出一些问题，孩子们完全被带到了故事里。《南瓜月亮》给大家留下了深刻的印象，小朋友的主持大方得体，并在妈妈讲故事活动中认真地维护秩序，给活动增添了靓丽的色彩。最后方老师的手工制作将活动推向了高潮，在整个制作过程中，巧手妈妈和奶奶、外婆是主角，暖爸们也不甘示弱，还有的家长相互配合。虽然参加的人数多于准备的工具数，但是暖心的是家长们和孩子们都相互等待，相互借用，没有抱怨。最后，当主持人要小朋友把制作作品展示出来，孩子们把小手举得高高的。

"娃哈哈故事会"：手工作品

（三）幼升小学生桥梁故事会

幼升小学生桥梁书故事会每2月一期，每期40人，针对6岁的幼升小学生，把握幼小衔接的关键阶段,每期挑选合适的桥梁书读物,帮助他们提高阅读能力、有效地从幼儿园衔接到小学。

（四）ABC 英语故事会

ABC 英语故事会每 2 月一期,每期 40 人,针对 5—6 岁的小朋友,在中文阅读的基础上,以分级阅读内容为依据,每期分享英文小故事,让孩子们接触到优秀的英文书籍,同时也锻炼了口语。

（五）家长乐课堂

家长乐课堂每 2 月一期,家长乐课堂是专门为家长们定制的活动,针对家有小学低年级及幼儿园孩子的父母,围绕幼小衔接、培养良好阅读习惯、亲子阅读、普及绘本阅读等内容,传播优秀的家庭教育经验,陪伴家长与孩子共同成长与进步。

（六）阅读推广与陈伯吹儿童文学的完美结合

"娃哈哈故事会":家长乐课堂

陈伯吹是我国著名的儿童文学作家、中国儿童文学的领军人物,在海内外享有盛誉。2012 年,在宝山区委、区政府的大力支持下,将陈伯吹纪念馆扩迁至宝山区图书馆,打造成"馆中馆",纪念馆原汁原味地还原展现了陈伯吹先生的生平及成就。宝山区图书馆紧紧围绕"陈伯吹儿童文学"品牌,以推广优秀儿童文学作品、培育优秀儿童文学创作者为己任,以儿童文学的互动、交流、提升为目的,打造各类阅读品牌项目、系列活动,努力发掘和培育更多的儿童文学创作者和阅读推广者,推动儿童文学事业持续不断发展,力争为中国乃至世界儿童文学展示和交流做出积极贡献。

2018 年,娃哈哈故事会与陈伯吹主题开放日活动相结合,针对 5 岁以上小朋友,每期 40 人,每场活动以参观陈伯

"娃哈哈故事会":绘本解读

吹纪念馆、现场分享一本陈伯吹国际儿童文学奖获奖作品,并配合主题手工制作,拓展活动内容,通过"看""听""做",让孩子们进一步了解并亲近陈伯吹儿童文学品牌,同时更深刻诠释陈伯吹先生生"为小孩子写大文学"的精神意义和内涵,全力打造独具宝山特色、上海气质的文化品牌,努力建设全国亲子阅读体验基地,为培育和践行社会主义核心价值观,培育文明和谐社会风尚贡献源源不断的力量。

三、实施要点

(1)每场故事会提前确认活动主题和活动内容,并按照主题推荐2—3本绘本故事。

(2)制作活动海报,包括图书馆LED大小屏的播放、馆内海报宣传、图书馆微信公众号的活动预告、宝山区图书馆官网的活动预约平台。

(3)活动参与者凭图书馆读者证通过宝图微信公众号、宝山区图书馆官网活动预约平台进行活动的预约。

(4)故事会开始前,故事妈妈与小朋友们现场一起互动,做"韵律操",伴随节奏明快的音乐,让小朋友们先全身动起来;每期故事会邀请2—3位故事妈妈通过PPT图片跟小朋友及家长分享绘本故事。同时,每期娃哈哈故事会拓展环节,故事妈妈都会精心准备切合活动主题的手工制作,如"元宵节"主题故事会设置花灯制作,让小朋友们通过听绘本故事、做主题手工,对故事会的内容更加记忆深刻。

(5)每场活动结束后,对活动开展进行反馈,撰写活动信息快讯发布于图书馆网站。

四、成效与影响

娃哈哈故事会因其形式的多样、内容的丰富,得到了家长和小朋友们的喜爱。为了满足不同年龄层次的阅读需求,2015年在最初的娃哈哈故事会外增设了小学生桥梁书故事会、ABC英文故事会、家长乐课堂、陈伯吹纪念馆主题开放日活动、大型亲子活动等,旨在打造一个快乐的阅读体验和故事交流空间,持久培养孩子良好的阅读兴趣和阅读习惯,以及乐观向上的品格。

2014年至今,开展的娃哈哈故事会、小学生桥梁书、英文故事会、家长乐课堂等活动,阅读推广服务惠及数千人。

同时,也有越来越的群众加入阅读推广志愿者的大家庭。为了提高团队的素养和业务水平,定期开展内部培训,从理论上加强指导,并积极开展新志愿者、故事人、讲师等不同阶梯及项目的专业培训,积极成长,不断提高。在志愿者队伍中,还有我们可爱的小志愿者的身影,小小故事人、绘本剧的演员、现场小主持等等,给孩子们提供了成长与进步的机会,更为阅读推广注入了新鲜力量。

马艳红(上海市宝山区图书馆)

☞ 专家点评

> 很多图书馆的儿童阅读推广活动都是从一个小项目开始,由点及面慢慢丰富成长起来。宝山区图书馆的娃哈哈故事会就是这样一个项目,从娃哈哈故事会到小学生桥梁书故事会、ABC英文故事会、家长乐课堂、陈伯吹纪念馆主题开放日活动、大型亲子活动等等,活动内容越来越丰富多彩,活动组织经验也会逐渐积累成长,这样的模式可以为大家所借鉴。但建议在阅读推广活动做得越来越成熟之后,可以对其中的重点及成功项目进行更好的包装,做好品牌推广的宣传。(赵亮)

案例七　推广亲子阅读,共筑成长舞台
——上海市闵行区图书馆"闵图妈妈小屋"

一、活动背景及目的

"闵图妈妈小屋"自2014年3月正式启动,是闵行区图书馆为未成年人"丰富阅读体验,呵护自我成长"而精心打造的亲子阅读平台。

活动秉持"小型化、经常化、精品化、亲情化"的宗旨,倡导少年儿童周末走进图书馆,在活动过程中激发他们的阅读兴趣,培养良好的阅读习惯,有助于少儿开阔视野,陶冶情操,形成良好的道德品质和健全人格。阅读活动形式多样、内容丰富,基本保持每周一次的频率,依托本馆网站(www.mhlib.sh.cn)、微信公众号(mhlibrary)、微博(weibo.com/mhlib)为推广平台,面向读者零门槛开放,取得了良好的社会效应及反响。

二、活动内容

(一)甄选专业团队,打造特色版块

"闵图妈妈小屋"牵手一群爱孩子、懂孩子、了解绘本、有亲子导读实践经验的志

愿者作为"故事妈妈",其中包括本馆青年馆员、公益组织、学校老师等,以亲子互动阅读为开展方式,引领少儿体验深阅读。

具体分如下几个版块:阅读越精彩、英语游乐会、亲子手工坊、自然课堂、中华创世神话系列讲座、哈利·波特魔法学堂。

1. 阅读越精彩

为了"让更多的孩子爱上阅读,为孩子期许一个精彩未来",每月结合当月节气和节假日确定主题,选取配套经典绘本故事,采用不同形式的演绎,分享绘本故事,通过故事会给予孩子们高品质的阅读陪伴,启动孩子们无穷的想象力和创造力。

2. 英语游乐会

启蒙幼儿对英语阅读的兴趣,英语游乐会由和普公益及爱阅国际英语机构志愿者共同参与,以原版绘本故事加上英语游戏儿歌的形式展开。活动在图书馆中营造轻松的外语语境,让孩子们接触到有趣的英语读本,爱上英语阅读,锻炼口语表达。

"我爱爸爸"亲子手工活动现场

英语故事会

3. 亲子手工坊

通过绘本分享和手工制作相结合,让父母与孩子在收获一份手工成果的同时共享亲子时光。

4. 中华创世神话系列讲座

中华神话是集合了中华上下五千年悠久历史、民族文化及智慧的壮丽瑰宝,通过故事分享,孩子们为先民的困苦处境而忧心;为先民的游猎有所得而开心;为先民们的自我认知而兴奋,让传统的智慧与毅力代代相传。

5. 自然课堂

崇尚自然,与万物谈心。闵图妈妈小屋牵手百家游学会,以自然为主题,将环境、生物保护作为宗旨,带领小朋友走进郊野,感悟自然,共读经典,温故知新,和谐生长。

6. 哈利·波特魔法学堂

针对8—14岁年龄阶段的青少年读者,邀请沪上英语名师深入解读《哈利·波特》原版系列丛书。通过深阅读,深解析,拓展全方位的知识点,锻炼英语口语,激发阅读兴趣。

哈利·波特魔法学堂

(二)衍伸活动形式,激发阅读兴趣

衍伸活动亦是故事会的重要环节,目的是深化阅读内容,激发阅读兴趣。除了纯粹的讲故事,志愿者们还会通过儿歌舞蹈、分角色朗读、纸戏剧表演等方式增加儿童对故事内容的兴趣与理解。如故事妈妈赵津羽在分享完绘本《牡丹亭》后,还为小朋友表演了牡丹亭经典唱段《游园惊梦·绕地游》,并邀请小朋友上台体验穿戴水袖,让小读者近距离体验昆曲艺术的魅力;故事会"妈妈的爱"通过志愿者妈妈和孩子的诗歌朗诵感染了现场的小朋友,当他们将亲手制作爱心卡送给妈妈时,更令在场的家长们感动不已。这是通过阅读传递的正能量,通过阅读展露的真情感。

衍伸活动与绘本阅读相得益彰,深受家长和孩子们的欢迎。孩子们在活动中收获一段童年美好回忆,分享一份快乐感受。

(三)深化活动主题,提升阅读品质

闵图妈妈小屋采用如下两种方法甄选主题、策划活动:

1. 根据特定主题选择相应绘本

故事会一般会根据特定时令节气或节假日,先行确立主题,然后再挑选有相应内容的绘本。如我们在春节期间举办新年故事会"过新年",选取了《十二生肖谁第一》《立春》《斗年兽》《团圆》等年俗故事,让孩子们了解传统民俗;植树节时以"可爱的地球"为主题,选取了《森林大熊》《两棵树》《再见小树林》等绘本故事,向孩子们传播环保知识和理念;开学季的"伙伴交往"故事会,选取了《公鸡的新邻居》《我有友情要出租》等绘本,帮助小朋友学会交往,克服胆怯心理,更快地融入集体生活。

2. 依据优秀馆藏确定主题

如丛书《解读国粹之绘本》将传统文字绘成图画,通俗易懂。为品鉴经典,弘扬国粹,我们开展了"解读国粹之绘本——《牡丹亭》"大型阅读活动,弘扬中国传统戏剧文化。

(四)设置绘本专区,共享阅读时光

阅读推广活动的目的在于引导家长与孩子们自主利用图书馆资源,使阅读成为一种日常生活方式。在妈妈小屋活动室内,我们设置了绘本专区,并根据每月活动主题进行绘本聚类推荐,鼓励参与活动的家庭在活动前后选取绘本自由阅读,深化活动的主题意义。

三、活动经验及效果

2017年全年,闵图妈妈小屋共开展各类活动48次,参与人数2996人,招募志愿者58人,社会公益团队8个,每场活动出席率几乎达到100%。活动自开办来深受本地小读者及家长的好评,同时也通过业界评选取得了一定成绩,荣获2014年全国全民阅读年会阅读案例二等奖,2015年全国少年儿童阅读年亲子阅读推广优秀案例三等奖,2016年上海图书馆学会优秀阅读推广组织,2017年上海市图书馆学会学术论坛优秀论文奖。

(一)活动主题定位与品牌塑造

闵图妈妈小屋是一个专注于"小型化、经常化、精品化、亲情化"少儿阅读推广的平台。

(1)"小型化"是适应馆舍场地现实条件的需要,同时为了保证活动能取得更好的成效,将参与人数限定为30组家庭,达到活动空间最大饱和度。

(2)"经常化"是为了满足更多家庭参与活动的需求。几大系列活动保证每周都举办,对受欢迎、关注度比较高的特色活动及时调整。

（3）"精品化"是闵图妈妈小屋的活动设计原则。如"英语游乐会"，将活动打造成全公益、纯英语语境的阅读活动。虽说对参与活动的读者较高的要求，但更能体现活动的品质与效果。

（4）"亲情化"是亲子互动阅读平台的本质体现。闵图妈妈小屋四大版块活动，其内容设计都是围绕亲子互动、少儿阅读推广来实现的，不仅促进了阅读，更促进了亲子间情感的交流。

（二）分级阅读策略与选择运用

分级阅读是少儿阅读推广的基本策略。所谓分级阅读，就是按照少年儿童不同年龄段的智力和心理发育程度，为儿童制订科学的阅读计划，为不同孩子提供科学和有针对性的图书。少儿阅读推广施行分级阅读的目的就是帮助少儿获得最大的阅读成就感和喜悦感，激发其阅读兴趣，养成良好的阅读习惯，提高阅读能力。

妈妈小屋进校园活动现场

我们把小读者分为三个年龄层：3—4岁、5—8岁、9—14岁。亲子故事会在安排和策划上尽量兼顾不同年龄的孩子，主题、内容、方式方法各有不同，如低幼故事会专场中增加视频、儿歌和游戏环节，少儿故事会则增加思考、提问等环节，且多安排在寒暑假。

（三）整合社会资源与扩大影响

闵图妈妈小屋亲子故事会将志愿者招募工作作为长期发展项目，整合学校、家长、绘本馆等社会资源，其品牌效应吸引了多个社会公益团体自愿加入，建立了良好的合作关系，同时牵手社区街镇及学校，开展"妈妈小屋进校园""妈妈小屋进马桥"等活动，进而推广少儿阅读，扩大社会影响。

（四）多种宣传渠道与氛围营造

闵图妈妈小屋尝试利用多渠道、多媒体对活动进行宣传，每期活动有预告、有报道，为进一步推广少儿阅读开辟了新路径。

活动前期，利用楼宇电子屏、大厅海报、少儿室宣传栏、闵图官方网站、闵图微博、微信等同步宣传，确保读者能在第一时间获取活动信息。活动结束后，由参与馆员撰写活动报道,配合活动图片,发布到闵图动态和微信公众号,让更多没能参与的读者深入了解活动内容。

闵图妈妈小屋活动得到闵行区妇联、闵行区共青团委、新闻媒体的大力支持,借助"3·5锋尚志愿者活动项目"、微博公众号"上海发布""闵行发布"、电台FM102.7《闵行直通车》、区县新闻等的相关宣传报道扩大了影响力。

四、小结

阅读如同自由的蒲公英种子,既能播种思想,又能收获成果。闵图妈妈小屋将一直致力于少儿阅读推广工作,为孩子们营造良好的阅读环境,培养青少年自主阅读意识,帮助其养成积极向上的社会价值观。我们会进一步创新服务理念,拓展活动内涵,丰富青少年精神文化生活,将少儿阅读服务工作推上新台阶。

宣寅颖(上海市闵行区图书馆)

☞ 专家点评

公共图书馆的很多阅读推广活动并不是一时之兴所为,它应该成为图书馆长期坚持的最重要的服务活动内容之一。闵行区图书馆的闵图妈妈小屋就体现了这样的特点,这个项目不仅是以其"小型化、经常化、精品化、亲情化"为特色,更重要的是其背后所秉持的"坚持、精致、合作、推广"理念是其获得成功的真正基石。从2014年至今每周一次的长期坚持,在一个小型化的空间内打造精致的精品活动,而这些精致的活动离不开与社会中优良的资源进行合作,最后充分利用各类官方及社会媒体的宣传机会能够使这样的活动吸引更多的受众参与。闵图妈妈小屋成功背后的这些理念是非常值得同行们借鉴学习的。(赵亮)

第九章　大学生阅读推广

导言　面向大学生的阅读推广

阅读推广已成为高校图书馆服务新常态的重要组成部分[①]。近年来,高校图书馆充分挖掘和发挥其馆藏和人力资源优势,面向大学生开展了丰富的阅读推广服务,很多图书馆形成了自己的独特品牌。本章精选了来自上海交通大学图书馆、常熟理工大学图书馆、华东理工大学图书馆、西南交通大学图书馆、广西科技大学图书馆、北京青年政治学院图书馆的6个案例,这些图书馆通过推荐书目、专家讲座、阅读交流会、读书征文比赛、经典阅读、朗诵比赛、征文比赛、读书行路、图书漂流、班级阅读等多种活动,将阅读推广开展得有声有色。有些阅读推广活动是很多图书馆都在举办的常规活动,有些则是某些图书馆设计的原创活动,不管是常规的活动还是原创活动,都是成功的案例,值得其他高校图书馆在开展阅读推广时学习和借鉴。

一、案例分析

（一）基于读书节开展的阅读推广

1995年联合国教科文组织将每年的4月23日定为"世界图书与版权日"（通常称之为"世界读书日"）,2005年以来随着我国全民阅读工作的开展,很多高校在每年的4月23日前后,就会以世界读书日为契机,组织丰富多彩的系列读书节活动,以此来调动大学生的阅读积极性和阅读兴趣,提升校园的读书氛围。

北京青年政治学院图书馆的"读书盛宴"（FEAST of Reading）阅读推广活动就是读书节活动的典型代表。每年举办两届读书月活动,分别是4—6月和10—12月,开展"F"-Feed on books（书的盛宴）、"E"-Essay contest（征文比赛）、"A"-Autograph album（纪念手册）、"S"-Speaking（口语比赛）、"T"-Trip（读书行路活动）等系列活动,通过这些活动培养学生的读书、写作、朗诵能力,陶冶他们的情操,让大学生在阅读

[①] 范并思.阅读推广:高校图书馆服务"新常态"[J].上海高校图书情报工作研究,2013(2):1-4.

的同时对人生、对历史等有更深的感悟与思考,在校园中营造良好的学风,提升图书馆的资源使用率和师生满意度。

常熟理工学院图书馆的"'结伴阅读'新生季"主要利用4月的读书月活动招募志愿者成立阅读推广人团队,图书馆组织培训指导大学生阅读推广人策划和开展"书海寻宝"大赛等大型阅读推广活动,并在下半年的新生季活动中由阅读推广人开展其他相关活动。

(二)基于新生开展的阅读推广活动

众所周知,高中的学习十分紧张,尤其是高三面临着高考的压力,学生的课外阅读普遍受到限制和压缩。升入大学后,与之前截然不同的宽松环境和对阅读的饥饿感使得大一新生愿意阅读,抓住这一时机适时引导他们,可使阅读推广达到事半功倍的效果。

"交图·安泰书道计划——上海交通大学图书馆新生素质拓展计划"就是一项将新生教育与阅读推广完美整合的新生课外教育计划,面向新生实施包含经典之旅、移动阅读APP、图书馆之夜、素养之旅、图书馆志愿行等在内的活动项目,使得阅读推广在信息素养教育过程中达到理想效果。

常熟理工大学图书馆的"'结伴阅读'新生季"以9月初本科新生入学季为契机,依托"大学生阅读推广人的培育"项目指导阅读推广人策划宣传和招募新生、老生,开展"结伴阅读"新生季阅读推广系列活动,活动至12月结束。通过"以老带新,以新促老"的阅读推广系列活动,不但帮助新生养成良好的阅读习惯,同时也促进老生的阅读。

(三)基于寒暑假开展的阅读推广活动

寒暑假是大学生空闲时间相对较多的一个时段,也是他们阅读的好时期,每逢放假前,图书馆里总是有很多学生忙着借自己假期的精神食粮。但个人的阅读总是有一定的随意性和盲目性,图书馆可以在此时公布一个推荐书目或者组织相关假期阅读推广项目,以达到推荐馆藏和指导大学生阅读的双重效果。

西南交通大学暑期经典阅读推广项目"带本书去旅行",分为暑假前、暑假中、开学后三个阶段进行:在暑假前,图书馆精心编制书目,利用馆藏的纸本和电子资源开展借阅指导;暑假中,利用微博、微信等新媒体平台,为师生创设阅读交流虚拟社区供他们交流分享;开学后,组织后续活动和研究,征集汇总参与者的"游学漫记"和"行走光影"来了解师生的阅读体验。自2013年以来,该活动已吸引许多在校大学生参与,达到了很好的阅读效果。

上海交通大学图书馆"交圕·安泰书道计划"利用学生相对较为悠闲的寒假举行寒假读书及撰写书评的活动。

(四)基于主题的阅读推广活动

主题鲜明的阅读推广活动具有较强的针对性,在策划这类活动时就具有明确的目的指向,因此,在资源挖掘上更有深度,活动开展得也会更加深入。主题阅读推广活动可以是系列活动围绕一个主题,也可以是一次活动一个主题。

华东理工大学图书馆的"弘扬中华传统文化　共建华理书香校园"就是围绕"弘扬中华传统文化"这一主题,举办了"一次讲座、一次研读、两次展览、三次比赛",通过讲座、研读、书展、书评、诗词大会等一系列活动,对我国传统文化所蕴含的丰富内涵进行了多层次、多方位、多角度的展示和宣传,推动了传统文化在华理校园内的传播,促进了理工科学生人文素养的提升。

"新阅读·心悦读——广西科技大学图书馆阅读分享系列活动探索与实践"介绍了广西科技大学图书馆为促进学生由碎片化浅阅读向深阅读方式转变而开展的系列阅读推广活动。除了常规开展的"阅读分享"和"读书沙龙"外,还开展了各种主题的特色阅读活动,如"音乐与文学的碰撞——吉他·民谣·诗歌交流趴""关机一小时,与图书馆亲密接触——'书香班级'评比活动""读万卷书,行万里路——读书、旅行,让身体与灵魂一起成长""全校共读一本书——《灯塔》"等。这些主题新颖的阅读推广活动,激发了大学生读者的阅读兴趣,让他们充分感受到了阅读的乐趣。通过系列活动,大学生的阅读氛围更浓,阅读的自主性增强,达到了很好的阅读推广效果。

二、大学生阅读推广案例的启示

(一)形成体系,完善机制

上海交通大学图书馆的"交圕·安泰书道计划——上海交通大学图书馆新生素质拓展计划"对多种资源进行整合,形成一个新生素质拓展的全方位体系,其中有思政老师和学科馆员的配合,有学生的自主管理,有有效的组织管理队伍,还采用了荣誉与学分双重激励机制,保障了学生的参与效果,也有力地推进了图书馆的相关工作。

(二)明确主题,形成品牌

华东理工大学图书馆的"弘扬中华传统文化　共建华理书香校园"主题明确,所有活动的开展均围绕"中华传统文化"这一主题开展,如举办"中国古诗词里的音乐意境"、《大学》研读、走进《红楼梦》书展、诗词大会等,成功弘扬了中华传统文化,提升了馆藏中华传统文化资源的利用率,提升了学生的人文素养。西南交通大学图书馆的"带本书去旅行"已经连续成功举办多届,成为许多在校大学生的暑假"精神园地"。北京青年政治学院图书馆每年在毕业生离校之际为毕业生制作发放的"阅读的脚印"纪念手册,相信也是很多毕业生拿到的最美毕业礼物,同时也激发了在校同学的阅读动力。

(三)换位思考,出奇制胜

从读者的角度出发,思考什么是吸引他们的活动,才能发挥他们的主观能动性,引导他们积极参与。如广西科技大学图书馆的"新阅读·心悦读"中的"关机一小时,与图书馆亲密接触——'书香班级'评比活动",就是抓住了大学生集体荣誉感强的心理,以班级为单位,灵活选择合适的时间,集体到图书馆看书一小时,要求同学们在活动开始后关机或调静音,不能随意走动。事前制定好打分规则,按照规则负责老师根据学生集体在活动中的读书表现进行打分。通过班与班之间的评比,不但让同学们尽享阅读的乐趣,还增强了班级凝聚力。

三、小结

大学生是一个特殊的群体,高校图书馆阅读推广有着与公共图书馆阅读推广不同的特点,高校图书馆应该利用自身的馆藏资源与人力资源优势,引导大学生养成良好的阅读习惯,激发他们的深度阅读与独立思考,丰富他们的精神世界。

刘晓霞(《上海高校图书情报工作研究》编辑部)

案例一　交图·安泰书道计划
——上海交通大学图书馆新生素质拓展计划

大学图书馆是高校教学、研究及育人活动的重要支撑机构。在建设"双一流"大学及倡导"立德树人"与"全民阅读"的当下,大学图书馆既要服务于教学与科研,亦要围绕社会和学校对于人才素质的要求,采用融合创新的方式,开展多元素质促进提升活动,以推动德才兼具的复合型人才的培养。基于国家和社会对于高校人才培养的需求,上海交通大学图书馆根据安泰经管学院提出的"学在交大、书香安泰"的人才培养需要,推出融合型设计的"交圕·安泰书道计划",一方面助力于新型人才培育,另一方面推进图书馆素质提升服务与学科院系人才的紧密嵌合。

一、项目设计

本项目是在国家和政府"立德树人""全民阅读"精神的指导下,以学校院系育人要求为牵引,基于图书馆阅读推广、信息素养教育工作之优势,借鉴国外高校综合性新生教育计划 First-Year Experience(简称FYE)和 Common Reading 项目将新生教育与阅读完美整合之优点,采取教育主客体、多元素质内容、空间平台、多元教育形式融合设计思路,而推出的融合型、创新性、持续型的新生课外教育计划。

"交圕·安泰书道"揭牌仪式

教育主客体之融合指教师、学生事务机构、图书馆、学生能动性的有机融合。多元素质融合指将信息素养、媒介素养、学术素养、阅读素养、组织领导力、沟通表达能力、创新能力、责任意识、公益意识等素质培育目标,以课程、项目、活动等多元形式,融入学生的生命成长过程。空间平台融合指现场式的各类线下教育环境、项目及活动,与线上虚拟平台空间的融合交互。多元教育形式整合指课程、多元阅读推广活动(含推荐书目、讲座、读书会、竞赛、共同阅读、朗诵、演讲、志愿者行动等)、信息素养教育、阅读平台的融合。

二、主要内容

2016年10月,安泰经管学院与图书馆合作的"交圕·安泰书道计划"启动,面向该院2016级全体新生开始实施含经典之旅、移动阅读APP、图书馆之夜、素养之旅、图书馆志愿行等在内的活动项目。

（一）经典之旅

经典阅读是"交圕·安泰书道计划"的主旋律，计划之初即确定以人文经典和专业经典作为阅读的重点。为培养学生的阅读习惯、提升其阅读能力，计划实施了发布经典书目、寒假读书活动、书评竞赛、读书交流会、读书讲座、世界读书日活动。

经典推荐书目由图书馆与学院共同议定。学科馆员根据综合性的权威推荐书目《中国读者理想藏书》及各类专业推荐书目精选一份同时包括人文经典和专业经典的书目提供给学院作为备选图书。基于该书目，学院结合老师和学生的意见，确定最终的荐读书单。然后图书馆整理书单图书的作者、出版及馆藏信息，出台经典阅读书单，并于2016年10月举行的交圕·安泰书道计划启动仪式上正式发布，指引学生阅读自经典开始。

除了学期中的阅读推进，在学生相对较为悠闲的寒假，举行了寒假读书及撰写书评的活动。2017年春季学期，学生和评委老师评选出优秀书评，并举行了"悦读时光"读书分享会。读书分享会的主要环节包括：①获得优秀书评奖的同学面向全年级学生汇报交流读书心得，朗诵精彩片断；②现场老师、学生共同评选"最佳表现风采奖"；③学生家长代表视频寄语。这种形式不但展现及示范了当代学子的阅读成果与风采，推动着共同阅读的氛围，而且还达到了家校互动的效果。

"悦读时光"读书分享会

另外,交圕·安泰书道计划也与全校的阅读推广活动建立了关联。2017 年"4·23"世界读书日"交圕·安泰书道计划"参加了上海交通大学"春诵华章·畅享学在交大的阅读时光"的现场展板展示活动,汇入了全校的阅读活动大潮。

(二)移动阅读 APP

为支持当代大学生交互式移动阅读与学习,上海交通大学图书馆研制了"思源悦读"APP 平台,集成图书资源、课程资源、线上群组交流研讨功能,设有"伙伴交圕""诗画交大""思源共读""书之道""借阅排行""校园生活"6 个常设模块。"思源悦读"是国内首家高校图书馆研制推出的移动阅读 APP。为支持"交圕·安泰书道计划"的经典阅读学习,上海交通大学图书馆于 2016 年 10 月在"思源悦读"APP 上定制发布"安泰书道"模块,设置"人文经典""专业经典""同学荐书""活动快讯""优秀书评""名师导读视频"6 个专栏,上线经典图书,动态更新活动资讯;创建安泰 2016 级新生交流群组,推进线上共同阅读与交流。

(三)图书馆之夜

为推进共同阅读、学习氛围,安泰 2016 级学生与图书馆约定在图书馆建立阅习基地,每周日晚上相约图书馆指定研讨室,开展 3 分钟读书演讲、学习和阅读的活动。该活动持续开展了一年,通过共同阅读、学习及当众演讲,学生的交流表达能力、阅读学习能力均得到极大的提升。

(四)素养之旅

为提升学生的阅读素养、信息素养、创新创业能力、组织领导能力,"交圕·安泰书道计划"通过多元途径,举办了读书类、信息/学术素养类、创新创业类主题丰富多元的讲座。在阅读主题方面,邀请北京大学王余光教授为学生带来名为《阅读,与经典同行》的讲座。为提升学生的信息素养与学术素养,以图书馆主导、学院教务部门主导,或是应学生需求的方式,开展了"图书馆资源与服务""专业文献阅读与学术规范""如何利用 photoshop 设计海报""如何美化你的 PPT""Microsoft Excel 高级应用"等讲座。为培养创新创业能力,以学生主导、图书馆辅助的方式,开展了"天地交而文理通,人生梦自共享始——梦想成真的通行证""创业机会识别"等讲座。

(五)图书馆志愿行

图书馆志愿行是"交圕·安泰书道计划"中规模最大、最持之以恒、最令图书馆赞叹,并创下院系学生深入图书馆开展志愿工作的人数之最的活动。安泰经管学院 2016 级 200 余名同学,包括留学生,均参加了图书馆资源与公共服务部、学习与研究支持部、文化与特藏部、行政管理与合作部、平台与技术支持部 5 个部门的多类工作：书架除尘、图书整理搬迁、古籍整理、期刊装订、历届馆长资料整理、数据查询与整理、机构库平台功能测试、李政道图书馆陈展宣教等。每学期开始时，志愿队长与图书馆各部门负责人员明确工作需求，每周五向图书馆提交志愿学生名单；志愿工作结束时，同学们均会写下志愿感言。2016 级同学共计参加志愿工作近 1600 小时，其中，学生最长志愿工时达 16 小时，有 20 余名同学志愿时间超过 10 小时。

"交圕·安泰书道"活动展板与志愿者

志愿者活动一方面极大便利了图书馆各项工作的开展，缓解图书馆人力紧张的压力，另一方面，加强了学生对图书馆的了解，锻炼培养了学生的公益意识、奉献精神与社会责任感。通过志愿工作，同学们纷纷表示认识到图书馆工作的辛苦，体会到图书馆藏书之富、书海之美，发愿与书为友、追求智慧之光，并希望助力于让图书馆成为天堂的模样。有同学这样写道："窗外的燥热被隔绝在外，图书室里是一片静默安宁。从一条条幽深的走廊走过，码齐一本本略微泛黄的书，在这样难得安宁的体验里，仿佛心底的浮躁也被拂去，谢谢这次图书馆志愿者活动带来的这种美好体验。"学生长期的志愿支持，获得图书馆工作人员的一片赞叹，在给安泰经管学院的感谢信中馆方这么写道："你

安泰志愿者与馆员留影

们的志愿工作为包玉刚图书馆的馆容馆貌改变、主馆的图书整理工作做出了很大的

贡献。志愿活动组织有序、气氛温馨,赢得读者和馆员的一致赞扬。"

三、实施要点

（一）思政老师与学科馆员紧密协作

整体计划的拟定与实施,都是在思政老师与学科馆员紧密协作之下开展。学科馆员有丰富的阅读推广及信息素养教育经验;思政老师对学生具有直接的管束力,且对学院人才培养目标和学生的学习安排更为了解。

（二）实行学生自主组织管理的推进模式

计划采取思政老师和学科馆员指导、学生自主组织管理的模式推进,以充分培养、发挥学生的组织策划与管理能力。

（三）建立有效的组织管理队伍

为有效推动各项工作,学生组建了由组织部、读书俱乐部、志愿团、宣传部4个部组组成的组织管理处,每个部组由1位负责人和4至10位干事组成。

（四）采用荣誉与学分双重激励的机制

为激发学生的参与热情,学院方面给予学生素拓分的鼓励,图书馆方则给优秀书评者、志愿者荣誉称号与精美礼品等奖励。

（五）根据学生学习要求与安排开展活动

所有活动均在安排于非考试时段。利用寒假时段以书评竞赛的方式推广阅读,并在学业不太紧张的开学初开展读书分享交流会,以求专业学习与复合素质拓展活动和谐并进。

（六）持续开展并因需创新

计划推进过程中,学生会不断产生新的需求。根据这些需求,计划亦不断拓展创新,涌现出新的内容。

四、成效与影响

对于学院而言,计划通过融合型设计及多元活动项目的实施,有效锻炼及提升了学生的组织管理能力、策划能力、复合素养、创新创业意识、奉献精神与责任意识。对于图书馆而言,计划的实施使图书馆的阅读推广、信息素养教育等工作与学院人才培养紧密结合,大大提升了服务成效;同时,学生持续性的志愿工作也极大地帮助了图书馆各项工作的推进。该计划不仅得到学院与图书馆双方的高度赞誉,同时在中国图书馆学会举行的2017年度全国高校阅读推广十佳学生社团评选活动中获得优秀社团的荣誉称号。在阅读创新的氛围中,学生的阅读兴趣被有效激发,学生积极参加图书馆举行的阅读推广活动,其中1名同学获得2017年"品书知日本"大赛一等奖,取得2018年赴日交流8天的机会。虽然"交圕·安泰书道计划"并不像国外的FYE一样是学分课程式的教育计划,但从实施成效来看它能够起到培养复合型人才的作用,且组织形式灵活、易于操作,在倡行"立德树人"教育理念及强调将图书馆资源与服务嵌入教学科研环节的当下,极具推广价值。

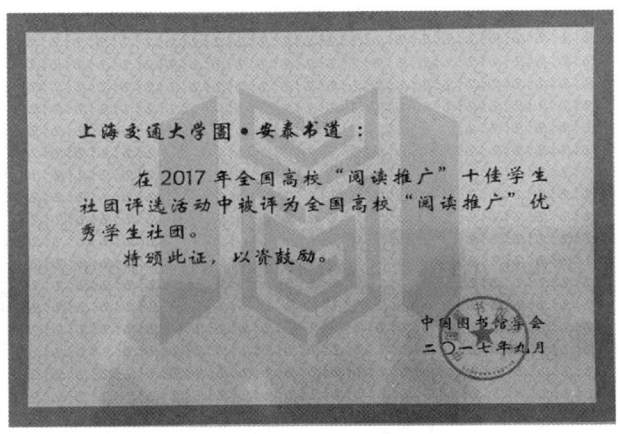

"交圕·安泰书道"获2017年度全国高校"阅读推广"优秀学生社团荣誉称号

陈幼华(上海交通大学图书馆)

专家点评

> 图书馆为一个学院专门设计、打造阅读推广活动,这在行业内不常见,也是这个项目的最大亮点,对学科馆员的阅读推广活动策划能力是一大考验。项目具体的特点还有思政老师加入、给予素质教育学分等。作者应该考虑,如果别的学院也提出类似要求,交大图书馆如何应对,如何设计出各院系互不相同的阅读推广活动,应该总结经验,琢磨规律,提前有所研讨。交大的这个活动,也提醒其他高校图书馆,未雨绸缪,做好为院系设计阅读推广活动的准备。(王波)

案例二 "结伴阅读"新生季

阅读是人类世界特有的文化传播活动,是人接受教育、发展智力、获得知识信息的最根本途径,是社会进步的有力支撑。一些调查机构通过对一些国家阅读情况的调查,得出一个结论:公民阅读量大的国家一定是朝良性方向发展的。同时心理学家研究证明,学生时代养成阅读的习惯将是一个人养成终生阅读习惯的重要前提。

高校图书馆具有阅读推广的重要职责和文化传承的使命担当。基于此,常熟理工学院图书馆开展了"结伴阅读"新生季阅读推广活动。

一、项目设计

图书馆以9月初本科新生入学季为契机,依托"大学生阅读推广人的培育"项目指导活动的策划宣传以及阅读推广人的招募,开展"结伴阅读"新生季阅读推广系列活动,活动时间至12月结束。每月开展1次主题阅读推广活动,高年级学生与新生结伴不定期入馆阅读学习,互带互助,共同促进,培育新生的阅读兴趣和习惯,同时也促进高年级学生多入馆阅读学习。

二、主要内容

(一)"结伴阅读"系列活动

9月初高年级学生为新生准备一份开学礼物:阅读开启梦想的翅膀——学长推荐书单。图书馆负责指导大学生阅读推广人征集、筛选,整理大学生喜爱阅读的100种经典图书,如《读大学,究竟读什么》《求职,从大一开始》《不要等到毕业以后》《围城》等,将书目制成"学长推荐书单"发放给新生,这些书单为新生阅读指明了方向,引领新生正确阅读,培养新生的阅读兴趣和习惯。

老带新参观图书馆。新生入学时,招募高年级学生和新生,培训和指导高年级学生引领新生认识和利用图书馆,培育新生的图书馆认同和信息素养能力。同时,鼓励高年级学生和新生结对子,一对一互助。新生在阅读过程中遇到困惑或者在使用图书馆资源时不知所措,都可以向高年级学生请教。

"结伴阅读":高年级学生带新生参观图书馆

新老结伴阅读学习。9月至12月高年级学生与新生结伴不定期入馆阅读学习,高年级学生与新生结伴不定期入馆阅读学习,实行组长负责制,高年级学生推荐阅读书目,确定阅读任务,为阅读分享会做准备。活动规定每人入馆不低于5次,每次不低于1小时并签到签退。高年级学生和新生可以共同读同一本书,然后互动交流,也可以读不同的书,还可以互相推荐书目。

(二)新生季阅读推广系列活动

9月开展第1次主题活动——"以老带新,以新促老"新生季阅读推广系列活动启动。开启"以老带新,以新促老"新生季阅读推广系列活动,并为大学生进行图书馆资源利用讲座,宣传图书馆的资源和服务,培育大学生的信息素养技能。

10月开展第2次主次活动——"书香润心灵,阅读促成长"阅读分享会,指导大学生开展阅读分享会,检验学生的阅读任务和阅读效果,营造了阅读文化氛围促进阅读。同时也锻炼和培养了大学生的各种能力。

11月下旬征集阅读活动心得,在参与活动的学生中征集阅读活动心得,了解活动的意义和学生参与活动的具体情况,以此作为颁奖晚会学生评奖的依据之一。

12月开展第3次主题活动——"有你陪伴,感恩有你"颁奖晚会。颁奖晚会为"以老带新,以新促老"新生季阅读推广系列活动画上一个完美的句号。表彰活动中表现突出的学生,传递阅读理念和感恩情怀,培育新的阅读推广人,营造校园阅读文化氛围。

"结伴阅读":书海寻宝活动

"结伴阅读":考研分享会

三、实施要点

(1)本活动利用同伴教育理论,让高年级学生承担阅读推广人,活动内容层层推进。

(2)活动通过学生社团PU平台发布,认证参加活动的同学的义工时长,以此吸引学生积极参与。

(3) 在活动中高年级学生引领新生认识和利用图书馆,培育新生的图书馆认同和信息素养能力。

(4) 在高年级学生与新生结伴不定期入馆阅读活动中,培育新生的阅读兴趣和习惯,同时也促进高年级学生多利用图书馆阅读学习,共读互进。

(5) 征集阅读活动心得,了解活动的意义和学生参与活动的效果,以此作为最后一次颁奖晚会学生评奖的依据之一。

"以老带新,以新促老":颁奖会

(6) 颁奖晚会给此次系列活动画一个完美的句号,传递阅读理念和感恩情怀。表彰活动中表现突出的学生,培育新的阅读推广人。营造校园阅读文化氛围,鼓励更多学生多阅读好书。

四、活动特点

(一) 时间长、内容多、形式新

9月至12月,近一个学期时间,避开了期末繁忙的阶段。每月1次主题活动(共4次)。

利用同伴教育理论,高年级学生引领新生走进图书馆阅读学习,互助共进;主题活动内容层层推动,营造阅读文化氛围,逐步培育学生的阅读兴趣和习惯。通过一系列活动培育新生的阅读兴趣和习惯,同时还促进高年级学生多利用图书馆阅读学习。

(二) 效果好

活动伊始招募到新生和高年级学生250多人,活动中还陆续有人参与进来。高年级学生带领新生参观图书馆,将图书馆老师的培训要点和自己做新生入馆时的心理需求结合起来引领新生,让新生更好地了解图书馆。通过"阅读推广人"群征集并整理出100册各类较经典的图书并制成"学长推荐书单",它能够引领新生进行有目标的阅读。流通部老师反馈,书单上的部分书目供不应求。每月的主题活动参与人数众多,均超过120人。高年级学生与新生结伴不定期入馆阅读学习,实行组长负责制。组长安排阅读书任务,督促成员完成。这个过程有效激励了学生的阅读兴趣,培养了学生的阅读习惯。

图书馆电子资源使用讲座培育学生的信息素养能力,让学生了解图书馆的各类服务,掌握使用图书馆资源的方式方法。阅读分享会检验阅读任务和阅读效果,很多学生主动报名参与分享,活动现场还有人临时主动要求分享。征集阅读活动心得反馈活动效果。很多学生反馈入馆阅读次数远远超过规定的5次(入馆已成习惯,并不是每次都登记),活动很有意义,也很成功,希望这个活动继续开展;不少新生反馈从中受益匪浅,学会了使用图书馆资源,爱上了阅读,许诺也将引领下一届新生进入图书馆阅读;高年级学生表示比以前入馆次数增加很多,阅读量也增加不少。颁奖晚会为本次活动画上一个完美的句号,突出主题"一路陪伴,感恩有你",对活动中表现突出的学生给以鼓励,传递阅读理念,传递感恩,促进阅读。

(三)受益人多

活动中,高年级学生和新生结伴不定期入馆阅读学习,各团队中成员跨学院跨专业,受同班级同寝室的学生影响,各团队成员逐渐增多,形成良好的阅读氛围。

梅华(常熟理工学院图书馆)

专家点评

> 独学而无友,是学不好也学不深的,让高年级学生带动新生阅读很有创意。建议下一步除了利用院系内的高年级学生和新生关系,也可以扩大到跨院系、跨性别,还可以挖掘地缘关系,让高年级老乡带动新生老乡,给同学以更大的结伴选择自由度。读书这件事,不一定高年级学生比新生读书多,活动也可以分成两段,前段高年级学生带新生,后段新生带高年级学生。高年级学生如果发现新生中有博览群书的特异者,可以汇报给老师,老师可以组织这些优秀的新生谈读书。如此便可以大大丰富此项活动的内容。(王波)

案例三　弘扬中华传统文化　共建华理书香校园

2017年3月，华东理工大学图书馆采编部申请了华东理工大学宣传部的第三届"优秀校园文化创新发展培育项目"，从2017年3月开始，围绕"弘扬中华传统文化，共建华理书香校园"的主题，图书馆与校宣传部、社会学院读书会等合作，在华理校园内举办了7次活动，成为阅读推广和高校校园文化建设成功结合的案例。

一、项目设计

为了在大学校园内倡导习近平总书记所提倡的"文化自信"精神，并践行《全民阅读"十三五"时期发展规划》精神，本案例通过讲座、研读、书展、书评、诗词大会等一系列活动，围绕弘扬中华传统文化的主题，对我国传统文化所蕴含的丰富内涵进行了多层次、多方位、多角度地展示和宣传，让华理师生对中华传统文化有了面对面的直观感受与深刻认识。

通过上述系列活动的开展，图书馆不仅加强了优秀传统文化阅读内容的供给，推动华理校园阅读活动深入院系，提高了数字化阅读的质量和水平，而且推动了校园阅读工作常态化、规范化，与院系、宣传部等部门合作，以弘扬中华传统文化为核心，共同建设了"华理书香校园"。

本案例的活动设计思路和合作方案如下所示：

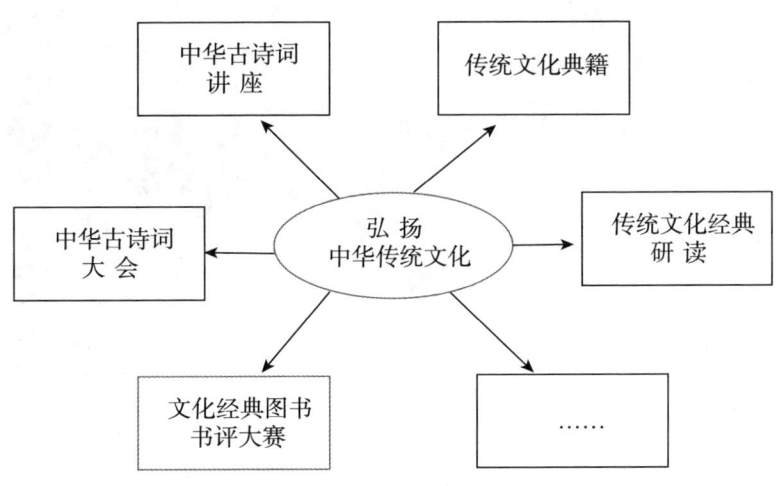

"弘扬中华传统文化"设计思路

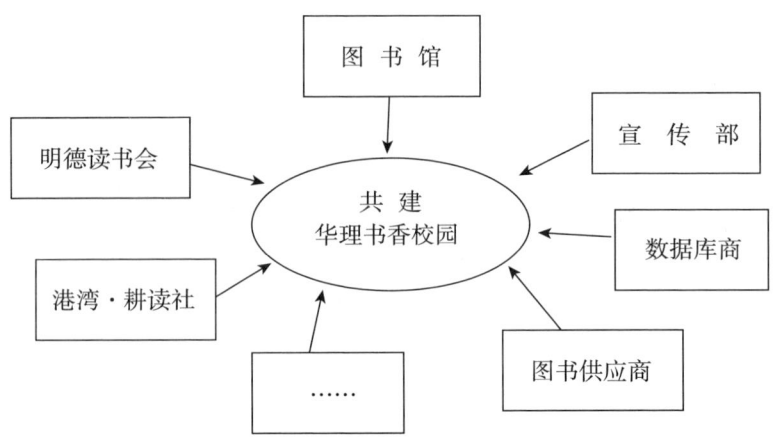

"共建华理书香校园"合作方案

二、主要内容

本案例以弘扬中华文化为主题,依托图书馆的各种优势资源,与院系读书会密切合作,在华理校园内开展了以下活动:

(一)一次讲座

2017年3月,图书馆邀请库克音乐讲师马辰,举办了"中国古诗词里的音乐意境"讲座。

(二)一次研读

2017年11月,图书馆联合港湾·耕读社,由社会学院俞楠老师带领学生进行了《大学》的研读活动。

(三)两次书展

2017年10—11月,图书馆举办了"跟着习大大学读书"主题书展,重点宣传了习总书记推荐的中国传统文化典籍,增添了校园的书香氛围。

《大学》研读活动

2017年12月至2018年3月,图书馆举办了"走进《红楼梦》"主题书展,该书展采用线上和线下相结合的形式进行,对数百年来有关《红楼梦》的研究图书进行了分主题展示。

(四)三次比赛

2017年5月,图书馆联合明德读书会,举办了"感恩·华理"诗词大会,传承与弘扬了诗歌文化。

2017年10月,图书馆联合上海图书馆,举办了"阅读马拉松"的活动。

2017年11—12月,图书馆联合港湾·耕读社,举办了"跟着习大大学读书"书评大赛,并举办了颁奖仪式。

"感恩·华理"诗词大会

三、实施要点

图书馆在华理校园内开展中华传统文化的宣传和展示活动,主要通过以下措施来开展相关工作。

要点1:充分利用图书馆的各种优势资源,如图书资源、空间资源、专家资源等,来开展弘扬中华传统文化的相关活动;

要点2:通过馆员了解学院读书会的情况,与学院读书会的师生密切互动,分析双方的需求,以学院读书会为依托,来开展弘扬中华传统文化的相关活动;

要点3:与学校宣传部等职能部门合作,通过校园新闻网、校报等宣传平台,对图书馆开展的相关活动进行了多渠道报道;

要点4:在开展各项子活动的前期、中期和后期,馆员都进行了细致策划与布置,确保活动的顺利实施。

四、成效与影响

本案例中系列活动的开展,在华理校园范围的成效与影响主要体现在以下四个方面:

首先,推动了传统文化在华理校园内的传播,尤其促进了理工科学生的人文素养的提升。如书评大赛中一、二、三等奖的获得者中,理工科学生占有相当的比例,还吸引了校友的参与,成为校友和学校密切联系的纽带。

其次,图书馆开展的多种传统文化宣传活动,得到了校宣传部的支持和帮助。宣传部老师参与了书评大赛作品的评奖、颁奖仪式,还推荐书评大赛获奖作品在校报上发表。由此,实现了图书馆和宣传部在宣传传统文化活动中的合作双赢。

其次,图书馆联合社会学院读书会开展的活动,曾被社会学院公众号平台"社想"报道,在学院层面产生了较大的影响力,图书馆为社会学院师生深入开展读书活动提供了一个较好的平台。

最后,图书馆与数据库商等合作开展的读书活动,曾被数据库商的微信公众号平台和数据库平台宣传,让更多的读者感受到传统文化的魅力。

梁茹(华东理工大学图书馆)

☞专家点评

> 在理工大学开展传统文化推广,对学生的知识结构具有很好的互补作用。活动的形式连环配套,颇具吸引力。稍显欠缺的是,这些形式比较常见,如能策划一些具有独特亮点的项目,起到示范作用,将更完美。(王波)

案例四 带本书去旅行
——西南交通大学暑期经典阅读推广

暑假是师生时间相对宽裕的时期,有效利用这一时间段开展优质活动,能够促进经典阅读推广的深入发展。西南交通大学图书馆在暑假期间精心组织策划的"带本书去旅行"——暑期阅读推广项目,有效促进了经典悦"读"推广工作。自

2013年起,"带本书去旅行"成为一项常规的暑期经典阅读推广活动,图书馆为此构建了相应机制,涉及了活动的运行、保障、调节、评估等环节,在资源整合、人员配置和经费管理等方面进行了科学规划和安排,从而确保了该活动的科学性、创造性和实效性。

"带本书去旅行"现场分享活动

一、项目设计

自2013年首次举办以来,"带本书去旅行"活动已经连续成功举办了五届。第六届带本书去旅行活动也已经启动。

该活动遥承中国古代"行万里路,读万卷书"的优良文化传统,遵循西南交通大学"精勤求学、敦笃励志、果毅力行、忠恕任事"的百年校训,希望大学生在阅读和旅行中实现知识积累、素质提高以及自我提升,是对图书馆服务新形式特别是对阅读推广的工作的新探索和新尝试。该活动面向西南交通大学全体师生,分为暑假前、暑假中、新学期开学三个阶段进行,利用了线上和线下多种宣传渠道,联合学生社团、学院院系和其他职能部门(校工会、校团委)以及校外力量共同举办。活动启动以来,参与范围覆盖到西南交通大学各学院学生及教师。

二、主要内容

该项目主要分为"暑假前、暑假中、开学后"三个阶段开展实施。

暑假前：精心编制书目，开展借阅指导。在活动开始前，图书馆发布"带本书去旅行"暑假经典阅读推荐书目，并辅以简要的书评或介绍性文字，供活动参与者选择，并为有特殊需求的参与者提供

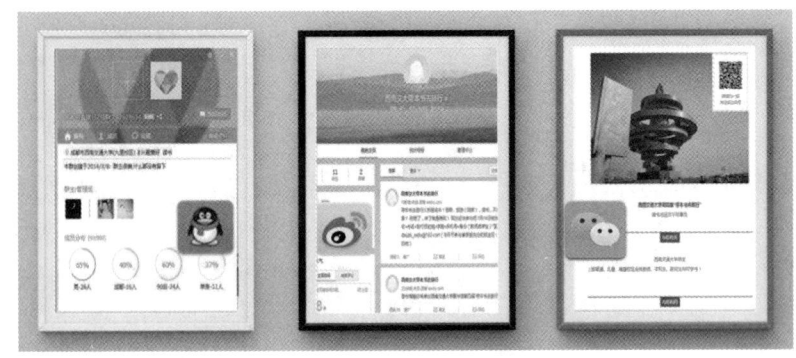

"带本书去旅行"线上交流平台

个性化书单。推荐书目以西南交通大学自2014年1月1日发布的《西南交通大学经典阅读推荐书目》为主，该书目由学校组织专家、教授共同参与完成，所选书目充分考虑经典性、可读性、兼容性、时代性，共包含96种经典著作，跨中西、通古今，涵盖文学、史学、哲学、自然科学等诸多门类且注重通识性。

暑假中：利用微博、微信等新媒体平台，为师生创设阅读交流虚拟社区，让有共同阅读趣味和阅读倾向的师生，能够在活动参与过程中随时交流、分享读书心得。

开学后：为更好掌握师生暑假中的阅读情况和活动效果，开学后组织后续活动和研究。通过征集汇总参与者的"游学漫记"和"行走光影"来了解师生的阅读体验。其中，游学漫记为参与者的读书笔记，行走光影为参与者在游学中所拍摄的音影资料。

三、实施要点

（1）"带本书去旅行"项目的实施要点之一，是如何在师生选书及阅读方面给予积极协助和指导。西南交通大学图书馆的做法是：利用发布书单或为有特殊需求的参与者提供个性化书单的方式，尽力使参与活动的师生在挑选图书时有章可循、有据可依，避免盲目和过度随意，能够在有限的时间内尽量对优质读物进行深入阅读。同时，在馆藏纸本有限的情况下，推荐并引导读者通过"西南交通大学移动图书馆"使用电子图书。

（2）"带本书去旅行"项目的实施要点之二，是如何在活动进行期间对师生的阅读情况提供服务和进行引导；西南交通大学图书馆的做法是通过常用的新媒体平台，如西南交通大学图书馆微信公众号以及西南交通大学微博公众号和"带本书去旅行"的QQ群等常用的社交平台，为参与该活动的师生提供可供交流、分享、互动的虚拟社区，并在这些新媒体平台中为师生进行深入阅读提供必要的网络检索工具、

途径和方法指导,帮助其提高阅读质量,在师生暑假期间的阅读过程中全程给予阅读关怀和跟踪服务。

(3)"带本书去旅行"项目的实施要点之三,是如何在活动结束后研究实证效果,收集必要的信息和素材,为持续开展活动提供有力的支撑。西南交通大学图书馆通过网络投票、现场分享和访谈方式对师生参与暑假阅读项目的感受、建议进行广泛的收集和论证,在取得可行性基础上进行调整和改进,不断围绕暑假经典阅读推荐书目继续开展更加丰富多彩的阅读活动。

(4)"带本书去旅行"项目的实施要点之四,是如何有效调动大学生的积极性,将阅读变成学生自觉自愿参与的精神文化活动。西南交通大学图书馆注重服务育人文化育人工作,竭力为同学们创造良好条件并搭建施展才能的实践平台,不仅为学校教学科研提供文献信息服务,也是大学生的学习中心和文化交流中心。"带本书去旅行"项目的实施主要依托于"书志—图管会"和图书馆新媒体"惟悦工作室"两个学生团队,其中线上信息的发布由图书馆新媒体"惟悦工作室"完成,线下活动的组织主要由"书志—图管会"组织实施。

四、成效与影响

西南交通大学"带本书去旅行活动"暑期经典悦读推广项目,举办六届以来,成为许多在校大学生的暑假"精神园地"。该项目始终坚持品质第一与服务至上的精神,探索了高校阅读推广领域内服务理念与服务形式的创新性和可能性。尤其要指出的是"带本书去旅行"活动并不是将主要注意力放在活动排场等表面层次上,而是始终坚持品质和

出版界图书馆界全民阅读年会(2016)颁发的全民阅读案例二等奖

服务,利用创意性的活动、经典的推荐书目、周全的服务,对师生的阅读有意识地进行良性引导和积极干预。该项目曾获得了出版界图书馆界全民阅读年会(2016)颁发的全民阅读案例二等奖等荣誉。

高凡　刘云　洪闫华　杨勇

董若剑　吴蓉(西南交通大学图书馆)

> **专家点评**
>
> "带本书去旅行"的创意非常好,巧妙地弘扬"读万卷书,行万里路"的优良传统,大概是国内高校图书馆发起同类活动的首家。活动获奖和媒体报道,已经肯定了该活动的创意和效果。建议在推荐基础书目的同时,大力鼓励学生自选书目,最好是引导学生阅读与旅行地有关的地方名人的杰作或其他地方文献,便于学生深入理解当地文化,这样学生的兴趣可能更大,更有积极性。读后感的收集和发布也不一定等到开学,可开放平台,让学生随写随发,对后至的旅游者来说也是一份旅行指南、文化洗礼。开学后,进行评奖即可。(王波)

案例五 新阅读·心悦读
——广西科技大学图书馆阅读分享系列活动探索与实践

近年来,国家大力倡导全民阅读,建设书香中国。2014年以来,全民阅读更是连续五年被写入《政府工作报告》中。由此可见,国家对全民阅读工作的高度重视。

随着时代多元化的发展,局限于传统单一形式的阅读推广活动,已不能满足大学生强烈的求知欲。因此,阅读推广活动应该开辟新思路,拓展新形式,这是新时代对图书馆阅读推广工作提出的新要求。在这种背景下,阅读推广必须具有创新意识,需要大家积极探索,勇于思考,大胆实践,不断变革传统的方法和观念,给阅读活动注入新的内容。

广西科技大学图书馆积极响应中国图书馆学会关于开展"全民阅读"活动的号召,开展"新阅读·心悦读"阅读分享系列活动,促进书香校园的建设与发展。除了将常规的"阅读分享"及"读书沙龙"打造为本校图书馆的品牌活动外,还根据大学生的个性特点不断创新,举办形式多样的系列阅读推广活动。

一、项目设计

本系列活动深入了解读者阅读需求,针对不同读者开展不同形式的阅读推广活动,从形式上和内容上进行创新。广西科技大学图书馆在馆领导的大力支持和指导下,形成了两校区(东环校区与柳石校区)阅读推广团队,开展系列图书分享阅读推广活动,为大学生提供了多场面对面、充满乐趣的交流平台,促进大学生由碎片化浅阅读向深阅读方式转变。目前,已经成功举办了"音乐与文学的碰撞——吉他·民谣·诗歌交流趴""关机一小时,与图书馆亲密接触——'书香班级'评比活动""读万卷书,行万里路——读书,旅行,让身体与灵魂一起成长""全校共读一本书——《灯塔》"等系列阅读分享活动。

二、主要内容

2012—2017年,广西科技大学图书馆举办了丰富多彩的阅读推广活动,取得了一定的成绩:在2012、2013年连续两年被中国图书馆学会授予"全民阅读先进单位",成为广西唯一获此殊荣的高校图书馆;2015年我校被命名为"全民阅读示范基地"。

广西科技大学图书馆阅读活动中的阅读分享交流会活动分为常规活动和创新活动。

(一)常规活动

常规活动即"阅读分享"和"读书沙龙"。"阅读分享交流会"是根据不同的阅读主体,以座谈会、教学讨论、讲座等形式来进行,通过分享交流获取一站式的信息与资源,使大学生由"读"生"悦",因"悦"而分享,从而进入良性阅读状态。如"以书会友,共享书香"好书分享交流会、"经典阅读,历久弥新"读书分享交流会、"腾飞吧·梦想"阅读分享

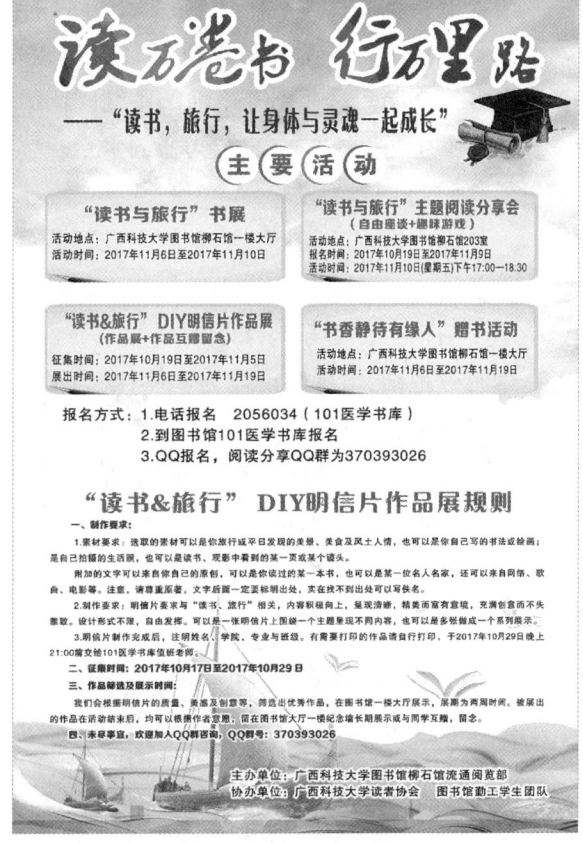

"读书与旅行"活动宣传海报

常规活动"以书会友,共享书香"活动现场

活动等;"读书沙龙"主要是定期举行的主题沙龙活动,内容丰富多样,没有固定的模式和流程,如"沙画艺术与阅读""数码摄影漫谈""有效沟通,成功人生"等,目前共举办了9期。这些别开生面的主题阅读活动,拉近了大学生与图书馆之间的距离,搭建了学生与图书馆交流与沟通的平台。

(二)创新活动

即在常规活动形式的基础上进行了突破性的实践活动,如在以往活动理念中加入新元素,从主题、形式上进行创新,融入多元化思想,举办的活动富有新的创意。

活动一,"音乐与文学的碰撞——吉他·民谣·诗歌交流趴"活动,将音乐与文学有效地结合,弹唱诵吟为一体,既满足了大学生广泛的爱好,又使其享受了阅读的美好时光,开创了阅读的新形式。民谣,是诗歌的另一种表达形式,用吉他来弹唱,更是别有一番风味。诗歌与民谣是相通的,而音乐与诗歌的结合,给人带来美的享受。吉他、民谣、诗歌碰撞在一块,焕发出新的活力。本活动将朗朗上口的民谣通过吉他弹唱,将诗歌以音乐的形式表达出来,让原本就充满诗情画意的文学更富有生命和魅力。

"吉他·民谣·诗歌交流趴"活动现场

活动二,"关机一小时,与图书馆亲密接触——'书香班级'评比活动",是以班级为单位,灵活选择合适的时间,集体到图书馆看书一小时,要求同学们在活动开始后将手机关机或调静音,不能随意走动。事前制定好打分规则,按照规则负责老师根据学生集体在活动中的读书表现进行打分。通过班与班之间的评比,不仅让同学们尽享阅读的乐趣,还增强了班级凝聚力和集体荣誉。

活动三,"读万卷书,行万里路——读书、旅行,让身体与灵魂一起成长"系列活动,以"阅读与旅行"为主题的阅读分享会为主,同时举办与之呼应的相关书展、DIY明信片征集等活动。书展、DIY明信片等活动,让读者感受到读书与旅行的重要性,开阔了读者的视野,增强了读者创新及动手能力;自由座谈式的阅读分享,给读者提供一个思想碰撞的交流平台,促使读者从平常的浅阅读、无效阅读向深阅读、有效阅读转变。

活动四,"全校共读一本书——《灯塔》"阅读分享交流活动,由图书馆年轻馆员薛静静老师领读,组织勤工助学、读书协会以及读者协会学生共50人,在一个月时间内一起阅读《灯塔》。此活动共分为四个阶段,即:①前期宣传阶段,在学生团队中广泛宣传和发布"全校共读一本书"的相关活动信息;②招募和选书阶段,招募参加阅读活动的同学并由学生对"2016年豆瓣年度高分书单TOP10"进行投票。学生们选择了法国漫画作家克里斯多夫·夏布特著的《灯塔》,这是一部探索现代人内在情感的图像小说,引导读者直面人生中的种种精神困境;③分期阅读分享阶段,所有参与《灯塔》阅读的老师与学生,根据每周制订的共读计划(四期)分享各自的读书感悟;④总结交流阶段,最后的阅读分享总结交流活动主要以视频、"朗诵+表演""口述+书评"等形式还原书中的某些片断,描述自己的阅读过程和感悟,让书中简单图像生动、鲜活和丰满起来。

三、实施要点

(一)根据大学生的特点设计活动

20世纪90年代出生的大学生有很强的独立性,他们追求新鲜感,对新鲜事物的接受能力强。针对他们这些特点,在已经形成了阅读分享品牌活动的基础上加入新的元素、融入多元化思想,受到读者的欢迎。

(二)加大活动宣传力度,扩大活动影响力

系列活动通过学校官方微博、图书馆官网、图书馆阅读分享QQ群等线上媒体的报道及在线下张贴活动海报等宣传方式,吸引更多的读者参与其中,扩大活动的影响力。

(三)协同学校其他部门,构建合作机制开展活动

在图书馆内部建立了两个(东环校区与柳石校区)阅读推广团队;图书馆外部则协同校团委、大学生心理健康中心、宣传部等部门,建立有效的合作机制,协同开展

阅读分享活动。

（四）注重活动的长效机制

图书馆定期开展阅读分享活动，组建了固定的阅读推广团队，活动开展有相对固定的流程。在常规的活动上又进行创新实践，如果创新实践活动取得一定的效果，就总结经验，将创新活动逐步常规化。

四、成效和影响

通过开展不同形式的阅读分享系列活动，吸引了更多的读者走进图书馆，激发了大学生浓厚的阅读兴趣。参加过阅读分享活动的同学们纷纷反馈活动很有意义，自己在其中收获较大，并表示以后会常来图书馆读书、学习。具体成效与影响如下：

（一）读书氛围更浓

阅读活动的参与人数呈上升趋势。活动形式和主题越是新颖，读者的参与度越高。读者充分感受到了读书的乐趣，纷纷反馈要多多参加这样有趣的读书活动。有的同学说，原本觉得读书是一件枯燥乏味的事，参加图书馆的活动后发现原来读书也可以这样轻松愉悦。

（二）读书质量更高

大家在活动中畅所欲言、真诚分享、积极交流，将读书活动真正变成了思想的碰撞和灵魂的交流。很多读者表示，参加活动除了能了解他人读书感悟及开阔自己的眼界外，还能从中发现不少好书，甚至有读者直接说参加活动就是为了淘书，为了淘到更多的好书。

（三）阅读自主性增强

图书馆开展的"关机一小时，与图书馆亲密接触"由同学自发组织参加，一个月内活动场次就达到了80次，有的班级还参加了几次。他们说很愿意参加这样的活动，全班同学一起放下手机进行阅读，感受书香氛围，这将是大学里最美好的记忆。通过活动，同学们强烈意识到少玩手机、多读书的重要性，有不少班级表示希望图书馆每个学期都举办这样的活动。

（四）馆员创新意识提高

通过策划和实施丰富多彩的阅读推广活动，图书馆员切身感受到多样化的阅读推广形式对读者参与的重要性，意识到创新在阅读推广活动中起着举足轻重的作用。活动促使馆员发挥主观能动性，将创新意识不断融入工作中，为读者提供更多更好的阅读活动，提高服务质量。

五、思考与展望

大学生是社会的特殊群体,作为年轻有活力的一族,代表着最先进的流行文化,是推动社会进步的栋梁之材。因此,如何让阅读活动深入大学生的内心,从客观上要求将学生阅读行为转化为学生主观意识,是大学校园阅读推广活动所面临的挑战。首先,阅读推广活动要具有吸引力。在达到阅读目的的基础上,形式要新颖,可操作性要强,内容要丰富,要富有内涵性和趣味性;其次,开展阅读分享活动需要因材施"阅"。大学生有着很强的独立性、选择性和多样性,他们追求个性、新潮,思想活跃。活动的设计应该针对当代大学生的个性特点,着重考虑如何使得活动做得有效果,让学生们喜欢,让他们从活动中有所收获,真正做到"好读书,读好书";最后,应顺应时代的发展,充分利用数字化资源做好宣传,搭建读者平台,将纸质与数字化阅读有效、持续、创新结合起来。

就高校而言,对大学生普及阅读推广,建设书香校园,图书馆义不容辞,有着不可替代的重要作用。展望未来,图书馆将不断创造出符合大学生个性特点的阅读推广活动,并将活动长期有效地开展下去,促进大学校园文化多元化的融合与发展,为全民阅读推广工作和推动先进大学文化建设做出新的贡献。

梁春 刘伟勤 周拓 杨翠云 蒋梅芳 覃欣
覃榆越 张颖玉 阳桂春 薛静静(广西科技大学图书馆)

专家点评

> 活动形式丰富多彩,对学生而言都是新颖的,起到了很好的效果。但是横向比较,独家创意还需加强。比如就关机读书而言,不少图书馆搞了关机阅读马拉松活动,全天关机阅读6至8小时的都有,读书与旅行活动也比较常见。希望继续努力,创造出值得推广到全国高校图书馆的新形式。(王波)

案例六 "读书盛宴"(FEAST of Reading)
——读书月阅读推广活动

一、活动设计

（一）活动名称

"读书盛宴"（FEAST of Reading）读书月阅读推广活动

（二）活动背景及目标

图书馆是校园文化的载体之一，它不仅在营造学校人文气息和文化氛围方面起着重要作用，而且还能通过组织各种活动和讲座，完善学生知识结构，这对校园文化建设起着积极作用，对"优质校"建设有着不可小觑的作用。

在碎片化阅读盛行的今天，学生每天通过手机报、博客、搜索引擎、新闻网站等方式获取信息。我们每天浮光掠影地阅读大量信息，除了增加一些谈资外，回想起来，似乎并没有记住多少东西，甚至养成了一个坏习惯：文档超过 20 页，我们就没有耐心看完。越来越少的人对纸本书籍感兴趣，导致年轻一代对图书、对经典失去了兴趣，不利于学风建设。

北京青年政治学院图书馆为缓解这一现象带来的负面影响，积极响应"全民阅读"的号召，以"世界读书日"为契机，在全院开展"读书盛宴"（FEAST of Reading）阅读推广活动。这项活动旨在引导学生多读书、读好书，帮助其养成良好的阅读习惯，鼓励学生不仅要读书，还要坚持读书，并通过各种类型的比赛，鼓励学生们将读到的知识运用到日常表达以及写作中，达到丰富学生思想并全面提升其语言能力的目的，从而营造良好的校园文化氛围，让书香飘满校园。

（三）活动组织形式

图书馆自 2010 年 10 月开始举办第一届读书月活动，一般每年举办两届，分别是 4 至 6 月以及 10 至 12 月，每届一个主题，活动形式多样化，以新书推荐、读书沙龙、朗诵比赛、征文大赛、读书行路、摄影比赛、专家讲座等一系列活动为主，并且每年根据师生需求进行调整。

近些年这项活动已成为图书馆的日常工作。为做好阅读推广活动，图书馆特别成立了由馆长牵头，副馆长具体负责的 5 人工作小组，在读者协会以及文学社的配合下，分工合作完成各项工作。

（四）参与人员

北京青年政治学院全院师生。

二、活动内容

图书馆开展的"读书盛宴"读书月阅读推广活动不仅注重提高学生的阅读、口语、写作能力，还注重道德情操的培养。围绕每一届的主题，主要开展以下五类活动：

（一）"F"——Feed on books（书的盛宴）

此活动包括两项内容：一是图书馆每月向读者推荐20本新书，分别在图书馆网站、馆内滚动屏以及微信公众号上进行推送，学生们根据每届活动主题以及自身兴趣爱好进行自由阅读。二是定期举办名家讲座、读书沙龙活动，师生共同享受套餐活动。图书馆根据该届阅读推广活动

读书沙龙

主题选取主题或一本专著，与同学们一起分享阅读心得，让爱书的灵魂聚集到一起，共同享受一场精神的盛宴。

（二）"E"——Essay contest（征文比赛）

写作是深层次的阅读形式，是阅读的输出行为。因此，图书馆举办征文大赛，激励学生输出深层次的阅读成果。图书馆根据设定的主题面向全院学生征文，邀请学院专家教师作为评委，评出一、二、三等奖进行颁奖，并将获奖作品制作成文集发给师生进行阅读，既能扩大征文比赛的影响力，又能让广大师生欣赏美文。

（三）"A"——Autograph album（纪念手册）

每年4至6月的"读书盛宴"推广活动都恰逢毕业生离校，此时，图书馆会为毕业生制作并发放"阅读的脚印"纪念手册，记录学生在校期间的阅读痕迹，并鼓励学生们在毕业后也能坚持读书，养成终身阅读的习惯。"阅读的脚印"纪念手册深受广大毕业生的喜爱，他们表示，这记录了他们三年来的阅读足迹，毕业后看到手册依然能想到自己当时在图书馆享受书香乐趣的日子。对他们来说，这本小册子是他们带有书香的青春记忆。

(四)"S"—Speaking(口语比赛)

"说"是阅读的另一种反馈形式,因此图书馆围绕这一形式展开了以下活动:一是举办朗读阅享会,通过对经典带有感情地朗读,学生们加深了对经典的理解,同时也锻炼了学生的语言表达和情感表达能力。二是举办在线英语口语趣味比并根据分数评出获奖者,颁发奖品,提高学生的英语口语水平,激发其学习并应用英语的热情。

第十五届阅读推广活动经典诗词吟诵大赛

(五)"T"—Trip(读书行路活动)

举办"读书·行路"活动。读书丰富人的思想,行路打开人的眼界。因此,图书馆根据每一届的主题确定行路地点,带领学生在读书的基础上感悟行路的乐趣,让他们的身心同时得到解放,从而加深自己对所读内容的理解,将课堂教育延伸到校外基地。读书、写读书体会,可以不断丰富学生知识和阅历,可以激扬学生的人生感悟和畅想美好未来,但"纸上得来终觉浅",图书馆充分利用北京的人文环境,每届读书活动都带学生去相关的校外基地,如国家博物馆、国家图书馆、故宫、宋庆龄故居、孔庙与国子监博物馆、北京大学红楼、北京名人故居、现代文学馆等教育基地,增加学生的感性认识,丰富其阅历,开阔其视野,将读书与行路有机结合,鼓励学生们读名人传记、读历史,对其产生心灵与行动的碰撞。

"读书行路"之孔庙与国子监博物馆

三、实施要点

(一)扩大宣传

每届读书月活动开始前要举办开幕式,利用学院网络、图书馆网站、现场电子大屏、微信、海报、条幅、宣传页等方式进行宣传。开幕式当天邀请学院领导参加,扩大影响范围。每项活动举行前再一次通过以上方式进行宣传。

(二)竞赛与系部技能大赛有机结合

开展系列赛事活动要充分考虑系部学生的技能特点,营造良好的学风校风氛围。如第十二届、十四届读书月活动,利用旧馆搬迁、新馆正式运营为契机,与传播系合作举办"老馆的记忆""最美读书人"摄影大赛,既为老馆和新馆留下大量丰富、具有独特视角的影像资料,也为传播系学子进行真题真做进行校园实践提供了素材来源,实现了双方友好合作、互惠共赢的局面。第十四届读书月活动,为推广图书馆新购置的英语数据库,配合英语系技能竞赛,与英语系联合举办"口语伙伴杯"英语口语大赛,既服务了系部,也宣传了图书馆的数字资源。

(三)活动与系部教学活动相结合

每届读书月活动中,征集学生的读书体会既是图书馆的活动主线,也是工作难点。为优化稿件来源,图书馆与社科部合作,将征文活动与系部教学相结合。征文活动走进思想政治课堂,扩大了活动的影响面,征文数量和质量得到大幅提升。

(四)做好活动总结及效果反馈

每届读书月活动结束后,图书馆都举办总结表彰暨闭幕式,主管院长出席闭幕式对活动中表现出色的师生进行奖励,并进行总结讲话。同时撰写活动总结,对本届阅读推广活动的经验和教训进行总结,以期在下一届活动中更好地改进。针对本届读书月制作调查问卷,调查学生的满意度,以此来促使阅读推广活动更个性化、更贴近学生的需求。

四、成效与影响

通过阅读推广活动,提升了资源使用率,在校园内营造了良好的学风。图书馆影响力扩大,师生满意度提升,资源使用率上升,良好的阅读风气逐渐形成。与2016年相比,图书馆的图书借阅量增长28%,电子资源使用率增长36%。在读书月活动结束后所做的满意度调查中满意率高达90%以上。参加阅读推广活动的人数也在逐年增加,此项阅读推广活动已成为学院一张靓丽的名片。图书馆阅读推广活动是正能量的凝聚与传递,是传播校园文化的载体,加强了学院学风建设,增强了学院的文化软实力。

通过活动选拔出的阅读演讲比赛选手,推荐参加北京市级比赛。2016年和2017年,图书馆通过阅读推广活动选拔出优秀选手,参加首都高校大学生阅读演讲比赛活动。两位学生代表学院以优异成绩进入复赛,作为唯一进入复赛的高职院校选手,他们在决赛中表现出色获优胜奖,为学校赢得了荣誉。

北京青年政治学院"读书盛宴"(FEAST of Reading)阅读推广活动推行7年之久,影响了一届又一届的北京青年政治学院学子,已成为学院的一张靓丽的名片。它通过对学生读书、写作、朗诵能力的培养以及情操的陶冶,既让学生读了书,又对人生、历史等有了更深层次的思考,其效果已介入每个学生的个体生活中。在校园中营造出来踏实的学风,提高了学生的技能。未来图书馆将继续坚持举办"读书盛宴"阅读推广活动,争取让活动形式更符合学院及师生的发展需要。

李校红　王玉霞(北京青年政治学院图书馆)

☞ 专家点评

> 活动以"读书盛宴"(FEAST)冠名,巧妙地将FEAST的5个字母分解成读书(Feed on books)、写作(Essay contest)、纪念(Autograph album)、演讲(Speaking)、旅行(Trip)5项活动,是一种有一定国际范儿的活动策划方法。每年国际图联颁发的营销奖,与活动的英文名称起得好不好、是不是便于跨文化理解有很大关系。如2017年国际图联(IFLA)国际营销奖揭晓,中国图书馆队包揽前三名。北京科技大学图书馆的"读书天"(READay)获得一等奖,武汉大学图书馆的"微天堂真人图书馆"(Little Paradise Human Library)获得三等奖。当然它们是以实力取胜,但是英文名称起得好,也会加分。今后,图书馆的阅读推广活动应该注意同时推出英文名称,便于留学生理解,便于国际传播和国际同行交流。北京青年政治学院图书馆可以将这个项目扎实推进,报个营销奖试试。(王波)

后　记

对于公共图书馆和广大图书馆人而言,"阅读推广"已然不算是一个新名词,它早已成为现今图书馆的核心任务之一。近年来,阅读推广理论和实践都有了一定的发展并呈现日常化趋势,讲座、展览、阅读节、阅读征文、经典诵读等活动如雨后春笋,活动品种和数量呈逐年上升趋势。但另一方面,在某些方面我们也遇到了诸多矛盾和瓶颈,比如传统纸媒与信息技术、新媒体的矛盾,个性化书吧、书店的异军突起与公共图书馆运营管理模式的矛盾等。当然,凡此种种都有两面性,它们倒逼着我们思考和创新,促使我们开拓出一片新时代阅读推广事业的新天地。

无论是书展、读书月,还是各类阅读推广活动,其终极目标就是推动与促进人们对阅读的热情参与。2018年阅读推广优秀案例分享交流活动正是在这样一个背景下应运而生的。上海市图书馆学会阅读推广委员会向全国部分省市图书馆发出"英雄帖",广泛征集优秀案例,最终云集于上海奉贤,实现了理念的融汇和交锋、实践的互通和交流。这些理论和实践案例让我们产生了一种"世界那么大,我想去看看"的澎湃激情,通过这扇窗口,我们对自身在阅读推广中的困惑和问题有了新的认知并开始寻求其中的答案。本书使我对推广方法、体系构建等有了新的认识,引起了我对阅读推广"模式+策略"研究的极大兴趣。与此同时,本书对我而言是一次视野的极大开阔,在案例分析和比较中,我开始了一场对"后大数据时代"阅读推广创新的头脑风暴。

阅读推广终究是要解决阅读的惯性、持久性问题,让一个人、一个家庭、一个群体养成阅读习惯并将其作为一种生活方式,让阅读像空气和水一样,须臾不能和我们分离,也就是把生活方式和工作方式相结合,把阅读和生活更紧密地贴合在一起。要吸引读者参与到阅读中来,推广方式的推陈出新无疑是最重要的。要解决受众面和服务对象的问题,那么首先就要关注他们的生活需求,而"需求"决定动机,针对这些需求的服务衍生品就是我们需要花大力气聚焦和研发的,我们进一步适应从"等风来"到"找风去"的角色切换,用精细、精致的服务让阅读"吸睛"和有"卖点"。当然,其中也有针对特定人群的推广策略,比如少年儿童和青年学生群体,我们如何通过契合他们的视听感受和思维习惯去"迎合",怎样通过"蹭热点"的形式刷新创造全民阅读新的增长点,书中的许多案例和文章都给出了明确的答案。理想的阅读推广策略应该是一种以理念为先导的服务体系的构建,通过推广的精准施策,实现服务活动化、活动品牌化、品牌生活化,使之成为此消彼长式的"持续热点",而非昙花一现式的短期效应。

令人欣喜的是,就在2018年初,《中华人民共和国公共图书馆法》的实施为新时代图书馆的发展提供了新契机,而阅读推广作为"全民阅读"重要举措和图书馆服务的核心工作之一也被列入《中华人民共和国公共图书馆法》,使之能在法制化轨道内持续健康发展,这无疑是图书馆人为之振奋的利好消息。由此,我们的阅读推广也迎来了"脑洞大开"的时代。经典图书推荐、名家讲坛、知识竞赛等传统项目有了更鲜活的资源和形态,求新求变已成必然趋势;亲子阅读、社会教育、数字阅读、特殊群体服务、VR虚拟数字体验等为读者带来了丰富的体验,逐渐形成具有互动感、体验感、获得感的公共文化活动。当然这种探索需要不断持续和完善,并不能一蹴而就,但在一次次尝试和挑战中,我们看到了市民的积极回应,也让我们在阅读推广精细化、品牌化、差别化的道路上快乐奔跑,不知疲倦。

我们都是奔跑者,我们都是阅读推广的追梦人。是阅读让我们走到了一起,思想的火花在碰撞中释放着持续升温的阅读热情、热度和热潮,感谢各界专家和案例创设者、参与者与我们分享他们的智慧和经验,希望借此书带给广大图书馆同行更多的启发和思考,思考如何让阅读的美尽情释放,让书卷的馨香浸润生活,让阅读的温度柔软人心。

上海市奉贤区图书馆馆长　金欢

2019年3月